Theodosius Florentini

Kommet, lasset uns anbeten!

Theodosius Florentini

Kommet, lasset uns anbeten!

ISBN/EAN: 9783743337879

Hergestellt in Europa, USA, Kanada, Australien, Japan

Cover: Foto ©Lupo / pixelio.de

Manufactured and distributed by brebook publishing software
(www.brebook.com)

Theodosius Florentini

Kommet, lasset uns anbeten!

Kommet,
lasset uns anbeten!

Katholisches
Lehr-, Betrachtungs- und Andachtsbuch

für das

vierzigstündige Gebet,

für die

heilige Fasten- und Fronleichnamszeit,

und ganz besonders für die

Tägliche, Monatliche und Ewige Anbetung

des

Allerheiligsten Altarsfakrament

Nebst allen gewöhnlichen Andach

von

P. Theodosus

Mitglied des Kapuzineror
Generalvikar des Ho

Neue umge

Mit Genehmigung des

❦

Einsiedeln, New-York, Ch
Druck und
Gebr. Carl & Nico
Typographen des hl. A

„Wiſſe, fromme Seele, daß die Zeit, die du mit Andachtsübungen vor dem allerheiligſten Altarsſakramente zubringſt, diejenige iſt, die dir den größten Vortheil im Leben, unausſprechlichen Troſt im Tode, und ewige Freude in Hi̶̶̶̶̶̶̶̶̶̶̶̶

Vorwort.

Zum Andenken der vierzig Stunden, während
deren der heilige Leib Jesu Christi im Grabe
ruhte*), wurde das vierzigstündige Ge=
bet durch den ehrw. P. Joseph von Ferno,
aus dem Orden der Kapuziner, im Jahre 1534
in Mailand eingeführt. Es geschah dieß zu einer
Zeit, in welcher diese Stadt von den Drangsalen
eines Krieges hart bedrückt war, aus denen sie
dann durch die eifrige Uebung dieser Andacht be=
freit wurde.

„Noth lehrt beten." Zu wem sollte der Be=
drängte und Leidende größeres Vertrauen haben,
als zu Jesus Christus, der „in Allem seinen
Brüdern gleich werden mußte, damit Er barm=
herzig und ein treuer Hoherpriester vor Gott würde,
um zu versöhnen die Sünden des Volkes; denn
darin, worin Er selbst versucht worden und

---

*) S. August. de Trinit. lib 4. cap. 6.

gelitten hat, kann Er auch denen, die versucht
werden, helfen." (Hebr. 2, 17. und 18.) Das
Leiden und Sterben Jesu Christi war zu allen
Zeiten und ist noch der vorzüglichste Betrachtungs=
gegenstand aller frommen Seelen. Die Betrach=
tung des leidenden und sterbenden Erlösers ist auch
der eigentliche Kern der Andacht des vier=
zigstündigen Gebetes*).

Christliche Seele! Auch in dem vorliegenden
Buche wird dir Jesus, dein gekreuzigter
Erlöser, vor Augen gestellt — und zwar in
frommen Betrachtungen und Anmuthun=
gen über die vorzüglichsten Geheimnisse
seines Leidens und Sterbens, von seiner
Todesangst am Oelberge bis zur Ruhe im Schooße
seiner schmerzhaften Mutter und im hl. Grabe.
Lies oft in diesem Buche, um immer inniger ver=
einigt zu werden mit deinem göttlichen Lehrmeister,
der heute noch spricht: „Wo Ich bin, da soll auch
mein Diener sein!"

---

*) Bei der Andacht des vierzigstündigen Gebetes ist
das Leiden Christi der Gegenstand der Betrachtung,
und vor dem allerheiligsten Altarssakramente ist der
Ort, an welchem diese Andacht verrichtet wird.

Und wo ist Er, wo findest du Ihn, den deine Seele liebt und mehr und mehr zu lieben verlangt? — Du weißt es wohl: im Sakramente der Liebe findest du den Geliebten, findest du Alles in Allem. „Suchest du Speise," sagt der hl. Ambrosius, „das Sakrament der Liebe ist die Nahrung. Schmachtest du in der Hitze der Anfechtung: Es ist eine kühlende Quelle. Verlangst du Heilung deiner Wunden: Es ist eine Arznei. Brauchst du Hilfe: Es ist die Stärke. Fürchtest du den Tod: Es ist das Leben. Willst du in den Himmel: das Sakrament der Liebe ist der Weg."

So eile denn hin, fromme Seele, zum Throne der Gnade, eile hin zu Jesus im allerheiligsten Altarssakramente! Thue dieses ganz besonders in den gnadenreichen Tagen des vierzigstündigen Gebetes, in der heiligen Fasten- und Fronleichnamszeit, und bei allen Andachten, bei denen das hochwürdigste Gut ausgesetzt wird. Pflücke dir aus den vielen Gebeten zur Ehre des allerheiligsten Altarssakramentes, die dieses inhaltreiche Buch dir darbietet, einen Blumenstrauß der Andacht und schmücke damit den hochheiligen Altar, den ohne Ende die

Chöre der Engel umschweben. Hier, und nur hier
findest du den Himmel auf Erden. „In Wahr=
heit und aus eigener Erfahrung kann ich dir ver=
sichern," schreibt der heilige Alphons von Li=
guori, „daß Christus einer Seele, die auch nur
kurze Zeit andächtig vor dem allerheiligsten
Sakramente verweilt, mehr Trost und mehr
Freude gewährt, als die ganze Welt mit all' ihren
Festen und Vergnügungen zu geben vermag. Ich
wiederhole es, du wirst nicht nur glücklich sein in
der Ewigkeit, du bist es schon in dieser Welt!
Doch (sagt ferner der Heilige) wozu nützen bloße
Worte? „Kostet und sehet, wie süß der Herr ist,"
— Er, der heute noch in seinem heiligsten Sak=
ramente uns zuruft: „Kommet zu Mir Alle, die
ihr mühselig und beladen seid, und Ich will euch
erquicken!" — Wohlan also, ihr gottliebenden
Seelen:

„Kommt, lasset uns anbeten
Jesus im allerheiligsten Altarssakramente!"

Der Herausgeber.

Erste Abtheilung.

Andachten

bei dem

vierzigstündigen Gebete.

Betrachtungen und Gebete über die vorzüglichsten
Geheimnisse des Leidens Jesu Christi und über
das allerheiligste Altarssakrament.

In vier Abschnitten.

Um die frommen Gläubigen zu der Gott wohlgefälligen und segensvollen Andacht des vierzigstündigen Gebetes anzueifern, hat Se. Heil. Papst Clemens XIII. auf ewige Zeiten einen vollkommenen Ablaß denjenigen verliehen, welche nach verrichteter Beicht und empfangener heiligen Communion, in irgend einer Kirche das während der drei Wochen vor dem Aschermittwoch drei Tage hindurch ausgesetzte allerheiligste Altarssakrament besuchen und allbort eine Zeitlang die Anbetung halten.

(Aus dem Dekret der heiligen Kongregation der Ablässe vom 23. Juli 1765.)

Erster Abschnitt.
Geschichtlicher Bericht
über das vierzigstündige Gebet.

I.

Entstehung und Zweck des vierzigstündigen Gebetes.

Unter den vielen Ländern, welche durch den unheilvollen Krieg zwischen Kaiser Karl V. und Franz I., König von Frankreich, hart bedrängt wurden, war auch das schöne und reiche Herzogthum Mailand.

Zu dieser Zeit wurde der ehrwürdige P. Fr. Joseph, gebürtig aus Ferno, ein gelehrter und ausgezeichneter Prediger aus dem Kapuziner-Orden, von seinen Obern als Fasten-Prediger nach Mailand gesendet. Er fand die Bewohner dieser Stadt in großer Bestürzung wegen der bevorstehenden Belagerung, da der König von Frankreich mit seinem Heere schon bis Piemont vorgerückt war. Die göttliche Vorsehung benützte diese Verwirrung, um einerseits dem seeleneifrigen Prediger Gelegenheit zu geben, einen Plan auszuführen, den er schon lange in seiner Brust nährte, und

anderſeits der bedrängten Stadt ein Mittel an die
Hand zu geben, ſich vor dem drohenden Unglücke
ſicher zu ſtellen.

Das Leiden und Sterben Jeſu Chriſti
war und iſt ſtetsfort der vornehmſte Betrachtungs=
ſtoff aller frommen Chriſten. So war auch der
ehrwürdige P. Joſeph ſo ganz in das Andenken
an das Leiden Jeſu verſenkt, daß er mit allen
Kräften auch ſeine Zuhörer zum innigſten Mit=
leid gegen den leidenden und ſterbenden Erlöſer
zu bewegen ſuchte. Beſonders waren es jene vierzig
Stunden, welche zwiſchen dem Tode und der
Auferſtehung des göttlichen Heilandes verfloſſen,
denen er ſeine beſondere Aufmerkſamkeit ſchenkte.
Die bedrängnißvolle Lage Mailands ſchien ihm
geeignet, um das unter dem Volke beinahe ganz
in Vergeſſenheit gekommene Andenken an das
Leiden und Sterben Jeſu wieder aufzu=
friſchen durch eine jenen vierzig Stunden
entſprechende Andacht.

P. Joſeph eröffnete von der Kanzel herab
den Gläubigen ſein Vorhaben, ſetzte ihnen die zu
beginnende Andacht auseinander, und ſtellte es
ihnen dar als das geeignetſte Mittel, Gottes ſtra=
fende Hand von ſich abzuwenden und ſeinen Zorn
zu beſänftigen.

Einmüthig beſchloß die Stadt, dieſe Andacht in
allen ihren Kirchen der Reihe nach ein ganzes
Jahr hindurch zu begehen. Sogleich machte man
in der Hauptkirche damit den Anfang. In der

herrlich geschmückten Cathedrale ward das allerhei=
ligste Altarssakrament zur Anbetung und Vereh=
rung vierzig Stunden lang ununterbrochen
ausgesetzt. Zahlreich strömte das Volk in ver=
schiedenen Prozessionen herbei, um vor dem
Allerheiligsten den Kreuztod des gött=
lichen Erlösers in tiefer Andacht zu be=
herzigen.

Nachdem das vierzigstündige Gebet in
der Hauptkirche mit großem Segen gehalten wor=
den war, verrichtete man es der Reihe nach in
den übrigen Kirchen der Stadt. Der ehrw P.
Joseph eilte überall herbei, mit beredter Zunge
und lebendigem Eifer das Volk fort und fort zur
Buße zu ermahnen.

Was der apostolische Mann verheißen, wurde
erfüllt. Obwohl es im Anfange der vierzigstün=
digen Andacht schien, als wäre das Gebet
der Bewohner Mailands vergeblich, so versöhnten
sich dennoch die beiden Fürsten auf einmal gegen
alle Erwartung.

Unbeschreiblich war die Freude der Mailänder,
als sie ihre furchtbaren Feinde so unerwartet ab=
ziehen sahen. Lob= und Dankgebete stiegen aus
Aller Herzen empor zum Throne des allgütigen
Gottes für diese unerwartete Befreiung. Ermuthiget
durch so glücklichen Erfolg des vierzigstündi=
gen Gebetes, setzten sie selbes mit gleichem Eif.
fort, bis endlich im folgenden Jahr 1538 durch
Vermittlung Seiner päpstlichen Heiligkeit Paul III.

beide Fürſten zu Aigues-Mortes, Rohne, in Frankreich, eine Zuſammenkunft hielten und Frieden
machten.

Dieſer Friedensſchluß wurde freudigſt begrüßt.
Man überhäufte den ehrw. P. Joſeph mit Dank-
und Lobesbezeugungen, weil das von ihm von der
Kanzel herab gemachte Verſprechen ſo herrlich erfüllt worden war. Allgemein verehrte man ihn
als einen von Gott geſendeten Boten des Friedens. Die Andacht des vierzigſtündigen
Gebetes, welche dieſer fromme Diener Gottes
anordnete, gewann ſolches Anſehen, daß die Stadt
beſchloß, das vierzigſtündige Gebet nicht nur
Ein Jahr lang, ſondern von da an auf ewige
Zeiten zu verrichten, und zwar in allen Kirchen
der Reihe nach ohne Unterbrechung.

Dieſes iſt die Geſchichte des vierzigſtündigen Gebetes.

Der Zweck, den P. Joſeph bei dieſem Gebet im Auge hatte, beſtand aber nicht einzig darin,
das bedrängte Mailand zu retten; ſeine Abſicht
ging höher und weiter.

Nach dem Zeugniſſe des hl. Auguſtin waren es
von der Todesſtunde bis zum Auferſtehungsmor-
gen vierzig Stunden. (S. August de Trinit.
lib. 4. cap. 6.) Dieſe vierzig Stunden nun
wünſchte P. Joſeph ebenfalls von den Gläubigen verehrt zu ſehen, und faßte daher den Ent-
ſchluß, bei erſter Gelegenheit ein vierzigſtün-
diges Gebet zu veranſtalten, welches vor dem

allerheiligsten Altarssakrament verrichtet werden sollte.

Demnach und nach dem bisher Gesagten ist der Zweck des vierzigstündigen Gebetes:

1) Herrschende Laster und böse Gewohnheiten auszurotten;
2) den öftern Empfang der heil. Sakramente zu befördern;
3) Die Andacht und Verehrung des bittern Leidens und Sterbens Jesu Christi und des allerheiligsten Altarssakramentes zu vermehren;
4) Trost und Hilfe von Gott zu erflehen in Kreuz und Leiden;
5) Krieg, Krankheiten, Theurung und andere Strafen Gottes von Städten und Ländern abzuwenden.

II.

Verbreitung des vierzigstündigen Gebetes.

Bald nach der Einführung dieser heilsamen Andacht in Mailand fand dieselbe in ganz Italien, Spanien, Frankreich, Deutschland und in der ganzen Christenheit die bereitwilligste Aufnahme. Vor Allen aber schenkte der heilige Karl Borromäus, Erzbischof von Mailand, diesem Gebete seine besondere Aufmerksamkeit. In dem ersten Provinzial=Conzilium verordnete er, daß dasselbe nicht nur in seinem Sprengel, sondern auch in allen übrigen ihm untergebenen Kirchen eingeführt werde.

Nachdem der heil. Erzbiſchof auf ſolche Weiſe
dieſe Andacht geregelt hatte, ſorgte er dafür, daß
dieſelbe mit möglichſter Feierlichkeit verrichtet wurde.
Er erließ daher eine fernere Verordnung, in wel=
cher er die Vorbereitungen, die Ausſchmückungen
der Kirchen, die zahlreichen Lichter, die Zahl der
theilnehmenden Geiſtlichkeit beſtimmte. Sodann
ertheilte er dieſer Andacht die biſchöfliche Appro=
bation und beſtätigte auch den Gebrauch der Pre=
digten, ſowie ihn der Urheber des vierzigſtün=
digen Gebetes ſelbſt angefangen hatte. (Acta ut
Supra.) Ueberdieß verordnete er, daß in ſeinem
Sprengel nie ein Concilium gehalten werde, bevor
man nicht drei Tage vorher in der Kirche, in
welcher die Verſammlung ſtattfinde, das vierzig=
ſtündige Gebet verrichtet habe, um die Gnade des
heiligen Geiſtes zu erflehen. Ebenſo ſollten die
ihm untergebenen Biſchöfe nie ihre Sprengel be=
ſuchen, ohne zuvor in der Cathedral=Kirche das
vierzigſtündige Gebet verrichtet zu haben. (Acta
Mediol. f. 178 et f. 172.) Er ſelbſt, in
Allem mit gutem Beiſpiele vorangehend, unter=
nahm nie ein wichtiges Geſchäft, ohne zuvor das
vierzigſtündige Gebet verrichtet zu haben. Ebenſo,
wenn er eine Kirchenverſammlung veranſtaltete,
mußte vorher die geſammte Geiſtlichkeit der Stadt
in verſchiedenen Abtheilungen in der Domkirche
erſcheinen, um abwechſelnd dem vierzigſtündigen
Gebete beizuwohnen.

So verbreitete ſich die Andacht des vierzig=

stündigen Gebetes immer mehr. Erzbischöfe, Bi=
schöfe und Prälaten wetteiferten, selbe in ihren
Kirchen einzuführen. Zahlreich sind auch die Gna=
denerlasse, mit welchen die obersten Kirchenhäupter,
die Päpste, diese Andacht begünstigten.

III.
Päpstliche Gutheißung des vierzigstündigen Gebetes.

Papst Klemens VIII., welcher der Kirche Gottes
vorstand, wo besonders Frankreich durch Ketzerei
und Krieg verwüstet wurde, flehte ohne Unterlaß
zum Throne der göttlichen Barmherzigkeit für das
unglückliche Land. Mit Vaterliebe auf Mittel
sinnend, dieses Elend abzuwenden, fand er kein
geeigneteres, als die Einführung des vierzig=
stündigen Gebetes in den Kirchen Rom's. Er
verordnete also in einer eigens hiefür erlassenen
Bulle (vom 25. Nov. 1592), daß das vierzig=
stündige Gebet in allen Kirchen der Stadt
Rom der Reihe nach ein ganzes Jahr hindurch
ohne Unterbrechung verrichtet werde. Welches Ver=
trauen er in dieses Gebet setzte, beweisen folgende
Worte aus der eben erwähnten Bulle:

„Der beweinenswerthe Zustand des edlen und
blühenden Frankreichs, in welchem es schon so
viele Jahre schmachtet, verwundet unser Herz auf's
tiefste. Von Tag zu Tag greift das Feuer der
Irrlehre 2c. um sich. Um nun den beleidigten

Gott zu beſänftigen und ſeinen gerechten Zorn von
ſeinem Volke abzuwenden, haben wir beſchloſſen,
ein ewiges Gebet in unſerer löblichen Stadt an=
zuordnen, ſo daß in allen Patriarchalkirchen und
in jeder andern Kirche das fromme und heilſame
vierzigſtündige Gebet gehalten werde, auf
daß zu jeder Stunde, Tag und Nacht das ganze
Jahr hindurch, ohne Unterlaß der Wohlgeruch des
Gebetes vor dem Angeſichte des Herrn aufſteige.“
(In Bullario tom. 3. fol. 22.)

Paul V. verordnete ſpäter, daß das vierzig=
ſtündige Gebet der Reihe nach in allen Kirchen
Rom’s fortgeſetzt werde, und rieth vorzüglich den
Ordensobern väterlich an, dieſes Gebet in ihren
Kirchen einzuführen und beſonders bei bevorſtehen=
den Viſitationen anzuordnen. Um die Ordens=
leute zu dieſer Andacht noch mehr aufzumuntern,
verlieh er Allen, welche nach abgelegter Beicht
und Communion zu verſchiedener Zeit zwei Stun=
den lang zu beten ſich einfinden, einen vollkom=
menen Ablaß. (In Bull. tom. 3.)

Urban VIII. eröffnete bei ſeiner Thronbeſtei=
gung nicht, wie es Sitte iſt, ein Jubiläum, um
von Gott die Gnade einer weiſen Regierung zu
erbitten, ſondern er verordnete, daß man ſtatt des
Jubiläums das vierzigſtündige Gebet in der
ganzen Chriſtenheit nach und nach verrichte.

IV.

Wirkungen und Früchte des vierzigstündigen Gebetes.

Das gemeinschaftliche Gebet ist erstens Gott
viel angenehmer als das Gebet des Einzelnen.
Wie wohlgefällig wird es Ihm sein, wenn seine
Kinder in Liebe sich vereinigen und für und mit
einander zu Ihm flehen, wie jene erste Christen=
gemeinde, von der in der Apostelgeschichte erzählt
wird: „Die Menge der Gläubigen war ein Herz
und eine Seele und sie beharrten einmüthig im
Gebete." (Apostelgesch. 4, 32. 1, 14.) Jesus
selbst hat uns in dem Gebete, das Er uns lehrte,
eine Anleitung zum allgemeinen Gebete gegeben.
Er lehrte uns nicht beten: mein Vater, sondern
Unser Vater ꝛc. Auch die katholische Kirche
zieht das allgemeine Gebet dem Privatgebete vor,
besonders zur Zeit öffentlicher Noth. In einem
solchen Gebete erstreckt sich unsere Liebe nicht nur
auf uns allein, sondern sie wird allgemein, er=
streckt sich über die ganze Gemeinde, und umfaßt
Alles. Um was wir für uns beten, das er=
flehen wir auch für unsere Mitmenschen.
Die Kirche betet stets in der allgemeinen Form,
und der Apostel mahnt ebenfalls zum gemeinschaft=
lichen Gebete: „Darum bitte ich euch, Brüder,
bei unserm Herrn Jesus Christus und bei der
Liebe des heiligen Geistes, daß ihr mir helfet bei
Gott mit eurem Gebet." (Röm. 15, 30.)

Kommet, lasset uns anbeten. 2

Das gemeinschaftliche Gebet ist zweitens auch viel wirksamer, weil es Gott gefällt, die vereinigte Macht des Gebetes stärker auf sein Vaterherz wirken zu lassen, als die zertheilte. Jesus selbst sagt: „Wenn Zwei aus euch auf Erden einstimmig sein werden über was immer für eine Sache, um die sie bitten wollen, so wird es ihnen von meinem Vater, der im Himmel ist, gegeben werden." (Matth. 18, 19.) Wenn also schon Zwei oder Drei solches durch ihr gemeinschaftliches Gebet vermögen, wie wirksam muß erst das einmüthige Gebet ganzer Gemeinden sein! Mit siegender Macht wirkt das gemeinsame Gebet auf Gottes mildes Vaterherz, wenn es nämlich die Eigenschaften besitzt, die überhaupt vom Gebete gefordert werden, wenn es 1) aus reuigem, bußfertigem Herzen steigt, wie der heilige Johannes schreibt: „Wenn unser Herz uns nicht bestraft, so haben wir Zuversicht zu Gott, und werden, was wir bitten, erlangen, weil wir seine Gebote halten, und thun, was Ihm gefällig ist." (1. Joh. 3, 21, 22.); wenn es 2) beharrlich und anhaltend ist, wie es der Heiland in jener Parabel vom Richter, der weder Gott noch die Menschen fürchtete, von der armen Wittwe (Luk. 18, 1—9.) und in der Parabel des ungestümen Freundes (Luk. 11, 5—8.) verlangt; wenn es 3) mit Glauben und Vertrauen bewaffnet ist, nach der Lehre des Apostels Jakob: „Er bitte aber im Glauben, ohne zu zweifeln" (Jak. 1, 6.); wenn es endlich

4) aus einem liebeathmenden und versöhnlichen Herzen kommt.

Daß das gemeinschaftliche Gebet sehr wirksam sei, beweiset uns die Geschichte zur Genüge. Als Herodes den Apostelfürsten Petrus gefangen hielt, versammelte sich die christliche Gemeinde zum gemeinschaftlichen Gebete, und sieh ein Engel steigt vom Himmel herab und setzt den gefangenen Jünger in Freiheit. Und wenn in der Folge große Drangsale, Hunger, Krieg, Pest 2c. über die Christenheit hereinbrachen, so ordnete die Kirche öffentliche Gebete an, man veranstaltete Bitt- und Bußgänge, Prozessionen, oder man gelobte, die Gedächtnißtage gewisser Heiligen feierlich zu begehen — und Gott erhörte das gemeinschaftliche Gebet. Noch heutzutage werden solche gemeinsame Gebete zur Zeit öffentlicher Noth in der katholischen Kirche und zwar mit großem Segen veranstaltet.

Ist nun das gemeinschaftliche Gebet schon an und für sich so wirksam, wie segensreich muß erst das vierzigstündige Gebet sein, und zwar schon deswegen, weil gewöhnlich der Empfang der heiligen Sakramente damit verbunden ist, und die Erbauungsreden, welche selbes begleiten, nie ohne guten Eindruck bleiben werden. Aus den vielen Gebetserhörungen vermittelst dieser Andacht mögen hier einige angeführt werden.

A. Abwendung von zeitlichen Gefahren vermittelst der Andacht des vierzigstündigen Gebetes.

1. Abwendung einer Belagerung der Stadt Pavia.

Nachdem der ehrw. P. Joseph von Ferno seine Fastenpredigten in Mailand mit so großem Segen vollendet, begab er sich im Jahre 1537 nach Pavia, um auch da dieses so wirksame Gebet anzuordnen, und dadurch diese Stadt ebenfalls von einer großen Drangsal, mit welcher sie durch das Heranrücken des französischen Heeres bedroht wurde, zu befreien. Kaum hatten die Bewohner von Pavia diese Andacht vollendet, so hatte man sichere Nachricht, daß der König von Frankreich den Entschluß, diese Stadt zu belagern, aufgegeben habe. Nebstdem ergriff die Bürger Pavia's ein solcher Bußgeist, daß sie zu den Beichtstühlen eilten und durch Generalbeichten unter Thränen wahrer Reue ihrer Sünden sich entledigten. Das vierzigstündige Gebet gewann daselbst eine so große Achtung, daß man beschloß, dasselbe in allen Kirchen der ganzen Stadt der Reihe nach auf ewige Zeiten einzuführen. Auch erbauten sie aus Dankbarkeit gegen den heiligen Orden, aus welchem diese schöne Andacht hervorgegangen, daselbst ein Kapuzinerkloster.

2. Abwendung eines Bürgerkrieges in der Stadt Arezzo.

Ein anderes Mal predigte der ehrw. P. Joseph zu Arezzo in Toskana. Diese Stadt war durch innere Zwiste und Parteiungen im entsetzlichsten Aufruhr begriffen, so daß viele Familien sich in andere Länder begaben. Dieser traurige Zustand ging dem frommen Manne sehr zu Herzen und er bat und flehte mit heißen Thränen zum Throne der göttlichen Barmherzigkeit für die Unglücklichen. Er ordnete das vierzigstündige Gebet in der Hauptkirche an, predigte zu den bestimmten Stun= den mit heiligem Feuereifer gegen Feindschaft, Haß und Rache, beschwor dann wieder mit herzergreifen= der Rede durch das kostbare Blut Christi die er= grimmten Parteihäupter, einander zu verzeihen und die wirklichen und eingebildeten Unbilden in die Wunden des Erlösers zu versenken. Und sieh! kaum waren die Bußpredigten vollendet, so lagen sich, noch ehe das vierzigstündige Gebet zu Ende gekommen, jene von vieljährigem Haß und Groll verhärteten Bürger in den Armen, baten unter Thränen einander um Vergebung und söhnten sich mit größter Aufrichtigkeit wieder aus.

3. Abwendung eines feindlichen Ueberfalles der Stadt Gubbio.

Der ehrw. P. Joseph wurde auch in die Stadt Gubbio gesendet, um dort Fastenpredigten zu halten. Als er hinkam, fand er Alles in größter Verwirrung. Es hatten sich nämlich zwischen dem Herzog von Urbino und dem Papste ernste Zwi= stigkeiten entsponnen. Die Stadt fürchtete von den päpstlichen Truppen überrumpelt zu werden.

Dieſe Furcht war ſo groß, daß die Bürger ſich
bereits entſchloſſen hatten, lieber zu fliehen, als
einen Kampf zu wagen. Nur P. Joſeph fürch=
tete ſich nicht, flößte ihnen Hoffnung ein, munterte
ſie auf, das vierzigſtündige Gebet zu be=
ginnen, und verſprach ihnen, daß der Feind die
Mauern ihrer Stadt nicht einmal ſehen ſolle. Die
Stadtbewohner willigten in dieſen Vorſchlag ein
und das vierzigſtündige Gebet wurde in der
Domkirche ſogleich feierlich eröffnet. Der fromme
Prediger hielt vom Geiſte Gottes beſeelte Reden
an das Volk, erweckte allgemeinen Bußeifer und
erfüllte Aller Herzen mit kindlichem Vertrauen auf
die unendliche Barmherzigkeit Gottes. Gott aber
wollte den Glauben und das Vertrauen der Bür=
ger prüfen; denn fortwährend liefen Nachrichten
von dem Heranrücken des Feindes ein und ſchreckten
die Betenden. Es ſchien, als ob das Verſpre=
chen des Predigers nicht erfüllt werden ſollte. Doch,
in der Nacht vor dem verhängnißvollen Tage,
an welchem der Feind mit ſeiner Macht gegen die
Stadt ziehen und ſelbe belagern wollte, fiel gegen
alle Erwartung ein ſo großer Schnee, daß der
Feind nicht mehr vorwärts rücken konnte, ſondern
den Rückweg ergreifen mußte.

Mittlerweilen kam zwiſchen dem Herzog von Ur=
bino und dem päpſtlichen Stuhle ein Friede zu
Stande, und ſo geſchah es, daß der Feind die
Stadt Gubbio, wie es der ehrw. P. Joſeph
verheißen, nicht einmal ſehen konnte.

B. Bekehrung vermittelst der Andacht des vierzigstündigen Gebetes.

1. Bekehrungen in Rom.

Im Jahr 1608 wurde zu Rom, in der Kirche des heiligen Laurentius, auf Anrathen des Pater Fidelis von St. German, das vierzigstündige Gebet angeordnet. Der heilige Vater gab nicht nur seine Einwilligung, sondern verlieh noch insbesondere einen vollkommenen Ablaß und seinen Segen. Mit Würde und geziemender Feierlichkeit wurde diese Andacht eröffnet und erregte alsbald große Theilnahme. Sehr zahlreich wurde die Kirche des heiligen Laurentius von Personen hohen und niedern Ranges, von Fürsten und Vornehmen weltlichen und geistlichen Standes besucht. Insbesondere gab das Frauengeschlecht auffallende Zeichen wahrer Buße. Frauen und Töchter, die sonst nur an eitlem Putz und Schmuck ihre Freude hatten, sah man jetzt alle Kleiderpracht und Alles, wodurch sie sonst zu gefallen und zu bestricken suchten, weglegen, und gleich büßenden Magdalenen zu den Füßen des Herrn ihre Sünden beweinen. Den höchsten Grad erreichte ihr Bußeifer, als sie in der für das Frauenvolk bestimmten Stunde während des vierzigstündigen Gebetes in der Kirche erschienen. Der ehrw. P. Fidelis hielt eine sehr ergreifende Predigt. Er wählte zum Vorspruch jene rührenden Worte des Propheten Jeremias Kap. 2: „Wem soll ich dich vergleichen,

o Tochter Jeruſalem!" Mehrmals wurde der Pre=
diger durch das Weinen und Schluchzen des ge=
rührten Frauenvolkes unterbrochen. Endlich er=
füllte es die Kirche mit lautem Wehklagen und
Jammer, ſo daß dem Prediger, der ſelbſt tief er=
ſchüttert, nichts mehr übrig blieb, als die zer=
knirſchten Büßerinnen ihrem vollen Reueſchmerz zu
überlaſſen.

2. Bekehrungen in Mailand.

Die Stadt Mailand (wie oben erzählt wurde)
hatte ſich verpflichtet, das v i e r z i g ſ t ü n d i g e G e =
b e t in ihren Kirchen auf ewige Zeiten ohne Unter=
brechung zu unterhalten. Im Jahre 1613 wurde
dieſe Andacht auf dringendes Anhalten des damali=
gen Faſtenpredigers, des P. H i a c i n t h von Caſal=
Montferrato, Kapuziner=Ordens, aus dem edlen
Geſchlechte der Marcheſi von Notta, mit großer
Feierlichkeit angeordnet. Ein Augenzeuge, ein
Domherr an der Domkirche zu Mailand, ſchrieb
Folgendes an einen ſeiner Freunde in Rom:

„Ich wünſchte ſehr, daß Sie während dieſer
Faſtenzeit, beſonders während der Charwoche hier
geweſen wären, um ein Ereigniß mit anzuſehen
und zu bewundern, das ſich bei uns zugetragen
hat. Schon früher habe ich Ihnen berichtet, wie
glücklich unſere Kirche ſei, gegenwärtig einen aus=
gezeichneten Prediger aus dem Kapuzinerorden zu
beſitzen, einen wahrhaft apoſtoliſchen Mann, ge=
ziert mit Wiſſenſchaft und Tugend, entbrannt von

heiligem Seeleneifer. Er wirkte mit seiner gott=
begeisterten Beredsamkeit so gewaltig auf die Her=
zen der Sünder, daß viele seiner Zuhörer, von
Reueschmerz durchdrungen und unter ⸱ reichlichen
Thränen, die seit zehn Jahren unterlassene Beicht
ablegten, Wucherer ihr ungerecht erworbenes Gut
zurückgaben, Sünderinnen zu Büßerinnen wurden,
Gotteslästerer sich besserten und Feinde zu Freun=
den wurden.

„Doch alles dieses ist noch nichts im Vergleiche
mit jenen Früchten der Buße, welche er durch die
feierliche Veranstaltung des vierzigstündigen
Gebetes erwirkte. Nachdem er während mehrerer
Tage durch heilsame Ermahnungen das Volk vor=
bereitet und alles mit kluger Umsicht angeordnet
hatte, machte er am Palmsonntag in der Dom=
kirche mit dem vierzigstündigen Gebete den
Anfang. Auf sein Ansuchen übernahmen vier=
undzwanzig adelige Herren ⸱ die Bewachung der
verschiedenen Portale der Kirche, um alle Unord=
nungen unter dem herandrängenden Volke zu ver=
hüten. Der Erzbischof Friedrich Borromäus, Kar=
dinal der hl. römischen Kirche, erließ ein Rund=
schreiben, worin er bekannt machte, daß Seine päpst=
liche Heiligkeit einen vollkommenen Ablaß allen
jenen ertheilen, die nach würdig abgelegter Beicht
und Communion sich bei diesem von den Predi=
gern des Kapuzinerordens angeordneten Gebete
einfinden werden.

„Um 10 Uhr des bezeichneten Tages wurde

also das Hochwürdigste Gut durch den Hochw.
Herrn Kardinal-Erzbischof, umgeben von seiner
ganzen Geistlichkeit, wie auch von den ehrw. PP.
Franziskanern und Kapuzinern, und begleitet von
den schon erwähnten adelichen Wächtern, feierlichst
ausgesetzt. In der Kapelle unserer lieben Frau,
vom Baume genannt, war ein herrlicher Baldachin
errichtet, wo man das Allerheiligste hinstellte. Ein
Flammenmeer von tausend und noch mehr Lich=
tern umschimmerte dasselbe auf goldenen und sil=
bernen Leuchtern und machte einen wunderbaren
Eindruck.

„Die erste Gebetsstunde verrichtete der Kardi=
nal-Erzbischof selbst an der Spitze seiner Geist=
lichkeit. Sodann traf man Anstalten, daß von
Stunde zu Stunde die Kirche von dem anwesen=
den Volke geräumt wurde, um der nächstfolgenden
prozessionsweise einziehenden Abtheilung Platz zu
machen. Menschen aus allen Ständen und Klassen,
vom höchsten bis zum niedrigsten Range, strömten
zahlreich herbei mit großer Andacht und reuiger
Zerknirschung, sehr viele, besonders Vornehme, mit
bloßen Füßen, mit dem Strick um den Hals und
in Bußsäcke eingehüllt. Zwei Kapuziner, der schon
erwähnte ehrw. P. Hiacinth und P. Marianus
von Mailand, Prediger bei St. Laurenz, hielten
abwechselnd begeisterte Reden an das versammelte
Volk. Eine Rede besonders, die P. Hiacinth
über den Vorspruch: „Noch vierzig Tage und
Ninive wird untergehen" hielt, machte einen un=

beschreiblichen Eindruck auf die Anwesenden. Man fühlte, daß Gottes Geist durch den Mund des Predigers sprach. Wie ein gewaltiger Strom riß er alle Herzen mit sich fort.

„Da hätten Sie sehen sollen, wie Personen, die Jahre lang in wilder Ehe lebten, die Erlaub= niß sich rechtmäßig zu verehlichen beim Kardinal= Bischof nachsuchten; wie öffentliche Sünder und Sünderinnen Buße wirkten. Jünglinge, die aus Muthwillen, in der Absicht zu spötteln, die Kirche betraten, verließen dieselbe als bekehrte und gebesserte Menschen. Die Beichtstühle wurden Tag und Nacht belagert, und der Tempel widerhallte fort= während von den Stimmen der weinenden und seufzenden Sünder."

Solche Wunder der Gnade geschahen vermittelst der Andacht des vierzigstündigen Gebets.

3. Bekehrungen zu Gap in Frankreich.

Unter den vielen Provinzen Frankreichs, über welche die Irrlehre Calvins unsägliches Elend brachte, wurde besonders auch die Provinz Dauphine hart mitgenommen. Diesem Unwesen zu steuern, entschlossen sich die ehrw. Väter Kapuziner zu Gap, in der gleichen Provinz, im Jahre 1627 in den drei heiligen Pfingsttagen das vierzig= stündige Gebet zu verrichten, um für das be= drängte Volk die Erleuchtung des heiligen Geistes zu erflehen, damit die bisher Treugebliebenen vor dem Irrthume bewahrt werden, die Abgefallenen aber denselben erkennen, verlassen und in den Schooß der katholischen Kirche wieder zurückkehren möchten.

Es wurden also alle Vorkehrungen getroffen, um diese Andacht feierlich und erbaulich zu begehen. Nicht nur die Stadtbewohner, sondern auch die benachbarten Landgemeinden erhielten die Einladung, fleißig und in verschiedene Prozessionen abgetheilt, an diesem vierzigstündigen Gebete für Bekehrung der Irrgläubigen Theil zu nehmen. Das Hochwürdigste Gut wurde alsdann in dortiger Kapuzinerkirche mit großer Feierlichkeit ausgesetzt und das Gebet angefangen. Während desselben hielten die Väter Kapuziner begeisterte Predigten an das versammelte Volk. Der Andrang des Volkes war so groß, daß selbst die Stadt sich in mehrere Abtheilungen theilen mußte, und vom Lande strömten fast aus allen Dörfern und Flecken des ganzen Bisthums zahlreiche Prozessionen daher, um dieses vierzigstündige Gebet mitzumachen. Man hat in den drei Pfingsttagen 150 Prozessionen gezählt. Die ganze Andacht wurde mit solcher Innigkeit und Erbauung verrichtet, daß nicht die mindeste Störung veranlaßt wurde. Viele Calvinisten oder Hugenotten (so nannte man die Irrgläubigen in Frankreich), begierig zu sehen, was in dieser Kirche vorgehe, mischten sich auch unter die Menge und drangen mit den Andern in die Kirche ein. Und sieh! die Feierlichkeit, mit welcher das heilige

Altarssakrament ausgesetzt wurde; die Andacht der
in Prozession daher wallenden Gläubigen; die
Lobgesänge, die aus tausend und tausend Kehlen
zum Preise des Allerhöchsten erschallten; die er=
schütternden Bußpredigten machten einen so starken
und heilsamen Eindruck auf sie, daß sie dem Irr=
thume sogleich entsagten und öffentlich in den
Schooß der katholischeu Kirche zurückkehrten. Man
rechnete ihre Anzahl auf 1500.

Schlußwort.

Diese und andere unzählige Gnadenerweisungen
und Bekehrungen sowohl ganzer Länder als ein=
zelner Personen sind Wirkungen des vierzig=
stündigen Gebetes. Und dieses läßt sich gar
wohl erklären, wenn man bedenkt, daß zur Er=
weckung des Bußgeistes und zum schnellen Fort=
schritt in der Tugend nichts geeigneter ist als die
Betrachtung des bittern Leidens und Sterbens
unsers göttlichen Erlösers. Durch die Betrachtung
des Leidens und Todes Jesu lernen wir Gott
kennen und uns: Gott in seiner unendlichen Lie=
benswürdigkeit, und uns in unsrer Versunkenheit
und Strafwürdigkeit. Und eben zu dieser zwei=
fachen Erkenntniß muß der Mensch gelangen, soll
er vom Wege der Sünde ab= und zu Gott zu=
rückkehren. Was beim Tode Jesu zu Jerusalem
in der Natur geschah, das geschieht in der Seele
jedes Christen, wenn er mit Andacht der Betrach=
tung des Leidens und Todes Jesu obliegt. Gleich=

wie beim Tode des göttlichen Heilandes die Sonne
trauerte, der Fels zerſprang, die Todten aus den
Gräbern aufſtunden, und der Vorhang des Tempels
entzweiriß, ſo fängt die Seele bei Betrachtung des
Leidens und Sterbens Jeſu an zu trauern, das
verſteinerte Herz zerſpringt vor Reueſchmerz, der
Sünder ſteht vom langen Sündenſchlafe auf und
die Binde, womit die Leidenſchaften ſein Geiſtes=
auge bedeckt haben, fällt herab, und vollbracht iſt
an ihm das große Erlöſungswerk.

Nun iſt ja das vierzigſtündige Gebet ge=
rade aus dieſer Abſicht hervorgegangen, um die
Gläubigen hauptſächlich zur frommen Betrachtung
des Leidens und Sterbens Jeſu Chriſti anzueifern,
und hiedurch das Feuer der Liebe zu Demjenigen
zu entflammen, der uns Alle geliebt hat bis in
den Tod am Kreuze!

Mit dankbarem Herzen laßt uns dieſe heilige
und ſegensvolle Andacht des vierzigſtündi=
gen Gebetes wieder erneuern und mit allem
Eifer üben! Was dieſe Andacht vor dreihundert
Jahren mittelſt der Gnade Gottes bewirkte, das
wird ſie durch eben dieſelbe Gnade auch in unſern
Tagen noch bewirken, wenn wir ſie im Sinn und
Geiſte ihres ehrwürdigen Stifters verrichten: aus
inniger Liebe zu unſerm gekreuzigten Erlöſer, aus
aufrichtiger Reue über unſere Sünden, aus reinem
Eifer für das Heil unſerer Brüder und Schwe=
ſtern in Jeſus Chriſtus, hochgelobt im allerheilig=
ſten Altarsſakramente!

Heilig, wie er gelebt, starb P. Joseph zu Mailand im Kapuzinerkloster St. Victor, am 5. Jänner 1556. „Selig sind die Todten, die im Herrn sterben. Von nun an, spricht der Geist, sollen sie ruhen von ihren Mühen; denn ihre Werke folgen ihnen nach." (Offenb. 14,13.)

Zweiter Abschnitt.

Andachten bei dem vierzigstündigen Gebete zur Betrachtung und Verehrung der vorzüglichsten Geheimnisse des Leidens Jesu Christi.

Erste Betrachtung.
Jesus im Garten Gethsemane.

Nach dem heiligen Abendmahle verließ Jesus mit seiner geliebten Jüngerschaar den Speise=saal und wandelte hinaus in den Garten Gethsemane, wo Er so oft im heiligen Gebete geweilet. Tiefe Trauer hat sich seiner Seele bemächtiget; denn es war der Gang zum Lei=den — zum schmachvollen Tode. Er nimmt drei seiner Jünger mit sich in den Garten, die übrigen heißt Er sich setzen. Jetzt wendet der Erlöser sich zu seinen vertrauten Freunden Petrus, Jakobus und Johannes: „Meine Seele," spricht Er, „ist

betrübt bis in den Tod. Wachet und betet, daß
ihr nicht in Verſuchung fallet. Der Geiſt iſt zwar
willig, aber das Fleiſch iſt ſchwach.“ Nun geht
Er ſelbſt zu beten zu ſeinem himmliſchen Vater.
Nicht bei ſich ſelbſt, nicht bei Menſchen will Er
in ſeiner ſchweren Stunde Troſt und Hilfe ſuchen,
ſondern bei ſeinem Vater im Himmel. Mit jedem
Pulsſchlag mehrt ſich ſeine Angſt, denn wie in
einem Spiegel ſieht Er die zahlloſen Sünden und
Verbrechen — vom erſten Falle der Menſchen
bis zum Ende der Welt. Schon fühlt Er die
entſetzlichen Schmerzen der Geißlung, der Dornen=
krone und des Kreuztodes. Seine menſchliche Na=
tur bebt zurück vor dieſem Anblick, ſie wankt und
will erliegen; der Menſchenſohn betet: „Mein
Vater! wenn es möglich iſt, ſo nimm dieſen Kelch
des Leidens von Mir, doch nicht wie Ich will,
ſondern wie Du willſt.“ Blutiger Angſtſchweiß
bedeckte ſein Angeſicht. Aber mitten in ſeiner
Todesangſt vergißt Er nicht ſeine lieben Jünger.
Er rafft ſich auf von der Erde und wankt hin
zu ihnen, allein Er findet ſie nicht betend, wie
Er ſie verlaſſen, ſondern ſchlafend und ruft in
ſeiner Verlaſſenheit ihnen zu: „Simon, ſchläfſt
du? Nicht einmal eine Stunde konntet ihr mit
Mir wachen!“

Gebet um Reueſchmerz über die Sünden.

O mein Jeſus, vor einer Stunde wareſt Du
am Abendmahle in der Mitte deiner Jünger voll

göttlicher Freude und Wonne: dort tröstetest und
stärktest Du deine Jünger mit freundlichen Wor=
ten, sprachest ihnen väterlich Muth zu, daß Pet=
rus für Dich sterben wollte; und nun befindest
Du Dich selbst in noch größerer Angst und Trau=
rigkeit, als deine Jünger. Du zitterst, blutiger
Angstschweiß bedeckt dein Angesicht, Du jammerst
und betest! Wer versetzt Dich in so bittere Todes=
angst? — Meine Sünden sind es, o Jesus! die
Dir eine so schreckliche Stunde bereiteten und
Deine unbegrenzte Liebe zu mir war es, die eine
solche Stunde leiden wollte. Ja, o Jesus! diese
deine unendliche Liebe zu mir hat Dich bewogen,
das Mahl der Liebe im heiligsten Altarssakra=
mente mir zu bereiten, und dort im Garten Geth=
semane die Last meiner und aller Menschen Sün=
den auf Dich zu nehmen. Ach wie groß, wie unend=
lich groß muß diese Bürde wohl sein, daß sie
Dich bis zur Erde beugte! Was wäre wohl erst
aus mir, was aus der ganzen Menschheit gewor=
den, wenn Du diese furchtbare Last und mit der
Last den Fluch nicht auf Dich genommen hättest!

Vater im Himmel, Dank Dir, daß Du deinem
Sohne in seiner entsetzlichen Todesangst deinen
stärkenden Engel sandtest, um seine heilige Mensch=
heit zu stärken, damit Er für uns den Kelch des
Leidens trinke, und festen Schrittes den schweren
Gang zum Tode des Kreuzes gehe.

O mein Erlöser! ich bete Dich an und bitte
Dich, Du wollest mir durch deine blutige Todes=

angst und schwere Verlassenheit eine **wahre Reue über meine Sünden** verleihen, besonders in der Stunde des Todes! Amen.

Zweite Betrachtung.
Jesus wird von Judas verkauft und verrathen.

Noch ehe der göttliche Erlöser mit den Eilfen den Speisesaal verließ, hatte sich Judas entfernt, um seinen göttlichen Meister zu verkaufen und den Händen seiner Feinde auszuliefern. Schon hatten sich die Feinde Jesu beim Hohenpriester versammelt und sannen auf Mittel, den Heiland zu tödten. Zur erwünschten Stunde trat der ruch= lose Jünger in die nächtliche Versammlung. „Was gebt ihr mir, wenn ich euch meinen Meister aus= liefere?" — „Dreißig Silberlinge," war die Ant= wort. Judas ward geblendet ob dem Glanz des Silbers: er verkauft seinen Meister, und verkauft Ihn seinen ärgsten Feinden! — Doch was schau= dere ich zurück vor solch einem Frevel? Habe ich nicht schon oft meinen Erlöser um weit geringern Preis verkauft? — Ein augenblickliches sündhaftes Vergnügen war es, die Befriedigung des Hasses, der Rache, des Geizes, der Gaumenlust, der Hoffart war es, um welche ich nicht nur einmal, sondern vielmal meinen Heiland verkaufte! — Bin ich also besser, als Judas?

Nun eilt der unglückliche Judas an der Spitze einer Schaar hinaus in den Garten Gethsemane, wo sein Meister, gestärkt von dem Engel nun

muthvoll aufstund, um seinen Feinden entgegen=
zugehen. Judas eilt in die Arme seines gött=
lichen Meisters und gibt Ihm den verrätherischen
Kuß. — Ach, durch einen Kuß verräth Judas
seinen Erlöser! Thue ich nicht etwas Aehnliches,
wenn ich Ihm Treue und Liebe heuchle, während
ich Ihn meinen Leidenschaften preisgebe?
Nun ist mein Erlöser seinen blutdürstigen Wider=
sachern ausgeliefert; seine heiligen Hände, die so
unzählige Wohlthaten dem Volke gespendet, wer=
den mit Stricken gebunden und werden nur los=
gemacht werden, um an's Kreuz geschlagen zu
werden!

Gebet um Treue in der Liebe zu Jesus.

O mein Jesus, wie sehr liebst Du mich, daß
Du auf solche Weise, durch den Verrath deines
eigenen Jüngers, Dich preisgeben wolltest! — Du
wolltest Dich wie einen Sklaven verkaufen lassen,
um mich aus der Sklaverei der Sünde zu befreien.
Erträglicher wäre es gewesen, wenn einer deiner
Gegner um dreißig Silberlinge Dich an deine
Feinde verrathen hätte; aber daß dein eigener
Jünger, den Du mit deiner zärtlichen Freund=
schaft beehrtest, Dich an deine Feinde verkaufte,
das mußte Dich, o Jesus! über alle Maßen
schmerzen. — Aber ach! wird es Dich weniger
schmerzen, wenn ich, den Du vom ewigen Tode
und aus der Knechtschaft des Teufels befreit hast,
Dich verrathe und an meine Sinnen= oder

Fleischeslust, oder an den Hochmuth und den
Stolz des Lebens verkaufe? — Ja nur zu oft
habe ich diesen Frevel an Dir, meinem Erlöser,
begangen. Aber ich bereue es, es soll nicht mehr
geschehen. O strafe mich nicht, wie ich es ver=
diene, sondern laß mich Dich, o mein Jesus! t r e u
l i e b e n im Leben, und in alle Ewigkeit! Amen.

Dritte Betrachtung.
Jesus wird gefangen genommen.

Kaum hat Judas seinem göttlichen Meister den
verrätherischen Kuß gegeben, so umzingelt ihn eine
Rotte bewaffneter Schergen. Jesus aber trat
hervor und sprach zu ihnen: „Wen suchet ihr?"
Sie antworteten Ihm: „Jesum von Nazareth."
Jesus sprach zu ihnen: „Ich bin es..." Als
Er nun zu ihnen sprach: „Ich bin es," — da
wichen sie zurück und fielen zu Boden. (Joh. 18,
4--6.) Aber der Herr läßt sie wieder aufstehen,
läßt sie seine Hände binden und leidet diese Miß=
handlungen mit größter Geduld; wie ein Lamm
läßt Er sich zur Schlachtbank führen und öffnet
den Mund nicht, sich zu beklagen. Siehe hier,
was die wahre, reine Gottes= und Nächstenliebe
vermag! — Nicht gezwungen, nicht aus natürlicher
Sanftmuth, sondern freiwillig opfert sie sich für
Gottes Ehre und der Menschen Wohl. Sich selbst
für das Wohl der Menschen freiwillig ausliefern,
mit freudigem Herzen einem Strome von Unbil=
den, von Spott und Hohn, und einem furchtbaren

Tode entgegen gehen, das vermag einzig die gött=
liche Liebe.

Gebet um Erlösung von den Leidenschaften.

Aus unendlicher Liebe zu mir haft Du, o Jesus!
Dich freiwillig den Händen deiner grausamen
Feinde ausgeliefert, und deine Segen spendenden
Hände dargereicht, um sie von rohen Schergen
binden zu lassen. Wie sehr muß ich mich schämen
vor deiner Liebe, o Herr, gegenüber meiner ge=
ringen Liebe zu Dir! Die Bande deiner Gebote
fallen mir so schwer, und ich suche sie immer ab=
zuschütteln! Dagegen wie leicht lasse ich mich von
der Sinnlichkeit, von der Eigenliebe und von andern
Leidenschaften in Fesseln schlagen, obgleich sie mich
weit härter drücken und verwunden. Soll ich aber
diese niederträchtige Sklaverei noch lange dulden?
Ja wohl ich will das Joch der Sünde abwerfen
und zu deinen Füßen hineilen, o Heiland! in
heiligem Reueschmerz; ich will die von deinem
koftbaren Blute gerötheten Bande der Liebe küßen,
dein süßes Joch mir nicht mehr schwer fallen
lassen und die Bande deiner Liebe nicht mehr
zerreißen. O Herr, erlöse Du mich von
allen meinen Leidenschaften! und erweise
die Kraft deines Namens an meinem Leibe und
an meiner Seele! Amen.

Vierte Betrachtung.

Jesus vor dem Richterstuhle der Hohenpriester Annas und Caiphas.

Vor einigen Tagen, als Jesus auf einer Eselin in Jerusalem einritt, breitete man die Kleider vor Ihm aus, grüne Zweige bedeckten den Weg, durch welchen Er herzog, und von tausend und tausend Zungen erschallte das „Gesegnet, der da kommt im Namen des Herrn! Hosianna in der Höhe!" und jetzt wird Er, gebunden, unter Spott und Hohn in die nämliche Stadt vor den Richterstuhl der Hohenpriester geführt. Zuerst führte man Ihn zu Caiphas. Welch' eine fürchterliche Nacht brachte hier der Erlöser zu! Mitten in einer Rotte von Soldaten, die Ihn zum Gegenstande des Spottes machen, erduldet Er alle Arten von Mißhandlung. Sie verbinden Ihm die Augen, speien Ihm in's Angesicht, sie schlagen, raufen, stoßen Ihn grausam, und sagen höhnisch zu Ihm: „Prophezeie uns, wer hat Dich geschlagen?"

Als man hierauf den Herrn zu Annas führte, der Ihn zur Verantwortung aufforderte, und Er der Wahrheit gemäß Antwort gab, wird sein göttliches Angesicht durch den Backenstreich eines verwegenen Schergen verletzt und entheiligt. Grausamer, wie durftest du es wagen, deine gottesschänderische Hand gegen den Heiligen der Heiligen zu erheben? — Doch nicht den Forderungen seiner göttlichen Gerechtigkeit läßt Jesus freien Lauf, sondern den Empfindungen seiner unend-

lichen Barmherzigkeit. „Hab Ich unrecht geredet,"
spricht Er zu ihm, „so beweise, daß es Unrecht
sei; habe Ich aber recht geredet, warum schlägst
du Mich?" (Joh. 18, 23.)

Gebet um Verachtung der weltlichen Ehre.

O Jesus! von Dir will ich lernen, die eitle
Ehre der Welt zu verachten, und Schmach,
Spott und Mißhandlung von Seite der Menschen
geduldig zu ertragen. O daß ich in nichts An=
derm mehr mich rühmen möchte, als im Kreuze,
d. h. in der Erniedrigung in Schmach und in
Leiden! Alles dieses habe ich um meiner vielen
Sünden willen tausendfach verdient; soll es mir
besser ergehen, als Dir, meinem Erlöser? Du
bist die ewige Heiligkeit, ich aber bin ein straf=
barer Sünder; erbarme Dich meiner!

O Jesus! ich bin alles das, wessen man Dich
beschuldiget: ich bin ein Verführer, ein Gottes=
lästerer, ein Aufrührer; ich habe den Tod ver=
dient, nicht Du! Du selbst aber willst nach deiner
unermeßlichen Liebe Alles dulden, was ich tausend=
mal verdient habe. Du willst Dich zum Tode
verurtheilen lassen. Dank, unendlicher Dank für
solche unerhörte Liebe! — Ich will um der zeit=
lichen Ehre willen, aus Furcht vor Verachtung,
vor Verfolgung und Mißhandlung meinem Er=
löser wie mehr untreu werden oder in die Sünde
einwilligen? — Nein, nimmermehr soll dieß ge=
schehen! Lieber sterben, als meinem Gott untreu

werden! O Jesus, schenk' mir hiezu deine Gnade!
Amen.

Fünfte Betrachtung.
Jesus vor Pilatus und Herodes.

Kaum graute der Morgen jenes blutigen Tages,
der den Erlöser am Kreuze sterben sah, da ziehen
die Schergen den Erlöser aus dem finstern Kerker,
um Ihn vor den Richterstuhl des Pilatus zu
führen. Vor diesem wurde Er besonders als ein
Staatsverbrecher angeklagt, weil Er sich „König der
Juden" nannte. Die Feinde Jesu sind nicht zu-
frieden, unserm Erlöser nur das Leben zu rauben,
nein, Er sollte auch als ein Verbrecher, bedeckt mit
Schmach und mit dem Fluche des Volkes, sterben.
Hören wir, was der Evangelist schreibt: „Und
Pilatus ging hinaus, um mit den Juden zu
reden . .; er sprach zu ihnen: Ihr habet diesen
Menschen vor mich geführt als Einen, der das
Volk aufwiegele; und siehe, ich habe Ihn vor
euch verhört und nichts Schuldiges an diesem
Menschen gefunden von Allem dem, worüber ihr
Ihn anklaget." (Luk. 23.) Jesus ist also gerettet, seine Unschuld ist am Tage; der römische
Landpfleger Pilatus hat sie als Richter vor dem
ganzen Volke bezeugt. Nun wird man Ihn auch
frei lassen. Ach nein, die Rache seiner Feinde
ist nicht gestillt; nur ungestümer verlangen sie
seinen Tod. Aber auch Er wollte sterben, sterben **für** unsere Sünden, da Er selbst keine auf

sich hatte. Er ließ es also zu, daß man Ihn von
Pilatus zu Herodes führte. — Zwar sah Ihn
dieser eitle König mit großer Freude kommen,
und ein einziges Wunder, das Er zur Befriedi=
gung seiner Neugierde gewirkt hätte, würde Ihn
vielleicht gerettet haben.   Aber auch hier beobach=
tete Er, wie bei Pilatus, ein geheimnißvolles,
edles Stillschweigen.   Der König wird darüber
entrüstet; auch er findet zwar an Ihm keine Schuld,
aber er erklärt Ihn als einen Verrückten, läßt Ihm
Spottkleider anziehen und als einen Thoren in
der Stadt herumführen. — Wie demüthigend ist
dieses für mich, der ich mich selbst so gern für
weiser, geschickter, besser und vornehmer halte,
als Andere; der ich es so sehr empfinde, wenn
man mich für einfältig, für ungeschickt hält, meiner
spottet und mich verlacht! —

Gebet um Geduld in Leiden.

O mein Jesus, in welchem Zustande sehe ich
Dich vor mir!   Dein heiliges Angesicht ist von
Blut und Speichel entstellt, deine Glieder sind
aufgeschwollen von den Fesseln und abgemattet
von der unter den Mißhandlungen der Henker
zugebrachten Nacht.   Ach, ich habe alle diese Stra=
fen verdient; es sind meine Sünden, o Jesus!
deren man Dich beschuldiget; Du hast Dich mit
denselben umgeben, um mich auszuziehen und zu
bekleiden mit deiner Gerechtigkeit.   O lehre mich
meine Fehler und Sünden erkennen! Lehre mich,

die Leiden des Lebens mit Geduld an=
nehmen, sowie die Verachtung der Menschen
ertragen, um mich mit Dir zu vereinigen und
durch deine Verdienste meine Sünden zu decken.
O Jesus, welch' ein großer Meister der Ge=
duld und der Demuth bist Du! Du wirst für
unschuldig erklärt und dennoch so unmenschlich be=
handelt. O heiliges Schlachtopfer, rein und ohne
Makel! welche Schmerzen haben Dir unsere Sün=
den verursacht! Wie groß mußte deine Liebe sein,
daß Du Dich um unsertwillen so unerhört miß=
handeln ließest! Aber wie sehr sollte auch unsere
Liebe aufflammen bei der Betrachtung deiner Lei=
den! O mein Jesus! mit dem lebhaftesten Ge=
fühle der Dankbarkeit will ich stets mich beeilen,
Dir auf deinem Leidenswege nachzufolgen. O
verleihe mir die nöthige Kraft und Ausdauer da=
zu, daß ich meine Sünden, besonders meinen
Hochmuth, als die Quelle deiner Leiden stets be=
reue, mich demüthige und in Zukunft mich nicht
mehr schäme, um deines Namens willen verachtet
zu werden. Amen.

Sechste Betrachtung.
Jesus wird gegeißelt.

Der schwache Pilatus fürchtete die wüthende, von
den Hohenpriestern und Pharisäern aufgehetzte
Volksmasse: um also wenigstens die Rache der
Feinde Jesu einigermaßen zu befriedigen, ja wenn
es möglich wäre, Ihn vom Kreuzestode zu retten,

befahl er, den Unschuldigen zu geißeln. Die Geiß=
lung, wie sie von den Römern ausgeführt wurde,
war eine der furchtbarsten Martern; Viele starben
während derselben.

Die grausamen Schergen führen Ihn in den
Vorhof; mit thierischer Rohheit ziehen sie Ihm
die Kleider aus und binden Ihn an eine Säule.
Ach, was muß wohl deine reinste Seele bei dieser
schonungslosen Entblößung gelitten haben; mein
Jesus! indem diese Entkleidung Dir bitterer war
als die Geißlung selbst! Möchten doch alle eitlen
Menschen beherzigen, welche Pein Jesus bei dieser
Entblößung erdulden mußte, um ihre schamlose,
ärgerliche und freche Kleidung, ihre sündhaften
Geberden und Blicke zu büßen! O mein Gott!
ich sehe im Geiste das heilige Blut fließen: mit
unmenschlicher Grausamkeit geißeln sie das un=
schuldige Lamm Gottes. Zahllos sind die Wun=
den; die Flechsen und Adern sind zerrissen, die
Rippen vom Fleische entblößt und in Strömen er=
gießt sich sein heiliges Blut, bis Er selbst, los=
gebunden von der Säule, in dasselbe niedersinkt . . .

— O grausamer Pilatus, wie konntest du den
Unschuldigen so fürchterlich mißhandeln lassen!
Du fandest ja keine Schuld an Ihm; warum
hast du das gethan? — Du fandest freilich keine
Schuld an Ihm, aber die göttliche Gerechtigkeit
fand eine große Schuld an uns: die Sünden
der Sinnlichkeit, der Fleischeslust und der Un=
keuschheit schrieen um Rache zum Himmel, und

diese wollte Jesus auf solche Weise sühnen. O
möchte hier jeder sinnliche Mensch erwägen, was
die Sünde an Jesus verübet hat!

Gebet um Liebe zur Abtödtung und Keuschheit.

O mein Jesus! ich bereue von Herzen meine
Sinnlichkeit und Unlauterkeit, wodurch auch ich
Theil genommen an der grausamen Mißhandlung
deines heiligen Leibes. Ich trage herzliches Mit=
leid mit Dir, o gegeißelter Jesus! — Nein, nim=
mermehr werde ich den Begierden des Fleisches
huldigen; ich werde es kreuzigen durch Fasten,
Beten und Arbeit, werde es dem Geiste unter=
werfen; mein Herz soll durch Liebe zur Ab=
tödtung und Keuschheit wieder werden, was
es sein soll — ein reiner Tempel des heiligen
Geistes. Ich will wachen über meine Sinne und
mein Herz, daß es nichts Unreines denke noch
verlange, und meine Sinne nichts Unkeusches und
Gefährliches sehen, hören, sprechen und berühren.
Ich will jede böse Gelegenheit fliehen. O Jesus,
binde mich mit den Banden der Liebe an die
Säule des Kreuzes und züchtige Du mich, wenn
ich vergesse, mein sündiges Fleisch zu züchtigen!
Schneide, brenne, peinige mich in diesem Leben
nach deinem Wohlgefallen, damit meine Seele für
jenes Leben gerettet werde! Amen.

Siebente Betrachtung.

Jesus wird mit Dornen gekrönt.

Die grausamen Schergen thun mehr, als ihnen Pilatus befohlen. Sie flochten aus dicken, gerade aufgeschossenen Dornzweigen eine Krone, setzten sie dem Erlöser auf das Haupt, drückten sie tief in dasselbe und schlugen mit einem Rohre darauf. O namenloser Schmerz meines Jesu! — Und ach! Niemand ist hier, der Mitleid trägt; zum grausamsten Schmerze gesellt sich noch teuflischer Spott und Hohn: sie umhüllen Dich mit einem zerrissenen Mantel, in deine Hände stecken sie ein zerbrochenes Rohr, sie fallen höhnisch vor Dir nieder, begrüßen Dich spottweise als König der Juden, sie schlagen und speien Dir in's Angesicht und mißhandeln Dich auf die entsetzlichste Weise.

O unerschöpfliche, o unaussprechliche Liebe meines Erlösers! Wie schäme ich mich vor meinem dornengekrönten, verspotteten und schrecklich gedemüthigten Erlöser! Jesus ist mein mit Dornen gekröntes Haupt und ich ein weichliches hochmüthiges Glied an seinem Leibe! —

O Jesus! Du büßest in deiner grausamen Dornenkrönung die Sünden unsers Stolzes und Hochmuthes; wie verabscheuungswürdig und häßlich sollten uns also diese Sünden erscheinen! Ja jede dieser Sünden ist ein Dorn, den wir in dein heiliges Haupt drücken, und ein Schlag in dein heiliges Angesicht. Unsre sündhaften Gedanken,

Worte und Werke flechten für Dich eine furcht=
bare Dornenkrone. O Sünder, höre auf, den
armen Jesus mit Dornen zu krönen, höre auf zu
sündigen!

Gebet um wahre Demuth.

Ich erkenne, o Jesus! daß ich durch meinen
Stolz und Hochmuth viel beigetragen habe zu
deiner grausamen Dornenkrönung und Erniedrigung.
Herr, verzeihe mir meine Grausamkeit! Ich rufe
die mit deinem heiligen Blute befleckten Dornen,
den zerrissenen Purpurmantel, das zerbrochene
Moosrohr an, mit dem man Dich schlug; um
ihrer willen verzeihe mir, o Herr! Erlasse mir
meine Sünden des Stolzes, die ich von nun an
verabscheuen und hassen will. Die Dornen deiner
Krone mögen mein Herz verwunden; dein zerrisse=
ner Mantel möge meine durch die Sünde mir ge=
schlagenen Wunden bedecken; dein zerbrochenes
Schilfrohr möge zu einem festen Stab mir er=
blühen, an dem ich auf dem Wege der
wahren Demuth sicher wandle. Und ste=
chen mich in diesem Erdenleben die Dornen der
Trübsal, treffen mich die Schläge der Verachtung
und der Demüthigung, dann will ich mich er=
innern an die Dornen, die ich durch meine Sün=
den in dein Haupt gedrückt, und mich nicht mehr
beklagen, sondern bußfertig leiden und in der
Demüthigung mit David ausrufen: „Es ist mir
gut, daß Du mich gedemüthiget hast.“ So hoffe

ich durch deine Dornenkrone dereinst im Himmel
die ewige Freudenkrone zu erlangen. Dazu gib,
o Herr, deine Gnade! Amen.

Achte Betrachtung.
Jesus wird dem Volke vorgestellt und zum Tode des Kreuzes verurtheilt.

In seinem jammervollen Zustande: mit der Dor=
nenkrone auf dem Haupte, dem zerrissenen Pur=
purmantel um die blutenden Schultern, und das
Moosrohr in der Hand läßt Pilatus den Erlöser
auf die Terrasse seines Palastes hinführen, zeigt
Ihn dem Volke und ruft: »Ecce homo!« Seht
welch' ein Mensch! Es war ein furchtbarer,
herzzerreißender Anblick, als die Jammergestalt des
Sohnes Gottes vor dem Volke stund, — geeignet,
auch das roheste Herz zu rühren. Aber die ver=
führte und gehetzte Volksmasse hatte kein Mitleid,
denn lauter rief es jetzt: „Fort mit Ihm an's
Kreuz!" Selbst Barrabas, ein öffentlicher Straßen=
räuber und Mörder, findet Gnade in den Augen
des Volkes; es verlangt mit Ungestüm dessen Frei=
heit; den unschuldigen Jesus aber, dem es so
unzählige Wohlthaten schuldet, verdammt es zum
Tode. Es droht dem Pilatus mit der Ungnade
des Kaisers, wenn er Ihn freilasse, und Pilatus
ist so schwach, den unschuldigen Erlöser dem Kreuz=
tode zu überliefern, er wäscht sich die Hände, und
spricht: „Ich bin unschuldig an dem Blute dieses
Gerechten; sehet ihr zu!"

O Sünde, welch' ein großes Opfer forderst du, um getilgt zu werden! Ein Gott, von seinen Geschöpfen zum Tode verdammt! — Aber wie: habe nicht auch ich selbst schon oft durch meine Todsünden dem Herrn das Todesurtheil gespro= chen? Habe ich nicht schon oft meine sündhafte Leidenschaft dem göttlichen Erlöser vorgezogen? —

Gebet um den Segen des kostbaren Blutes Jesu.

O guter Jesus! Dein Anblick zerreißt mir das Herz; ich verfluche meinen Undank und meine Sünden, durch welche ich so oft mit den Juden das „Fort mit Ihm an's Kreuz!" ausgerufen, und Barrabas frei gegeben habe. Ich beweine meine Verblendung und seufze zu Dir, daß dein göttliches Blut doch nicht um Rache schreie gegen mich, sondern daß es mir eine nie versiegende Quelle des Heils und der Gnade werde. Ja, es komme der Segen deines kostbaren Blu= tes über meine Seele, auf daß sie, deinem himmlischen Vater wohlgefalle und Er sie auf= nehme in die Wohnung seiner Heiligen. O Jesus! präge dein Leiden recht tief meinem Herzen ein, damit ich es beständig vor Augen habe und nim= mermehr sündige! Amen.

Neunte Betrachtung.

Jesus trägt sein Kreuz auf den Kalvarienberg.

Das Todesurtheil ist über Jesus ausgesprochen, es werden Ihm seine Kleider wieder angezogen und das schwere Kreuz auf seine verwundeten Schultern geladen. Mit innerlicher Freude umarmt Er dieses Kreuz, an dem Er für die Menschen sterben soll. Der Zug auf den Kalvarienberg setzt sich in Bewegung: das verblendete Volk und seine gottlosen Führer strömen in Hast voran; an Stricken geführt, mit dem schweren Kreuze beladen, wie der größte Verbrecher, wankt Jesus durch das Thor, das auf die Richtstätte führt.

Ach, Ihn drückt mehr die ungeheure Last unsrer Sünden, als die Wucht des Kreuzes zu Boden, und Niemand reicht Ihm einen hilfreichen Arm zum Aufstehen; mit Streichen wird Er aufgetrieben, an den Stricken aufgerissen. Statt sich über solche grausame Behandlung zu beklagen, tröstet Er vielmehr seine mit unsäglichem Schmerz Ihm begegnende Mutter; Er sagt den weinenden Frauen von Jerusalem: „Weinet nicht über Mich, sondern weinet über euch selbst und über euere Kinder!"

Endlich ist man auf dem Kalvarienberge angelangt. Dem Heiland wird das Kreuz abgenommen, um Ihn darauf hinzulegen. Seht schon entkleiden sie Ihn in eiliger Hast, mit Wuth reißen die Unmenschen Ihm das Kleid wieder

von seinem Leibe und erneuern dadurch alle Wun=
den. Ach, schließet euch, meine Augen, damit ihr
dieses blutige Schauspiel nicht sehet! Wie schreck=
lich widerhallen die Hammerschläge in meinem
Innern! — Jetzt wird mein Erlöser an's Kreuz
genagelt! — Sünden, o Sünden! was habet ihr
über meinen Gott und Erlöser gebracht! — Ach,
wird das Blut, das aus seinen Händen und Füßen
strömt, nicht gegen mich um Rache schreien zum
Himmel? — Und ich sollte die Sünde noch ferner
lieb haben?

Gebet um die Gnade der Nachfolge des Gekreuzigten.

O Jesus! ich will alle meine Sünden aufrich=
tig hassen und verabscheuen. Ich will weinen
über die Sünden meiner Fleischeslust, Augenlust
und meines Hochmuthes; denn auch diese meine
Sünden haben sich mit deinem unschuldigen Blute
befleckt, haben Theil genommen an deinem Morde.
Ach, verleihe mir einen wahren innerlichen Ab=
scheu und Haß gegen die Sünde. Verleihe mir
die Thränen der übernatürlichen, vollkommenen
Reue über meine Sünden. Dein heiliges Blut
möge nicht um Rache gen Himmel schreien, son=
dern vielmehr das Herz des ewigen Vaters sühnen
und mir Barmherzigkeit und Vergebung der Sün=
den erflehen. Jesus, meine Liebe, erbarme Dich
meiner! Von heute an will ich die breite Straße
der Sünde verlassen und den schmalen Weg der

Buße betreten. Du, o kreuztragender Jesus! gehst
mir mit der siegreichen Fahne des Kreuzes voran;
laß mich Dir nachfolgen auf dem könig=
lichen Wege des Kreuzes! Amen.

Zehnte Betrachtung.
Jesus am Kreuze erhöht.

Nachdem Jesus an's Kreuz geschlagen war, wurde
Er an demselben erhöht und das Kreuz in die
gemachte Grube eingesenkt und befestiget. Diese
gewaltsame Erschütterung hat unserm göttlichen
Heilande furchtbare Schmerzen verursacht, alle
seine Wunden wurden erneuert. Nun ist erfüllt
jenes prophetische Wort, das Er einst zu Niko=
demus gesprochen: „Wie Moses in der Wüste
eine Schlange erhöhet hat, also muß der Menschen=
sohn erhöht werden, auf daß Alle, die an Ihn glau=
ben, nicht verloren gehen, sondern das ewige Leben
haben." (Joh. 3, 14.) O Jesus, unendlicher
Dank sei Dir, der Du Dich selbst geopfert! An=
betung und Dank deinem ewigen Vater, der die
Welt so sehr geliebt hat, daß Er seinen
eingebornen Sohn dahingab!

Mit dem Erlöser wurden auch zwei Mörder
gekreuziget, auf daß das Wort des Propheten er=
füllt würde: „Er ward unter Uebelthäter gerechnet."
(Luk. 22, 37.) Solch einer tiefen Erniedrigung
bedurfte es von Seite des göttlichen Erlösers, um
die traurigen Folgen des menschlichen Hochmuthes
zu heilen; ein solches Uebermaß von Liebe war

nothwendig, um das verdorbene, von Gott ganz
entfremdete Menschenherz wieder Gott nahe zu
bringen, und doch wird Gott auch jetzt noch von
den Wenigsten wahrhaft geliebt!

Jesus hängt am Kreuze voller Wunden und
Schmerzen. Niemand ist, der Ihn tröstet und
trösten kann; denn seine Mutter, sein Liebesjünger
und die frommen Frauen, die Ihm bis auf den
Richtplatz gefolgt, sind so sehr in Trauer und
Schmerz versenkt, daß sie selbst des Trostes bedürfen. Die Uebrigen schmähen Ihn und selbst
einer seiner Mitgekreuzigten erfrecht sich noch zu
lästern, während der andere Schächer sich seiner
Liebe empfiehlt. Und was thut mein Erlöser am
Kreuze? Er betet unter den fürchterlichsten Schmerzen für seine Feinde „Vater, verzeihe ihnen,
sie wissen nicht, was sie thun." O welch'
liebevolles, welch großmüthiges Gebet! Wie be-
schämend für mich, der ich so empfindlich, so lang-
sam zum Verzeihen bin, der ich so gerne Allem
eine böse Absicht unterschiebe, wenn man mich beleidigt. Und doch bete ich täglich: „Vergib uns
unsere Schulden, wie auch wir vergeben unsern
Schuldigern." Ich verlange also täglich Verzeihung
und ich verzeihe dennoch nur selten und ungern!

Aber auch jener Schächer hatte sich nicht um-
sonst der Barmherzigkeit des Erlösers empfohlen,
denn Jesus sprach zu ihm: „Wahrlich, Ich
sage dir, heute noch wirst du bei Mir
im Paradiese sein!" Welch' eine trostvolle

Verheißung für den guten Schächer! Diese Ver=
heißung soll auch mich mit Trost und Freude
erfüllen; denn jeder Sünder, der reuig zu Jesus
aufblickt, darf seiner Huld und Gnade versichert
sein. Wir wollen also nicht verzagen wegen unserer
Sünden; wir dürfen ja nur im Geiste der wahren
Reue und Buße auf Dich blicken, o guter Jesus!
und uns wird Vergebung zu Theil werden, wenn
wir unsere Sünden bekannt haben. Du rufst uns
alsdann zu: „Sei getrost, mein Sohn, deine
Sünden sind dir vergeben; bald wirst du bei Mir
im Paradiese sein!"

Gebet um Vergebung der Sünden.

O Jesus! Du hast Dich am Kreuze, so barm=
herzig und großmüthig gezeigt, indem Du für
deine Mörder gebetet und dem reuigen Schächer
das Paradies verheißen hast. Erweise auch mir
stets solche Liebe und Barmherzigkeit. Sieh, ich
habe Dich und deinen Vater im Himmel viel
und schwer beleidigt, und habe auch Theil ge=
nommen an dem Verbrechen, das man an Dir
begangen hat. Ach, flehe auch für mich zum
Vater „Vater, verzeihe ihm, er wußte nicht, was
er that;" denn ach, ich habe es wirklich noch nie
so erkannt, welch' ein undankbarer Mensch ich
durch meine Sünden an Dir geworden! Und da
ich meinen Undank gegen Dich so aufrichtig bereue
und Buße zu thun entschlossen bin, so hoffe ich,
Du werdest um so bereitwilliger Dich bei deinem

himmlischen Vater für mich verwenden und mir
Vergebung meiner Sünden erlangen. O
Jesus, um deines heiligsten Leidens willen erhöre
mein Gebet, sei mir armen Sünder gnädig und
gedenke meiner zur Rechten deines Vaters im
himmlischen Paradiese! Amen.

Eilfte Betrachtung.

Jesus stirbt am Kreuze.

Sieh, meine Seele, es nahen die letzten Augen=
blicke deines Erlösers am Kreuze: Er beginnt zu
sterben. Noch eben hat Er an seine vielgeliebte,
um Ihn tief trauernde Mutter gedacht; Er sprach
zu ihr, auf den bei ihr stehenden Johannes, seinen
liebsten Jünger hindeutend: „Sieh da deinen
Sohn!" er wird künftig hin Sohnespflicht an dir
erfüllen, dich erhalten, dich pflegen, dich unter=
stützen, dich lieben wie ein Sohn, bis auch für
dich die letzte Stunde dieses Erdenlebens geschla=
gen hat. Dann sprach Er auch zu Johannes:
„Sieh' da deine Mutter!" ehre, liebe, unter=
stütze sie als ein treuer Sohn, so wie ich's gethan
habe. — So sorgte Er also in Mitte seiner
Schmerzen, in den letzten Augenblicken seines Lebens
für seine liebe Mutter und für seinen verlassenen
Jünger! Ja nicht nur für seine Mutter und seinen
Jünger sorgte Er so liebreich, sondern auch für
uns Alle. Dadurch, daß Er Maria, seine zärt=
lichgeliebte Mutter dem Jünger zur Mutter gab,
ist sie auch unsere Mutter geworden, und in

Johannes sind wir ihre Kinder geworden. O wie
will ich allzeit diese gute, barmherzige und liebens=
würdige Mutter verehren! Ich will auch nach
Kräften bewirken, daß sie von Andern verehrt und
geliebt werde. So nimm mich denn, o liebe
Mutter! als dein Kind an; laß mich theilen mit
dir die innige Liebe zu deinem Sohne, laß auch
mich theilnehmen an deinem Schmerz unter dem
Kreuze deines Sohnes.

Jetzt ruft Jesus: „Es ist vollbracht!"
„Vater in deine Hände empfehle Ich mei=
nen Geist!" — und stirbt. Mit Recht trauert
die ganze Natur, die Sonne verhüllt ihren Glanz,
Berg und Thal zittern und die Felsen springen
ob dem Gottesmord; die Todten kommen aus
ihren Gräbern hervor, um den Menschen ihr
Verbrechen vorzuhalten. Weinen wir am Fuße
des Kreuzes mit Maria und den frommen Frauen;
denn Jesus, der uns so unendlich geliebt, ist ge=
storben aus Liebe zu uns. Ein Gott stirbt für
sein Geschöpf, das Ihn nicht geliebt, sondern Ihn
eher gehaßt hat, und Ihn von seinem Throne
stürzen wollte! — Und ich sollte Ihn nicht über
Alles lieben, diesen Gott der Liebe! Ja ich will
Dich lieben; ach, könnte ich Dich mit den Herzen
aller Engel und Heiligen im Himmel, mit den
Herzen aller Menschen auf Erden lieben, o Gott!
O möchte mein Wort erschallen von einem Ende
der Welt bis zum andern: „Ihr Völker aller
Länder und Sprachen, liebet, liebet Denjenigen,

der am Kreuze für euch aus Liebe gestorben ist!
Liebet, liebet die gekreuzigte Liebe!"

Gebet um geduldiges Ausharren im Kreuze.

Ich danke Dir, o Jesus! daß Du in deiner
unendlichen Liebe mir in Maria, deiner vielgelieb=
ten Mutter, vor deinem Hinscheiden aus der Welt
eine so sorgfältige und liebreiche Mutter gegeben hast.
Ich verspreche Dir, sie als solche zu lieben und
zu verehren bis in den Tod. Ich danke Dir
ferner für deinen schmerzvollen Tod am Kreuze,
durch den nunmehr die Macht der Hölle gebro=
chen, der Tod besiegt, die Sünde gesühnt, und
wir wieder in die Freiheit der Kinder Gottes
eingesetzt werden. Möchte doch dein kostbares Blut
und dein segensreicher Tod an keinem einzigen
Menschen verloren gehen! Möchten Alle die Selig=
keit erlangen, die Du uns so theuer erkauft hast!
Gib uns Gnade, unsere Sünden aufrichtig zu be=
reuen und Buße zu thun und so uns deinen Er=
lösungstod zu Nutzen zu machen. Hilf, daß wir
Dich von nun an aufrichtig und von ganzem
Herzen lieben, deine Gebote halten, uns selbst
verleugnen, das Kreuz mit Geduld tragen und
Dir nachfolgen. Ja gib, o guter Heiland! daß
ich aus Liebe zu Dir geduldig ausharre in
meinem Kreuze und deinen heiligen Willen
unter allen Wechselfällen dieses Lebens vollziehe.
Gib mir die Gnade, in deiner heiligen Liebe zu leben
und einstens in ebenderselben Liebe zu sterben! Amen.

Zwölfte Betrachtung.

Jesus im Grabe.

Jesus hat nun vollendet. Alles ist fort, nur
Maria, der Liebesjünger Johannes und einige
fromme Frauen von Jerusalem, die Ihn bewei=
nen, bleiben zurück, um dem verstorbenen Erlöser
die letzte Ehre zu erweisen. Joseph von Arimathea,
ein geheimer Jünger Jesu, erhält bei Pilatus die
Erlaubniß, den heiligen Leichnam vom Kreuze ab=
zulösen und zu begraben. Schnell werden die An=
stalten getroffen, die Frauen eilen in die Stadt
und bringen kostbare Salben und Leinwand für
den heiligen Leichnam, während Nikodemus und
Joseph von Arimathea mit der Kreuzabnahme
beschäftigt sind. Da liegt Er nun, der heilige
Leichnam, im Schooße der schmerzhaften Mutter
Maria, welch' ein Anblick für die schwergeprüfte
Mutter! Sie küßt voll zärtlicher Liebe und An=
dacht seine heiligen Wunden, sie reinigt Ihn von
dem überronnenen Blute, und wäscht seine Wun=
den mit ihren Thränen.

Meine Seele, nahe auch du dich jetzt im Geiste
diesem heiligen Leichnam und verberge dich von
nun an in diese heiligen Wundmale, so oft der
Versucher dir naht; denn in diese heiligen Höhlen
darf er nicht eindringen, da bist du sicher. Hat
er aber außer denselben dich gefunden und dich
überwältigt, hast du gesündigt, o so eile in diese
heiligen Zufluchtsorte, aber mit Reue, und die

göttliche Gerechtigkeit wird dir in Anſehung dieſer Wunden Verſöhnung und Gnade ergehen laſſen.

In ein neues Grab wird Jeſus gelegt, in dem noch Niemand begraben worden; man wälzt einen großen Stein vor ſein Grab und zieht ſich dann zurück. O möchte auch mir einmal nach einem chriſtlichen Leben eine ſolche heilige Ruhe zu Theil werden! O könnte ich einſt mit dem Bewußtſein in das Grab ſteigen, einen guten Kampf gekämpft und den Glauben an Jeſus treu bewahrt zu haben! — Dieß wird geſchehen, wenn ich meinen Erlö= ſer durch die heilige Communion oft in meinem Herzen begrabe, wenn ich mir die weiße Leinwand, d. i. Reinheit des Herzens und des Gewiſſens, erkaufe; wenn ich meine Seele mit den wohl= riechenden Spezereien eingeſalbt, d. i. mit der chriſtlichen Tugend geſchmückt und Jeſus gleichſam damit eingewickelt habe, beſonders durch Mild= thätigkeit gegen die Armen Chriſti. O Herr! laß mich Dich ſtets in ein neues Grab legen, d. h. in ein durch aufrichtige Buße erneuertes Herz. Und damit Niemand in dies mein Herz begraben werden kann, als Du, der Du es für Dich ge= bildet und geſchaffen haſt, ſo will ich nun den Stein des feſteſten Entſchluſſes, nur Dir anzuge= hören, vor die Oeffnung meines Herzens wälzen. Mit Hilfe deiner Gnade und deiner heiligen Engel, verſehen mit dem Schilde des Glaubens, bedeckt mit dem Helm der Hoffnung und des Vertrauens, und bewaffnet mit dem flammenden

Schwert der Liebe will ich die Oeffnung meines Herzens so sorgfältig bewachen, daß hinfort Niemand diesen Stein von derselben wegzuwälzen im Stande sein wird, bis der Morgen der Auferstehung anbricht und ich siegreich über Sünde, Tod und Hölle mit Dir auferstehen werde zum ewigen Leben!

Gebet um die ewige Ruhe.

O Jesus! mit lebendigem Glauben bete ich Dich an, küsse im Geiste deine heiligen Wunden. Begrabe mich mit Dir durch die Gnade einer aufrichtigen Buße und durch die innigste Vereinigung mit Dir in der heiligen Communion, auf daß ich einst mit Dir im Himmel über Tod, Sünde und Hölle, mit allen deinen Auserwählten triumphire. Verleih mir die Gnade, mein Leben im beharrlichen Kampfe mit den Feinden meines Heiles glücklich zu vollenden, eines seligen Todes zu sterben und der ewigen Ruhe theilhaft zu werden. Und endlich, o Herr! empfange nochmals meinen Dank für dein heiliges Leiden und Sterben, für das erhabene Werk der Erlösung!

O mildester Herr Jesus Christus, um deines bittern Leidens und Sterbens willen, erbarme Dich aller leidenden Seelen im Reinigungsorte! Lasse Alle, die in der Hoffnung auf Dich ihr Leben hienieden beschlossen haben, in jenes glückselige Jerusalem gelangen, wo ein ewiger Tag herrscht und Ein Geist unter allen Kindern waltet! Lasse Alle gelangen in die Stadt des Friedens,

der ewigen Ruhe und der vollkommenen Glück=
seligkeit, wo Du, o Herr Jesus Christus, mit
dem Vater und dem heiligen Geiste lebest und
regierest von Ewigkeit zu Ewigkeit! Amen.

Dritter Abschnitt.

Andachten bei dem vierzigstündigen Gebete zur Betrachtung und Verehrung des allerheiligsten Altarssakramentes.

Erste Betrachtung.

Jesus Christus, der Sohn Gottes, hat das allerheiligste Altarssakrament eingesetzt.

Jesus stand vom Mahle auf, legte seine Klei=
der ab, nahm ein leinenes Tuch und umgür=
tete sich damit. Dann goß Er Wasser in ein
Becken und fing an, die Füße seiner Jünger
zu waschen und mit dem leinenen Tuche abzu=
trocknen, womit Er umgürtet war. (Joh. XIII. 1—5.)
Es war der Abend vor dem Leiden des Herrn
gekommen. Jesus wußte, daß Er nach wenigen
Stunden durch die Hände seiner Feinde dem Tode
sollte überliefert werden. Diesen letzten Abend
will Er heiligen und das heiligste Denkmal seiner
unergründlichsten Liebe hinterlassen, indem Er das
heilige Sakrament des Altares einsetzt. Nachdem

Er das Osterlamm mit seinen Jüngern gegessen, steht Er vom Tische auf, gießt Wasser in ein Becken, umgürtet seine Lenden mit einem leinenen Tuche und fängt an den Jüngern die Füße zu waschen. O meine Seele, betrachte hier die tiefe Demuth deines Heilandes vor der Einsetzung des heiligen Sakramentes! Jesus ist der Lehrer und Meister seiner Jünger, und der Meister verrichtet bei seinen Schülern den niedrigsten Dienst; Er ist der Herr und Gebieter und wie ein Diener wäscht Er seinen Aposteln die Füße; Er ist der Sohn Gottes, der Abglanz des Vaters, der Eingeborne von Ewigkeit, und Er liegt vor sündhaften und unter sich eifersüchtigen Menschen auf den Knieen und übernimmt das Werk der niedrigsten Knechte!

2. „Und als die Stunde gekommen, setzte Er sich zu Tische, und die zwölf Apostel mit Ihm. Und Er sprach zu ihnen: Ich habe ein großes Verlangen gehabt, dieses Osterlamm mit euch zu essen, bevor Ich leide." (Luk. XXII, 14—15.)

Wie sehr hat uns Jesus geliebt! Er hat verlangt nach dem Augenblicke, wo Er das heilige Sakrament einsetzen und sich seinen Jüngern unter Brodesgestalt zur Speise hingeben wollte, obschon Er wußte, daß Er von Vielen ganz vergessen, von Vielen seine überaus große Liebe nur mit Undank belohnt werde; daß sogar Viele im Unglauben seine Liebe leugnen und mit schweren Sünden und Freveln seine heilige Gottheit be-

leidigen würden. Er hat verlangt nach der Stunde
des letzten Abendmahls, obschon Er wußte, daß
Er bald darauf blutigen Angstschweiß am Oel=
berg vergießen, daß Er von Wunden bedeckt,
blutend an der Säule unter der Geißelung stehen
und am Kreuze sein Leben beschließen sollte.

3. Da sie aber aßen, nahm Jesus das Brod,
und segnete es und brach es, gab es seinen Jün=
gern und sprach: Nehmet und esset, dies ist mein
Leib. (Matth. XXVI, 26.)

Als Jesus am hohen Grünendonnerstag Abends
nach der Fußwaschung mit seinen Jüngern wie=
der zu Tische saß, nahm Er das Brod in seine
hl. Hände, segnete es, brach es und reichte es
seinen Jüngern dar mit den Worten: „Nehmet
hin und esset, denn dieses ist mein Leib.“ In
diesem heiligen Augenblicke hat Jesus in seiner
Allmacht das größte Wunder gewirkt, indem Er
das heilige Sakrament des Altares eingesetzt und
seinen Aposteln und allen ihren Nachfolgern in
dem Auftrage: „Thuet dieses zu meinem Ge=
dächtniß,“ auch die Gewalt ertheilt hat, dieses
heilige Sakrament wandeln und spenden zu können.
Jesus Christus ist also wahrhaft und wirklich mit
Gottheit und Menschheit hier unter diesen Brodes=
gestalten zugegen. Derselbe Jesus, der den Jün=
gern das heilige Sakrament beim letzten Abend=
mahle mit eigener Hand darreichte, ist auch hier
bei mir gegenwärtig. O großes, o heiliges, o
anbetungswürdiges Geheimniß des Glaubens!

Jesus wohnt bei uns auf dem Altare und der Sohn des Allerhöchsten hat die Glorie seiner Gottheit unter der Brodeshülle verborgen.

Lob und Dank für die Einsetzung des allerheil. Altarssakramentes.

Ich armer, unwürdiger Sünder erscheine hier vor Dir, o göttliches Sakrament! um Dich in tiefster Demuth anzubeten. Ich glaube fest, daß unter der heiligen Hostie mein wahrer Gott und Erlöser, Jesus Christus, wahrhaft und wesentlich verborgen sei, so wie Er ist und sitzt zur Rechten seines Vaters im Himmel. Dreiunddreißig Jahre wandeltest Du unter den Menschen auf Erden, hinterließest uns unzählige Beweise deiner ewigen Liebe, und mit dem Ablaufe dieser Jahre trat auch deine Menschenliebe immer schöner und glänzender hervor. Es erschien der Vorabend deines Sterbetages, und da wolltest Du uns noch ein Denkmal hinterlassen, würdig der Liebe eines Gottes zu seinen Geschöpfen. Am letzten Abendmahle setztest Du zum ewigen Andenken das allerheiligste Altarssakrament ein, in welchem Du uns dein heiligstes Fleisch und Blut zu genießen gibst; wahrhaft und wesentlich, mit Leib und Seele, mit Gottheit und Menschheit in unsere Herzen einkehrst und auf's innigste uns mit Dir vereinigest. O sinnreiche Erfindung, o Uebermaß deiner ewigen Liebe!

Die Zeit war nahe, wo Du wieder zum Vater

gehen und die Erde verlassen solltest; aber dein
liebeglühendes Herz konnte sich nur schwer von
den Menschen trennen. Und sieh', es erfindet ein
Geheimniß, vermöge dessen Du zum Vater gehen
und zugleich auch sichtbar unter den Menschen=
kindern wohnen konntest. In dem allerheiligsten
Sakramente des Altars regierst Du im Himmel
und wohnest zugleich bei uns auf unsern Altären,
und rufest uns zu: „Kommet zu Mir Alle,
die ihr mühselig und beladen seid; Ich
will euch erquicken." Was hast Du denn
wohl Anziehendes an uns armen Menschenkindern
bemerkt, o gütigster Jesus! das Dich bewog, ein
solch' wunderbares Geheimniß zu erfinden, um bei
uns bleiben zu können? Du wußtest es, daß man
Dich in diesem heiligsten Sakramente verachten
und beschimpfen werde; aber deine Liebe zu uns
war zu groß, als daß Dich dieses hätte an deinem
Vorhaben hindern können. Du sahest unser Elend,
unsere Schwachheit, und hattest dennoch Freude,
unter den Menschenkindern zu wohnen. Diese
deine unendliche Liebe zu uns überwog allen Un=
dank und alle Bosheit von Seite der Menschen.
Auf daß aber der Glanz deiner göttlichen Maje=
stät uns nicht hindere, mit voller Zuversicht zu
deinem Throne hinzutreten und an deinem heili=
gen Tische zu erscheinen, hast Du Dich gewürdiget,
Dich unter die einfache Gestalt einer Hostie zu
verhüllen.

O süßester Jesus! ich bete deine Gottheit und

deine unaussprechliche Liebe im allerheiligsten Al=
tarssakramente an. O wie gern wollte ich jetzt
deine Liebe mit unendlicher Gegenliebe erwiedern,
und Dir eine deiner unaussprechlichen Güte und
Milde entsprechende Dankbarkeit erzeigen! Aber
ach! ich elendes Geschöpf bin viel zu schwach, um
Dir auch nur von ferne genug danken und Dich
lieben zu können. Nimm wenigstens die schwachen
Anmuthungen an, womit ich deine wunderbare
Liebe begrüßen und preisen möchte, und bewirke
in meiner Seele mit deiner Gnade ein so heißes
Verlangen nach Dir im heiligsten Altarssakramente,
daß ich alle Tage mit inbrünstiger Liebe an dei=
nem Tische erscheinen möchte; daß ich nur nach
Dir verlange, nach Dir seufze und mit Dir all=
zeit vereinigt bleibe durch einen immerwährenden
Reueschmerz über meine Sünden, durch die voll=
kommene Beobachtung deiner heiligen Gebote und
durch eine aufrichtige, innige Liebe. Amen.

Zweite Betrachtung.
Jesus im allerheiligsten Altarssakramente ist die Speise unserer Seele.

Mein Fleisch ist wahrhaftig eine Speise und mein
Blut ist wahrhaftig ein Trank. (Joh. 6, 56.)

1. In dem heiligen Sakramente des Altars
ist Jesus Christus wahrhaft und wirklich zu=
gegen; und will sich mit mir verbinden und ver=
einigen in der heiligen Communion. Bedenke es,
meine Seele, der Allerhöchste, der Himmel und
Erde erschaffen hat, der Allerheiligste, den die

Engel und alle Auserwählten anbeten, will bei
dir einkehren, und in deinem armen, sündhaften
Herzen wohnen! — Ich muß also nun sorgen,
daß ich Ihm eine reine und würdige Wohnung
bereite. Darf ich mit meiner Zunge noch sün=
digen? darf ich noch stolze, neidische Worte mit
ihr reden, darf ich gottlose und unreine Reden
mit ihr führen, da Jesus auf ihr ruhen will?
Darf mein Herz noch eine Wohnstätte der Sünde
sein? — Nein, ich muß mich reinigen von allen
Sünden und sündhaften Neigungen. O Jesus,
der Du hier im heiligen Sakramente bei mir bist,
gib mir dazu deine Gnade! Erfülle mich mit
heiliger Furcht, damit ich in allem Ernste, mit
fester Entschiedenheit und mit unerschütterlicher
Ausdauer alles Böse von mir entferne, und mich
wahrhaft reinige und heilige für den Augenblick
deines gnadenvollen Besuches.

2. Aber auch mit heiliger Liebe erfüllt mich
der Gedanke, daß Jesus zu mir kommt. Erfasse,
meine Seele, das größte Geheimniß: ich besitze
und umfasse in der heiligen Communion meinen
geliebten und gekreuzigten Erlöser; ich erfreue mich
seiner Gegenwart und habe Ihn in meinem Herzen
— nicht in Gedanken, sondern in der Wahrheit!
Ich habe Jesus bei mir, ich spreche mit Ihm!
— Wie sollte eine Seele den göttlichen Erlöser
in diesem heiligen Sakramente nicht lieben, wo
Er ihr so viele Zuneigung beweiset, sie seiner
Gottheit theilhaftig macht, sie mit seiner Mensch=

heit vereinigt und sich ganz zum Eigenthum und Erbtheil hingibt!

3. Inniger konnte sich Jesus nicht mit uns verbinden, als es in der heiligen Communion geschieht. Die heilige Jungfrau Maria trug Jesus auf ihrem Schooße, der heilige Joseph führte Ihn an seiner Hand, der greise Simeon nahm Ihn frohlockend auf seine Arme; alle diese Gerechten wurden einer großen Gnade gewürdigt. Größer aber ist die Gnade und inniger noch die Verbindung, wenn ich Jesus in der heiligen Communion empfange. Denn durch dieses heilige Sakrament ist Er in uns, und wir in Ihm. „Wer mein Fleisch ißt und mein Blut trinkt, der bleibt in Mir und Ich in ihm." (Joh. 6, 57.) O welch' tiefes Geheimniß der göttlichen Liebe, daß der Sohn des Allerhöchsten in uns wohnen, zu unserer Speise und Nahrung werden will! —

Beim letzten Abendmahle saßen die Jünger mit Jesus zu Tische; ich habe dieselbe Gnade bei der heiligen Communion. Johannes ruhete an der Brust des Herrn; beim Empfange des heiligen Sakramentes will Jesus selbst in meiner Brust ruhen! Wie rein und makellos muß also mein Herz sein! — Die Engel und Heiligen des Himmels können sich nicht inniger mit Jesus im Himmel verbinden, als ich mit Ihm vereinigt werde in der heiligen Communion. Denn Jesus Christus ist alsdann wahrhaft und wirklich und wesentlich bei mir und in mir zu-

gegen. — Je größer aber die Gnade ist, welche
mir in der heiligen Communion bereitet wird,
desto reiner muß auch meine Seele sein. O
Jesus, reinige und heilige mich zu deinem Mahle;
vermehre immer die Sehnsucht nach deinem Empfange, den festen Glauben an deine wahre Gegenwart unter der Brodeshülle, und entzünde mein
Herz zur innigsten Liebe!

**Gebet von der wunderbaren Vereinigung
mit Jesus im allerheil. Altarssakramente.**

Mein Fleisch ist wahrhaft eine Speise, und
mein Blut ist wahrhaft ein Trank. Wer mein
Fleisch ißt und mein Blut trinkt, der bleibt in
Mir, und Ich in ihm. (Joh. 6, 56.) Durch
diese deine Worte erklärst Du uns, o liebreichster
Jesus! daß dein Fleisch unsere wahre Speise,
dein heiliges Blut unser wahrer Trank geworden,
und daß Du auf's innigste mit uns in diesem
heiligen Sakramente vereinigt werdest, so daß wir
gleichsam in Dich umgewandelt werden. O wunderbare Liebe! Gott wird also meine Speise,
und wenn ich sie würdig genieße, so wird diese
göttliche Speise in mein Wesen, oder vielmehr
mein Wesen in sein göttliches Wesen umgestaltet,
so daß ich wahrhaft mit dem Apostel ausrufen
kann: „Nicht mehr ich lebe, sondern Christus lebt in mir!" Welch' eine Ehre für mich,
welch' unaussprechliches Glück! Ich werde an eine
himmlische Tafel gerufen, um welche mich die

Engel des Himmels beneiden möchten. Eine gött=
liche Speise wird mir da vorgesetzt, durch deren
Genuß ich zu dem Besitze des liebevollsten Gottes,
des zärtlichsten Vaters, des treusten Freundes und
Bruders gelange, und aller seiner himmlischen
Schätze theilhaftig werde.

O Vater des Himmels, mein Gott und mein
Alles, wie unendlich lieb mußt Du mich haben,
daß Du mir deinen einzigen, vielgeliebten Sohn
zur Speise gibst, auf daß wir auf's innigste mit
einander vereinigt werden, auf daß Er in mir
und ich in Ihm bleibe. Und Du forderst mich
auf, nach Belieben, ja je öfter, desto lieber, diese
göttliche Speise zu genießen, ungeachtet meines so
ungöttlichen, sündhaften Lebens. Wahrhaft, o
Gott! deine Liebe ist unergründlich und hat kein
Maß. Gepriesen, gelobt und angebetet sei also
dieses wunderbare Geheimniß der göttlichen Liebe,
das Jesus in seiner unendlichen Liebe zu uns am
letzten Abendmahle eingesetzt hat.

Ihr seligen Geister des Himmels, helfet mir
dieses wunderliebliche Geheimniß anbeten und dem
ewigen allgütigen Gott für dieses himmlische Gast=
mahl der Liebe danken. Erflet mir die Gnade,
allzeit mit ungetrübter Reinigkeit des Herzens,
mit einem lebendigen Glauben, mit unerschütter=
lichem Vertrauen, mit inbrünstiger Liebe, mit
glühender Andacht, tiefer Demuth und heißer
Sehnsucht an diesem heiligen Liebesmahle zu er=
scheinen, auf daß ich jedesmal die köstlichen Früchte

dieser innigen Vereinigung mit Gott erlange,
nämlich Friede und Freude in Gott, rasches Fort=
schreiten auf dem Wege der Tugend und der christ=
lichen Vollkommenheit, und endlich die Vereini=
gung mit Ihm in der seligen Ewigkeit. Amen:

Dritte Betrachtung.
Jesus im allerheiligsten Altarssakramente ist unser Freund und Tröster.

Kommet zu Mir Alle, die ihr mit Mühe und
Arbeit beladen seid, Ich will euch erquicken. (Matth.
11, 28.)

1. Als Jesus einst auf Erden wandelte, war
Er stets umringt von einer großen Menge Hilfs=
bedürftiger. Und Jesus war unermüdet im Wohl=
thun; Er speisete die Hungrigen, heilte die Kran=
ken, erbarmte sich tröstend der Sünder und spen=
dete seinen Segen in großer Fülle. Derselbe
göttliche Erlöser ist in seiner Liebe und Barm=
herzigkeit als unser Freund und Tröster bei uns
geblieben im heiligen Sakramente des Altars.
Nicht Jeder konnte mit Ihm reden, Ihm seine
leibliche und geistige Noth vortragen, während Er
auf Erden lebte; jetzt aber kann Jeder diesen
Trost haben. — O wie fühle ich mich in deiner
Nähe und Gegenwart gestärkt und erquickt! Wer
vermag etwas wider mich, wenn Jesus für mich
ist? — Jede Arbeit und Plage, jede Noth und
Traurigkeit, jede Freude und Thräne soll Dir,
o Jesus! geopfert sein. Bei jeder Noth, die mich

treffen mag, will ich zu Dir, o Jesus! meinem Freunde im heiligen Sakramente, meine Zuflucht nehmen. O Jesus, Du Tröster der Betrübten, verlaß mich nicht!

2. Als Petrus auf dem Meere dem Versinken nahe war, streckte er die Hände zu Jesus aus, der in seiner Nähe stand, und rief mit lauter Stimme: „Herr, hilf mir!" (Matth. 14, 30.) So lange ich auf Erden bin, befinde ich mich auf dem gefahrvollen Meere der Versuchungen und Gelegenheiten zur Sünde. Ich werde versucht zur Ungeduld im Leiden, zur Klage bei Geistesdürre und Verlassenheit, zur Härte und Unbarmherzigkeit gegen meinen Nächsten, zum Wanken im festen Glauben und der Hoffnung. Ich werde versucht vom Stachel des Fleisches und der bösen Lust, von Stolz und Hoffart. Wie mit einem Netze bin ich umstellt von den Gefahren und Gelegenheiten zur Sünde. Wo soll ich Trost und Rettung suchen? — Herr Jesus Christus, Du bist mir jetzt mit Deiner Güte und Allmacht im heiligen Altarsakramente eben so nahe, wie einstens dem sinkenden Petrus. Siehe, so strecke ich im Glauben und Vertrauen die Hand aus zu Dir im heiligen Sakramente und bitte Dich, laß mich nicht zu Grunde gehen in Anfechtungen und Versuchungen!

3. „Ich bin bei euch alle Tage bis an's Ende der Welt." (Matth. 28, 20.) Ja göttlicher Heiland, Du bist bei mir alle Tage als mein bester, liebevollster Freund im heiligen Sakrament

des Altars. Zu wem soll ich gehen, als zu Dir! Du wohnest hier auf dem Altare mit einer unaus= sprechlichen Liebe, Güte und Barmherzigkeit. Laß es mich im heiligsten Glauben fühlen und empfin= den, daß Du, o Jesus! wahrhaft und wirklich so nahe bei mir zugegen bist, daß mich nur wenige Schritte von Dir trennen. Ich widersage hier feierlich vor Dir im heiligen Sakrament der Welt und der bösen Lust und dem Fleische; dafür will ich Dich lieben aus meinem ganzen Herzen, aus meiner ganzen Seele und aus allen meinen Kräften. Ihr heiligen Engel, die ihr mit mir das heilige Sakrament anbetet, seid Zeugen des Bundes, welchen ich jetzt mit Jesus, meinem Erlöser, im heiligen Sakramente geschlossen habe.

Gebet von den Gnaden, die Jesus im allerhl. Altarssakramente uns schenkt.

O mein göttlicher Heiland! in diesem heiligen Sakramente schenkst Du mir die Verdienste deiner Menschwerdung, deiner Armuth, deiner tiefsten Demuth, deines Hungers und Durstes, deiner Mühen und Arbeit, deiner Abmattung, deiner Un= bilden; des Spottes, des Hohnes, der Schmach, Verachtung und Verfolgungen, der Geißlung und Dornenkrönung, endlich des grausamen Kreuz= todes. O köstliches Sakrament, das meine arme Seele so reichlich ausstattet mit dem Reichthume der Verdienste des Gottmenschen! Wie erfinderisch ist doch deine unbegrenzte Liebe, o Jesus! Ich war äußerst arm, nun bin ich unendlich reich. Ich war krank bis auf den Tod, nun habe ich in deinem heiligen Sakramente ein unfehlbares Heilmittel gefunden. Ja, ich darf mich nun nicht mehr als deinen Knecht betrachten, sondern als deinen Freund, als deinen Bruder und Miterben deines Reiches. Du schenkst Dich mir selbst, und mit Dir Alles, was Du bist und hast, wie uns dein Apostel versichert, da er sagt: „Er hat uns mit Ihm Alles geschenkt.“ (Röm. 8, 32.) In Wahrheit darf ich also mit der Braut im hohen Liede ausrufen: „Mein Geliebter ist mein, und ich bin sein;“ oder mit dem Psalmisten: „Du bist mein Gott... Gott ist mein Antheil.“ (Psalm 72, 26.) Ja, in diesem heiligen Sakramente kommst nicht nur Du, o Jesus! sondern auch der Vater und der heilige Geist steigen in mein Herz, und so wird es wahrhaft ein Tempel Gottes. O wie glücklich bin ich also, wenn ich mich dem Gastmahl deiner Liebe nahen darf, o Jesus! wo Du, die Quelle alles Segens, aller Gnade und aller Glückseligkeit, ganz mein Eigenthum wirst! Preise also, meine Seele, den Herrn, und Alles, was in mir ist, verherrliche seinen Namen; ja lobsinge dem Herrn; und wolle nicht vergessen aller seiner Wohlthaten; der da heilet deine Krankheiten, der dich krönet mit Barmherzigkeit, der da sättiget das Verlangen deiner Seele.

O Gott der Liebe, der Du mein Herz mit der sanften Gewalt deiner Liebe nöthigest, sich Dir zu ergeben, verleihe mir die Gnade, deine Liebe mit feuriger Gegenliebe zu erwiedern, und dadurch Dir für deine wunderbare Freigebigkeit den schönsten und Dir einzig wohlgefälligen Dank darzubringen; denn was verlangst Du für diese unermeßliche Wohlthat anders, als einzig nur mein Herz, und mit dem Herzen auch meine Liebe. Es ist billig, o Herr! daß, nachdem Du mir Dich selbst schenktest, auch ich Dir mich ganz ergebe; darum empfange mein Herz mit allen seinen Wünschen und Begierden, beherrsche und besitze es in Ewigkeit! Amen.

Vierte Betrachtung.

Jesus im allerheiligsten Altarssakramente bringt sich seinem himmlischen Vater als ewiges Sühnopfer dar für die Sünden der ganzen Welt.

1.

Jesus ist Priester und Opfer zugleich — und seine beständige Aufopferung bezweckt, wie das Opfer am Kreuze, nächst der Verherrlichung Gottes das Heil der Welt und die Bekehrung der Sünder.

Um Jesus nachzuahmen, sollen wir uns Ihm täglich als willige Schlachtopfer für unsere eigenen und die Sünden Anderer zu Füßen legen. Wir sollen uns aber bei unserer Aufopferung nicht mit der Schale oder Oberfläche begnügen, son= dern auch die innere Ertödtung und Hingebung des Herzens damit verbinden. Dieses kann aber nur geschehen durch fortgesetzte Selbstverleugnung und Unterdrückung des eigenen Willens. Gerade dieses ist aber wohlgefällig in den Augen Gottes, der uns diesem fortgesetzten Opfer seine Gnade gibt und es uns durch sein göttliches Beispiel erleichtert.

2. Wollen wir also Jesu in seinem steten Opfer= leben nachfolgen, so geht unsere Pflicht vorzüglich dahin, daß wir nach einem festen und beharrlichen Willen trachten, uns selbst mit Jesus und wie Jesus gänzlich aufopfern, und die vielen kleinen Mühseligkeiten, Widersprüche, Kränkungen und Schmerzen des täglichen Lebens, Hitze und Kälte, Hunger und Durst, Unbequemlichkeit und Ermü= dung, Tadel und Zurücksetzung als Opfer Gott dem Allerhöchsten darbringen. Sagen wir nicht, das sind nur Kleinigkeiten, die mag ich nicht opfern. — Da du aber keine großen Opfer bringst, so mußt du wenigstens diese kleinen Opfer benutzen, weil du ja sonst gar kein Opfer bringen würdest. Opfern wir in Demuth diese Armselig= keiten dem Herrn auf, denn die gute Meinung und der feste Wille gibt der kleinen Sache großen Werth. Die Turteltauben der heiligen Jungfrau Maria und der Groschen der Wittwe waren dem Herrn ein angenehmes Opfer. Wenn wir am Morgen das heilige Sakrament besuchen, so wie

bei dem Besuche am Abende, sollen wir Alles
vollständig in die Hände Jesu als kleines Sühn=
opfer für die Sünden niederlegen.

3. Besonders auch sollen wir uns selbst
für unsere und die Sünden Anderer zum Opfer
weihen, wie es auch Jesus im heiligen Sakra=
mente thut. Wie gering auch der Werth unseres
Opfers sein mag, die Güte Gottes wird es nicht
verschmähen. Er spricht: „Mein Sohn, gib mir
dein Herz." Wohlan, so geben wir es mit allen
seinen Schwächen, mit seinen Gebrechen, mit seinen
Bedrängnissen und Aengsten, ja selbst mit seiner
Lauheit und Kälte; aber geben wir es ganz, ohne
allen Vorbehalt. Bemühen wir uns, dadurch den Un=
dank der Sünder zu ersetzen, und zugleich die Gnade
der Bekehrung ihnen und uns selbst zu erflehen.

**Gebet von dem allerheil. Altarssakramente
als einem Sühnopfer für uns.**

Nicht zufrieden, o göttlicher Heiland! in diesem
heiligen Sakramente dein heiliges Fleisch und Blut
uns zur Speise und zum Tranke gegeben, und
uns den ganzen Reichthum deiner Verdienste und
Gnadenschätze geschenkt zu haben: willst Du in
diesem heiligen Gastmahle auch noch das Opfer
der göttlichen Gerechtigkeit für uns werden. „Dies
ist mein Leib, der für euch hingegeben wird"
(Luk. 22, 19.), sagtest Du zu deinen Jüngern,
als Du am letzten Abendmahle ihnen deinen Leib
zur Speise gabest. Wir haben gesündiget und wir

können wieder sündigen, dafür muß der gött=
lichen Gerechtigkeit ein Sühnopfer gebracht
werden. Deine unerschöpfliche Liebe ist uns auch
da zu Hilfe gekommen: im gleichen Augenblicke,
als Du dieses heilige Sakrament einsetztest, brach=
test Du es auch der ewigen Gerechtigkeit deines
himmlischen Vaters als ein würdiges Sühnopfer
für uns Alle dar.

O unendliche Güte meines Gottes, der sich mir
nicht nur zur Speise gibt, sondern sich selbst seiner
göttlichen Gerechtigkeit zum Opfer bringt für meine
Sünden! Er opfert sich täglich auf unsern Altären
durch tausend und tausend Priester, und nachdem Er
für unsere Sünden der göttlichen Gerechtigkeit sich
geopfert hat, wird Er unsere Speise, ungeachtet
der großen und zahllosen Sünden, die wir schon
begangen und noch immer begehen. Und auf daß
es den Opfern des alten Bundes entspreche, ja
in unendlicher Fülle übertreffe, so ist es nicht nur
ein Versöhnungsopfer für die Sünden der Welt,
sondern es ist auch ein Brandopfer zur allein
wahren Anbetung und Hingebung vor dem ewigen
allmächtigen Gott. Es ist ein Friedens= oder
Dankopfer, um Gott für seine Wohlthaten zu
danken und Ihm für seine Gaben zu huldigen.
Es ist auch ein Bittopfer, um allen Menschen
die zum Leben des Leibes und der Seele, der
Zeit und der Ewigkeit nöthigen Gnaden und
Güter zu erlangen.

In diesem göttlichen Abendmahle ist also Alles

enthalten, was immer Hohes und Erhabenes,
Nothwendiges und Ersprießliches gedacht und ver=
langt werden kann, um den großen und verschie=
denen Bedürfnissen der sündhaften Menschheit zu
Hilfe zu kommen, ja im Ueberfluß Hilfe zu bringen.
Ein würdigeres, ein heiligeres, ein wohlgefälli=
geres, ein genügenderes Opfer gibt es wohl nicht,
als Gott selbst. Ich darf also mit vollem Ver=
trauen auf dieses göttliche Opfer hinblicken, es
wird die göttliche Gerechtigkeit besänftigen und
meine Sünden tilgen, und wären sie auch so
zahlreich, wie der Sand am Meere.

Diese deine gänzliche Hinopferung, o liebreich=
ster Jesus! soll mich aber keineswegs zum Sün=
digen ermuthigen, sondern sie soll mich vielmehr
mit dem kindlichsten Danke für deine unendliche
Liebe und Barmherzigkeit erfüllen, und mit der
innigsten Liebe zu Dir entzünden. O möchte doch
mein Herz jetzt ganz zerfließen in Thränen des
Dankes und der Liebe! Möchte ich doch dieses
große heilige Opfer deiner göttlichen Liebe nie
entehren durch unandächtiges und laues Anhören
der heiligen Messe, es nie entwürdigen durch Auf=
nahme in ein unreines Herz! Verleihe mir, o
Herr! die Gnade, Dich in diesem heiligen Sak=
ramente würdig zu empfangen, mit größter An=
dacht dem heiligen Meßopfer beizuwohnen, mit
lebendigem Glauben und Vertrauen dieses Sühn=,
Lob=, Bitt= und Dankopfer durch die Hände
des Priesters Dir darzubringen zur Genugthuung

für meine Sünden, zur Anbetung deiner gött=
lichen Majestät, zur Danksagung für deine uner=
meßliche Liebe und Gnade, und enblich zur Er=
langung der nothwendigen Gnaden, um Dir stets
eifrig dienen und Dich lieben zu können. Amen.

Fünfte Betrachtung.

Jesus im allerheiligsten Altarssakrament ist das Opfer des Neuen Bundes.

An allen Orten wird meinem Namen geopfert
und ein reines Speiseopfer dargebracht werden.
(Malach. 1, 11.)

1. Das blutige Opfer Jesu am Kreuze wird
täglich unblutiger Weise erneuert in der heiligen
Messe. Hier opfert sich Jesus mit derselben Liebe,
wie am Kreuze. — Jener Erlöser ist hier bei
mir auf dem Altare. — O Jesus, mein Heiland,
ich grüße Dich und bete Dich an. Wie unbe=
greiflich groß ist deine Liebe zu uns Sündern,
der Du Dich auf allen Altären in der ganzen
Welt zur Vergebung der Sünden mit derselben
Liebe, wie auf Golgatha, opferst. Durch jede
heilige Konsekration unter der Messe gibst Du
uns einen neuen Beweis jener unendlichen Liebe,
womit Du uns geliebt hast bis in den Tod. —
Und wie viel Mal hast Du, o Jesus, diesen Be=
weis deiner unendlichen Liebe schon gegeben! —
Auch in diesem Augenblicke liegst Du, o Jesus!
unter Brodesgestalt als Opfer auf dem Altare.

„Denn vom Aufgange der Sonne bis zum Nie-
dergang wird dieſes heilige Speiſeopfer dargebracht.“

2. „Alſo hat Gott die Welt geliebt, daß Er
ſeinen eingebornen Sohn für ſie hingab, damit,
wer an Ihn glaubt, nicht verloren gehe, ſondern
das ewige Leben habe.“ (Joh. 3, 16.) Nur um
unſere Sünden zu tilgen und uns der Seligkeit
theilhaftig zu machen, iſt Jeſus das Sühnopfer
geworden. Und ſo oft ſich Jeſus in der heiligen
Meſſe wieder zum Opfer hingibt, ruft Er allen
Menſchen zu: Fliehet die Sünde, denn um eurer
Sünden willen bin Ich verwundet worden bis zum
Tode! Hier auf dieſem Altare, an welchem ich
anbete, iſt dieſer Erlöſer und ruft mir vom heiligen Sakrament aus mit klaren Worten in’s
Herz hinein: Meide und fliehe die Sünde —
denn ſiehe, ſie hat Mich getödtet! O meine Seele,
wie darfſt du es wagen, vor dem Angeſichte Jeſu
Chriſti im heiligen Sakramente zu erſcheinen, da
du noch ſo viele Mängel an dir haſt!

3. Jeſus auf dem Altare im heiligen Sakramente iſt unſer Opfer. Hier iſt unter den Bro-
desgeſtalten derſelbe heilige Erlöſer gegenwärtig,
„der um unſerer Sünden willen iſt verwundet
worden und durch deſſen Wunden wir geheilt
ſind.“ Ich bin hier bei Jeſus, meinem Erlöſer!
Ich ſehe, o Jeſus! im Glauben die heiligen Wunden, die Du für mich empfangen haſt; ich ſehe
dein heiliges Haupt von der Dornenkrone zerriſſen;
ich küſſe im Geiſte die heiligen Wunden an deinen

Händen und Füßen; ich verehre und bete an hier im heiligen Sakramente dein heiliges göttliches Herz, welches aus Liebe für uns von der Lanze durchstochen ist. O mein Jesus, welche Schmerzen, welche Leiden trugst Du für mich! Ich muß Dich wieder lieben, aber nicht bloß mit Worten, sondern mit Werken. Du hast Blut und Leben für mich hingegeben; siehe, Alles, was ich habe, bringe ich Dir wieder zum Opfer.

Gebet von der wunderbaren Liebe Jesu die sich in der täglichen Erneuerung des unblutigen Opfers auf unsern Altären offenbart.

O Jesus! es wäre genug gewesen, uns in Bewunderung zu versetzen, wenn Du jenen wunderbaren Akt der Verwandlung des Brodes und Weines in dein heiligstes Fleisch und Blut nur einmal vorgenommen hättest, allein nicht nur deine Apostel und Jünger sollten sich deiner unendlichen Liebe erfreuen und dein heiligstes Fleisch und Blut genießen, sondern dieses Glück sollte zu ewigen Zeiten Allen zu Theil werden, welche an deinen Namen glauben. Du hast ein Gastmahl angeordnet, das zu jeder Stunde für alle Menschen bis an das Ende der Welt bereit stünde. Daher befahlest Du deinen Aposteln an jenem denkwürdigen Abende, daß sie diese heilige Verwandlung des Brodes und Weines in dein wahres Fleisch und Blut fortsetzen sollen zu deinem

Andenken: „So oft ihr dieses thut, so thut es zu meinem Andenken." (Luk. 22, 19.)

Seither steigest Du, o liebreichster Jesus! alle Tage auf tausend und tausend Altären in allen Theilen der Erde auf das Wort des Priesters in der heiligen Messe bei der heiligen Wandlung herab. So ist bereits kein Flecklein der Erde, wo Du nicht geopfert wirst, keine Stunde im Tage, wo nicht diese heilige Handlung vorgeht, kein Reich der Erde, wo nicht täglich zahlreiche Gäste an deinem heiligen Liebesmahle theilnehmen. Es schwindet keine Stunde weder bei Tag noch bei Nacht dahin, wo Du Dich, o gütigster Heiland! nicht deinem himmlischen Vater opferst für unsre Sünden, die Hungrigen mit deinem heiligen Fleische und Blute speisest und tränkest, und in diesem heiligen Sakramente nicht mitten unter uns wohnest. O Wunder der Liebe! Ein Gott, auf dessen Wink Himmel und Erde gehorsamen, vernichtet sich, so zu sagen, fast stündlich, ja mit jedem Augenblicke um seiner undankbaren Geschöpfe willen, um sie zu gewinnen und sie selig zu machen! — Du steigest jeden Augenblick vom Himmel herab, o Jesus! um uns zu segnen und als der beste, treueste Freund heimzusuchen, und wir sollten Dir nicht stets mit Freude entgegenkommen? Du kommst in unsere Tempel, auf unsere Altäre, um uns zu speisen; und wir sollten deiner liebreichen und dringenden Einladung nicht folgen? Du opferst Dich daselbst alle Tage und jede

Stunde deinem himmlischen Vater für unsere Sünden und Missethaten, und wir sollten zu den alten Sünden täglich neue begehen? Du stirbst gleichsam alle Tage für uns, um uns vom ewigen Tode zu retten; und wir sollten uns immer auf's neue dem ewigen Tode durch die Todsünde in die Arme werfen? Hieße dies nicht deiner väter= lichen Liebe spotten und dein heiliges Fleisch und Blut mit Füßen treten? — Ach, Herr, bewahre mich doch vor solch' abscheulichem Undanke, vor solch' frevelhafter Lieblosigkeit!

Ich bete Dich an, o Jesus! in deinem heilig= sten Altarssakramente, und sinke in mein Nichts vor deiner göttlichen Majestät. Ach, wie gern möchte ich Dir meinen innigsten Dank abstatten, aber ich bin zu schwach, um meiner Pflicht mich gehörig zu entledigen. Im Geiste erfasse ich dieses erhabene Opfer deiner göttlichen Liebe, und bringe es Dir dar mit jenem liebeglühenden Herzen, mit welcher Du dieses heilige Liebesmahl einge= setzt und aufgeopfert hast; ich bringe es Dir dar zum Danke mit dem lebhaftesten Glauben deiner heiligen Kirche. Was Du mir mit so unaus= sprechlicher Liebe geschenkt hast, das schenke ich Dir wieder im Gefühle des herzlichsten Dankes. Nimm an, o Herr! dieses unendlich kostbare Geschenk statt meiner nur schwachen und höchst unvollkommenen Dankbezeugungen; nimm es an als Ersatz für meine zahlreichen Sünden, und mache mich würdig, alle=

zeit, sowohl im Leben als im Tode, die Früchte
dieses heiligen Abendmahles zu genießen. Amen.

Sechste Betrachtung.

**Jesus im allerheiligsten Altarsakramente ladet uns ein
zur heiligen Communion.**

Wahrlich, wahrlich, Ich sage euch: Wenn ihr
das Fleisch des Menschensohnes nicht essen und
sein Blut nicht trinken werdet, so werdet ihr das
Leben nicht in euch haben. (Joh. 6, 54.)

1 Jesus Christus spricht in diesem heiligen
Sakramente zu mir: Siehe, Ich bin vom Him=
mel herabgekommen, Mich mit dir zu unterhal=
ten; Ich bin auf Erden geblieben, um in dein
Herz einzugehen; Ich habe die Gestalt des
Brodes angenommen, um dich zu nähren. —
Warum denn, meine Seele, gehst du so selten
zu Jesus im heiligen Sakrament? Warum betest
du Ihn nicht an auf dem Altare? Warum ver=
langst du nicht, Ihn in der heiligen Communion
zu empfangen? — O Jesus, reinige mein Herz
und weihe es zu einer Dir würdigen Wohnung!

2. Jesus spricht in diesem heiligen Sakramente
noch ferner zu mir: Ich habe es Mich unendlich
viel kosten lassen, dieses Gastmahl zu veranstalten;
das Brod, welches du da issest, ist das Brod der
Engel und das Himmelbrod, das jegliche Süßig=
keit in sich enthält. So oft du die heilige Com=
munion empfängst, reinige Ich dich mit meinem
Blute, speise dich mit meinem Fleische, bereichere

dich mit meinen Gütern, gebe dir Gnade in Ueber=
fluß, erwärme, heile und ſtärke dich, verſchaffe dir
Wachsthum an Tugend und Heiligkeit. — Warum
doch, meine Seele, rührt dich die Güte und Liebe
Jeſu nicht? Warum haſt du mehr Freude an der
Welt, als an dem Liebesmahle Chriſti? —

3. Wenn nur die Großen der Welt und die
Reichen der Erde, nur die Heiligen und Voll=
kommenen bei Jeſus erſcheinen dürften, ſo hätte ich
einige Urſache mich zu entſchuldigen. Ich weiß
aber, daß Du, o Jeſus! jeden Menſchen einladeſt;
die Kranken, ſie zu heilen, die Blinden, ſie zu
erleuchten, die Schwachen, ſie zu ſtärken, die Sün=
der, ſie zu heiligen, die Gerechten, ſie zu vervoll=
kommnen, die Vollkommnen, ſie in ihrem Eifer zu
erhalten und vor Erſchlaffung zu bewahren. —
Warum doch, meine Seele, bleibſt du fern vom
Tiſche der Gnade? Iſt es nicht Jeſus ſelbſt, der
ſich dir zur Speiſe bietet? Iſt es nicht Jeſus ſelbſt,
der dir drohet, daß du das ewige Leben nicht
ſollſt in dir haben, wenn du ausbleibeſt? Ich
will mich daher entſchließen, mein Herz von der
Sünde zu reinigen und dann mit Glauben und
Demuth zu Jeſus zu gehen, welchen ich jetzt auf
dem Altare anbete.

Gebet von der Liebe Jeſu im allerheiligſten
Altarsſakramente u. dem Undanke der Welt.

O göttlicher Heiland! Du haſt in deinem heiligen
Evangelium gelehrt: „Liebet eure Feinde,

thut Gutes denen, die euch hassen; betet
für die, die euch verfolgen und lästern."
(Matth. 5, 44.) Diese deine so wunderbare, in
der Welt noch ganz unbekannte Lehre hast Du selbst
am herrlichsten erfüllt. Du wußtest es, o Herr! daß
man Dich an jenem Abende, wo Du das heilige
Altarssakrament einsetztest, den Feinden überliefern
werde, und doch verlangst Du mit größter Sehn=
sucht nach jenem Abende. „Mit Verlangen
habe Ich verlangt, dieses Osterlamm
mit euch zu essen, bevor Ich leide" (Luk.
22, 15.), sprachest Du in unaussprechlicher Liebe
zu deinen Jüngern. Also jemehr sich die Welt
anstrengte, Dich zu verderben, desto höher loderte
das Feuer deiner göttlichen Liebe, desto höher
stieg dein Verlangen, die Welt zu retten und dem
ewigen Verderben zu entreißen. Während deine
Feinde dreißig Silberlinge auswerfen, um Dich
zu vernichten, gibst Du dein heiligstes Fleisch und
Blut, deine Gottheit und Menschheit preis in der
Einsetzung des heiligsten Altarssakramentes, um
alle Menschen zu speisen zum ewigen Leben, wenn
sie an deinen Namen glauben würden.

Was Du damals thatest, o Jesus! das thust Du
jetzt noch: heute noch umfängst Du mit gleicher
Liebe deine Beleidiger, deine Feinde, deine Ver=
räther; und ladest sie eben so zärtlich, eben so
eindringlich ein, deiner Liebe nicht länger mehr
zu widerstehen, und an deinem Gastmahle Theil zu
nehmen. Ja, Du sendest sogar deine Boten aus, um

sie mit heiliger Gewalt zu nöthigen, einzutreten in deinen Speisesaal und sich zu erquicken mit deinem heiligsten Fleische und Blute. Du drohest ihnen, wenn sie nicht kommen, mit dem Verlust des ewigen Lebens: „Wahrlich, Ich sage euch, wenn ihr nicht essen werdet das Fleisch des Menschensohnes, und trinken sein Blut, so werdet ihr das Leben nicht in euch haben.“ (Joh. 6, 54.) Diese Drohung ist auch an mich gerichtet, o göttlicher Heiland! wenn ich, obwohl oft dein Feind und Verräther durch die Sünde, deiner liebevollen Einladung nicht entspreche. O wunderbarer Rangstreit zwischen göttlicher Liebe und menschlichem Haß, zwischen großmüthiger Hinopferung und menschlicher Bosheit und Grausamkeit! — O Liebe meines göttlichen Erlösers, die alle Schranken und alles Maß unendlich überschreitet! O Liebe, die Alles überwand, um sich zu uns Boshaften herabzulassen! O ewige Liebe, die dem Hasse nur Liebe, der Verfolgung nur Großmuth und Verzeihung, dem Verrath nur unendliche Langmuth, dem Morde nur Leben — ewiges Leben entgegensetzt!

Ich bete Dich an vom Grunde meines Herzens, o liebeglühendes Herz meines Erlösers! O könnte ich jetzt alle Herzen der liebentbrannten Cherubim und Seraphim in mein schwaches Herz aufnehmen, ja könnte ich alle diese Herzen vereinigen mit deinem sanftmüthigsten, liebevollsten und heiligsten Herzen, und mit allen diesen Herzen deine wun=

derbare, unergründliche Liebe erwiedern, o Jesus! Zum Danke opfere ich Dir die liebentflammten Herzen der Cherubim und Seraphim; ich opfere Dir auf das mütterliche und unbefleckte Herz deiner lieben Mutter Maria, und endlich dein heiligstes, süßestes Herz selbst sammt meinem armseligen Herzen. O mildes, o süßes, o liebeglühendes Herz meines Erlösers, versenke mich doch in den Abgrund deiner unendlichen Liebe, auf daß ich, durchglüht von deiner Liebe, schon hienieden Dich von ganzem Herzen liebe, und einst auch jenseits Dich ewig und unaussprechlich lieben möge! Amen.

Siebente Betrachtung.

Jesus im allerheiligsten Altarssakramente bereitet uns ein großes Abendmahl.

Ein Mensch bereitet ein großes Abendmahl und lud Viele dazu ein.

1. Dieses Abendmahl ist die heilige Communion, wozu Gott alle Menschen einladet, und wo Er sie mit unendlicher Herrlichkeit bewirthet.

Dieses Abendmahl ist groß — des Urhebers wegen, welcher es veranstaltet hat; denn ein Gott ist's, der uns bewirthet. Er vermag uns bei aller seiner unendlichen Weisheit nichts Größeres und Vortrefflicheres zu geben, als Er uns wirklich gibt. Er vermag uns bei allem seinem unendlichen Reichthume nicht mehr zu geben, als Er uns wirklich gibt. Er kann uns bei aller

Allmacht nichts Kostbareres geben, als Er uns wirklich gibt. Was werde ich dem Herrn vergelten für so viel Gutes, das Er mir erwiesen, für das Abendmahl, welches Er mir zubereitet, — für die Speise, welche Er mir gegeben, und für die Güte, womit Er mich zu einem so ehrenvollen und köstlichen Gastmahle eingeladen hat?

2. Dieses Abendmahl ist groß — der Speise wegen, welche man da genießt; denn es ist der Leib, und das Blut unsers Herrn Jesu Christi mit allen seinen Verdiensten. „Unser Fleisch nähret sich, wie Tertullian sagt, von seinem Fleische, und unsere Seele wird stark von seiner Gottheit." Alle Eigenschaften dieses allerreinsten Fleisches gehen in unser Fleisch über, um es zu reinigen. Alle Tugenden seiner allerheiligsten Seele gehen in unsere Seele über, um sie zu heiligen.

3. Dieses Abendmahl ist groß — der Wirkungen wegen, welche es hervorbringt; denn es heilt alle unsere Krankheiten, stärkt uns wider unsere Versuchungen, verschafft uns den Sieg über unsere Feinde, erfüllt uns mit Gnaden, vereiniget uns auf's innigste mit der Gottheit und Menschheit Jesu, und gibt unserer Seele und unserm Leibe das ewige Leben. Woher kommt es nun, daß ich dieses Himmelbrod nicht liebe, welches doch ein Unterpfand unserer künftigen Herrlichkeit ist? —

4. Dieses Abendmahl ist groß — seines Umfanges wegen; denn diese göttliche Tafel nimmt

die ganze Erde ein. Es gibt keinen Theil der Erde, wo man dieſe heiligen Geheimniſſe nicht feiert, dieſes göttliche Lamm nicht opfert, dieſes Brod der Engel nicht genießen kann. Wenn der Arme dem Reichen ſo ſehr dient, welcher ihm das Brod der Erde gibt, wie ſoll ich erſt meinen Gott lieben und meinem Gott dienen, welcher mir das Brod des Himmels gibt!

5. Dieſes Abendmahl iſt groß — ſeiner Dauer wegen; denn es währet, ſo lange es Menſchen auf Erden gibt. Jeſus wird ſich uns als Speiſe dargeben, bis Er kommen wird, uns zu richten. Glückſelig Jener, der Ihn vor ſeinem Hinſcheiden empfangen wird; unglückſelig Jener, der bei ſeinen Lebzeiten Ihm nicht den Eingang in ſein Herz geſtatten will!

6. Dieſes Abendmahl iſt groß — wegen der Menge der geladenen Gäſte; denn alle Menſchen ohne Unterſchied ſind dazu eingeladen: Große und Kleine, Arme und Reiche, Männer und Weiber, Geſunde und Kranke, Gerechte und Sün= der, wenn ſie nur im Stande der Gnade Gottes ſind. Die Reichen entſchuldigen ſich und nur die Armen ſpeiſen am Tiſche Jeſus. O meine Seele! was fürchteſt du dich? biſt du arm, krank, blind, armſelig? Das ſind ja eben Jene, die man gleich= ſam zwingt, in den Hochzeitſaal einzugehen, das ſind die Gäſte. Für die Armen, Kranken, Blin= den und Lahmen iſt ja eben dieſes Abendmahl zubereitet.

**Gebet von dem allerheil. Altarssakramente
als einem Unterpfande unserer künftigen
Herrlichkeit.**

O liebevollster Erlöser! Du hast mir die ewige
Seligkeit versprochen, wenn ich Dich liebe und
deine heiligen Gebote beobachte. Ich glaube, o
Herr! mit voller Zuversicht deiner Verheißung;
denn ich weiß, daß Du wahrhaftig bist in deinen
Verheißungen und nicht trügen kannst. Damit
ich fester glaube, zuversichtlicher hoffe und inniger
liebe, gibst Du mir in diesem heiligen Mahle der
Liebe ein Unterpfand deiner Verheißung; Du
hinterlegst deinen heiligsten Leib und dein heilig=
stes Blut zum Pfande meiner künftigen Seligkeit.
O wie wunderbar offenbart sich auch da wieder
deine zärtliche Liebe zu mir, o gütigster Jesus!
Welch' ein mächtiger Beweggrund für mich, Dich
von ganzem Herzen zu lieben und deine Gebote
zu halten! —

Im heiligsten Altarssakramente habe ich Dich,
meinen liebreichsten Erlöser, meinen besten Freund
und Bruder; und habe ich Dich, was geht mir
dann noch ab? So sicher und so gewiß Du hier
in dem heiligsten Sakramente des Altars zugegen
bist und durch dasselbe bei der heiligen Commu=
nion in mein Herz eingehest, eben so sicher und
gewiß werde ich Dich einst im Himmel schauen
von Angesicht zu Angesicht in deiner Herrlichkeit,
und dort ewig mit Dir vereiniget werden. Welch'
ein seliger Trost, welch' eine süße Beruhigung für

mein armes, von so vielen Versuchungen und Stürmen bewegtes, für mein von so vielem Kummer und Sorgen geplagtes Herz! Dank sei Dir, o Jesus, für eine so liebevolle Zuvorkommenheit, für eine so große Gnade! Hättest Du es mir über= lassen, selbst ein Pfand deiner Verheißung zu be= stimmen, nimmermehr hätte ich ein solches ver= langen dürfen. Du hast mir also unendlich mehr gegeben, als ich je hätte verlangen dürfen und verlangen können. Denn wie hätte ich armer Sünder, der ich die Hölle so oft verdient habe, mich wohl je unterstehen dürfen, ein solches Unter= pfand zu begehren?

Ach, Herr, wie beschämst Du mich durch deine Liebe und Güte ohne Maß! Verzeihe deinem undankbaren Geschöpfe, das sich in Reue und Zer= knirschung vor Dir niederwirft; laß ihm Gnade statt Strafe widerfahren. O laß doch nicht ge= schehen, daß deine unbegrenzte Liebe und Barm= herzigkeit an mir vergeblich sei; verleihe vielmehr, daß ich im Hinblicke auf deine Herrlichkeit, die Du mir verheißen, und für welche Verheißung Du selbst Leib und Seele, Gottheit und Mensch= heit, dein heiliges Fleisch und Blut eingesetzt hast, mich aufrichtig und aus allen Kräften des Leibes und der Seele bestrebe, mich zu verleugnen, das Kreuz mit Geduld zu tragen und Dir nachzu= folgen, deine Gebote zu halten und Dich von ganzem Herzen zu lieben. Ja bewirke, o Herr! daß ich besonders dein heiliges Fleisch und Blut

andächtig verehre, es anbete und mit größter Sorg=
falt aufbewahre in meinem Herzen. Verleihe mir,
o Herr! die Gnade, dieses heilige Sakrament recht
oft, mit heißer Sehnsucht, mit liebeglühendem und
reinem Herzen zu empfangen, besonders dann,
wenn ich die wichtige Reise in die Ewigkeit an=
treten soll. O möge mir dann dieses sichere Un=
terpfand meiner künftigen Herrlichkeit nicht fehlen,
sondern mir die Gnade zukommen, durch Empfang
desselben wirklich in den Besitz der Herrlichkeit
eingesetzt zu werden. Amen.

Achte Betrachtung.
Jesus stiftete im allerheiligsten Altarssakramente ein Geheimniß der Liebe.

Unter allen Namen, welche die heiligen Väter
diesem göttlichen Sakramente gegeben haben, ist
wohl der geeignetste und passendste — der Name:
„Sakrament der Liebe;" denn hier sitzt die
Liebe gleichsam auf ihrem Throne, und leuchtet
in aller ihrer Größe und Herrlichkeit. Alle andern
Vollkommenheiten unsers Erlösers sind da gleich=
sam verborgen; nur seine Liebe stellt sich ganz
offen dar. Es ist ein Sakrament der Liebe, weil
es von der Liebe stammt, die Liebe be=
friedigt, Liebe erzeugt.

1. Dieses Sakrament stammt von der Liebe;
denn der Sohn Gottes hat es am Vorabende
seines Todes eingesetzt, als Judas mit den Juden
unterhandelte, Ihn zu verrathen und aus der

Welt zu schaffen. Er hat sich seiner Kirche hinter=
lassen, um bei ihr zu bleiben bis an's Ende
der Welt, und hat ihr durch letztwilliges Ver=
mächtniß seinen Leib und sein Blut als das letzte
Unterpfand seiner Liebe übergeben. Sein Vater
hatte Ihm befohlen zu sterben; aber nirgends
lesen wir, daß Er Ihm befohlen habe, dieses
große Geheimniß einzusetzen; nur die Liebe hat
Ihn dazu bewogen. Aus Gehorsam ist Er in
den Himmel hinaufgestiegen; und aus Liebe ist Er
auch auf der Erde geblieben.

Sein Vater hatte Ihm also hiezu nicht den
Befehl ertheilt; noch viel weniger aber verdienten
die Menschen diese Gnade; ja sie hatten sich der=
selben durch die Beleidigungen, Unbilden, Verach=
tungen, Verfolgungen und üblen Behandlungen,
die Er von seiner Geburt an bis zu diesem
Augenblicke von ihnen zu erleiden hatte, durchaus
unwürdig gemacht. Allein dies hält Ihn nicht ab,
sich uns durch letztwilliges Vermächtniß zu schenken.
Und das ist eben der offenbarste Beweis seiner
Liebe; denn wer ohne letzte Willenserklärung stirbt,
hinterläßt seine Güter seinen Erben, die wenig
dafür erkenntlich sind, weil er sie hat verlassen
müssen; wer aber seine letztwillige Anordnung trifft
und über seine Güter zu Gunsten eines Freundes
verfügt, der kein Recht auf seine Erbschaft hat,
gibt ihm dadurch sichere Beweise seiner Zuneigung.

Dies hat der Sohn Gottes am Vorabende seines
Todes gethan. Er hat die Menschen zu Univer=

salerben aller seiner Güter, nämlich seines Leibes und Blutes, eingesetzt, die Er ihnen bis an's Ende der Welt zur Speise übergeben hat. Er hat nicht bis nach seinem Tode gewartet, ihnen Gutes zu thun; Er hat sie noch bei seinen Lebzeiten in den Besitz dieser kostbaren Erbschaft gesetzt. Wer sieht nicht, daß Er uns aus Liebe dieses Geschenk gemacht hat?

2. Wie dieses Sakrament von Liebe stammt, so befriediget es auch die Liebe auf's vollkommenste; denn die Liebe hat nur das einzige Verlangen, sich mit dem geliebten Gegenstande zu vereinigen. Der Sohn Gottes bewerkstelligt in diesem göttlichen Geheimnisse zwei wunderbare Vereinigungen, eine mit den sakramentalischen Gestalten, die andere mit demjenigen, der Ihn empfängt. Jene erste Vereinigung ist so erstaunlich, daß sie von einigen heiligen Vätern jener Vereinigung der heiligen Menschheit mit dem ewigen Worte verglichen wird.

Aus allen Vereinigungen ist die Vereinigung der Speise, mit dem, der sie genießt, die stärkste und innigste. Sie ist die stärkste; denn Niemand, als Gott, kann die Nahrung von der Wesenheit dessen trennen, der sie genossen und verdaut. Sie ist die innigste; denn die Speise kommt nicht nur in den Magen, sondern sie vertheilt sich durch den ganzen Leib, vereiniget sich wesentlich mit allen seinen Theilen, und vermischt sich mit dem Wesen dessen, der sie genossen hat dergestalt, daß, wie

schon gesagt, nur Gott allein sie davon scheiden
kann. Die Nahrung und derjenige, welcher sie
genossen hat, wird Ein Fleisch, Ein Leib, Eine Person.

Ebenso wirkt der Sohn Gottes auch in der
Seele dessen, der Ihn würdig empfängt. Er gibt
sich ihm in Gestalt einer Speise, und vereinigt
sich auf diese Weise mit ihm, daß dadurch ge-
wissermaßen aus Beiden nur Eine Person wird.
„Nicht mehr ich lebe, sondern Christus
lebt in mir;" so kann Jener sprechen, der sich
würdig dem heiligen Tische genahet hat. O wie
wird die Liebe durch eine so große, edle und
innige Vereinigung befriediget!

3. Endlich erzeugt dieses Sakrament Liebe.
Die Seele sieht ihren Geliebten; sie erfreut sich
seiner Gegenwart; sie nimmt Ihn in ihr Herz
auf; sie wird mit seinen Gutthaten überhäuft;
sie bereichert sich mit seinen Verdiensten; sie genießt seine Süßigkeit und seine Tröstungen; sie
hält Ihn fest, umfängt Ihn, redet mit Ihm, hört
Ihn an; sie wird so gar in Ihn umgewandelt.
Die Erkenntniß erzeugt Liebe; die Gegenwart
nähret diese Liebe; die Gutthaten fesseln sie; die
Wonne umfängt sie. Und wie sollte eine Seele
Jesum in diesem göttlichen Sakramente nicht lieben, wo Er sich sehen, fühlen, genießen läßt, —
wo Er so vertraulich mit ihr umgeht, ihr seine
Zuneigung bringt, sein Herz öffnet, sie seiner Gottheit theilhaftig macht, und mit seinen Gnaden
überhäuft? —

Gebet von der Dauer der Liebe Jesu im allerheiligsten Altarssakramente.

Unaussprechlich ist deine Liebe im heiligsten Sakramente des Altars, o Herr! Aber wie, wenn deine zärtliche Liebe zu uns einmal aufhören sollte? wenn dieß heilige Sakrament durch Dich aus der Welt genommen und das große Versöhnungsopfer des neuen Bundes aufhören sollte, wie das des alten Bundes? wenn uns deine unendlichen Verdienste nicht mehr zu Theil werden und wir dieser unermeßlichen Gnadenschätze, dieses kostbaren Unterpfandes der ewigen Seligkeit beraubt werden sollten? Doch dieses haben wir nicht zu fürchten, so lange wir uns an Dich und an deine heilige Kirche halten, denn dein heiliger Liebesjünger versichert uns, daß Du die Deinen lieb habest bis an's Ende: „Da Er die Seinigen, welche in der Welt waren, lieb hatte, so liebte Er sie bis an's Ende." (Joh. 13, 3.) Und Du selbst verheißest es ja uns: Du werdest bei uns bleiben bis an's Ende der Zeiten. (Matth. 28, 20.) Du bleibst also immer bei uns, nie wird dein heiliges Liebesmahl enden, immer wirst Du als Brand-, Sühn-, Bitt- und Dankopfer in diesem heiligen Geheimniß vor dem Throne deines Vaters glühen; nimmermehr wird diese Quelle der Gnade versiegen; wenn nur wir uns nicht von Dir, o Herr! trennen durch den Abfall von Dir und deiner heiligen katholischen Kirche, und durch die Sünde überhaupt.

Ach, wie sehr sind jene Völker zu bedauern, die einst, wie wir, im Besitze dieses deines heiligen Sakramentes des Altars waren, und nun dieses kostbaren Gutes beraubt sind! Ach, blutige Thränen möchte ich über mich selbst weinen, daß ich dieses heilige Brod bisanhin zu wenig achtete, es nur selten, so lau, ohne geziemende Vorbereitung — vielleicht gar unwürdig empfangen und so mich der Gefahr ausgesetzt habe, diesen kostbaren Schatz auf immer zu verlieren. Nein, o Herr! Ich will mit Leib und Seele zu den Deinigen gehören; Dein will ich sein im Leben und im Tode.

Wohlan denn, o heiliges Feuer der göttlichen Liebe! erleuchte meinen Geist, erwärme mein Gemüth, reinige mein Herz und stärke meinen schwachen Willen, auf daß ich Dich immer besser erkenne, nach Dir immermehr seufze, Dich immermehr liebe und deine Gebote immer treuer und gewissenhafter erfülle. Komme, mein liebevollster Jesus! zu mir, nimm Besitz von meinem Herzen und mache, daß es Dir allein angehöre, Dich von nun an allein liebe, und nichts so sehr bereue, als daß es Dich nicht allzeit geliebt hat. Amen.

Neunte Betrachtung.
Jesus im allerheiligsten Altarssakramente ist unsere Hilfe im Tode.

Es ist dem Menschen gesetzt, einmal zu sterben.

1. Das wird auch an mir in Erfüllung gehen. Der Tag und die Stunde ist schon bestimmt,

wann ich ſterben muß. Jeſus, der hier bei mir
iſt im hl. Sakramente, weiß den Augenblick, in
welchem meine Seele vom Leibe getrennt wird.
Es iſt aber eine ſchwere und bittere Stunde, es
iſt ein harter Kampf, wenn ich in den Tod gehe.
Wer ſoll und kann mir helfen? — Nach Men=
ſchen und menſchlicher Hilfe werde ich vergebens
die Hände ausſtrecken. Ich werde verlaſſen und
troſtlos ſein, wenn ich nicht zu Jeſus im Glau=
ben und Vertrauen wenden und mit David beten
kann: „O Gott, habe Acht auf meine Hilfe!
Herr, eile mir zu helfen! Ich bin arm und elend;
Gott, hilf mir! Mein Helfer und Erlöſer biſt
Du: Herr, ſäume nicht!" — Wie Jeſus allein,
der hier bei mir iſt im hl. Sakrament, die Stunde
meines Todes weiß, ſo kann auch Er allein mir
helfen. Welcher Troſt für mich! Ich habe jetzt
jenen Heiland bei mir im heiligen Sakrament,
der allein mir helfen kann, wenn mein Auge
bricht und der Todesſchweiß auf meiner Stirne
ſteht. Er iſt allmächtig und kann mir helfen; Er
iſt gütig und will mir helfen; daher flehe ich mit
Glauben und Innigkeit zu meinem Erlöſer im
hl. Sakrament, daß Er mir beiſtehe im Todeskampf.

2. Im Tode muß ich Alles verlaſſen. Der
Tod nimmt mir Alles, allein je mehr ich mich
jetzt freiwillig zum Opfer bringe, je mehr ich mich
in der Abtödtung, in der Kreuztragung, in der
Selbſtverleugnung und Geduld übe, deſto mehr
wird mir Chriſtus alles dieſes in der Todesſtunde

vergelten. Was soll ich jetzt Jesus zum Opfer
bringen? Ich will im Geiste zu Jesus im heiligen
Sakrament treten, demüthig und gläubig vor seiner
göttlichen Majestät auf die Kniee fallen und mein
ganzes Leben mit allen Bitterkeiten und Thränen
in die Hände seiner Barmherzigkeit legen und da=
für um den göttlichen Beistand seiner Gnade bitten.

3. Vor meinem Tode wird mir aber noch ein
besonderer Trost zu Theil werden, daß Jesus
Christus den Altar verlassen und an meinem Sterbe=
lager erscheinen wird. Was soll ich dann noch
fürchten? den bösen Feind? — Siehe, Jesus ist
bei mir, Er hat den Teufel überwunden. Meine
Sünden? Habe ich sie mit Reue und Aufrichtig=
keit gebeichtet, so sind sie mir vergeben; denn
Jesus hat am Kreuze sein Blut zur Sühnung
vergossen. — Fürchte ich das Gericht? Ich kann
noch in den letzten Stunden meines Lebens ein
gnädiges Gericht von Ihm erflehen. Jesus kommt
zu mir und will mein sterbendes Herz stärken
und erquicken durch die hl. Communion. Wenn
Alle mich verlassen müssen, bleibt Jesus bei mir;
in der letzten Communion geht Er mit mir in
den Tod und in die Ewigkeit. Darf ich nun
wohl im Leben Christus, meinen besten Freund
im hl. Sakrament, verlassen, da Er im Schrecken
des Todes nicht von meiner Seite weichen will?
Bedenke es wohl, meine Seele, Jesus steht vor
dir im hl. Sakrament, der allein dir in der letzten
Stunde zu Hilfe kommen will. Bete Ihn an im

hl. Sakrament, gib dich Ihm ganz zum Eigen=
thum hin und höre nicht auf, Ihn täglich um
eine glückjelige Sterbeftunde anzuflehen.

Gebet um die Gnade der letzten Wegzehrung.

Mein Gott und Heiland, Jesus Christus, es
kommt für mich die letzte Stunde. Mit bereit=
willigem Herzen will ich den Tod mit' allen feinen
Leiden von deiner Hand annehmen. Jejus, meine
gekreuzigte Liebe im hl. Sakrament, der Du einen
so bittern Tod erwählt haft, damit ich eines glück=
lichen Todes fterbe: erinnere Dich alsdann, daß
ich eines von jenen Schäflein bin, welche Du mit
deinem kostbaren Blute erkauft haft. Wenn mir
alle Geschöpfe, alle meine Freunde und Bekann=
ten nicht werden helfen können, wenn mich Alles
verlaffen wird, da kannst Du allein mich tröften
und felig machen. Mache mich alsdann würdig,
Dich als meine letzte Wegzehrung im hl. Sakra=
mente zu empfangen. Nimm mich alsdann auf
in deine hl. Wunden, welche ich darum jetzt schon
mit Ehrfurcht im Geifte küffe. Ich umfange Dich
mit ganzer Seele, o gekreuzigter Jejus! und ver=
lange mit dem letzten Athem meine Seele in die
offene Wunde deines liebevollen Herzens aus=
zuhauchen.

O Jejus! im heiligen Sakrament hier bei mir
gegenwärtig, meine einzige Hilfe und Rettung im
Tode, Dir lebe ich, Dir fterbe ich, Dein bin ich
todt und lebendig! Amen.

Vierter Abschnitt.

Kirchenlieder zur Ehre des allerheiligsten Altarssakramentes.

Erstes Kirchenlied.

(Pange lingua.)

Preiset, Lippen, das Geheimniß
Dieses Leibs voll Herrlichkeit
Und des unschätzbaren Blutes,
Das, zum Heil der Welt geweiht,
Jesus Christus hat vergossen,
König aller Wesenheit!

Uns gegeben, uns geboren
Von der Jungfrau keusch und rein,
Hat auf Erden Er gewandelt,
Saat der Wahrheit auszustreu'n,
Und zum Ende seines Lebens
Setzt Er dieses Wunder ein.

In der Nacht beim letzten Mahle,
Wo Er mit der Jüngerschaar
Nach der Vorschrift des Gesetzes
Bei dem Osterlamme war,
Gab mit eigener Hand den Seinen
Er sich selbst zur Speise dar.

Und das Wort, das Fleisch ist, kehret
Durch sein Wort in F l e i s ch das Brod,
Und in C h r i s t i B l u t verkläret
Ward der Wein, weil Er's gebot;
Hier Gefühl und Sinn nichts lehret,
Nur der Glaub' allein ist noth.

Laßt uns tiefgebeugt verehren
Dies erhab'ne Sakrament!
Und der Brauch der alten Lehren
Weich dem neuen Testament.
Voller Glaube wird gewähren,
Was der Sinn hier nicht erkennt.

Gott dem Vater, Gott dem Sohne
Singet Christen hocherfreut!
Gott dem Geiste, gleicher Größe,
Gleicher Kraft und Herrlichkeit,
Sei von uns auf gleiche Weise
Ehre, Lob und Preis geweiht! Amen

Tantum ergo sacramentum
Veneremur cernui:
Et antiquum documentum
Novo cedat ritui:
Præstet fides supplementum
Sensuum defectui.

Genitori, genitoque
Laus et jubilatio,
Salus, honor, virtus quoque
Sit et benedictio:
Procedenti ab utroque
Compar sit laudatio.   Amen.

Zweites Kirchenlied.

(Sacris solemniis.)

In dieses Tages Fest mische sich Jubelklang,
Und aus gerührter Brust töne der Lobgesang;
Das Alte sei dahin; neu werde Alles nun,
Der Christen Herz und Wort und Thun!

Heute begehen wir das letzte Abendmahl,
Wo Christus feierlich unter der Jünger Zahl
Hingab das Osterlamm und ungesäu'rtes Brod,
Wie den Vätern es Gott gebot.

Als das vorbildliche Lamm nun verzehret war,
Seinen Leib, nach dem Mahl, reicht Er den Jüngern dar;
Reichte mit eigener Hand ganz einem Jeden sich:
Also glauben wir sicherlich.

In seinem Leibe schenkt Er allen Schwachen Muth,
Und Trost den Trauernden in seines Kelches Blut;
Er ladet Alle ein: „Nehmt diesen Kelch dahin,
Den Ich euch reiche, trinket ihn!"

So hat Er eingesetzt das heil'ge Opfermahl,
Dessen erhab'nen Dienst Er zu begeh'n befahl
Einzig den Priestern, welche es am Altar
Nehmen und reichen Andern dar.

Das Brod der Engel wird Menschen zur Speis gereicht;
Das wahre Himmelsbrod Bild und Figur verscheucht.
O Wunder! Der gering, arm und ein Knecht nur ist,
Hierin Gott seinen Herrn genießt.

Dich, o Drei-Einer Gott, Eins in der Wesenheit,
Beten wir gläubig an, sei mit uns im Geleit!
Führ' uns dahin, wo wir wünschen, o Gott! zu sein,
Führ' zum ewigen Licht uns ein! Amen.

Drittes Kirchenlied.

(Lauda Sion.)

Deinem Heiland, deinem Lehrer,
Deinem Hirten und Ernährer,
Sion stimm ein Loblied an!
Preis' nach Kräften seine Würde,
Da kein Lobspruch, keine Zierde
Seiner Größe gleichen kann.

Dieses Brod sollst du erheben,
Welches lebt und gibt das Leben,
Das man heut den Christen zeigt;
Dieses Brod, das einst im Saale
Christus bei dem Abendmahle
Den zwölf Jüngern hat gereicht.

Laut soll unser Lob erschallen,
Unser Herz in Wonne wallen;
Kund werd' unsre Freudigkeit!
Denn der Tag wird heut' gefeiert,
Wo alljährlich wird erneuert
Jenes Mahles Festlichkeit.

Statt des unvollkomm'nen alten
Jüd'schen Osterlamms, erhalten
Wir ein neues Sakrament.
Seht! der Wahrheit muß das Zeichen,
Und die Nacht dem Lichte weichen,
Alles Alte geht zu End'!

Was von Jesus dort geschehen,
Was wir so wie Er begehen,
Mahnet uns an seinen Tod.
Und Ihn würdig zu verehren
Nach der Vorschrift seiner Lehren,
Weihen wir Ihm Wein und Brod.

Doch wie uns der Glaube lehret,
Wird das Brod in Fleisch verkehret,
Und in Christi Blut der Wein;
Was dabei das Aug' nicht siehet,
Dem Verstande selbst entfliehet,
Sieht der feste Glaube ein.

Unter zweierlei Gestalten
Ist das Höchste hier enthalten,
Das im Zeichen uns erscheint.
Blut der Trank und Fleisch die Speise,
Und doch unzertheilter Weise
Christi Fleisch und Blut vereint.

Wer zu diesem Gastmahl eilet,
Nimmt Ihn ganz und ungetheilet,
Jesum Christum unversehrt.
Einer kommt und Tausend kommen,
Doch hat Keiner mehr genommen,
Er bleibt immer unverzehrt!

Fromme kommen, Böse kommen,
Alle haben Ihn genommen,
Die zum Leben, die zum Tod.
Bösen wird Er Straf' und Hölle,
Frommen ihres Heiles Quelle,
So verschieden wirkt dies Brod.

Siehst das Sakrament du brechen,
Laß dir's nicht den Glauben schwächen,
Auch im Theil ist Jesus Christ.
Nicht das Wesen kann man spalten,
Theilen siehst du die Gestalten,
Aber Jesum Christum nicht.

Christen, seht die Engelspeise,
Deren auf der Pilgerreise
Dieses Lebens wir uns freu'n.

Sehet hier das Brod der Kinder,
Der Gerechten, nicht der Sünder,
Die des Heilands Tisch entweihn.

In Vorbildern ist's bedeutet:
Als zum Opfer Isaak schreitet,
Wird's figürlich angezeigt.
In des Osterlammes Tode,
Wie auch in dem Mannabrode,
Das den Vätern Gott gereicht.

Guter Hirt, Du wahre Speise,
Jesus, stärke uns zur Reise
In des Himmels sel'ges Reich!
Nähr' uns hier im Thränenthale,
Ruf' uns dort zum Freudenmahle,
Mach' uns deinen Heil'gen gleich!

Viertes Kirchenlied.

(Verbum supernum.)

Das ew'ge Wort im Himmel hoch
Ging aus und blieb beim Vater doch,
Und kam in seiner Sühnungsbahn
Zum Abend seines Lebens an.

Zum Tod vom eignen Freunde gar
Verrathen an der Feinde Schaar,
Gab Er zuvor zum Lebensmahl
Sich selber seiner Jüngerzahl.

In zwei Gestalten, Brod und Wein,
Gab Er sein Fleisch und Blut zugleich,
Damit Er speise ganz und wahr
Den ganzen Menschen wunderbar.

In der Geburt uns zugesellt
Wird nun zum Mahl Er aufgestellt,
Gibt sich im Tod zum Lösegeld,
Wird unser Lohn in jener Welt.

O gnadenreiches Opferlamm,
Zum Himmel führt dein Kreuzesstamm!
Noch drückt uns hier des Feindes Krieg,
Gib Hilf', o Herr, gib Kraft und Sieg!

Dem Ein'gen Gott, dreifaltig groß,
Sei Dank und Ehre grenzenlos!
Gib Leben, Herr, gib Seligkeit
Im Vaterland, in Ewigkeit!

Fünftes Kirchenlied.

(Aeterne Rex.)

Du höchster Herr in Ewigkeit!
Erlöser deiner Christenheit!
Dem die besiegte Todesmacht
Den herrlichsten Triumph gebracht.

Du fährst hinauf zur Sternenpracht,
Wohin Dich rief die Herrschermacht,
So Dir der Himmel hat gewährt,
Die nicht entflammet dieser Erd':

So daß der Schöpfung dreifach Reich,
Der Himmel und die Erd' zugleich
Und was die Hölle in sich schließt,
Das Knie Dir beugt, o Jesu Christ!

Die Engel mit Erstaunen seh'n
Was Wunder mit der Welt gescheh'n:
Fleisch hat die Sünd' und Sühn' vollbracht.
Und nun herrscht Fleisch mit Gottesmacht.

Sei selber Du jetzt unsre Freud'
Und unser Lohn in Ewigkeit!
Der Du regierst der Welt Geschick
Und übertriffst jed' irdisch Glück.

Wir fleh'n deßhalb zu deiner Huld:
Verzeih' uns alle Sündenschuld
Und ziehe unser schwaches Herz
Zu Dir durch Gnade himmelwärts.

Und wenn auf lichter Wolke einst
Du plötzlich zum Gericht erscheinst:
Erlaß' der Sünde schuld'gen Lohn
Und gib uns die verlorne Kron'.

Preis Dir, dem Sohne, der im Sieg
Einst glorreich in den Himmel stieg;
Dem Vater und dem Geist zugleich,
Für ew'ge Zeit im Himmelreich!

Sechstes Kirchenlied.

(Adoro te.)

In Demuth bet' ich Dich, verborgne Gottheit, an
Ob auch mein blöder Sinn Dich nicht entdecken kann;
In dieser Brodsgestalt bist Du wahrhaftig hier,
Mein Herz verlieret sich und unterwirft sich Dir

Gesicht, Geschmack, Gefühl thut hier den Schein nur kund;
Doch das Gehör verleiht den wahren Glaubensgrund.
Was Gottes Sohn gesagt, ist hier der Glaube mein;
Es ist der Wahrheit Wort, und was kann wahrer sein?

Am Kreuzesstamme war die Gottheit nur verhüllt,
Hier hüllt die Menschheit auch sich gnädig in ein Bild;
Und Beide ruf' ich an, den Gottmensch Jesus Christ,
Wie Ihn der Schächer rief in letzter Todesfrist.

Die Wunden seh' ich nicht, wie Thomas einst sie sah;
Doch ruf' ich: Herr mein Gott, Du bist wahrhaftig da!
O gib, daß immer mehr mein Glaub' lebendig sei,
Gib Hoffnung und Vertrau'n, gib Lieb' und Liebestreu!

O Denkmal meines Herrn an seinen bittern Tod!
O Kraft des ew'gen Worts, o wahres Lebensbrod!
Gib, daß von Dir allein sich meine Seele nährt,
Und nichts mehr außer Dir in aller Welt begehrt!

O Urquell aller Lieb', o Jesus, süßes Gut!
Ach wasche rein mein Herz mit deinem theuern Blut;
Ein einz'ger Tropfen macht die ganze Erde neu,
Wascht alle Sünder rein und stellt sie schuldenfrei.

O Jesus! den ich jetzt verdeckt nur schauen kann,
Wann wird es mir gescheh'n, wann bricht der Morgen an,
Daß ich enthüllet Dich anschau' von Angesicht
Und ewig selig sei in deiner Glorie Licht?

Siebentes Kirchenlied.

(Ave verum.)

Wahrer Leib, sei uns gegrüßet,
Den Maria einst gebar,
Der am Kreuz für uns gebüßet,
Ja den Tod gelitten gar;
Blut und Wasser aus Dir fließen,
Da dein Herz durchstochen war;
Gib uns, daß wir Dich genießen
In der letzten Tod'sgefahr.
O gütiger, o milder, o süßer Jesus!
Du Sohn Mariens, erbarme Dich unser!

Zweite Abtheilung.

Befondere Andachten

zur

Verehrung und Anbetung

des

Allerhl. Altarssakramentes.

Andachten für die Tägliche, Monatliche und Ewige
Anbetung des allerheiligſten Altarſſakramentes,
Tagzeiten, Veſper-, Kreuzweg- und Ablaßandachten
vom allerheiligſten Altarſſakrament, nebſt Andachten
vor dem Hochw. Gute für verſchiedene Beiten, Nöthen
und Anliegen.

In neun Abſchnitten.

„Man fragt: was man vor dem allerheiligsten Altarsfakramente thun? — Man **liebt,** man **lobt,** man **dankt,** man **bittet.** Ich möchte hier die ganze Ewigkeit hindurch bleiben."

Die ehrw. Schwester Anna vom Kreuz, genannt die Braut des hl. Sakramentes.

Erster Abschnitt.

Andachten für das hl. Fronleichnamsfest und dessen Oktav.

Morgenandacht.

Im Namen des Vaters und des Sohnes und des heiligen Geistes. Amen.

Hochgelobt und angebetet sei ohne End,
Jesus Christus im allerheiligsten Altarssakrament!

O göttlicher Herr und Heiland, Jesus Christus, der Du im allerheiligsten Altarssakramente mit Gottheit und Menschheit wahrhaft gegenwärtig bist, ich bete Dich an als meinen Gott und Erlöser und kniee in Demuth vor deiner göttlichen Majestät, um Dich beim Beginne dieses Tages um deinen Segen zu bitten. Ich lobe und preise Dich und sage Dir Dank, daß Du mich diese Nacht hindurch mit väterlicher Liebe beschützet und bewahret hast. Es ist meine Freude, Dir, o mein Jesus! in dieser Morgenstunde das Opfer meiner Anbetung darzubringen. Siehe herab von deinem Gnadenthrone auf mich armen Menschen und nimm meine Huldigung, die ich Dir in dem allerheiligsten Altarssakramente bezeugen will, gnädig an.

Kommet, lasset uns anbeten.   8

Mit gleicher Liebe und Andacht, wie einst David, der vor der heiligen Bundeslade jubelte und die Harfe spielte, will ich in diesen Tagen der heiligen Fronleichnamsfeier das anbetungswürdige Sakrament der Liebe begleiten und vom Grunde meines Herzens frohlocken.

In gleicher Andacht, wie die neun Chöre der Engel vor Gott stehen und Ihm Tag und Nacht das dreimal „Heilig" zurufen, möchte auch ich rufen: „Hochgelobt und gebenedeit sei das allerheiligste Sakrament jetzt und in Ewigkeit!"

In gleicher Liebe und Demuth und mit demselben Vertrauen, wie einst die Heiligen, als sie noch auf Erden lebten, dieses heiligste Sakrament bei Prozessionen oder bei Krankenversehungen begleitet haben, reihe ich mich den Verehrern dieses heiligen Fronleichnams an.

Eben so liebend, so treu und so freudig, wie Maria, deine jungfräuliche Mutter, mit Dir nach Jerusalem ging, Dich dort im Tempel darzustellen; wie sie mit Dir, dem zwölfjährigen Knaben, nach Jerusalem wallfahrtete, gehe ich heute mit Dir, im heiligsten Sakramente gegenwärtiger Jesus!

Wie Dir deine Jünger und die Schaaren des jüdischen Volkes nachfolgten, Dich hörten, Dich bewunderten und verherrlichten, so will auch ich in diesen heiligen Tagen thun und mit aller möglichen Andacht und Ehrfurcht ausrufen: „Hochgelobt und angebetet sei ohne End' — Jesus Christus im allerheiligsten Altarssakrament!"

Auf diese Weise möchte ich Dir, o mein Jesus, Du König der ewigen Glorie! meine innigste Anbetung und Huldigung darbringen, und zwar nicht blos für mich, sondern auch für alle Menschen, Hausgenossen und Fremde, Freunde und Feinde, Lebende und Verstorbene. Ich verlange Dir ein Herz aufzuopfern, voll Dank und Liebe, das so sehr dein Eigenthum sein soll, daß mich nichts mehr von Dir und deiner Liebe trennen kann.

Endlich flehe ich zu Dir, o Herr! um die Gnade, für jetzt und immer aller Sünde gänzlich abzusterben und allein der Tugend zu leben. Damit verbinde ich die kindliche Bitte, Du wollest mir zugleich alle Gnaden zuwenden, welche Du in diesem wundervollen Sakramente niedergelegt hast.

Zu diesem Ende bitte ich die allerseligste Jungfrau Maria, den heiligen Nährvater Jesu, alle neun Chöre der Engel, alle heiligen Patriarchen und Propheten, Apostel, Märtyrer, Bekenner, Jungfrauen und alle Heiligen Gottes, sie wollen mit mir Dich so anbeten und zu Dir bitten, daß ihr Gebet von Dir gnädig erhört wird und meine Seele mit allen lobpreisenden und dankenden Chören immer und immer frohlockend ausrufe: „Hochgelobt und gebenedeit sei das allerheiligste Sakrament jetzt und in alle Ewigkeit!“ Amen.

Meßandacht zur Ehre des allerheiligsten Altarssakramentes.

(Auch unter dem Jahre bei ausgesetztem Hochw. Gut zu beten.)

Vom Anfang der Messe bis zum Kyrie.

Im Namen des Vaters und des Sohnes und des heiligen Geistes. Amen.

O allerhöchster, in dem heiligsten Sakramente gegenwärtiger Gott! ich liege vor deinem Gnaden= throne auf meinen Knieen, um Dir, dem Herrn des Himmels und der Erde, meine tiefste Vereh= rung abzustatten; aber ich fühle meine Unwürdig= keit, hier zu erscheinen; denn ich bin ein Sünder und habe Dich, meinen Gott, vielfältig beleidigt. In Demuth und mit zerknirschtem Herzen bekenne ich meine Schuld, meine große Schuld, und bitte Dich, barmherzigster Vater! um Verzeihung meiner Sünden. Um deine Erbarmung zu erhalten, opfere ich Dir mit dem Priester das hochheilige Geheim= niß des Leibes und Blutes Jesu Christi, deines Sohnes, welcher jetzt hier auf dem Altare zu deiner Ehre geopfert wird. Ich bitte, gütigster Vater! sieh gnädig auf die Versammlung deiner Gläubigen herab, und sieh insonderheit auf mich Unwürdigen, der mit kindlichem Vertrauen zu Dir betet. Erhöre mein Gebet um Jesu, deines Sohnes willen, der hier in dem allerheiligsten Sakramente gegenwärtig ist. Erfülle mein Herz mit deiner Liebe, daß ich würdig werde, Dich den Vater, sammt dem Sohne und dem hl. Geiste, als einzig wahren Gott, in Ehrfurcht anzubeten.

O ihr heiligen Engel, ihr ewigen Anbeter der höchsten göttlichen Majestät, und auch du, o Königin der Engel, heilige Maria! helft mir, unsern Gott in dem heiligsten Sakramente lieben, loben und anbeten. In Vereinigung mit euerem ewigen Lobe erhebe ich meine Stimme und rufe mit Herz und Seele: Gelobt, geliebt und angebetet sei unser Gott in dem allerheiligsten Sakramente des Altars, jetzt und in Ewigkeit! Amen.

Beim Kyrie eleison.

Herr, erbarme Dich unser! Christus, erbarme Dich unser! Herr, erbarme Dich unser! Dreieiniger Gott! verleihe uns, die wir in Andacht hier versammelt sind, die Gnade, diesem hochheiligen Opfer mit gebührender Andacht beizuwohnen und der Früchte desselben theilhaftig zu werden.

Allmächtiger Gott! nimm unsere Sünden von uns, damit wir mit reinem Herzen vor Dir erscheinen. Segne den Priester und seine Opfergabe, die er zu dem göttlichen Versöhnungsopfer bereitet. Segne auch unser gemeinschaftliches Gebet, welches wir verrichten zur Verherrlichung deines Namens, zum Wohle deiner heiligen Kirche und zum Heile Aller, die hier versammelt sind.

Ferner bitte ich, o mein Gott! durch dies heiligste Opfer, Du wollest mein Gebet in meinen geistlichen und leiblichen Nöthen gnädigst erhören, und mich nach deiner Güte vor allem Uebel bewahren durch Jesus Christus, unsern Herrn. Amen.

O allerheiligstes Abendmahl! in welchem der heiligste Leib Jesu Christi wahrhaft empfangen, das Andenken seines Leidens verehrt, die Seele mit Gnaden erfüllt und uns ein Pfand des ewigen Heils mitgetheilt wird, sei angebetet, geehrt und gebenedeit von mir und allen Geschöpfen, an allen Orten und zu allen Zeiten, jetzt und in Ewigkeit! A.

Gloria.

Ehre sei Gott in der Höhe und auf Erden Friede den Menschen, die eines guten Willens sind! Wir loben Dich, wir preisen Dich, wir beten Dich an, wir verherrlichen Dich, wir danken Dir und rühmen deine Größe, deine Macht und Güte; Herr, Gott, himmlischer König, Gott Vater, Allmächtiger! Herr, eingeborner Sohn, Jesus Christus! Herr, Gott, Lamm Gottes, Sohn des Vaters, der Du hinwegnimmst die Sünden der Welt, erbarme Dich unser! Der Du hinwegnimmst die Sünden der Welt, nimm unser Flehen an! Der Du sitzest zur Rechten des Vaters, erbarme Dich unser! Denn Du allein bist heilig; Du allein bist der Herr; Du allein bist der Höchste, Jesus Christus, mit dem heiligen Geiste in der Herrlichkeit Gottes des Vaters! Amen.

Gebet.

Herr, erhöre mein Gebet und mein Flehen bringe an dein Vaterherz!

O Gott, der Du uns unter diesem wunderbaren Sakrament ein Denkmal deines Leidens hinterlassen haſt, wir bitten Dich, verleihe uns die heiligen Geheimniſſe deines Leibes und Blutes ſo zu ver= ehren, daß wir die Früchte deiner Erlöſung an uns erfahren mögen! Der Du lebeſt und regiereſt mit Gott dem Vater, in Einigkeit des hl. Geiſtes, Gott von Ewigkeit zu Ewigkeit. Amen.

Gelobt und angebetet ſei Jeſus Chriſtus im heiligſten Altarssakramente jetzt und in Ewigkeit; denn durch Ihn, mit Ihm und in Ihm iſt Gott, dem allmächtigen Vater, in Einigkeit des heiligen Geiſtes Anbetung, Preis und Ehre in Ewigkeit! A.

Die Ehre ſei dem Vater und dem Sohne und dem heiligen Geiſte, der da war, iſt und ſein wird in alle Ewigkeit! Amen.

Epiſtel. (1. Kor. 11, 23—32.)

Brüder, ich habe vom Herrn empfangen, was ich euch überliefert habe, daß der Herr Jeſus in der Nacht, in welcher Er verrathen wurde, das Brod nahm und dankte, es brach und ſprach: Nehmet hin und eſſet, das iſt mein Leib, der für euch hingegeben wird: dieſes thut zu meinem Andenken. Deßgleichen nahm Er nach dem Nachtmahle auch den Kelch und ſprach: Dieſer Kelch iſt der neue Bund in meinem Blute; thut dieß, ſo oft ihr trinket, zu meinem Andenken. Denn ſo oft ihr dieſes Brod eſſet und dieſen Kelch trinket, ſollet ihr den Tod des Herrn verkündigen, bis Er kommt. Wer nun unwürdig dieſes Brod ißt, oder den Kelch des Herrn trinkt, der iſt ſchuldig des Leibes und Blutes des Herrn. Der Menſch aber **prüfe** sich selbst, und so esse er von diesem Brode und trinke aus diesem Kelche. Denn wer unwürdig ißt und trinkt, der ißt und trinkt sich das Gericht, indem er den Leib des Herrn (von einer gemeinen Speise) nicht unterscheidet. Darum sind unter euch viele Schwache und Kranke, und schlafen (entschlafen) Viele. Denn wenn wir uns selbst richteten, so würden wir nicht gerichtet werden. Wenn wir aber gerichtet werden, so werden wir vom Herrn gezüchtigt, damit wir nicht mit dieser Welt verdammet werden.

Evangelium. (Joh. 6, 56—59.)

In derselben Zeit sagte Jesus zu den Schaaren der Juden: Mein Fleisch ist wahrhaftig eine Speise, und mein Blut ist wahrhaftig ein Trank. Wer mein Fleisch ißt und mein Blut trinket, der bleibt in Mir und Ich in ihm. Gleichwie Mich der lebendige Vater gesandt hat, und Ich durch den Vater lebe: so wird auch der, welcher Mich ißt, durch Mich leben. Dies ist das Brod, welches vom Himmel herabgekommen ist, nicht wie das Manna, das eure Väter gegessen haben und gestorben sind. Wer dieses Brod ißt, wird ewig leben.

Beim Credo.

Ich glaube an den dreieinigen Gott, Vater, Sohn und heiligen Geist. Ich glaube, daß Jesus Christus, der Sohn Gottes, für uns Menschen am Kreuze gestorben ist, daß Er begraben wurde, von den Todten auferstanden und lebendig in dem heiligen Sakramente des Altars gegenwärtig ist. Ich glaube an den heiligen Geist, den Tröster, der vom Vater und Sohne ausgeht, und ich bete diese göttliche Dreifaltigkeit in tiefster Ehrfurcht an. O mein Jesus, stärke, erhalte und vermehre in mir den Glauben!

Ehre sei dem Vater und dem Sohne und dem heiligen Geiste, wie im Anfange, so jetzt und in Ewigkeit. Amen.

Bei der Opferung.

Heiliger Vater, allmächtiger, ewiger Gott! nimm an das unbefleckte Opfer, welches ich Unwürdiger durch die Hände des Priesters Dir auf deinen Altar lege. Nimm es gnädig an zur Verge= bung meiner Sünden, und laß mich durch dies heilige und kostbare Opfer die Gnade erlangen, standhaft in meinem Glauben zu verharren, und würdig zu werden der Verdienste des bittern Lei= dens und Todes deines Sohnes, unsers Herrn und Heilandes, welcher mit Dir und dem heiligen Geiste gleicher Gott lebt und regiert von Ewig= keit zu Ewigkeit. Amen.

Herr, himmlischer Vater! sieh das kostbare Opfer deines Eingebornen, welcher sich selbst für uns Men= schen als ein Versöhnungsopfer Dir hingibt. Da dies Opfer von unendlichem Werthe ist, so bitte ich durch die Heiligkeit und Verdienste dieses Opfers, Du wollest mich mit himmlischer Kraft stärken, daß ich aller Sünde entsage, in Tugend

und Heiligkeit nach der Lehre Jesu Christi wandle
und auch einstens ein Erbe des Himmels werde.

Zur Präfation.

Heiliger, unaussprechlich heiliger Gott! ich bitte,
verleihe mir armen Sünder die Gnade, daß ich
mit wahrer Andacht mein Herz und Gemüth zu
deinem Altar hinwende, wo jetzt das heiligste und
anbetungswürdigste Geheimniß vollbracht wird.
Daher ist es billig, recht und heilsam, daß Dich
alle Geschöpfe allezeit und überall dankbar lob=
preisen; Dich, heiliger Vater, den allmächtigen,
ewigen Gott, der Du mit deinem Sohne und dem
heiligen Geiste der einzige Gott bist. Ich verei=
nige meine Stimme mit allen Engeln und Erz=
engeln zu deinem Lobe; ich rufe vereint mit allen
Cherubim und Seraphim: Heilig, heilig, heilig
ist der Herr Gott Sabaoth! Gelobt sei der da
kommt im Namen des Herrn! Hosanna in der Höhe!

Bei der Wandlung.

Jesus, Du Sohn des lebendigen Gottes, ich glaube
an deine Gegenwart hier unter den Brodesgestalten
und bete Dich an. O Jesus, sei mir gnädig!
O Jesus, sei mir barmherzig! O Jesus, verzeih
mir meine Sünden!

O kostbares Blut meines Erlösers, welches für
uns Menschen ist vergossen worden, Du bist wahr=
haft hier im Kelche gegenwärtig! O heiligstes Blut,
reinige mich von meinen Sünden, wasche mich von

meinen Missethaten, und erlange mir bei Gott
Gnade und Barmherzigkeit!

Nach der Wandlung.

O mein Jesus! Du bist mit deiner Gottheit
und Menschheit hier in der heiligen Hostie, ich
neige mein Haupt und bete Dich an. Mit den
Augen meines Glaubens sehe ich Dich, den Hoch=
gebenedeiten, wie Du Dich dem ewigen Vater für
uns Sünder als Opfer darbringen lässest. O ge=
liebter Jesus! ich liege auf meinen Knieen, und
in tiefster Ehrfurcht lege ich das Bekenntniß ab,
daß Du der wahre Sohn Gottes bist. Darum
gebührt Dir, dem Könige der Könige, Dank, Preis
und Ehre in alle Ewigkeit. O wie glückselig bin
ich armer Sünder, daß mein Gott hier vor meinen
Augen wesentlich zugegen ist, daß ich Ihn sehen,
lieben, loben und anbeten kann! O mein Erlöser! ich
wünsche Dich mit jener brennenden Liebe lieben
zu können, wie die Seraphim, wie die seligen Geister
im Himmel und deine heiligste Mutter Dich lieben.
Da ich das aber nicht vermag, so bitte ich um
die Gnade, daß Du mich würdig machest, einstens
zu deiner ewigen Liebe und Anbetung in dem
Himmel zugelassen zu werden. Ich bitte auch um
Erhöhung und Ausbreitung deiner heiligen Kirche,
und um Friede und Einigkeit der Regenten und
Beherrscher deines Volkes, damit wir Alle vereint
in dem wahren Glauben Dich, den lebendigen
Gott, in dem heiligsten Altarssakramente anbeten,
lieben, loben und ehren in Ewigkeit. Amen.

O ihr heiligen Engel, und du, o heiligste Jung=
frau Maria, Königin der Engel, sammt allen
Heiligen Gottes! lasset uns lieben, loben und an=
beten Jesus Christus in dem heiligen Sakramente;
denn durch Ihn, mit Ihm und in Ihm erweisen
wir Gott dem Vater in Einigkeit des heiligen
Geistes alle Anbetung, Lob, Preis und Ehre in
Ewigkeit. Amen.

Bei der Communion.

O mein Jesus, ich glaube an Dich! O mein
Jesus, ich hoffe auf Dich! O mein Jesus, von
Herzen liebe ich Dich! Ich wünsche jetzt gleich
dem Priester das heilige Abendmahl mit Dir zu
halten und das Himmelbrod zu essen; weil ich
aber dieses Glückes unwürdig bin, so bitte ich mit
kindlichem Verlangen, komm, o Jesus, o Gelieb=
ter meiner Seele! komm und kehre geistiger Weise
in meinem Herzen ein. (Denke, du communizirest
und sprich:) O mein Jesus, Du unter den Brods=
gestalten verborgener Gott! meine Seele frohlockt
in deiner heiligen Gegenwart: Du bist meine
einzige Freude, mein höchstes Gut. Dir weihe
ich mein Herz, herrsche darin nach deinem Wohl=
gefallen. Laß mich deine Gegenwart empfinden
durch deine Liebe, und laß mich ganz dein eigen
sein. Du bist ein gütiger, ein barmherziger Gott,
der alle Augenblicke mir zu verzeihen bereit ist;
darum falle ich Dir demüthigst zu Füßen, und
klage mich von Herzen wegen meinen Missethaten

an. O Jesus, sei mir gnädig, sei mir barmherzig und verzeihe mir meine Sünden!

Gelobt, geliebt und angebetet sei ohne End' das allerheiligste Sakrament!

Nach der geistlichen Communion.
(Fromme Anmuthungen zu Jesus.)

O Jesus, mein gekreuzigter Heiland! wie kann ich Dir deine Schmerzen, deinen Tod, deine Liebe vergelten? Die Inbrunst meines liebenden Herzens soll Dir ewigen Dank erstatten. Hochgelobt sei Jesus, meine einzige Freude, im heiligen Sakramente!

O Jesus, Du unter so geringen Brodesgestalten verborgener Gott! wie sehr hast Du Dich mir zu Liebe erniedriget! Mein Herz und meine Seele frohlocken in deiner heiligen Gegenwart. Hochgelobt sei Jesus, mein Trost und Alles, im heiligen Sakramente!

O Jesus, mein ewiges Wohlgefallen! ich küsse mit Demuth und Liebe im Geiste deine heiligen Wunden, aus welchen auch für mich das Blut der Versöhnung geflossen ist. Hochgelobt sei Jesus, meine verwundete Liebe, im hl. Sakramente!

O Jesus, Du liebevoller König der Herzen, ziehe mich nach Dir! Meine Seele ist verwundet von Liebe zu Dir, und ich fühle ein heftiges Verlangen, Dich immer mehr zu lieben. Hochgelobt sei Jesus, das wahre Leben meiner Seele, im heiligen Sakramente!

O Jesus, Du Gott der Liebe! Obschon voll Ehrfurcht, bin ich doch nicht würdig, Dich zu empfangen! Darum werfe ich mich mit der liebenden Büßerin Magdalena zu deinen heiligen Füßen. Ach, daß die Thränen der Reue aus Liebe das Feuer deiner Liebe in mir vermehrten! Hochgelobt sei Jesus, meine reinste Seligkeit, im heiligen Sakramente!

O Jesus, Du süßeste Ruhe meines Herzens! in Dir finde ich meine heiligste Freude, meinen süßesten Trost und mein vollkommenes Vergnügen, bis ich dein heiliges Angesicht im Himmel werde anschauen können. Hochgelobt sei Jesus, meine ewige Liebe, im heiligen Sakramente!

Gelobt, geliebt und angebetet sei ohne End' das allerheiligste Sakrament!

Zum Segen.

Barmherziger Gott! das hochheilige Opfer der Menschenerlösung ist nun vollendet, Jesus Christus hat sein Kreuzopfer erneuert, sich Dir abermals für uns aufgeopfert und uns die Gnade deiner Versöhnung erworben. Wir danken Dir, o Vater! für unsere Begnadigung, und ich bitte zum Beschlusse meines Gebetes um deinen göttlichen Segen. Insonderheit bitte ich, stärke mich in der Beharrlichkeit im Guten, und daß diese heilige Handlung, welche wir in Andacht verrichtet haben, sich tief in mein Herz einpräge, und daß ich meinen Dank nicht bloß mit der Zunge ausspreche, sondern den-

selben auch in meinen Handlungen sichtbar zeige.
O gütigster Vater! entlasse mich nicht ohne deinen
Segen. Laß mich die Verdienste des Kreuzopfers
meines Erlösers empfinden und zu meinem Heile
in mir bewahren. Ich habe im Glauben an
Jesus, den Gekreuzigten, gebetet; in der Hoffnung
auf seine Erbarmung und in der Liebe zu seinem
heiligsten Herzen dieser heil. Handlung beigewohnt,
und habe meinen Erlöser geistiger Weise empfangen;
darum bitte ich, o Vater! laß mich nicht ohne
deinen Segen von hier weggehen, sondern segne
mich durch die gnädige Erhörung meines Gebetes.
Segne alle meine Angehörigen und auch diejeni=
gen, welche sich in mein Gebet empfohlen haben.
Es komme also auf uns herab die Kraft des hoch=
heiligen Sakramentes und der Segen des allmäch=
tigen Gottes des Vaters, des Sohnes und des
heiligen Geistes. Amen.

Gebet nach der Messe.

Hochheiliges Sakrament, anbetungswürdigstes
Geheimniß! obgleich ich mich jetzt dem Leibe nach
von hier entferne, so soll doch meine Seele, mein
Geist und mein Herz stets hier vor dem Taber=
nakel verweilen, und in Vereinigung mit den zahl=
losen Schaaren heiliger Engel, die das Allerhei=
ligste unsichtbar umgeben, Lobpreisungen anstim=
men und den Gott der Liebe anbeten. Hier, ja
hier unter den Brodesgestalten ist Jesus Christus
mit seiner Gottheit und Menschheit gegenwärtig.

Hier ist das Lamm Gottes, welches die Sünden der Welt hinwegnimmt; hier ist der allgegenwärtige Gott in heiliger Stille verborgen, und es ist seine Freude, bei uns zu sein und den Menschenkindern seine Gnaden, seine Liebe und Erbarmungen mitzutheilen.

Sei also gebenedeit, sei angebetet, o ewige Liebe! sei gepriesen in deiner unerschöpflichen Barmherzigkeit. Mehr, ach, mehr konntest Du uns nicht geben, als Dich selbst! Dich, das höchste Gut, das Kostbarste, was der Himmel besitzt, das hast Du, o Liebe! uns geschenkt. O erleuchte meinen Geist, diese große Liebe zu erkennen; reinige mein Herz, diese Liebe zu erfassen, und entflamme meine Seele mit deiner heiligen Liebesgluth, daß ich, von dieser göttlichen Flamme ergriffen, als lebendiges Dankopfer deiner Liebe lebe und sterbe. A.

Andachten bei der feierlichen Prozession.

I.

Kirchenlied während des Zuges zum ersten Evangelium.

Pange lingua. (Siehe Seite 102.)

Erstes Evangelium.

(Nach Matth. 1, 1—16.)

Das Stammbuch Jesu Christi, des Sohnes Davids, des Sohnes Abrahams.

Abraham zeugte den Isaak: Isaak aber zeugte

den Jakob: Jakob aber zeugte den Judas und seine Brüder.

Judas aber zeugte den Phares und den Zara von der Thamar: Phares aber zeugte den Esron: Esron aber zeugte den Aram:

Aram aber zeugte den Aminadab: Aminadab aber zeugte den Naasson: Naasson aber zeugte den Salmon:

Salmon aber zeugte den Booz von der Rahab: Booz aber zeugte den Obed aus der Ruth: Obed aber zeugte den Jesse: Jesse aber zeugte den David, den König:

David aber, der König, zeugte den Salomon von der, welche des Urias Weib gewesen war.

Salomon aber zeugte den Roboam: Roboam aber zeugte den Abias: Abias aber zeugte den Asa:

Asa aber zeugte den Josaphat: Josaphat aber zeugte den Joram: Joram aber zeugte den Ozias:

Ozias aber zeugte den Joatham: Joatham aber zeugte den Achaz: Achaz aber zeugte den Ezechias:

Ezechias aber zeugte den Manasses: Manasses aber zeugte den Amon: Amon aber zeugte den Josias:

Josias aber zeugte den Jechonias und seine Brüder um die Zeit der Wegführung nach Babylon.

Und nach der Wegführung nach Babylon zeugte Jechonias den Salathiel: Salathiel aber zeugte den Zorobabel:

Zorobabel aber zeugte den Abiud: Abiud aber zeugte den Eliakim: Eliakim aber zeugte den Azor:

Azor aber zeugte den Sadok: Sadok aber zeugte den Achim: Achim aber zeugte den Eliud:

Eliud aber zeugte den Eleazar: Eleazar aber zeugte den Mathan: Mathan aber zeugte den Jakob:

Jakob aber zeugte den Joseph, den Mann Mariä, von welcher geboren wurde Jesus, der genannt wird Christus.

V. Das Himmelsbrod hast Du ihnen gegeben, o Herr! Alleluja!

R. Das alle Lieblichkeit in sich schließt. Alleluja!

Gebet.

O Gott! der Du uns im wunderbaren Sakramente das Andenken an dein Leiden hinterlassen hast, verleihe, wir bitten Dich, die heiligen Geheimnisse deines Leibes und Blutes so zu verehren, daß wir immerdar die Frucht deiner Erlösung in uns erfahren: Der Du lebst und regierst mit Gott dem Vater in Einigkeit des heiligen Geistes, Gott von Ewigkeit zu Ewigkeit. R. Amen.

V. Von Blitz und Ungewitter

R. Erlöse uns, o Herr Jesus Christus!

V. Deine Barmherzigkeit, o Herr, walte über uns!

R. Gleich wie wir auf Dich gehofft haben.

V. Herr, erhöre unser Gebet!

R. Und laß unser Rufen zu Dir kommen!

Gebet der Kirche.

Allmächtiger Gott! wir bitten Dich durch die Fürbitte der heiligen Gottesgebärerin Maria und der heiligen Engel, Patriarchen, Propheten, Apostel,

Martyrer, Bekenner, Jungfrauen und Wittfrauen und all' deiner Heiligen, laß uns immerfort deine Hilfe angedeihen. Verleihe uns ruhige Witterung, beschütze uns vor Blitz und Ungewitter, gieße Heil vom Himmel über uns, deine unwürdigen Diener, und vernichte die feindlichen Kräfte der Stürme mit der Macht deines Armes.

O Gott! dessen Majestät die ganze Natur selbst im Sturm und Ungewitter verherrlicht, entferne die Schrecken des Ungewitters, und laß die Ruhe deiner Erbarmung über uns walten, damit wir, die wir deinen Zorn fürchten, auch deine Milde erfahren: durch unsern Herrn Jesus Christus. Amen.

Zum Segen.

℣. Der Name des Herrrn sei gebenedeit
℟. Von jetzt an bis in Ewigkeit.
℣. Unsere Hilfe beruht auf dem Namen des Herrn,
℟. Der Himmel und Erde gemacht hat.

Der Segen des allmächtigen Gottes, des † Vaters und des † Sohnes und des heiligen † Geistes komme herab auf uns, über diesen Ort, und über die Früchte der Erde und bleibe immerdar! ℟. Amen.

II.

Kirchenlied während des Zuges z. 2. Evangelium.

Sacris solemniis. (Siehe Seite 104.)

Zweites Evangelium.

(Nach Markus 1, 1—15.)

Der Anfang des Evangeliums Jesu Christi. des Sohnes Gottes:

Wie geschrieben steht in dem Propheten Isaias: Siehe, ich sende meinen Engel vor deinem Angesichte her, der deinen Weg vor dir bereiten wird.

Die Stimme eines Rufenden in der Wüste: Bereitet den Weg des Herrn, machet eben seine Fußsteige!

Johannes taufte in der Wüste und predigte die Bußtaufe zur Vergebung der Sünden.

Und das ganze Land Judäa und alle Einwohner Jerusalems gingen zu ihm hinaus, und ließen sich von ihm taufen im Flusse Jordan und bekannten ihre Sünden.

Johannes aber hatte eine Kleidung von Kameelhaaren und einen ledernen Gürtel um seine Lenden, und aß Heuschrecken und wilden Honig: und er predigte und sprach:

Es kommt Einer nach mir, der stärker ist, als ich: ich bin nicht würdig, mich niederzubücken, um seine Schuhriemen aufzulösen.

Ich habe euch mit Wasser getauft, Er aber wird euch mit dem heiligen Geiste taufen.

℣. Brod vom Himmel hast Du ihnen gegeben, Herr! Alleluja!

℟. Das alle Süßigkeit in sich schließt. Alleluja!

Gebet.

O Gott! Der Du uns im wunderbaren Sakramente das Andenken an dein Leiden hinterlassen hast, verleihe uns, wir bitten Dich, die heiligen Geheimnisse deines Leibes und Blutes so zu verehren, daß wir immerdar die Frucht deiner Erlösung in uns erfahren: Der Du lebst und regierst mit Gott dem Vater in Einigkeit des heil. Geistes, Gott von Ewigkeit zu Ewigkeit. R. Amen.

V. Von Pest, Hunger und Krieg

R. Erlöse uns, o Gott!

V. Deine Barmherzigkeit, o Herr! walte über uns,

R. Wie wir auf Dich gehofft haben.

V. Herr, erhöre unser Gebet!

R. Und laß unser Rufen zu Dir kommen.

Gebet der Kirche.

Verschone, o Herr! verschone dein Volk, und suche uns nicht mit Widerwärtigkeiten, mit Krieg und Krankheit, mit Ungewitter und Gefahren heim, die Du mit dem kostbaren Leibe und Blute deines Sohnes, unsers Herrn Jesu Christi erlöset hast: durch ebendenselben Christus, unsern Herrn.

R. Amen.

Zum Segen.

V. Der Name des Herrn sei gebenedeit.

R. Von jetzt an und in Ewigkeit.

V. Unsere Hilfe beruht auf dem Namen des Herrn,

R. Der Himmel und Erde gemacht hat.

Der Segen des allmächtigen Gottes, des † Vaters, des † Sohnes und des heiligen † Geistes komme herab auf uns, über diesen Ort und über die Früchte der Erde, und bleibe immerdar!

R. Amen.

III.

Kirchenlied während des Zuges zum dritten Evangelium.

Verbum supernum. (Siehe Seite 107.)

Drittes Evangelium.

(Nach Lukas 1, 5—17.)

In den Tagen Herodes, des Königs von Judäa, war ein Priester, mit Namen Zacharias, von der Priesterklasse Abia: sein Weib war eine von den Töchtern Aarons, und hieß Elisabeth.

Beide waren gerecht vor Gott, und wandelten in allen Geboten und Satzungen des Herrn tadellos.

Und sie hatten kein Kind; denn Elisabeth war unfruchtbar, und Beide waren in ihren Tagen schon vorgerückt.

Es begab sich aber, als er nach der Ordnung seiner Priesterklasse vor Gott das Priesteramt verrichtete, traf ihn nach der Gewohnheit des Priesterthums das Loos, zu räuchern, und er ging in den Tempel des Herrn hinein.

Die ganze Menge des Volkes aber war draußen, und betete zur Zeit des Räucherns.

Da erschien ihm ein Engel des Herrn, der zur Rechten des Rauchaltars stand.

Und Zacharias erschrack, als er ihn sah, und Furcht überfiel ihn.

Der Engel aber sprach zu ihm: Fürchte dich nicht, Zacharias; denn dein Gebet ist erhöret worden, und Elisabeth, dein Weib, wird dir einen Sohn gebären, den sollst du Johannes heißen.

Du wirst Freude und Wonne haben, und Viele werden sich über seine Geburt freuen:

Denn er wird groß sein vor dem Herrn; Wein und starkes Getränk wird er nicht trinken, und in seiner Mutter Leibe noch mit dem heiligen Geiste erfüllet werden.

Er wird Viele von den Kindern Israels zum Herrn, ihrem Gott, bekehren.

Und er wird vor Ihm hergehen im Geiste und in der Kraft des Elias, um die Gesinnungen der Väter auf die Kinder, die Ungläubigen zur Weisheit der Gerechten zu bringen, und dem Herrn ein vollkommenes Volk zu bereiten.

℣. Das Himmelsbrod hast Du ihnen gegeben, o Herr! Alleluja!

℞. Das alle Lieblichkeit in sich schließt. Alleluja!

Gebet.

O Gott! Der Du uns im wunderbaren Sakramente das Andenken an dein Leiden hinterlassen hast, verleihe uns, wir bitten Dich, die heiligen Geheimnisse deines Leibes und Blutes so zu verehren, daß wir immerdar die Frucht deiner Erlösung in uns erfahren: Der Du lebst und regierst mit Gott dem Vater in Einigkeit des heil. Geistes, Gott von Ewigkeit zu Ewigkeit. ℞. Amen.

℣. Vom plötzlichen, jähen und bösen Tode
℞. Erlöse uns, Herr Jesus Christus!

℣. Deine Barmherzigkeit, o Herr! walte über uns,

℟. Wie wir auf Dich gehofft haben.

℣. Herr, erhöre unser Gebet!

℟. Und laß unser Rufen zu Dir kommen.

Gebet der Kirche.

Allmächtiger Gott! wir flehen in Demuth deine Milde an, daß Du die Früchte und Grenzen deiner Diener segnen, heimsuchen und mit fruchtbarem Regen erfreuen, schädliche Ungewitter abhalten, Ueberschwemmungen durch Regengüsse verhindern, den Einfluß böser Geister vernichten und uns eine gesunde Luft verleihen mögest. Beschütze uns auch im Frieden vor jeder Unbild unserer Feinde, der Du uns durch den Leib und das Blut deines Sohnes vom ewigen Tode erlöst hast. Durch Jesus Christus, unsern Herrn. ℟. Amen.

Zum Segen.

℣. Der Name des Herrn sei gebenedeit

℟. Von jetzt an und in Ewigkeit.

℣. Unsere Hilfe beruht auf dem Namen des Herrn:

℟. Der Himmel und Erde gemacht hat.

Der Segen des allmächtigen Gottes, des † Vaters, des † Sohnes, und des heil. † Geistes komme herab auf uns, über diesen Ort und über die Früchte der Erde, und bleibe immerdar!

℟. Amen.

IV.

Kirchenlied während des Zuges zum vierten Evangelium.

Salutis humanæ sator.

O Jesu, aller Menschen Heil!
Der reinen Herzen bester Theil!
Du unsrer Liebe Gegenstand,
Durch den die Welt Erlösung fand!

Wie übergroß war deine Huld,
Auf Dich zu nehmen unsre Schuld!
Und hinzugeh'n in Todespein,
Um uns vom Tode zu befrei'n.

Besiegt hast Du der Hölle Nacht,
Der Väter Ketten losgemacht',
Und nach vollbrachtem Siegeslauf
Fuhrst Du zur Rechten Gottes auf.

O gib durch deinen Gnadenblick
Den Stand der Unschuld uns zurück,
Daß wir beglückt in sel'gem Licht.
Einst schauen froh dein Angesicht!

Du Weg, uns leitend himmelwärts,
Sei Du das Ziel für unser Herz,
Sei unsre Freude nach dem Leid
Und unsers Lebens Süßigkeit.

Viertes Evangelium.
(Nach Johannes 1, 1.—4.)

Im Anfange war das Wort, und das Wort war
bei Gott, und Gott war das Wort.
Dieses war im Anfange bei Gott.

Alles ist durch Dasselbe gemacht worden, und ohne Dasselbe wurde Nichts gemacht, was gemacht worden ist.

In Ihm war das Leben, und das Leben war das Licht der Menschen.

Und das Licht leuchtete in der Finsterniß, aber die Finsterniß hat es nicht begriffen.

Es war ein Mensch von Gott gesandt, der hieß Johannes.

Dieser kam zum Zeugnisse, damit er Zeugniß von dem Licht gebe, auf daß Alle durch ihn glauben möchten.

Er war nicht das Licht, sondern er sollte Zeugniß von dem Lichte geben.

Dieses war das wahre Licht, welches alle Menschen, die in diese Welt kommen, erleuchtet.

Es war in der Welt, und die Welt ist durch Dasselbe gemacht worden, aber die Welt hat Ihn nicht erkannt.

Er kam in sein Eigenthum, und die Seinigen nahmen Ihn nicht auf.

Allen aber, die Ihn aufnahmen, gab Er Macht, Kinder Gottes zu werden, denen nämlich, die an seinen Namen glauben.

Welche nicht aus dem Geblüte, nicht aus dem Willen des Fleisches, noch aus dem Willen des Mannes, sondern aus Gott geboren sind.

Und das Wort ist Fleisch geworden, und hat unter uns gewohnet: und wir haben seine

Herrlichkeit geſehen, die Herrlichkeit als des Ein=
gebornen vom Vater, voll der Gnade und Wahrheit.

V. Brod vom Himmel haſt Du ihnen gegeben,
o Herr! Alleluja!

R. Das alle Lieblichkeit in ſich ſchließt. Alleluja!

Gebet.

O Gott! Der Du uns im wunderbaren Sak=
ramente das Andenken an dein Leiden hinterlaſſen
haſt, verleihe uns, wir bitten Dich, die heiligen
Geheimniſſe deines Leibes und Blutes ſo zu ver=
ehren, daß wir immerdar die Frucht deiner Er=
löſung in uns erfahren: der Du lebſt und regierſt
mit Gott dem Vater in Einigkeit des heiligen
Geiſtes, Gott von Ewigkeit zu Ewigkeit. R. Amen.

V. Von allem Uebel

R. Erlöſe uns, Herr Jeſus Chriſtus!

V. Deine Barmherzigkeit, o Herr, walte über uns!

R. Wie wir auf Dich gehofft haben.

V. Herr, erhöre unſer Gebet!

R. Und laß unſer Rufen zu Dir kommen.

Gebet der Kirche.

O Herr! Der Du zur Sühnung der Schuld der
ganzen Welt deinen Leib dahingeopfert haſt, be=
kehre gnädig, wir bitten Dich, dein Volk zu Dir,
auf daß es frei bleibe von allen Gefahren des
Leibes und der Seele, und vor ſichtbaren und un=
ſichtbaren Feinden beſchützt ſei. Schenke ihm er=
wünſchtes, heiteres Wetter, reichliche Früchte,

ruhige, friedliche Zeiten, und laß es die Gnade deines Segens in Allem erfahren; der Du lebst und regierst von Ewigkeit zu Ewigkeit. R. Amen.

Zum Segen.
(Wie Seite 136.)

Kirchenlied auf dem Rückzuge zur Kirche.
Aeterne Rex. (Siehe Seite 108.)

Vesperandacht zur Ehre des allerheiligsten Altarssakramentes.

Herr, eröffne meine Lippen, so wird mein Mund dein Lob verkündigen,

O Gott, achte auf meine Hilfe!

Herr, eile mir zu helfen!

Ehre sei dem Vater ꝛc.

Andacht über die sieben Bitten des heiligen „Vater unser" vor dem hochwürdigsten Gute.

Vater unser, der Du bist im Himmel!

O Jesus, Gott der Majestät, höchster Gebieter des Himmels und der Erde und zugleich mein liebreichster Heiland! siehe, voll des lebendigen Glaubens, der tiefsten Demuth, in Erinnerung deines heiligen Leidens, mit dankbarem Herzen, und in zärtlichster Liebe werfe ich mich vor diesem Altare nieder.

Ich bete Dich an vom Grunde meines Herzens,

und versenke mich in meine Nichtigkeit, in den Abgrund meiner Armseligkeit.

O Gott der Majestät! siehe mich an von deinem Gnadenthrone, auf welchem Du mir zwar den Glanz deiner Hoheit verbirgst, doch nur, damit ich mit größerm Vertrauen vor Dir erscheine.

O hochheiliges Sakrament, Quelle so vieler Wunder der Barmherzigkeit! ich bete Dich im Geist und in der Wahrheit an.

Ach, mein allmächtiger Gott! was soll ich thun? wohin mich verbergen, um deine Majestät mit schuldiger Ehrfurcht anzubeten?

O Jesus! Du bist die Allmacht, ich aber bin die Schwachheit und ein lauteres Nichts: ich bete Dich an!

O Jesus! Du bist die Weisheit, ich aber die Unwissenheit und ein irrendes Geschöpf: ich bete Dich an!

O Jesus! Du bist die Güte, ich aber die Bosheit und Undankbarkeit: ich bete Dich an!

O Jesus! Du bist mein Gott, und ich dein Geschöpf: ich bete Dich an!

O Jesus! Du bist mein Herr, und ich dein Knecht: ich bete Dich an!

O Jesus! Du bist mein König, und ich dein Unterthan: ich bete Dich an!

O Jesus! Du bist mein Erlöser, und ich dein Eigenthum: ich bete Dich an!

O Jesus! Du bist die Heiligkeit, und ich ein Sünder: ich bete Dich an!

O Jesus! Du bist die Barmherzigkeit, und ich das Elend: ich bete Dich an!

O Jesus! Du bist die Liebe, und ich die Ver= werfung: ich bete Dich an!

O Jesus! Du bist der Urheber aller Gnaden, und ich die Armseligkeit: ich bete Dich an!

O Jesus! Du bist mein höchstes Gut, mein letztes Ziel und Ende, und ich ein armes Ge= schöpf und ein Sünder: ich bete Dich an!

Mit allen Seraphim, mit allen Engeln, mit allen Auserwählten, mit dem ganzen Himmel, mit der göttlichen Mutter, mit der demüthigen Magd des Herrn, liege ich vor Dir in allertiefster An= betung. O Jesus! siehe mich an mit den Augen deiner Gnade.

Barmherziger und liebevoller Heiland! der Du selbst deine Jünger die Weise zu beten gelehrt hast, nimm gnädig auf mein demüthiges und in= ständiges Gebet, das ich vor deinem Throne von ganzem Herzen ausgieße und sage:

Vater unser, der Du bist in dem Himmel, gehei= liget werde dein Name, zukomme uns dein Reich ꝛc.

Erste Bitte.

Geheiliget werde dein Name.

O Jesus! der Du in dem heiligsten Altars= sakrament wesentlich, wahrhaft und lebendig gegen= wärtig bist, verleihe uns deine kräftige Gnade, daß wir deinen heiligen Namen allzeit ehren, deine Gottheit und Majestät demüthig anbeten, Dich loben und preisen und dein heiligstes Sakrament mit zärtlichster Andacht bis in den Tod verehren. Ach, daß Dich die ganze Welt erkenne, liebe und anbete!

Vater unser 2c. 3 Mal.

℣. Angebetet sei ohne End'

℞. Das allerheiligste Altarssakrament!

℣. Singet unserm Gott Lob, ihr alle seine Heiligen,

℞. Und die ihr Ihn fürchtet, Kleine und Große!

Jesus, Du König der Engel, wie groß ist deine Hoheit! Wie unaussprechlich dein Geheimniß! Wie unermessen deine Gnade, Güte und Liebe!

Ich armer, verwerflicher Mensch verdemüthige mich vor deiner unendlichen Majestät.

Ich erkenne mich ganz unwürdig, vor deiner verborgenen Gottheit, vor deinem heiligen Angesicht zu erscheinen.

Wie klein bin ich vor Dir, o höchster Gott! Als ein sterbliches Geschöpf liege ich da, die Macht deiner Herrlichkeit zu verehren und anzubeten.

Deine anbetungswürdigste Gegenwart versenket mich in den Abgrund meiner Nichtigkeit, aus welchem ich nur rufen kann:

Zweite Bitte.

Zukomme uns dein Reich!

O Jesus! der Du in dem heiligsten Altarssakrament als Gott und Mensch zugegen bist, ertheile mir deine Gnade, auf daß ich vor Allem das Reich Gottes suche und nach diesem kurzen

Leben glückselig werde. Herrsche Du in mei=
nem Herzen durch den lebendigen Glauben und
deine heilige Gnade, damit ich den Lauf meines
Lebens in wahrer Unschuld und Frömmigkeit voll=
ende. O Jesus, mein Gott und Heiland! lasse
mir das Himmelreich zukommen, zu welchem ich
erschaffen bin; nimm mich auf in das ewige Le=
ben, welches Du mir durch dein Leiden und deinen
Tod verdient hast, und dessen Unterpfand ich in
deinem heiligsten Leib und Blut empfangen habe.
Mache uns selig, Christus, unser Erlöser, durch
die Kraft des heiligen Kreuzes und erbarme Dich
unser, zum ewigen Leben!

Vater unser ꝛc. 3 Mal.

℣. Angebetet sei ohne End'

℟. Das allerheiligste Altarssakrament!

℣. Wann werde ich kommen auf den Berg Sion

℟. Und eingehen in die Stadt des lebendigen
Gottes, in das himmlische Jerusalem!

℣. Wie lieblich sind deine Wohnungen, o Herr!

℟. Meine Seele sehnet sich und seufzt nach ihnen.

O liebwürdigstes, höchstes Gut! was ist in dem
Himmel oder auf Erden außer Dir, o Gott meines
Herzens, Gott in Ewigkeit, das meiner Liebe
würdiger wäre, als Du!

O Jesus! Du hast mich an Dich gezogen,
nicht allein da Du an dem Kreuze erhöhet warst,
sondern auch, da Du Dich in dem heiligen Sak=
rament verborgen hast.

Ist es möglich, daß ich Dich nicht liebe von

ganzem Herzen, meinen Gott und Heiland, meine Liebe und mein Alles?

Du hast ja gesagt: Wo euer Schatz ist, wird auch euer Herz sein: in Dir, o Jesus! finde ich Alles, was zur Liebe führen kann. Göttlicher Schatz, unendliche Güte, verborgener, aber doch höchster Gott! O mein Jesus! ich liebe Dich und will Dich lieben in Ewigkeit.

Dein heiligster Leib und dein Blut, diese Liebes= speise im heiligen Sakrament, erwecke und erhalte in mir immer mehr die wahre und untrügliche Liebe.

Ach! daß ich niemals aufhöre Dich zu lieben, sondern mein Herz immer mehr entzündet werde mit jenem Feuer, welches Du kamst auf die Erde zu senden und durch deine Liebe an dem Kreuze und in dem heiligen Altarssakrament in uns an= zufachen.

Dritte Bitte.

Dein Wille geschehe wie im Himmel, also auch auf Erden!

O Jesus! der Du in dem heiligsten Altars= sakrament sammt dem Vater und dem hl. Geist zugegen bist, verleihe durch deine allvermögende Gnade, daß ich dem Willen der hochheiligen Drei= faltigkeit in Allem nachlebe. Alle Auserwählten in dem Himmel werden in Ewigkeit deinen heili= gen Willen durch ihre vollkommene Liebe und Er= gebenheit erfüllen. Ertheile mir die Gnade, daß ich auf Erden deine heiligen Gebote halte und sie

Kommet, lasset uns anbeten. **10**

niemals übertrete. Stärke meine Schwachheit zur
Geduld in allen Drangsalen, zur Ergebenheit in
allen Zufällen, und zur Gleichförmigkeit mit deinem
göttlichen Willen in allen Anordnungen deiner
väterlichen Vorsehung.

Vater unser 2c. 3 Mal.

℣. Angebetet sei ohne End'

℟. Das allerheiligste Altarssakrament!

℣. Herr, regiere unsere Herzen, daß wir Dich ehren,

℟. Und deinen Willen mit bereitem Herzen und
willigem Gemüthe vollziehen.

℣. Lehre mich deinen Willen thun,

℟. Denn Du bist mein Herr und Gott.

Gütigster Gott und Heiland! ich erkenne deine
unendliche Güte, welche Du gegen uns armselige
Menschen in diesem heiligen Sakrament erzeigest.

Unsterblichen Dank sage ich Dir für deine un=
aussprechlichen Gnaden:

Für deine beständige Gegenwart, für deine Ge=
duld, für so viele heilige Communionen, in welchen
Du meine Seele zu erquicken und mit Gnade zu
überhäufen Dich gewürdigt hast.

O Jesus! Himmel und Erde sollen Dich loben
und das Uebermaß deiner Liebe preisen ohne Ende!

Was soll ich meinem Gott geben für alle un=
zähligen Gutthaten, die Er mir immer erweiset?

Ach, ich habe nichts, als mein armes Herz und
mich selbst: Dir soll ich ganz und mein Herz in
Ewigkeit gewidmet sein.

Vierte Bitte.

Gib uns heute unser tägliches Brod!

O Jesus! der Du in dem heiligsten Altars=
sakrament mit Leib und Seele zugegen bist, ernähre
und stärke meinen Geist mit dem Brode des Le=
bens durch die Gnade der innern Erleuchtung und
des süßen Antriebes zu allem Guten: dein heilig=
stes Sakrament sei mir das wahre Himmelsbrod
zur kräftigen Nahrung meiner schwachen Seele.
O Jesus! gib, daß ich es allzeit würdig empfange,
besonders vor meinem Tode. Ertheile mir aber
auch Alles, was zum Unterhalt dieses sterblichen
Leibes nothwendig ist, damit ich Dir in wahrer
Gottseligkeit bis an mein Ende dienen möge. Lieber
Vater! erbarme Dich der Armen, Elenden und
Dürftigen, und lasse sie deiner Gnade und Trö=
stungen theilhaftig werden.

Vater unser 2c. 3 Mal.

V. Angebetet sei ohne End'

R. Das allerheiligste Altarssakrament!

V. Du hast in deiner Milde, o Gott! dem
Armen das Nothwendige bereitet.

R. Und wie ein Vater seiner Kinder, also er=
barmest Du Dich Jener, die Dich fürchten.

V. Meine Seele, preise den Herrn,

R. Und vergiß nicht alle seine Gutthaten.

Jesus, mein barmherziger Erlöser, Du verlässest
diejenigen nicht, welche ihre Hoffnung auf Dich
setzen, sondern in deiner Milde erbarmest Du Dich
Aller, welche mit vollem Vertrauen zu Dir kommen.

In Dir finde ich steten Trost und fliehe zu
Dir, um die vorgesetzte Hoffnung zu bewahren,
welche mir als ein sicherer Anker der Seele dienet,
bis ich in das Heiligthum eingehen werde, wohin Du
mir mit deinem heiligen Blute vorangegangen bist.

In diesem theuersten Preise meiner Erlösung
erwarte ich Verzeihung meiner Sünden und voll=
kommene Versöhnung; deine Barmherzigkeit wird
mir der süßeste Trost sein in der Zeit meiner
Wanderschaft hienieden und in der Stunde meiner
Abreise aus der Zeit in die Ewigkeit.

Fünfte Bitte.

**Vergib uns unsere Schulden, wie wir auch
vergeben unsern Schuldnern!**

O Jesus! der Du in dem heiligen Altars=
sakrament uns zu lieb gegenwärtig bist; ich erkenne
und bekenne meine großen und vielen Schulden,
die ich mir durch meine Sünden aufgeladen habe.
Barmherziger Jesus! verzeihe mir alle; denn sie
reuen mich von ganzem Herzen, weil ich Dich,
meinen Gott, beleidiget habe. Siehe, ich ver=
zeihe Allen, die mir Leides gethan: verzeihe mir
auch, wie Du es verheißen hast. Liebster Hei=
land! ich will Dich lieben und nicht mehr sün=
digen: sei mir gnädig durch deine Wunden, durch
dein heiliges Blut, durch deinen Tod und durch
das heilige Sakrament der Liebe!

Vater unser ꝛc. 3 Mal.

℣. Angebetet sei ohne End'

℟. Das allerheiligste Altarssakrament!

℣. Jesus, Du liebst die Seelen, für die Du dein Blut vergossen hast;

℟. Und verschonest ihrer, weil sie dein eigen sind.

℣. Herr, verleihe mir die Gnade, würdige Früchte der Buße zu wirken,

℟. Und durch die enge Pforte in den Himmel einzugehen.

O Jesus, mein Gott und Heiland! der Du wahrhaft in diesem heiligen Sakrament zugegen bist; ich bete Dich an in tiefster Demuth, als den allmächtigen Herrn Himmels und der Erde.

Wie unergründlich ist deine Weisheit und All=macht in Einsetzung des allerheiligsten Altars=jakramentes!

Du bist aber ein unfehlbarer Gott! Du bist der Weg, die Wahrheit und das Leben; durch Dich wandle ich sicher in der Wahrheit zum ewigen Leben, welches ich ohne den Glauben an dieses große Geheimniß nicht erlangen kann.

Ich glaube denn unbezweifelt, ja ich glaube, o mein Jesus! daß Du, der Sohn des Aller=höchsten, unter diesen Brodesgestalten mit Gott=heit und Menschheit, mit Fleisch und Blut, mit Leib und Seele, so wie Du am Kreuze gehangen und nun zur Rechten deines himmlischen Vaters sitzest, zugegen bist.

O göttliche Weisheit und unfehlbare Wahrheit! Dir glaube ich mit ganz ergebenem Herzen; Du bist zwar, o Jesus! hier verborgen und ich sehe Dich nicht mit den Augen des Leibes, doch der Glaube an deine göttliche Offenbarung betrüget mich nicht.

Ich widersage allen denselben entgegengesetzten Irrthümern und bekenne mit Herz und Mund deine wesentliche Gegenwart.

Du bist das lebendige Brod, welches vom Him= mel gekommen ist.

Sechste Bitte.

Führe uns nicht in Versuchung!

O Jesus! der Du in dem heiligen Altarssak= rament immer Tag und Nacht zugegen bist, ich bitte Dich flehentlich um deine siegende Gnade, daß ich im Streite nicht überwunden werde. Ich bin vielen Versuchungen ausgesetzt; die Sinnlich= keit des sterblichen Leibes, das eitle Wesen der Welt, der Betrug und die Nachstellungen des Sa= tans legen mir viele Fallstricke. Mein liebster Hei= land! lasse mich nicht fallen; erhalte mich in deiner Liebe, besonders im Tode; stärke mich in dem Glauben, der Hoffnung und der Liebe; damit ich niemals von Dir geschieden werde.

Vater unser ꝛc. 3 Mal.

V. Angebetet sei ohne End'

R. Das allerheiligste Altarssakrament!

V. Jesus, mein starker Gott! lasse mich nicht von dem Wege des Heiles abweichen;

R. Damit ich durch die Gerechtigkeit zum ewigen Leben gelange.

℣. Ertheile mir die Beharrlichkeit in deinem Dienst, ℟. Und die ewige Krone, die Du verheißen hast.

Jesus, mein Gott und einziger Trost im heiligsten Sakrament! wo soll ich in so vielen Gefahren, die mich umgeben, Hilfe und Sicherheit suchen, als bei Dir?

Barmherziger Heiland, erbarme Dich meiner armen Seele, die Du mit deinem Blute erlöset hast! Stärke mich, daß ich in keiner Anfechtung unterliege. Tröste mich, daß kein Kleinmuth mein Herz überwinde. Erhalte mich in deiner Gnade, damit ich von Dir nicht ewig verstoßen werde.

Siebente Bitte.

Erlöse uns von dem Uebel. Amen.

O Jesus! der Du in dem heiligen Altarssakrament bis an das Ende der Welt zugegen bist; deine beständige Gegenwart ist mein Trost; ich komme zu Dir als meinem liebreichen Erlöser; ach erlöse mich von allem Uebel, wie Du mich am Kreuze erlöset hast! Erlöse und bewahre mich vor Allem, was mir an Leib und Seele schaden kann. Erlöse mich von aller Verwirrung, von der Sünde und der ewigen Verdammung. O Jesus, dein heiliges Blut sei an mir nicht verloren, damit ich nicht von Dir in das ewige Feuer verstoßen werde.

Vater unser ꝛc. 3 Mal.

℣. Angebetet sei ohne End'
℟. Das allerheiligste Altarssakrament!

℣. Gebenedeit sei Gott, der Vater unsers Herrn Jesus Christus,

℟. Der Vater der Barmherzigkeit und der Gott alles Trostes!

℣. Er wird mein Gebet erhören,

℟. Und meine Seufzer gnädig aufnehmen. Amen.

Das Magnifikat auf das allerheiligste Altarssakrament.

1. Meine Seele macht groß den Herrn in den kleinen Brodesgestalten, und spricht Ihm allein das gebührende Lob.

2. Und mein Geist ist von heiliger Freude ganz entzückt, da ich der Güte Gottes, meines Heilandes, gedenke.

3. Weil Er seine Augen zum Vater im Himmel erhob, das Brod segnete und es in seinen wahren Leib verwandelte, sieh! darum werden Ihn die gläubigen Völker aller folgenden Jahrhunderte loben und benedeien.

4. Denn der Allmächtige, dessen Name unendlich heilig ist, hat uns Menschenkindern zu Gunsten große Wunder gethan.

5. Der Ueberfluß seiner Liebe zu uns in dem allerheiligsten Altarssakramente erstreckt sich von Geschlecht zu Geschlecht auf Alle, die sich selbst prüfen, und so von diesem Brode essen und aus diesem Kelche trinken.

6. Eben so zeigt er, wenn es Ihm gefällt, die Kraft seines Armes, indem er den gleißnerischen und unwürdigen Genuß seines heiligsten Flei-

sches und Blutes mit der größten aller Strafen, mit der Verstockung des Herzens, schlägt, welche die Verzweiflung nach sich zieht.

7. Er erfüllt Jene, die nach diesem Tische vor Begierde schmachten, mit Gütern, und entläßt leer an Trost und arm die Andachtslosen.

8. Schon jetzt macht Er die Frommen glück= lich, die Ihn in Wahrheit anbeten, indem Er seiner Barmherzigkeit gedenkt.

9. So hat Er es unsern Vätern verheißen, dem Abraham und seiner Nachkommenschaft auf alle künftigen Zeiten.

Ehre sei Dir, mein Jesus, im hochheiligen Altarssakramente, jetzt und allezeit und zu ewigen Zeiten! Amen.

Antiphon. Ich will den Kelch des Heiles bei meinem Dankopfer emporheben und den Namen des Herrn anrufen.

Gebet. O Gott! Du hast uns das wunder= bare Altarsgeheimniß als Denkmal deines Leidens hinterlassen. Wir bitten Dich, laß uns die hei= ligen Geheimnisse deines Leibes und Blutes so verehren, daß wir die Frucht deiner Erlösung fortwährend in uns empfinden mögen, der Du lebest und herrschest von Ewigkeit zu Ewigkeit. Amen.

Das Salve Regina.

Königin! laß dich verehren,
Unsre Blicke zu dir kehren,
Mutter der Barmherzigkeit,
Leben, Hoffnung, Süßigkeit!

Zu dir schreien arme Sünder,
Eva's ausgestoß'ne Kinder;
Unsre Seufzer schicken wir
Aus dem Jammerthal zu dir.

Mutter mit den sanften Blicken,
Laß dein Fürwort uns beglücken;
Zeig' Verwies'nen auf der Flucht!
Jesum, deines Leibes Frucht!

O Maria, voll Erbarmen,
Jungfrau, süßer Trost der Armen!
Mutter der Barmherzigkeit,
Gib uns Sieg im letzten Streit!

℣. Bitte für uns, o heilige Gottesgebärerin!
℞. Daß wir würdig werden der Verheißungen
Christi.

Gebet. Allmächtiger, ewiger Gott, der Du
den Leib und die Seele der seligsten Jungfrau
Maria durch die Kraft des heiligen Geistes zu
einer würdigen Wohnung deines Sohnes zube=
reitet hast, gib uns, die wir ihr Andenken feier=
lich begehen, daß wir auch die heilsamen Wirkun=
gen ihrer Fürbitte in allen unsern Anliegen empfin=
den mögen, durch denselben Jesus Christus, unsern
Herrn. Amen.

Kreuzwegandacht zur Ehre des allerheil. Altarssakramentes.

(Eine Nachmittagsandacht an allen Communiontagen.)

Vorbereitungsgebet.

O Herr Jesus Christus, der Du das allerheiligste Altarssakrament als Denkmal deines Leidens hinterlassen hast! zur Verehrung desselben und zur dankbaren Erinnerung an deine Liebe, die Dich beim Abendmahle zu einer Speise und am Kreuze zu einem blutigen Opfer gemacht hat, — zur Gewinnung aller heiligen Ablässe, von denen ich einige den Seelen N. N. im Fegfeuer schenken will, und zur Erlangung einer inbrünstigen Andacht gegen dein wundervolles Sakrament — will ich mich dem Geiste nach auf deinen heiligen Kreuzweg begeben. Alle meine Sünden und besonders jene, die ich wider dein heiligstes Sakrament begangen habe, reuen mich vom Grunde meines Herzens, aus reiner Liebe zu Dir. Ich verwünsche und verabscheue sie über alle Uebel. Verzeihe sie mir, und laß mein Gebet vor dein Angesicht kommen! Höre und erhöre mich! Amen.

I. Station.

Jesus wird zum Tod verurtheilt.

Erste Station.

Jesus wird zum Tode verurtheilt.

V. Wir beten Dich an, o Jesus! in deinem allerheiligsten Sakramente;

R. Weil Du die Deinigen, die Du auf Erden geliebt, bis an's Ende geliebt hast.

Unschuldigster Jesus, Du solltest gekreuzigt werden! Was ist die Ursache? Nichts Anderes, als das Uebermaß deiner Liebe. — Sie, die Liebe, opfert Dich am Kreuze, wie sie Dich schon am Vorabende deines Leidens — zu einem Opfer in deinem Sakramente gemacht hat.

O unendliche Liebe! wann werde ich Dich endlich entgegen lieben, wie Du es schon lange verlangest und billig verdienest? — O mache doch, daß das Feuer deiner Liebe auf dem Altare meines Herzens brenne!

Vater unser 2c. Gegrüßt seist 2c.

V. Erbarme Dich unser, o Gott der Liebe! erbarme Dich unser!

R. Und verzeihe uns alle Sünden, die wir wider dein allerheiligstes Sakrament begangen haben.

II. Station.

Jesus nimmt das Kreuz auf sich.

Zweite Station.

Jeſus nimmt das Kreuz auf ſeine Schulter.

℣. Wir beten Dich an, o Jeſus! in deinem allerheiligſten Sakramente;

℞. Weil Du die Deinigen, die Du auf Erden geliebt, bis an's Ende geliebt haſt.

O mein Jeſus! Du haſt Dir das Kreuz, nach welchem Du ſo lange getrachtet haſt, ſelbſt auf deine Schulter gelegt, und mit welchem ſehnlichen Verlangen haſt Du gewünſcht, mit den Deinigen das Oſterlamm zu eſſen!

Da Du denn ſo gerne bei mir ſein willſt, ſo will ich auch gerne bei Dir ſein, und mich recht oft in deinem Sakramente mit Dir vereinigen. Komm, o ſüßeſter Jeſus! ach, komm mit deiner Gnade geiſtiger Weiſe zu mir; denn in Dir und mit Dir beſitze ich Alles!

Vater unſer ꝛc. Gegrüßt ſeiſt ꝛc.

℣. Erbarme Dich unſer, o Gott der Liebe! erbarme Dich unſer!

℞. Und verzeihe uns alle Sünden, die wir wider dein allerheiligſtes Sakrament begangen haben.

III. Station.

Jesu erster Fall unter dem Kreuze.

Dritte Station.

Jesus fällt das erste Mal unter dem Kreuze.

V. Wir beten Dich an, o Jesus! in deinem allerheiligsten Sakramente;

R. Weil Du die Deinigen, die Du auf Erden geliebt, bis an's Ende geliebt hast

O höchster Herr! wie sehr erniedrigst und demüthigest Du Dich! — Aber schon bei der Einsetzung deines heiligsten Sakramentes konnte Dich deine unendliche Hoheit nicht abhalten, Dich so tief herabzulassen und deinen Jüngern die Füße zu waschen, und zwar mit jenen Händen, welche Himmel und Erde gegründet haben.

Wie kann ich bei diesem Anblicke wegen eines Ranges oder Ansehens streiten, oder — wie kann ich elender Sünder mich wegen etwas erheben? Wenn mich dieses göttliche Beispiel nicht antreibt, daß ich mich selbst verachte, was wird mich sonst dahinbringen? — Demüthigster Jesus! tritt doch Du selbst den Geist meines Hochmuths zu Boden.

Vater unser 2c. Gegrüßt seist 2c.

V. Erbarme Dich unser, o Gott der Liebe! erbarme Dich unser!

R. Und verzeihe uns alle Sünden, die wir wider dein allerheiligstes Sakrament begangen haben.

IV. Station.

Jesus begegnet seiner betrübten Mutter.

Vierte Station.

Jesus begegnet seiner betrübten Mutter.

℣. Wir beten Dich an, 2c.

℟. Weil Du die Deinigen, die Du auf Erden geliebt, bis an's Ende geliebt hast.

Wohl getreue Liebe deiner liebsten Mutter, o Sohn Mariä! — Du hast gewartet, ob Jemand mit deinen Schmerzen Mitleiden trage, und — Du hast Niemanden gefunden, als sie. — Aber wie unendlich größer und mitleidiger war deine Liebe gegen uns! Obschon Du in deinen Jüngern vorhergesehen hast, wie Viele Dich in deinem Sakramente verlassen und Dir wenigen Trost verschaffen würden, so hast Du dennoch den Deinigen dieses vorzügliche Vermächtniß deiner Liebe hinterlassen.

O Jesus! sag' mir doch, wie kann ich diesem Uebermaße deiner Liebe durch meine gänzliche Uebergebung an Dich entsprechen, und — was soll ich thun, um Dir am besten zu beweisen, wie sehr ich Dich liebe?

Vater unser 2c. Gegrüßt seist 2c.

℣. Erbarme Dich unser, 2c.

℟. Und verzeihe uns alle Sünden, die wir wider dein allerheiligstes Sakrament begangen haben.

V. Station.

Simon von Cyrene hilft Jesu das Kreuz tragen.

Fünfte Station.

Simon wird gezwungen, Jesus das Kreuz tragen zu helfen.

V. Wir beten Dich an, o Jesus! in deinem allerheiligsten Sakramente,

R. Weil Du die Deinigen, die Du auf Erden geliebt, bis an's Ende geliebt hast.

Wohl glückseliger Simon, den man mit Gewalt angehalten hat, mit dem Kreuze sein ewiges Heil zu tragen! — Auch Du, mein Jesus! hast ge= wollt, daß man die Gäste nöthige, deinem Gast= mahle beizuwohnen

O Gott der Güte! lege doch meinem Herzen süße Gewalt an, daß es sich von aller Eigen= liebe losmache und nur das selige Glück suche, Dir dein Kreuz nachzutragen, sich mit dem Brode der Thränen zu nähren und deinen Kelch zu trinken!

Vater unser ec. Gegrüßt seist ec.

V. Erbarme Dich unser, o Gott der Liebe! erbarme Dich unser!

R. Und verzeihe uns alle Sünden, die wir wi= der dein allerheiligstes Sakrament begangen haben.

VI. Station.

Veronika reicht Jesu das Schweißtuch dar.

Sechste Station.

Veronika reicht Jesu das Schweißtuch.

℣. Wir beten Dich an, o Jesus! in deinem allerheiligsten Sakrament;

℞. Weil Du die Deinigen, die Du auf Erden geliebt, bis an's Ende geliebt hast.

Göttlicher Bräutigam! Du verlangest, daß wir deiner gedenken sollen, und — damit uns deine Gestalt bis in den Tod vor Augen schwebe, hinterlässest Du uns dein Bildniß. Auch vermittelst deines heiligen Sakramentes setzest Du Dich in einen solchen Stand, daß Du alle Tage bei uns bist — bis an's Ende der Welt.

Und — ich finde mich so wenig vor deinem Heiligthume ein, Dich anzubeten, Dich zu begrüßen, Dich zu verehren, Dir mein Elend vorzutragen. — O mein Erlöser! nimm doch alle Liebe meines Herzens gefangen, und ziehe mich so stark an Dich, daß ich vor Allem nur Deiner gedenke, und Dir in allem zu gefallen suche!

Vater unser 2c.   Gegrüßt seist 2c.

℣. Erbarme Dich unser, o Gott der Liebe! erbarme Dich unser!

℞. Und verzeihe uns alle Sünden, die wir wider dein allerheiligstes Sakrament begangen haben!

VII. Station.

Jesu zweiter Fall unter dem Kreuze.

Siebente Station.

Jesus fällt das zweite Mal unter dem Kreuze.

V. Wir beten Dich an, o Jesus! in deinem allerheiligsten Sakramente;

R. Weil Du die Deinigen, die Du auf Erden geliebt, bis an's Ende geliebt hast.

O Mann der Schmerzen, wie Du unter der schweren Last des Kreuzes, die Dich zu Boden gedrückt hat, der Verächtlichste unter den Menschen gewesen bist, so wirst Du auch noch jetzt in deinem Sakramente, wo Du Dich aufhältst und allein gelassen wirst, so wenig geehrt und geliebt.

Ach! wie schmerzt es mich, daß auch ich einer von denjenigen bin, die Dich in deinem Tempel den ganzen Tag deine Hände zu uns ausstrecken und uns vergeblich zu Dir einladen lassen! Verleihe mir, daß ich meine Nachläßigkeit beweine, und die noch übrige Zeit meines Lebens vor deinem Heiligthume thue, was deine Heiligen im Himmel thun, daß ich Dich, wie sie, liebe und lobe!

Vater unser ꝛc.   Gegrüßt seist ꝛc.

V. Erbarme Dich unser, o Gott der Liebe! erbarme Dich unser!

R. Und verzeihe uns alle Sünden, die wir wider dein allerheiligstes Sakrament begangen haben.

VIII. Station.

Die Töchter von Jerusalem beweinen Jesum.

Achte Station.

Jesus tröstet die über Ihn weinenden Frauen.

℣. Wir beten Dich an, ꝛc.

℟. Weil Du die Deinigen, die Du auf Erden geliebt, bis an's Ende geliebt haft.

O bemitleidenswürdigſter Jeſus! dieſe klagenden Frauen, welche auf dem Wege vorübergingen, haben erwogen und geſehen, daß kein Schmerz dem deinigen gleich ſei; und darum haben ſie geweinet. — Auch Du haſt von den Deinigen bei Darreichung deines heiligen Leibes verlangt, daß ſie dieſes zu deinem Andenken thun, und nie ver= geſſen ſollten, was Du ihnen gethan haſt.

O mein Heiland! ſchreibe deine Wunden und deine Liebe in mein Herz, damit ich jederzeit, ſo oft ich dieſes Brod eſſe und dieſen Kelch trinke, mitleidig und dankbar deines Todes mich erinnere, in Betrachtung deiner Schmerzen alles Ungemach willig leide, und in Anſehung deiner Liebe keinen liebenswürdigen Gegenſtand finde, als Dich!

Vater unſer ꝛc. Gegrüßt ſeiſt ꝛc.

℣. Erbarme Dich unſer, ꝛc.

℟. Und verzeihe uns alle Sünden, die wir wi= der dein allerheiligſtes Sakrament begangen haben!

IX. Station.

Jesu dritter Fall unter dem Kreuze.

Neunte Station.

Jesus fällt das dritte Mal unter dem Kreuze.

V. Wir beten Dich an, 2c.

R. Weil Du die Deinigen, die Du auf Erden geliebt, bis an's Ende geliebt haft.

Großer Gott! der Himmel ist dein Wohnsitz; und hier findest Du deinen Ruheplatz unter den Füßen deiner Henker, die Deiner grausam spotten! — Kinder hast Du erzogen und mit deinem eige= nen Fleische ernährt; sie aber haben Dich verachtet. Wie vielen ekelt vor dieser Engelsspeise! Was sie beim Genusse derselben thun, das thun sie ge= schwind, weil die Größe deiner Gnade auf sie keinen Eindruck macht. — Aber wie übel steht es mit einem Kranken, wenn die beste Arznei frucht= los ist!

O mein süßester Jesus! laß doch nicht zu, daß auch ich gegen das größte Wunder deiner Liebe unempfindlich oder kaltblütig bleibe! Da Du mich unendlich liebest, so mache, daß auch ich Dich auf's Inbrünstigste lieben möge!

Vater unser 2c. Gegrüßt seist 2c.

V. Erbarme Dich unser, 2c.

R. Und verzeihe uns alle Sünden, die wir wi= der dein allerheiligstes Sakrament begangen haben!

X. Station.

Jesus wird seiner Kleider beraubt.

Zehnte Station.

Jesus wird mit Galle und Essig getränkt.

V. Wir beten Dich an, o Jesus! in deinem allerheiligsten Sakramente;

R. Weil Du die Deinigen, die Du auf Erden geliebt, bis an's Ende geliebt hast!

O göttliches Schlachtopfer! ehe Dich die Hen=
tersknechte entkleidet haben, um Dich zu kreuzigen, haben sie Dir Wein, mit Galle vermischt, zu trinken gegeben; und uns — reichest Du jetzt dein kostbares Blut zum Getränke dar, das alle Süßig=
keit in sich enthält.

O guter Jesus, Du mein Heiland, mein höch=
stes und einziges Gut, mein Ernährer und meine Speise, kommst zu mir Sünder! O daß ich Dich liebte und würdig wäre, von Dir immer mehr und mehr geliebt zu werden, um das Glück zu haben, die geistliche Süßigkeit in ihrer Quelle zu kosten!

Vater unser 2c. Gegrüßt seist 2c.

V. Erbarme Dich unser, o Gott der Liebe! erbarme Dich unser!

R. Und verzeihe uns alle Sünden, die wir wider dein allerheiligstes Sakrament begangen haben.

XI. Station.

Jesus wird an das Kreuz genagelt.

Eilfte Station.

Jesus wird an das Kreuz geheftet.

V. Wir beten Dich an, 2c.

R. Weil Du die Deinigen, die Du auf Erden geliebt, bis an's Ende geliebt haft

O wie schimpflich, wie grausam haben Dich deine Peiniger behandelt, da sie Dich an's Kreuz geheftet haben! — aber noch schimpflicher und gottloser behandeln Dich jene Christen, welche durch ihr wohllüstiges Leben und durch ihre unwürdigen Communionen, so viel an ihnen ist, Dich auf ein Neues kreuzigen!

Gekreuzigte Liebe! wenn ich das Wunder der Liebe in deinem Sakramente, und das Wunder deiner Geduld am Kreuze betrachte, zugleich aber mich erinnere, daß deine Kreuzigung ein Werk meiner Hände ist, und daß deine größte Liebe nicht einmal eine kleine Gegenliebe in mir erwecken kann, ach! so möchte ich vor Schmerz und Beschämung die bitterften Thränen weinen!

Vater unser 2c. Gegrüßt seist 2c.

V. Erbarme Dich unser, 2c.

R. Und verzeihe uns alle Sünden, die wir wider dein allerheiligstes Sakrament begangen haben.

Kommet, lasset uns anbeten. 12

XII. Station.

Jesus wird am Kreuze erhöhet und stirbt.

Zwölfte Station.
Jesus stirbt am Kreuze.

℣. Wir beten Dich an, o Jesus! in deinem allerheiligsten Sakramente;

℟. Weil Du die Deinigen, die Du auf Erden geliebt, bis an's Ende geliebt hast.

Du, mein Jesus! hast am Kreuze gelitten, was noch niemals ein Mensch gelitten hat, und Du hast sowohl am Leibe, als an der Seele gelitten, ohne den mindesten Trost, selbst von deinem Vater verlassen; und jetzt ladest Du alle Armseligen und Trostlosen ein, zu Dir vor dein Heiligthum zu kommen, damit Du sie erquicken könnest.

O Jesus, meine süßeste Hoffnung! weil Du denn in deinem Sakramente auf mich wartest, und mich einladest, daß ich zu Dir kommen soll, damit Du Dich meiner erbarmen könntest, sieh! so fliehe ich zu Dir und werfe mich in deine, gegen mich ausgestreckten Arme. — Ich stelle Dir meine äußerste Noth vor. — Neige dein Ohr zu meinem flehentlichen Rufen! Vater unser 2c.

℣. Erbarme Dich unser, o Gott der Liebe! erbarme Dich unser!

℟. Und verzeihe uns alle Sünden, die wir wider dein allerheiligstes Sakrament begangen haben.

XIII. Station.

Jesus wird vom Kreuze abgelöst und in den Schooß Mariä gelegt.

Dreizehnte Station.

Der Leichnam Jesu wird in den Schooß seiner lieben Mutter gelegt.

℣. Wir beten Dich an, 2c.

℟. Weil Du die Deinigen, 2c.

O Heiligster unter den Heiligen! Du woll=
test in den Schooß der König aller Heiligen ge=
legt werden, in deren Herzen niemals die Sünde
geherrscht hat. — Wo Du deine Wohnung auf=
schlägst und deine Einkehr nimmst, da muß Alles
rein und ohne Sündenmakel sein. Wer auf an=
dere Weise Dich empfängt, gleicht dem Judas
und macht sich mit ihm an deinem Blut schuldig.

O Jesus! deinem Hause gebührt Heiligkeit.
Reinige und heilige Du selbst mein Herz, so oft
ich deinem heiligen Tische nahe! Verstoße die
Seele nicht, die ihre Unwürdigkeit bekennt, ihre
Sünden bitterlich bereut, und in Betrachtung dei=
ner höchsten Majestät wenigstens das innigste Ver=
langen hat, mehr Inbrunst und Andacht zu haben!
O Allergütigster! ersetze Du durch dein allerheilig=
stes Herz, was mir immer abgeht und ermangelt!

Vater unser 2c. Gegrüßt seist 2c.

℣. Erbarme Dich unser, 2c.

℟. Und verzeihe uns alle Sünden, 2c.

XIV. Station.

Der heilige Leichnam Christi wird in das
Grab gelegt.

Vierzehnte Station.

Jesus wird in das Grab gelegt.

℣. Wir beten Dich an, ꝛc.

℞. Weil Du die Deinigen, die Du auf Erden geliebt, bis an's Ende geliebt hast.

Sobald dein heiligster Leichnam, o Jesus! in's Grab gelegt war, wurde es mit aller Vorsicht versiegelt und verwahrt. — Ach, wir sollten nach der heiligen Communion alles Mögliche thun, daß Du in uns bleibest, und wir in Dir. — Allein bei Vielen bist Du nur ein Gast, der gleich wieder abzureisen genöthigt wird.

O mein liebenswürdigster Jesus! verzeihe mir, daß auch ich, nach der heiligen Communion, mich so oft von Dir sogleich wieder zu den Geschöpfen gewendet und Dich veranlaßt habe, mein Herz mit der Fülle deiner Gnaden bald wieder zu verlassen! O wie übel bin ich daran, wenn ich außer mir etwas nicht wegen Dir suche, da ich in Dir, mein höchstes Gut, Alles finde und auf ewig besitze!

Vater unser ꝛc.   Gegrüßt seist ꝛc.

℣. Erbarme Dich unser, ꝛc.

℞. Und verzeihe uns alle Sünden, die wir wider dein allerheiligstes Sakrament begangen haben.

Aufopferung.

O süßester Jesus! nimm diese Andacht auf zur Ehre deines heiligsten Namens, in Vereinigung mit jener Liebe, die Dich vom Himmel auf die Erde herabgezogen, an's Kreuz geheftet und in die geringe Brodesgestalt gebracht hat! Durch dieses unschätzbare Wunder deiner Liebe bitte und flehe ich demüthigst, aus allen Kräften meiner Seele: Siehe als ein wahrhaft guter Hirt jene irrenden Schäflein erbarmend an, die im Stande der Tod= sünde ein Raub des höllischen Wolfes, mit diesem Brode des Lebens den Tod hineinessen, und mit Dir einen strengen Richter empfangen. Ach, er= barme Dich deiner armseligen Geschöpfe, und ver= leihe auch mir Armseligen eine Brosame von diesem himmlischen Tische, einen Theil deiner Erbarmun= gen, damit ich im Glauben an dein allerheiligstes Sakrament gestärkt, in der Hoffnung auf deine Güte befestiget, und mit dem Feuer deiner Liebe entzündet werde, damit ich ohne diese Wegzehrung nicht aus dieser Welt scheiden möge! Amen.

Betrachtungen und Gebete auf alle Tage der Fronleichnams=Oktav.

(Hiefür sind zu gebrauchen die „Betrachtungen und Gebete über das allerheil. Altarssakrament. Siehe S. 60—101)

Abendandacht.

Göttlicher Heiland und Erlöser, Jesus Christus!
Hereingebrochen ist die Finsterniß der Nacht, mich
mit ihren Schatten zu umhüllen. Leuchte Du jetzt
von der ewig lichten Höhe deines Himmels auf
mich herab, zünde an in mir das Feuer deiner
Liebe und vertreibe aus meinem Herzen die Finster=
niß der Sünde. Dein heiligstes Sakrament strahle
jetzt um mein Lager heller als tausend Sonnen;
deine heiligen Engel, leuchtend wie der Blitz und
weiß wie der Schnee, erscheinen jetzt, und deine
glorreiche Mutter, glänzender als die Sonne,
lieblicher als der Mond und umgeben von leuch=
tenden Sternen, kehre in dieser Abendstunde bei
mir ein!

O Jesus, Du ewiges Licht, laß es hell werden
in mir und um mich, auf daß ich die Wunder
deiner Liebe in dem heiligsten aller Sakramente
erkenne und anbete. Mit tiefster Ehrfurcht bete
ich an in dem allerheiligsten Sakramente des Altars
die glorreiche Seele meines Jesus, welche durch
die innigste und lebendigste Vereinigung mit der
Gottheit, zahllose Wunder der Gottheit gewirkt hat,
so daß sie den Blinden das Gesicht, den Tauben
das Gehör, den Stummen die Sprache, den Lah=
men und Gichtbrüchigen die Kraft des Gehens,
und den Todten das Leben wieder ertheilte. O
allerheiligste Seele Christi, heile auch mich von
allen Gebrechen des Leibes und der Seele!

Ich bete an in dem allerheiligsten Sakramente
des Altars die glorreiche Seele meines Jesus, die,
mit der Fülle aller Tugenden geschmückt, im Gar=
ten Gethsemane von Todesangst gequält, am Kreuze
in die Hände des himmlischen Vaters sich empfahl,
und dann, als sie von ihrem Leibe abgeschieden,
zur Vorhölle hinabstieg, mit eben diesem Leibe,
kraft der Gottheit, sich wieder vereinigte und un=
zertrennlich vereinigt geblieben ist.

Ich bete Dich an in dem allerheiligsten Sak=
ramente des Altars, Herr Jesus! als wahren Gott
und Menschen, und bitte Dich aus dem Grunde
meines Herzens, daß Du in mir meinen Glauben,
meine Hoffnung und meine Liebe zu Dir in diesem
wundervollen Geheimnisse vermehrest, in welchem
Du Dich gleichsam aller deiner Herrlichkeit ent=
äußertest.

O mein Jesus! beselige mich ganz besonders
dereinst in meiner Sterbstunde, daß ich alsdann
die heilige Wegzehrung noch empfange, damit ich,
durch diesen tröstlichen Beistand gestärkt und er=
hoben, meine irdische Pilgerschaft ohne Gefahr
vollenden könne, und mein Tod nichts anders sei,
als ein süßer Schlaf des Friedens, aus welchem
ich aufgeweckt werde durch den Glanz des ewigen
Lichtes.

Dir, o mildester Erlöser! empfehle ich auch die
leidenden Seelen im Reinigungsorte, vorzüglich
diejenigen, welche dem allerheiligsten Altarssakra=
mente mit Liebe und Ehrfurcht ergeben waren.

Lasse sie noch heute die wunderbaren Wirkungen deiner Barmherzigkeit erfahren, damit, wie wir auf Erden, sie im Himmel frohlockend ausrufen mögen: „Hochgelobt und angebetet sei ohne End' — Jesus Christus im allerheiligsten Altarssakrament!"

Segen. Mein Jesus! In Dir ruht meine ganze Hoffnung, und so komme denn die Kraft dieses allerheiligsten Sakramentes und der Segen des allmächtigen Gottes: des Vaters, des Sohnes und des heil. Geistes — über mich, über meine Freunde und Gutthäter, über geistliche und welt= liche Obrigkeiten, über Lebende und Verstorbene, über unsere Fluren und Felder und über die Früchte der Erde, und bleibe über uns ewiglich! Amen. Vater unser 2c. Gegrüßt seist du 2c.

Zweiter Abschnitt.

Tagzeiten von dem hhl. Altarssakramente.

Zur Mette.

Du bist Christus, der Sohn des lebendigen Gottes!

℣. Herr, öffne meine Lippen!

℞. Und mein Mund wird dein Lob verkünden.

℣. O Gott, merke auf meine Hilfe!

℞. Herr, eile mir zur helfen!

Ehre sei dem Vater, und dem Sohne, und dem heiligen Geiste;

Wie es war im Anfange, jetzt und allezeit, und zu ewigen Zeiten! Amen.

Lobgesang.

Die Liebe hat Dich uns gegeben,
　Geheimnißvolles Himmelsbrod!
Zu unsrer Seele höherm Leben,
　Zur Rettung von dem ew'gen Tod.
Kommst Du nicht in mein Herz hinein,
So kann in mir kein Leben sein.

O komm, des Himmels beste Speise,
　Recht oft in meine Seele Du!
Sei mir auf meiner Pilgerreise
　Erquickung, Stärke, Trost und Ruh'!
Ach! Heil und Leben wünsch' ich mir
Drum sehn' ich mich so sehr nach Dir

Doch soll ich, was ich suche, finden,
　Sollst Du mir Brod zum Leben sein,
So sei vom Unrath aller Sünden
　Mein Herz durch wahre Buße rein,
Weil zum Gericht und Tod Du bist
Dem, der unwürdig Dich genießt.

„Wahrlich, wahrlich, Ich sage euch: Wenn ihr das Fleisch des Menschensoh= nes nicht essen und sein Blut nicht trin= ken werdet, so werdet ihr das Leben nicht in euch haben. — Gleich wie Ich durch den Vater lebe, so wird auch der, der Mich ißt, durch Mich leben." (Joh. 6, 54. 58.)
„Der Mensch prüfe sich selbst, und

dann erst esse er von diesem Brode und
trinke von diesem Blute; denn wer un=
würdig ißt oder trinkt, ißt und trinkt
sich das Gericht hinein, weil er den Leib
des Herrn nicht unterscheidet." (I. Korinth.
11, 28. 29.)

Gebet.

Herr Jesus Christus! so oft ich Unwürdiger es
wage, deinen heiligsten Leib zu empfangen, laß
diesen Genuß mir nie zum Gerichte und zur Ver=
dammniß gereichen, sondern laß ihn mir vielmehr
nach deiner Güte zum mächtigen Schutz und zur
heilsamen Arznei des Leibes und der Seele wer=
den, der Du mit Gott dem Vater in Einigkeit des
heiligen Geistes lebest und herrschest — Gott von
Ewigkeit zu Ewigkeit. Amen.

Zur Prim.

Du bist Christus, der Sohn des lebendigen
Gottes!

V. O Gott, merke auf meine Hilfe!

R. Herr, eile mir zu helfen!

Ehre sei dem Vater, und dem Sohne und dem
heiligen Geiste:

Wie es war im Anfange, jetzt und allezeit,
und zu ewigen Zeiten! Amen.

Lobgesang.

Noch trägst Du unsichtbar die Wunden,
Die Du, o meiner Seele Gast!
Am Kreuz in deinen Leidensstunden
Auf Golgatha empfangen hast,

Womit dein Blut, o Gottes Lamm!
Die Sünde von uns Menschen nahm.

Noch stellest Du auf den Altären
    Zum Opfer Dich — unblutig zwar —
Um unsre Sünden zu zerstören,
    Versöhnend deinem Vater dar.
Dieß Sakrament der Liebe spricht:
    „Ich denke eurer Sünden nicht."

O Jesu, ewig meine Liebe!
    Ach, daß durch dein versöhnend Blut
Nicht eine Sünde in mir bliebe!
    O wäre ich ganz rein und gut!
Gib, rein zu sein mir Reu' und Schmerz,
Und gut zu sein, ein treues Herz!

„Dieses ist mein Leib, der für euch
hingegeben wird. Dieser Kelch ist das
neue Testament in meinem Blute, welches
für euch vergossen wird." (Luk. 22, 19. 20.)

Gebet.

Herr! wir bringen Dir dieses Opfer zu deiner
Verherrlichung und zu unserer Versöhnung dar,
damit Du durch deine Erbarmung uns von allen
Sünden entledigen, unsere wankelmüthigen Herzen
leiten und in Dir befestigen mögest. Durch Christus, unsern Herrn. Amen.

Zur Terz.

Du bist Christus, der Sohn des lebendigen
Gottes!

V. O Gott, merke auf meine Hilfe!
R. Herr, eile mir zu helfen!

Ehre sei dem Vater, und dem Sohne, und dem heiligen Geiste;

Wie es war im Anfange, jetzt und allezeit, und zu ewigen Zeiten! Amen.

Lobgesang.

Mein Gott! von vielerlei Gebrechen
  Ist meine Seele schwach und wund;
O heile alle meine Schwächen,
  Und mach' mich Kranken ganz gesund!
Gib durch dein heilig Fleisch und Blut
Gesundheit mir, und Kraft und Muth!

Ich soll das Böse immer meiden;
  Doch täglich wächst die Sündenschuld!
Ich soll im Kreuz geduldig leiden,
  Und ach! mir fehlt es an Geduld.
Stets Gutes thun ist meine Pflicht;
Allein ich üb' das Gute nicht.

Doch gehe ich zu deinem Mahle,
  Dann wird die Sünde mir verhaßt;
Dem Fleisch macht mir die Leiden alle
  Zu einer süßen, leichten Last;
Es stärkt und treibt die Seele an,
Daß sie das Gute wirken kann.

„Kommet zu Mir, ihr Alle, die ihr mit Mühseligkeit und Arbeit beladen seid, und Ich will euch erquicken!" (Matth. 11, 28.)

Gebet.

Allmächtiger, erbarmender Gott, wir bitten Dich, reinige uns durch dieses heilige Sakrament, und laß uns dasselbe nicht zur Strafe, sondern zur

Vergebung gereichen! Es wasche uns rein von unsern Sünden, stärke uns in unsern Schwach= heiten, bewahre uns vor allen Gefahren der Welt, und sei den lebenden und verstorbenen Gläubigen zur Verzeihung aller ihrer Sünden! Durch Chri= stus, unsern Herrn. Amen.

Zur Sext.

Du bist Christus, der Sohn des lebendigen Gottes!

V. O Gott, merke auf meine Hilfe!

R. Herr, eile mir zu helfen!

Ehre sei dem Vater, und dem Sohne und dem heiligen Geiste;

Wie es war im Anfange, jetzt und allezeit, und zu ewigen Zeiten! Amen.

Lobgesang.

Geliebt hast Du die Menschenkinder,
   O Jesus Christ! bis an dein End';
Noch liebest Du uns arme Sünder,
   Dieß zeiget mir dein Sakrament.
Ich seh', wie's deine Freude ist,
Daß hier Du bei uns Menschen bist.

O Herr und Schöpfer aller Welten,
   Durch den ein Mensch, ein Christ ich bin!
Ich soll Dir deine Lieb' vergelten
   Durch treu ergeb'nen Liebessinn;
Doch meine Seele lau und kalt,
Kennt nicht der Liebe Allgewalt.

Wer wird der Kälte mich entheben,
  Die mir zur Last, zum Ekel ist?
Wer wird mir treue Liebe geben
  Zu Dir, mein Heiland Jesus Christ!
O dieß dein heilig Fleisch und Blut
Gibt und erhält der Liebe Glut!

„Gleichwie Mich der Vater geliebt hat, so habe auch Ich euch geliebt. Bleibet in meiner Liebe! Wenn ihr meine Gebote halten werdet, so werdet ihr in meiner Liebe bleiben." (Joh. 15, 9. 10.)

Gebet.

O Gott, der Du uns durch deine Sakramente und Gebote nach deinem Bilde erneuerst! erhalte unsern Wandel auf deinen Wegen, und verleihe, daß wir die Gabe deiner Liebe, die Du uns hoffen lassest, durch deine Gnade auch wahrhaft annehmen mögen. Durch Christus, unsern Herrn. A.

Zur Non.

Du bist Christus, der Sohn des lebendigen Gottes!

V. O Gott, merke auf meine Hilfe!

R. Herr, eile mir zu helfen!

Ehre sei dem Vater, und dem Sohne und dem heiligen Geiste;

Wie es war im Anfange, jetzt und allezeit, und zu ewigen Zeiten! Amen.

Kommet, lasset uns anbeten.   **13**

Lobgesang.

Du gabst, o Liebender! für Alle
    Dein Leben an dem Kreuze hin;
Auch hier, bei deinem Liebesmahle,
    Trägst Du mit gleichem Liebessinn
Von deinen Christen Jedermann
Zur Speise und zum Trank Dich an.

Ach! Liebe gegen unsre Brüder
    Hat uns dein Wort an's Herz gelegt!
Die Liebe hat auf's Neue wieder
    Dein Kreuzestod uns eingeprägt.
Selbst dieses dein Geheimniß spricht:
„Vergeßt der Nächstenliebe nicht!"

Stets will ich dein Gebot erfüllen,
    Das mir dein Wort und Beispiel gibt;
O Herr! um deiner Liebe willen
    Sei Jedermann von mir geliebt;
Mach' Du mein Herz dem deinen gleich,
An Lieb' zu allen Menschen reich!

„Der gesegnete Kelch, wie wir ihn segnen, ist er nicht Mittheilung des Blutes Christi? Das Brod, welches wir brechen, ist es nicht Mittheilung des Leibes des Herrn? Weil für uns nur Ein Brod ist, so sind wir Viele miteinander nur Ein Leib, wir Alle, die wir Antheil am nämlichen Brod nehmen." (1. Korinther 10, 16. 17.)

Gebet.

Herr, gieße den Geist deiner Liebe unsern Herzen ein, und laß uns Alle, die Du mit Einem

Himmelbrode speisest, durch deine Erbarmung in Eintracht leben! Durch Christus, unsern Herrn. Amen.

Zur Vesper.

Du bist Christus, der Sohn des lebendigen Gottes.

℣. O Gott, merke auf meine Hilfe!

℟. Herr, eile mir zu helfen!

Ehre sei dem Vater, und dem Sohne, und dem heiligen Geiste;

Wie es war im Anfange, jetzt und allezeit, und zu ewigen Zeiten! Amen.

Lobgesang.

Du willst schon hier auf Erden
   Aus deiner Liebe Uebermaß
Eins mit uns Menschenkindern werden;
   Und wie geschieht wohl das?
Dieß Sakrament ist's, das zum Band
Der Einigung dein Herz erfand.

Du bist der Weinstock, wir die Reben;
   Wir müssen Dir vereinet sein;
Es kommt uns Saft und Frucht und Leben
   Aus diesem seligen Verein.
Getrennt, o Herr! getrennt von Dir,
Vertrocknen und verderben wir.

Mein Heiland! zieh' durch deine Liebe
   Zur Einigung mit Dir mich an,
Damit aus vollem Herzenstriebe
   Mit Paulus ich stets sagen kann:
„Ich leb'; doch ich nicht lebe mehr;
„Nur Du lebst in mir, Gott und Herr!"

„Wer mein Fleisch ißt und mein Blut trinkt, der bleibt in Mir und Ich in ihm." (Joh. 6, 57.)

Gebet.

Herr Jesus Christus, Sohn des lebendigen Gottes! Du hast, nach dem Willen des Vaters in der Kraft des heiligen Geistes, durch dein Sterben der Welt das Leben ertheilt: erlöse mich durch diesen deinen hochheiligen Leib und dein Blut von allen meinen Sünden und von allen Uebeln! Gib mir Gnade, daß ich deinen Geboten stets anhänge, und laß mich niemals von Dir getrennt werden, der Du mit dem Vater und dem heiligen Geiste lebest und regierst von Ewigkeit zu Ewigkeit! Amen.

Zur Complet.

Du bist Christus, der Sohn des lebendigen Gottes!

V. Bekehre uns zu Dir, Du Gott unser Heil!

R. Und wende von uns deinen Zorn ab!

V. O Gott, merke auf meine Hilfe!

R. Herr, eile mir zu helfen!

Ehre sei dem Vater, und dem Sohne, und dem heiligen Geiste;

Wie es war im Anfange, jetzt und allezeit, und zu ewigen Zeiten! Amen.

Lobgesang.

O laß mich Dich einst noch genießen,
   Du heiß ersehntes Liebesmahl!
Bevor ich werde wandeln müssen
   Durch's schaudervolle Todesthal;
Sei mir in meiner letzten Zeit
Noch Stärkung für die Ewigkeit!

O nicht mehr fürchte ich zu sterben,
   Bist Du im Todbett noch mein Gast,
Denn durch Dich hoffe ich zu erben
   Das Reich, das Du versprochen hast.
Zum Unterpfand der Seligkeit
Hast ja dieß Brod Du eingeweiht.

Dann rufe ich: O Herr! im Frieden
   Entlassest deinen Knecht Du itzt,
Weil mir das Beste ist beschieden,
   Weil, Heiland! Dich mein Herz besitzt,
Den meine Seele bald wird seh'n,
Durch den mein Leib wird aufersteh'n.

„Wer mein Fleisch ißt und mein Blut trinkt, der hat das ewige Leben, und Ich werde ihn erwecken am jüngsten Tage." (Joh. 6, 55.)

Gebet.

Allmächtiger Gott! flehend wenden wir uns zu deiner Barmherzigkeit: Laß uns, deine Diener, durch die Kraft dieses heiligsten Sakraments in deiner Gnade befestiget werden, daß in unsrer Todes=stunde der Feind nichts wider uns vermöge, son=dern daß wir mit deinen Engeln zum ewigen

Leben hinüber wallen können! Durch Christus, unsern Herrn. Amen.

O ihr liebeflammenden Geister, Lichtboten des lebendigen Gottes, erlauchte Fürsten des Himmels, die ihr den Altar, den Thron der Barmherzigkeit des Königs der Könige in heiliger Ehrfurcht um= ringet: wir vereinigen unsere Anbetung mit euch und preisen mit Mund und Herzen unsern und euern Gott in seinem gebenedeiten Sakramente!

O theilet die Flammen eurer Liebe, die Er= leuchtung eures Lichtes, die Milde eures Friedens und eure Kraft gegen die Geister der Finsterniß uns armen Bewohnern der Erde mit: auf daß wir in Liebe und heiligen Eifer aufgelöst, für die Ehre Jesu Christi eifern, seine hochheiligen Ge= heimnisse mit Inbrunst feiern, Ihm unser ganzes Herz unterwerfen und in flammender Andacht in seinem göttlichen Sakramente Ihn verehren, bis wir, in die glückselige Unsterblichkeit aufgenom= men, in Vereinigung mit euch, o himmlische Geister, Ihm Gesänge ewiger Liebe des Dankes singen! Amen.

Dritter Abschnitt.

Andachten für die tägliche Anbetung des allerheiligsten Altarssakramentes.

I.

Anbetung am Morgen.

Zur hochheiligsten Dreifaltigkeit.

Gemüthserhebung.

Gepriesen und angebetet sei die heilige und un=
zertheilte Dreifaltigkeit; denn sie hat uns Barm=
herzigkeit erwiesen.

Ehre sei dem Vater, und dem Sohne, und dem
heiligen Geiste:

Wie im Anfange, jetzt und allzeit und zu ewigen
Zeiten. Amen.

Dreieiniger Gott, mein Schöpfer, Herr und
Gott! Zu Dir erwache ich bei den ersten Strah=
len des Lichtes; zu Dir erhebe ich, o Herr! meine
Seele und mein Gemüth!

Die Anmuthungen meines Herzens sind zu Dir,
Du allmächtiger Schöpfer des Himmels und der
Erde gerichtet, zu Dir, aus dem Alles, durch den
Alles und in dem Alles. Dir sei alles Lob und
alle Herrlichkeit zu ewigen Zeiten!

O allerheiligstes Geheimniß des Altars, vor
dem ich mich in tiefer Ehrfurcht und Anbetung
niederwerfe! die ewige Weisheit des Sohnes hat

Dich erfunden, die Güte des heiligen Geistes hat Dich gutgeheißen und die Allmacht des Vaters hat Dich gewirket.

O Jesus! Du hast aus dem Willen des Vaters, unter Mitwirkung des heiligen Geistes, dieses wunderbare Sakrament eingesetzt.

Laßt uns den Vater und den Sohn mit dem heiligen Geiste preisen; laßt uns den dreieinigen Gott loben und erheben in Ewigkeit.

Ehre sei dem Vater ꝛc.

Anbetung.

Groß und wunderbar sind deine Werke, o Herr, allmächtiger Gott! Gerecht und wahrhaft sind deine Wege, o König aller Zeiten!

Wer wird Dich nicht fürchten, o Herr, und deinen Namen nicht hoch erheben!

Alle Völker sollen kommen und deine Gegen= wart anbeten; deine Worte sind klar: „Das ist mein Leib, das ist mein Blut; Ich bin bei euch bis an das Ende der Welt.“

Herr, Du bist auf dem Throne deiner Herr= lichkeit, und deine verborgene Gegenwart in dem hochheiligen Geheimnisse stimmt meinen Geist zur Demuth.

Ich bete Dich, ewige Gottheit, in tiefster Ehr= furcht an unter den geringen Gestalten des Brodes.

Ich bete Dich an, göttliches Wort, mit dem Vater und heiligen Geiste Einer Wesenheit, mit der menschlichen Natur wunderbar vereiniget und in dem Geheimnisse des Altars wahrhaft gegenwärtig.

Ich bete Dich an im Geiste und in der Wahrheit, Jesus Christus, und erkenne deine Majestät und über Alles herrschende Hoheit, der ich mich im Abgrunde meiner Nichtigkeit unterwerfe.

Dir allein gebühret alle Ehre, alles Lob und ewige Danksagung. Himmel und Erde sollen Dich preisen und einstimmen in den Gesang der englischen Chöre:

Heilig, heilig, heilig ist der allmächtige Gott, der Herr der Heerschaaren!

Ehre sei dem Vater 2c.

Gebet.

O Herr, allmächtiger Gott, dreifach in den Personen, und einig und gleich in der Wesenheit, der Du bist und warst und sein wirst! ich empfehle für heute und allezeit meine Seele, meinen Leib, meinen Sinn, mein Denken, mein Reden, mein Thun, meinen Glauben und meine Beharrlichkeit in die Hände deiner Allmacht, damit Du sie beschirmen mögest zu jeder Stunde und in jedem Augenblicke. Erhöre mich, o allerheiligste Dreifaltigkeit! und beschütze mich vor allem Argen, vor jeder Treulosigkeit, vor jeder Verführung, vor jeder Todsünde und vor allen sichtbaren und unsichtbaren Feinden — durch die Fürsprache der allerseligsten Jungfrau Maria, durch das Gebet der Patriarchen, durch den Beistand der Apostel, durch den Starkmuth der Martyrer, durch die Reinigkeit der Jungfrauen und durch die Verdienste aller deiner Auserwählten! Amen.

Reumüthige Abbitte.

Gütigster Jesus! Alles ist Dir übergeben von deinem Vater, alle Gewalt im Himmel und auf Erden.

Das heiligste Sakrament des Altars ist die Wirkung deiner Kraft und Liebe, da Du deine Gottheit und Menschheit in demselben verborgen und uns mitgetheilet hast. Welche Ehrerbietigkeit und Liebe und welchen Dank ist Dir nicht die Welt für dieses große Geheimniß schuldig, in welchem Du uns deine wundervolle Gegenwart schenkest, uns mit deinem heiligsten Fleische und Blute ernährest und mit den Ausflüssen deiner Gnade heiligest!

Aber die böse Welt erkennt diese unendliche Wohlthat nicht; sie ist undankbar und vergilt deine Liebe mit Unglauben, mit Unbilden, mit Entbehrungen, mit Gottesraub, mit Lästerungen.

Ihr heiligen Engel, ersetzet durch eure Anbetung und Liebe und euer ewiges Lob den Frevel der Menschen!

O Jesus, barmherziger Heiland der Welt! vor deiner heiligsten Gegenwart im Geiste der Demuth mit betrübtem und zerknirschtem Herzen wegen so vielen und großen Beleidigungen deiner liebevollen Majestät, werfe ich mich zur Erde nieder.

Ach, könnte ich Dir genugthun für deine so vielfältig beleidigte Ehre! Herr, Du bist allein heilig, Du bist allein der Herr, allein der Allerhöchste, Jesus Christus, mit dem heiligen Geiste in der Herrlichkeit des Vaters.

Ich bin Staub und Asche und nicht würdig, vor Dir zu erscheinen. Doch lege ich deiner Hoheit die tiefste Abbitte für die unzähligen Unbilden vor, die durch die Sünden deinem heiligsten Sakramente zugefügt werden.

Laß Dich versöhnen, mildester Jesus! verschone deinem Volke, welches Du mit deinem Blute erlöset hast.

Ich wiederhole aus dem Innersten meines Herzens im Namen der ganzen Welt:

Angebetet, gelobt und geliebt ohne End'
Sei das allerheiligste Altarssakrament!

Schluß.

Liebreichster Herr Jesus Christus! Du verleihest uns immer deine heiligste Gegenwart, damit wir bei diesem Gnadenthrone Hilfe und Trost finden mögen: ich empfehle Dir meine Seele, die Du mit deinem Blute erlöset hast; mein ewiges Heil, zu dem ich erschaffen bin; mein Herz, das Dich durch die Gnade des heiligen Geistes zeitlich und ewig zu lieben verlangt.

Durch deine unendlichen Verdienste, o Jesus Christus! und durch deine süße und starke Gnade und durch die Liebe des Vaters und die Gemein=

schaft des heiligen Geistes sei und bleibe bei mir, damit ich im Glauben und in der Anbetung der heiligsten Dreifaltigkeit dahin gelange, wo ich deine unverhüllte Gegenwart ewig genießen werde. A.

II.

Anbetung zur Mittagszeit.

Zu dem gekreuzigten Erlöser.

Gemüthserhebung.

Gepriesen sei Gott, der Vater unsers Herrn Jesu Christi, den Er aus unendlicher Güte der Welt als den einzigen Heiland gegeben hat, in welchem wir die Erlösung durch sein Blut und die Nachlassung der Sünden nach dem Reichthume seiner Gnade haben.

Ehre sei dem Vater und dem Sohne und dem heiligen Geiste:

Wie im Anfang, jetzt und allzeit und zu ewigen Zeiten. Amen.

Jesus Christus! Du hast die Gestalt eines Knechtes, ja eines Sünders, in der Heiligkeit deiner Person angenommen, in welcher Gottheit und Menschheit vereiniget sind.

Du hast Dich selbst gedemüthiget und bist ge= horsam geworden bis zum Tode des Kreuzes.

Nun aber ist dein Name verherrlichet durch die ganze Welt in dem hochheiligen Geheimniß des Altars.

Du bist nicht mehr an dem Kreuze erhöhet,

sondern auf dem Altare im heiligsten Sakramente, zum Andenken deines Leidens und Todes.

In deinem allerheiligsten Namen, vor deinem heiligsten Leibe und Blute sollen sich beugen alle Kniee im Himmel, auf Erde und unter der Erde.

Alle Zungen sollen loben deine Herrlichkeit und bekennen, daß der Herr Jesus Christus in der Herrlichkeit des Vaters ist.

In diese Herrlichkeit bist Du, o Jesus! auf dem Wege des Kreuzes eingegangen, auf welchem Du im Fleische den schmerzlichsten Tod gelitten hast.

Ich betrachte Dich an dem harten Kreuzesholze grausam ausgestreckt, deine bluttriefenden unschuldigen Hände, dein durch die Lanze eröffnetes göttliches Herz, deine heiligen mit Nägeln durchbohrten Füße, deine vielfältigen Wunden am ganzen Leibe, dein schmerzlich gekröntes Haupt, deine mit Blut beronnenen Augen, und deine tödtlichen Schmerzen, in welchen Du deinen Geist in die Hände des Vaters übergeben hast, um mich zu erlösen.

O gekreuzigter Jesus, ich werfe mich zur Erde vor deinem heiligsten Sakramente, welches mich an dein Leiden und deinen Tod am Kreuze erinnert.

Anbetung.

Deine Gottheit, Allmacht und ewige Weisheit war an dem Kreuze unter dem Kleide der Sterblichkeit verhüllt.

In dem heiligen Sakramente ist deine Gott=
heit und Menschheit unter den Gestalten des Bro=
des verborgen.

Ich bete Dich mit festem Glauben an, mein
Gott und Heiland, Jesus Christus! und bekenne:
Wahrlich, Du bist der Sohn des lebendigen
Gottes!

Der Kreuzestitel: Jesus von Nazareth, König
der Juden, erfüllet meine Seele mit heiliger Ehr=
furcht, daß ich Dich, meinen Gott und Erlöser,
erkenne und mit gebogenen Knieen anbete.

Du bist in dem Altarsgeheimnisse ein König
der Herzen, die Du durch deine Gnade regierest.

Du hast durch deine Liebe mein Herz an Dich
gezogen; es betet Dich an, großer und liebevoller
Gott! auch da Du deine Hoheit unter dem
Dunkel der Gestalten verhüllest.

Himmel und Erde sollen Dich loben und er=
höhen!

Heilig, heilig, heilig ist der allmächtige Gott,
der Herr der Heerschaaren!

Ehre sei dem Vater 2c.

Dein heiliges Kreuz beten wir an und preisen
deine glorreiche Auferstehung; denn durch dieses
Holz ist das Heil in die ganze Welt gekommen.

Gebet.

O mein Gott und Heiland, der Du für mich
am Kreuze gestorben bist, ich übergebe meine Seele
in deine Hände, jetzt und in der Stunde meines

Todes! O mein Gott, lasse mich doch in diesem
letzten Streite nicht unterliegen! O Herr, wie
fürchte ich diesen entscheidenden Augenblick! Und
muß ich ihn nicht fürchten, wenn ich meiner be=
gangenen Sünden gedenke? Doch wenn ich deine
unendliche Barmherzigkeit betrachte, so werde ich
auf's Neue mit Hoffnung und Vertrauen erfüllt.
Ja dein kostbares Blut, deine heiligsten Wunden
und dein verehrungswürdiges Kreuz sind meine
einzige Zuflucht, und werden mir zu jeder Zeit
Stärke und Sicherheit wider alle Versuchungen
verschaffen. Gib mir, o Jesus! durch die Kraft
deines heiligsten Blutes, eine innerliche und wahre
Reue über meine Sünden; und verleihe mir auch
eine aufrichtige und kindliche Liebe zu Dir, auf
daß meine Seele, von allen Fehlern gereinigt, in
deiner göttlichen Glorie sich ewig zu erfreuen ver=
diene! Amen.

Reumüthige Abbitte.

O Herr Jesus Christus! als Du am Kreuze er=
höhet warest von der sechsten bis auf die neunte
Stunde, da hat die Sonne sich verfinstert, die Erde
hat gebebt und die Felsen haben sich gespalten.

Die ganze Natur entsetzt sich ob dem gräulichen
Gottesmorde, welchen die boshaften Menschen an
Dir vollbracht haben.

Du hast gelitten und bist gestorben für das Heil
der Welt, und sie hat Dich undankbar mißhandelt.

So wird deine Liebe vergolten von den Sün=

dern, welche die Ursache deines Leidens immer
erneuern.

Barmherziger Jesus! durch dein Kreuz und
deinen Tod verschone die verführten Seelen, die
Du mit deinem Blute erlöset hast.

Dein heiligstes Sakrament ist das geheimniß=
volle Denkmal deines blutigen Kreuzopfers.

Mit unendlicher Güte schenkest Du uns Dich
selbst zur Versöhnung, zur wahren Speise für
das ewige Leben.

Und dennoch lästern Dich die Boshaften und
entehren dein heiligstes Sakrament.

Ich verabscheue diesen Undank und zu einigem
Ersatze bete ich deine Hoheit in tiefer Erniedri=
gung, mit reumüthiger Abbitte an und preise
deine heilige Majestät; Dir gebühret alles Lob,
alle Ehre, alle Glorie und Herrlichkeit.

Angebetet sei ohne End'
Das allerheiligste Altarssakrament!

Schluß.

Jesus! Du hast am Kreuze das Werk der Er=
lösung vollbracht und die Früchte und Gnaden
derselben im heiligsten Sakramente aufbewahrt.

Laß sie mir in ihrer ganzen Fülle zu Theil
werden! Dein Leiden sei mir zum Heile; dein
Tod gebe mir das ewige Leben; dein Blut tilge
alle meine Sünden, deine Wunden seien mir die
Quelle reichlicher Gnaden, und dein heiligstes Sak=

rament sei meine Stärke und mein Trost im Leben und im Sterben. Amen.

III.

Anbetung zur Vesperzeit.

Von der Einsetzung des allerheiligsten Altarssakramentes.

Gemüthserhebung.

Gepriesen sei der Herr Gott Israels, denn Er hat sein Volk heimgesucht und erlöset.

Gepriesen sei der Heiland in dem heiligen Tempel seiner Herrlichkeit, auf dem Throne seines Reiches.

Ehre sei dem Vater und dem Sohne und dem heiligen Geiste:

Wie im Anfange, jetzt und allzeit und zu ewigen Zeiten. Amen.

Er hat zum Andenken seiner Wunder das herr= lichste Wunder gethan, da Er sich zum täglichen Opfer des neuen Gesetzes und den Gottesfürch= tigen zur wahren Speise im heiligsten Altarssak= ramente dargegeben hat.

Heiliger Abend, den Christus durch dieses Ge= heimniß geheiligt hat!

Heiliges Abendmahl, bei dem das alte Gesetz erfüllt und das neue durch Einsetzung des heiligen Sakramentes begonnen worden!

Heiliges Geheimniß, welches den vorgehenden Zeiten verborgen, nun aber den Gläubigen offen=

Kommet, lasset uns anbeten. 14

bar geworden ist, denen Gott den Reichthum seines herrlichen Sakramentes unter den Völkern bekannt gemacht hat, welches ist Jesus Christus, das leben= dige Brod, so vom Himmel gekommen uns zur Hoffnung des ewigen Lebens.

Darum sei unserm Gott und Heilande Jesus Christus Preis, Klarheit und Weisheit, Dank, Ehre, Kraft und Stärke zu ewigen Zeiten! Amen.

Anbetung.

Dem Könige aller Zeiten, dem ewigen, un= sterblichen und unsichtbaren Könige, dem verbor= genen Gott im Altarsgeheimnisse gebühret tiefste Anbetung.

Siehe, der Herr aus dem Hause Davids ist hier gegenwärtig als Gott und Mensch und sitzet auf seinem Throne.

Er ist der Herr, der allmächtige Gott, der ver= borgene Gott des Himmels und der Erde, der zum Heile der Menschen sich mit unserm Fleische bekleidet hat und in dem hohen Altarsgeheimnisse bei uns bleibt.

Jesus Christus! den ich allein durch das Licht des Glaubens hier gegenwärtig erkenne, ich ent= richte Dir in tiefer Demuth die Pflicht der wah= ren Anbetung.

Denn Du bist mein Gott, ich dein Geschöpf; Du bist mein Herr, ich dein Eigenthum; Du bist mein Erlöser durch das Blut des Kreuzes, durch dessen Werth Du mich erkauft hast.

Ich unterwerfe deiner Hoheit meinen Leib und meine Seele, mein Leben und meinen Tod, und erkenne Dich als den allmächtigen Beherrscher der ganzen Welt.

Du lebst und regierst mit dem Vater in Einigkeit des heiligen Geistes im Himmel, und auf Erden schenkest Du uns deine wesentliche Gegenwart auf dem Altare.

Ewiges Lob und unaufhörliche Danksagung sei deiner Majestät und Güte!

Ehre sei dem Vater 2c.

Jesus Christus unser Heiland setzte, da Er aus der Welt zum Vater gehen wollte, zum Andenken seiner Wunder das heilige Altarssakrament ein, in welchem Er die Schätze seiner göttlichen Liebe zu den Menschen ausgegossen hat.

Reumüthige Abbitte.

Wie unermeßlich ist deine Güte, wie groß deine Barmherzigkeit, Jesus Christus, in der Einsetzung des Altarsgeheimnisses erschienen!

Du hast Dich den Menschen zum Heile und Troste mitgetheilt: und dennoch begegnen Dir so viele abtrünnige und boshafte Christen mit Undank und Unbilden.

O Herr! Du bist ein barmherziger Gott, mild, geduldig und von vieler Erbarmung: die Erde ist voll deiner Barmherzigkeit. Dein Name sollte gepriesen werden an allen Orten, wo Du in der heiligen Hostie wunderbarer Weise gegenwärtig bist: aber wie große Beschimpfungen erleidest Du an vielen Orten?

Barmherziger Gott! Du erträgst und übersiehst solche Unthaten, Du verschonest deine Feinde, welche deine Liebe verachten, dein Geheimniß lästern und durch ihr unreines Herz sich deines Leibes und Blutes schuldig machen.

Ich danke Dir, o Herr! aus ganzem Herzen und will deinen Namen ewig preisen, weil deine Barmherzigkeit über uns unendlich groß ist.

Herr! wer kann deine Ehre retten und deiner beleidigten Majestät eine Genugthuung erstatten? Ich armseliges Geschöpf bete Dich an in demüthiger Abbitte für alle diese Entehrungen, anstatt aller Derjenigen, die Dich in deinem Gnadengeheimnisse jemals beleidiget haben.

Strafe uns nicht nach der Menge unserer Sünden, sondern bekehre die Irrenden zu Dir und leite sie durch deine Wahrheit zur Anbetung deiner Liebe in dem heiligsten Sakramente.

Erbarme Dich unser, o Herr! erbarme Dich unser; denn auf Dich hoffet meine Seele, und unter dem Schatten deines Schutzes werde ich hoffen, bis die Zeit der Bosheit sich endigen wird.

Herr, erhöre mich! denn deine Barmherzigkeit ist gütig; nach der Menge deiner Erbarmungen sieh auf mich und meine reumüthige Abbitte.

Ich wiederhole im Namen deiner heiligen allgemeinen Kirche:

Angebetet, gelobt und geliebt sei ohne End'
Jesus Christus im heiligsten Altarssakrament!

Schluß.

Göttlicher Heiland! ich schließe meine Andacht
mit innigster Danksagung für das große Geheim=
niß des Altars, für deine immerwährende Gegen=
wart, so wie für alle Gnaden, die Du uns durch
dieses Sakrament ertheilest.

Lobe, meine Seele, den Herrn, und Alles, was
in mir ist, preise seinen heiligen Namen!

Vergiß nicht seiner Gnaden und Gutthaten,
da Er sich so gnädig versöhnen läßt wegen unsern
Sünden und alle unsere Schwachheiten heilet.

Der unsere Seele und unser Leben von dem
Untergange rettet und unsere Begierden mit Gü=
tern erfüllet. Amen.

IV.

Anbetung zur Abendzeit.

Von dem Begräbniß des heiligen Fron=
leichnams Jesu Christi.

Gemüthserhebung.

Gepriesen sei die weiseste Fürsicht des ewigen
Vaters, der nach der Erfüllung der Erlösung,
nach dem Tode des Kreuzes für seinen göttlichen
Sohn ein glorreiches neues Grab in einem Gar=
ten bereitet hatte.

Ehre sei dem Vater und dem Sohne und dem heiligen Geiste:

Wie im Anfang, jetzt und allzeit und zu ewigen Zeiten. Amen.

Jesus Christus! am Kreuze hast Du deinen Geist in die Hände des Vaters übergeben; nach deinem Tode hast Du deinen heiligen Leichnam dem frommen Joseph und Nikodemus zum Begräbnisse überlassen.

Mit Myrrhen und Aloe eingesalbet und in weiße Tücher gewickelt, wolltest Du in ein neues steinernes Grab verschlossen werden.

Bis zum dritten Tage warst Du da verborgen und den Augen der Menschen entzogen.

Liebreicher Erlöser! Du hast deine Kirche geliebt und wolltest in ihr, wie in einem Garten, Dir ein neues Grab unter den weißen Gestalten des Brodes im heiligen Sakramente auserwählen.

Es ist ein ewiges Denkmal deines Todes, und wir erinnern uns deines Leidens und Opfers am Kreuze, so oft wir dein heiligstes Sakrament verehren.

Deine Gottheit und Menschheit ist in demselben verhüllt, und obwohl Du nach deiner Auferstehung nicht mehr stirbst, scheinst Du doch wunderbar einem Todten ähnlich, zum Andenken, daß Du dein Leben für uns dargegeben hast.

O heiliges Geheimniß, das uns immer die unendliche Wohlthat der Erlösung in dem Blute und Tode Christi vorstellt!

O Jesus! wir kommen zu deinem heiligen Grabe, da wir Dich im heiligsten Sakramente besuchen und anbeten.

Deiner unendlichen Liebe sei ewiger Dank und Preis, ewiges Lob und unaufhörliche Anbetung! A.

Anbetung.

Dein heiligster Leib und dein Blut sind unauf= löslich mit deiner Gottheit vereiniget; das Wort ist Fleisch geworden und wohnet bei uns im hei= ligsten Sakramente voll der Gnade und Wahrheit.

Alles ist durch Dich erschaffen; die Welt ist von Dir gemacht; Du bist in dein Eigenthum gekommen, und Alles soll Dich anbeten und deinem Namen Lob singen.

Wir erkennen deine Herrlichkeit als die des Eingebornen vom Vater, den Er in diese Welt eingeführt und allen Engeln die Anbetung deiner Majestät befohlen hat.

Im Geiste der tiefsten Demuth werfe ich mich vor Dir in den Abgrund meiner Nichtigkeit und bete Dich in innigster Andacht meines Herzens als meinen höchsten Gott und einzigen Erlöser an.

All mein Wesen ist der Gewalt deiner gebieten= den Herrschaft unterworfen, und Niemand kann deinem allmächtigen Willen widerstehen.

Du bist der Herr über meinen Leib und meine Seele, über mein Leben und meinen Tod; ich bin dein unwürdiges Geschöpf, für welches Du dein Blut und Leben dargegeben und das Grab erwählet hast.

Maria, die schmerzhafte Mutter, der trauernde Johannes und die betrübten Frauen haben Dich im Grabe verschlossen angebetet: ich bete Dich an verborgen in dem heiligen Sakramente.

Ich weiß, nur das Grab ist mir übrig und erwartet mich: meine Tage werden sich enden und ich werde mit meinen leiblichen Augen Dich, o heiligstes Sakrament! nicht mehr schauen können.

Mit bereitwilligem Herzen unterwerfe ich mich deinem heiligen Willen, und will sterben und die Welt verlassen und in's Grab gelegt und vergessen werden, sobald es Dir gefällt.

O Jesus! ich bete Dich an für den Augenblick meines letzten Endes, und will so im Frieden mit Dir vereiniget entschlafen und bis zur Auferstehung im Grabe ruhen.

Dir sei bis an das Ende der Welt Anbetung, Lob, Ehre und Danksagung dargebracht!

Himmel und Erde sollen ertönen von dem seraphischen Lobgesange:

Heilig, heilig, heilig ist der allmächtige Gott, der Herr der Heerschaaren!

Ehre sei dem Vater 2c.

Joseph von Arimathea nahm den heiligen Leichnam Christi vom Kreuze, wickelte ihn in Leinwand und legte ihn in sein neues Grab, das er in einem Felsen ausgehauen hatte, und wälzte einen großen Stein darüber.

Gebet.

Wunderbares Grab Jesu Christi, das Du Den= jenigen beherbergest, der die Auferstehung und das Leben ist! Du lehrest mich Armuth und Entsa= gung, und Himmelsluft der Gnade entsteiget deinem Innern. In Dir wohnt Selbstverleugnung und Erniedrigung, und die Herrlichkeit des Ostermor= gens entringt sich deiner Tiefe. Im Grabe Jesu Christi ward nach unsäglichen Leiden der Leib des Herrn todt niedergelegt, aber Leben und Aufer= stehung drang aus demselben. Endloser Schmerz ver= schloß dasselbe, unermeßlicher Osterjubel öffnete es.

Heiliges Grab Jesu Christi, lehre mich Armuth und Entsagung, Selbstverleugnung und Demuth, offenes Bekenntniß des Gekreuzigten und Darbrin= gung jeglichen Opfers zu seiner Ehre, auf daß ich unsterbliches Leben erlange. Der Herr hat mich geliebt und sich selbst für mich dargegeben. Gänzlich hat Er sich mir geschenkt und ohne Vor= behalt für meinen Nutzen hingegeben, um auch mich gänzlich zu gewinnen. Er starb und ward begraben, um dem Tode seine Schrecken, dem Grabe seine Schauer um meinetwillen zu entreißen, und ich sollte Ihn nicht von ganzer Seele lieben, und aus allen meinen Kräften lieben? Ferne sei von mir solcher Undank! Hier beim Grabe Jesu Christi gelobe ich dem Herrn meine Treue und Liebe. Eine Treue seines Bekenntnisses, die nie aufhört; eine Liebe, die noch den Tod überdauert,

um in seliger Auferstehung den Heiligsten aller
Heiligen zu schauen! Amen.

Die Ehre sei dem Vater 2c.

Reumüthige Abbitte.

O Jesus, mein Gott und Erlöser! nachdem
Du am Kreuze gestorben, wolltest Du auch in
das Grab gelegt werden.

Die Gottlosen haben Dich grausamer Weise
getödtet, die Frommen haben Dich andächtig in
Ehren begraben und dein Grab ist glorreich geworden.

Unendlich viel und große Sünden hat die Welt
an Dir und wider Dich begangen, und sie fährt
noch immer fort, alle Bosheit gegen Dich auch
im heiligsten Sakramente auszuüben.

O Gräuel des Undanks und der Gottlosigkeit!
O wie groß ist deine Geduld! Du verschonst deine
Feinde und erwartest barmherzig ihre Bekehrung.

Du verlassest die böse Welt nicht, sondern bleibst
bei uns in dem Heiligthume, in dem hohen Ge=
heimnisse des Altars.

O Jesus! ich werfe mich vor deiner beleidig=
ten Majestät in Demuth und Bitterkeit meines
Herzens nieder, um für so viele Dir erwiesenen
Unbilden reumüthig abzubitten.

Gütigster Jesus, erbarme Dich unser nach deiner
großen Barmherzigkeit, und nach der Menge deiner
Erbarmungen tilge die Bosheit der Sünder!

Ach, wir erkennen unsere unzähligen Sünden;
Dir allein haben wir gesündiget und Böses vor

Dir gethan. Wir sind die Ursache deines Todes und deines Grabes. Ach wende deine Augen ab von unsern Sünden, und verschone diejenigen, für welche Du am Kreuze gestorben bist.

Erhöhe nun deine Barmherzigkeit und strafe uns nicht in dem heiligen Zorne deiner Gerechtigkeit, sondern laß die Kraft deiner siegenden Gnade über uns herrschen, damit die Sünder bekehrt und mit Dir ausgesöhnt, Dich im heiligsten Sakramente durch einen lebendigen Glauben erkennen und immer wiederholen mögen:

Angebetet, gelobt und geliebt sei ohne End'
Jesus Christus, unser Gott und Heiland, im
heiligsten Sakrament!

Schluß.

Mit deinem Begräbnisse, o Jesus! hast Du dein zeitliches Leben und das Werk unserer Erlösung vollendet. Diese unendliche Wohlthat werde ich nicht vergessen bis in den Tod: Dir sei ewiger Dank!

Und weil auch ich dem Grabe anheimfalle, so verleihe mir gnädig einen guten Tod! Ich will gern in dem Grabe zu Staub und Asche werden, nur nimm meine unsterbliche Seele, durch die heilige Wegzehrung gestärkt, in das ewige Leben auf. Amen.

Vierter Abschnitt.

Andachten für die monatliche Anbetung des allerheiligsten Altarssakramentes.

Zum heiligen Segen.

Priester: Tantum ergo sacramentum.
(Siehe Seite 103.)

Gebete zu Ehren der heiligen fünf Wunden Jesu Christi im heiligsten Altarssakramente.

1. **Priester:** Laßt uns beten ein andächtiges „Vater unser" und „Ave Maria" zu Ehren der heiligsten Wunden der rechten Hand unseres Herrn Jesu Christi im allerheiligsten Sakramente!

Vater unser 2c. Gegrüßt seist 2c.

Priester: Lob und Ehre sei dem allerheiligsten Sakrament!

Volk: Ehre sei dem zartesten darin verborgenen Fronleichnam unsers Herrn Jesu Christi! Preis und Benedeiung der heiligen Wunde der rechten Hand Jesu Christi! Ewige Ruhe und Frieden den armen Seelen!

2. **Priester:** Laßt uns beten ein andächtiges „Vater unser" und „Ave Maria" zu Ehren der heiligen Wunde der linken Hand unsers Herrn Jesu Christi im allerheiligsten Sakramente!

Vater unser 2c. Gegrüßt seist 2c.

Priester: Lob und Ehre sei dem allerheilig=
sten Sakrament!

Volk: Ehre sei dem kostbaren darin verwahr=
ten Blut unsers Herrn Jesu Christi! Preis und
Benedeiung der heiligen Wunde der linken Hand
Jesu Christi! — Ewige Ruhe und Frieden. den
armen Seelen!

3. Priester: Laßt uns beten ein andächtiges
„Vater unser" und „Ave Maria" zu Ehren der
heiligsten Wunde des rechten Fußes unsers Herrn
Jesu Christi im allerheiligsten Sakramente!

Vater unser ꝛc. Gegrüßt seist ꝛc.

Priester: Lob und Ehre sei dem allerheilig=
sten Sakramente!

Volk: Ehre darin der heiligsten Seele unsers
Herrn Jesu Christi! Preis und Benedeiung der
heiligen Wunde des rechten Fußes Jesu Christi!
Ruhe und Frieden den armen Seelen!

4. Priester: Laßt uns beten ein andächtiges
„Vater unser" und „Ave Maria" zu Ehren der
heiligsten Wunde des linken Fußes unsers
Herrn Jesu Christi im allerheiligsten Sakramente!

Vater unser ꝛc. Gegrüßt seist ꝛc.

Priester: Lob und Ehre sei dem allerheilig=
sten Sakramente!

Volk: Ehre darin der allerreinsten Menschheit
unsers Herrn Jesu Christi! Preis und Benedeiung
der heiligen Wunde des linken Fußes Jesu Christi!
Ewige Ruhe und Frieden den armen Seelen!

5. **Priester:** Laßt uns beten ein andächtiges „Vater unser" und „Ave Maria" zu Ehren der heiligen Wunde der Seite unsers Herrn Jesu Christi im allerheiligsten Sakramente!

Vater unser ꝛc. Gegrüßt seist ꝛc.

Priester: Lob und Ehre sei dem allerheiligsten Sakramente!

Volk: Ehre sei dem allerheiligsten darin verborgenen Gott Jesu Christe! Preis und Benedeiung der heiligen Wunde der Seite Jesu Christi! Ewige Ruhe und Friede den armen Seelen!

Priester: Ich armer sündiger Mensch, für den mein Heiland so viele tausend Stunden die 33 Jahre seines allerheiligsten Lebens schmerzlich gelitten hat und endlich am Kreuz kläglich gestorben ist, und auch zur beständigen Gedächtniß seines bittern Leidens und Sterbens und zur Speise unserer Seelen das allerheiligste Sakrament des Altars aus unendlicher Liebe eingesetzt hat, und in demselben stets bis an's Ende der Welt bei uns gnadenreich zu verbleiben sich würdiget; — nehme mir fest vor, alle zu Ehren des allerheiligsten Sakramentes und der fünf heilfließenden Wunden meines Heilandes von der Erzbruderschaft Corporis Christi löblich angeordneten Andachten nach Kräften zu üben, und alle Jahre meines übrigen Lebens diejenige Stunde, die mir von dem geistlichen Vorsteher jährlich angewiesen werden wird, wohl anzuwenden, und meinen Gott und Herrn, welcher in diesem heiligsten Sakra-

ment mit Fleisch und Blut, mit Gott= und Mensch=
heit gegenwärtig ist, in lebhaftem Glauben und
inbrünstiger Liebe zu verehren und anzubeten;
auch nie etwas wider dieses allerheiligste Geheim=
niß zu reden oder zu thun, sondern vielmehr die
Ihm schuldigste Ehre allen denen, bei welchen
mein Wort wird fruchten können, zu empfehlen.
Wozu mir seine Gnade und seinen Beistand ver=
leihen wolle Gott Vater, Sohn und heiliger Geist!
Amen.

Laßt uns beten für das allgemeine
Anliegen der ganzen christlichen Kirche,
und um den heiligen Ablaß zu erlangen!

Wir bitten Dich, o Herr! Du wollest das
Flehen deiner Kirche gnädig aufnehmen, sie von
allen Drangsalen befreien, allen Irrthum aus=
rotten, die christlichen Fürsten vereinigen und dein
heiliges Reich auf Erden allezeit mehr erhöhen,
damit wir Dir insgesammt in Ruhe und Frieden
dienen mögen. Durch Christum, unsern Herrn. A.

Laßt uns beten für die kranken Brü=
der und Schwestern!

O liebreichster Jesus, Du Hilfe und Trost aller
Gläubigen! wir bitten Dich einhellig durch dein
bitteres Leiden und Sterben, Du wollest unser
Gebet erhören und deinen Dienern und Dienerin=
nen nach deinem Wohlgefallen die vorige Gesund=
heit gnädig verleihen, damit sie Dich in deiner
wahren Kirche mit uns wieder loben und preisen

mögen. Der Du lebest und regierest in Ewig=
keit. Amen.

Hier werden die im Monat Verstorbenen abgelesen.

Laßt uns beten für die verstorbenen
Brüder und Schwestern!

O Herr! der Du aus höchster Güte die wohl=
verdiente Strafe wieder nachlassest und das Heil
der Menschen unendlich liebest; wir bitten Dich
demüthig, Du wollest die Seelen der Brüder und
Schwestern, der Verwandten und Gutthäter dieser
unserer Versammlung, welche von dieser Welt in
deiner Gnade abgeschieden sind, durch die Für=
bitte der allerseligsten allzeit unbefleckten Jungfrau
Maria und aller Auserwählten zur ewigen glück=
seligen Gesellschaft gelangen lassen. Der Du lebest
und regierest von Ewigkeit zu Ewigkeit. Amen.

1) Wahrer Leichnam sei gegrüßet, * Den Maria
uns gebar, * Der am Kreuz für uns gebüßet,
* Opfert sich und starb sogar. * Blut und Wasser
aus Ihm fließet, * Da sein Herz durchstochen war,
* Gib uns, daß wir Dich genießen * In der letz=
ten Tod'sgefahr!

2) Heil'ges Gastmahl, sei gegrüßet! * Darin
ist das Himmelbrod, * Welches alles Leid versüßet,
* Bringet Gnad' in aller Noth. * Wenn zuletzt
ihr Gift ausgießen * Alle Uebel auf uns dar,
* Gib uns, daß wir Dich genießen * In der letz=
ten Tod'sgefahr!

3) Die Gedächtniß zu vermehren * Deines Lei=
dens bis an's End', * Wollen, Herr! wir Dich

verehren * In dem heil'gen Sakrament. * Noch=
mal bitten wir: Im Sterben * Sei Du unsre
letzte Speis', * Damit wir alsdann erwerben,
* Dieses Pfand zur Himmelsreis'.

℣. Panem de cœlo præstitisti eis Domine.
    Brod vom Himmel gabst Du ihnen, o Herr!

℟. Omne delectamentum in se habentem.
    Welches alle Annehmlichkeiten in sich begreift.

℣. Memento congregationis tuæ.
    Gedenke deiner Versammlung!

℟. Quam possedisti ab initio.
    Die Du besaßest vom Anfange.

℣. Domine exaudi orationem meam!
    Herr, erhöre mein Gebet!

℟. Et clamor meus ad te veniat.
    Und mein Rufen komme zu Dir.

℣. Dominus vobiscum.
    Der Herr sei mit euch!

℟. Et cum Spiritu tuo.
    Und mit deinem Geiste!

Gebet.

O Gott! der Du uns unter dem wunderbaren
Sakramente das Gedächtniß deines Leidens hinter=
lassen hast, wir bitten Dich, verleihe, daß wir die
hl. Geheimnisse deines Leibes und Blutes also
verehren, damit wir die Frucht deiner Erlösung
in uns ohne Unterlaß genießen.

Gott, unsere Zuflucht und Stärke, Du Urheber
der Andacht! Lasse Dich herab zu den frommen

Bitten deiner Kirche, und verleih', daß wir das, um was wir im Glauben und Vertrauen bitten, wirklich erlangen. Durch Jesus Christus, unsern Herrn. Amen.

Marianische Antiphon, Englischer Gruß, heiliger Segen mit Defensor und Genitori.

————— · ❉ · —————

Fünfter Abschnitt.

Andachten für die ewige Anbetung des allerheiligsten Altarssakramentes.

———————

Erste Betstunde.

Andachten von der feierlichen Einsetzung der ewigen Anbetung.

Eingang.

Herr, eröffne meine Lippen, so wird mein Mund dein Lob verkündigen.

O Gott, merke auf meine Hilfe!

Herr, eile mir zu helfen!

Ehre sei dem Vater, und dem Sohne, und dem heiligen Geiste:

Wie im Anfang, jetzt und allzeit, und zu ewigen Zeiten. Amen. Alleluja!

Oder: Lob sei Dir, o Herr und König der ewigen Herrlichkeit!

Gemüthserhebung.

O Tiefe des Reichthums und der Weißheit Gottes! Wie unbegreiflich sind deine Urtheile und wie unerforschlich deine Wege, durch welche Du den elenden Menschen zum Leben und zum ewigen Heile führen und in seiner Armseligkeit trösten wolltest!

Göttlicher Sohn! wegen uns Menschen und wegen unseres Heiles bist Du vom Himmel gestiegen und hast unser sterbliches Fleisch aus der reinsten Jungfrau angenommen, damit wir durch dein Leiden und deinen Tod erlöset würden.

O Jesus! Du konntest keine größere Liebe und Wohlthat uns erweisen, als daß Du deine Seele, dein Blut und dein Leben für uns dargeben wolltest.

Sie ist noch weiter gegangen, denn bis an's Ende hast Du uns geliebt, da Du zum Andenken deines Leidens und unserer Erlösung das heiligste Sakrament eingesetzet hast.

Nicht für einen Tag oder ein Jahr, sondern für alle Zeiten, bis zum Ende der Welt schenkest Du uns die Gegenwart deines heiligen Leibes und Blutes.

Frohlocke, o heilige Kirche! denn Jesus, dein heiligster Gott und Erlöser, bleibt immer in deinem Heiligthum; o welche Liebe, Ehre und Dankbarkeit bist du Ihm dafür nicht schuldig!

Er ist die größte Zeit verlassen in so vielen Kirchen, und doch setzt Er das unendliche Wunder seiner ununterbrochenen Gegenwart immer fort.

Wie heilig ist darum die ewige Anbetung deines heiligsten Sakramentes, damit keine Stunde vorbeigehe, in welcher Du nicht von Herzen, die dich getreu lieben, in den Kirchen angebetet, gelobt und geehrt werdest.

Die Welt vergißt deiner Gegenwart, deiner Gnaden und deiner Liebe; die ewige Anbetung dagegen erneuert immer das Andenken an diese höchsten Geheimnisse.

Die Welt erweiset deiner liebevollen Majestät wenig Ehre; sie schätzt die wunderbare Wohlthat deiner beständigen Gegenwart nicht: die ewige Anbetung bestrebt sich dafür immer, Dir in dem hochheiligen Altarssakramente alle mögliche Verehrung, Lob und Danksagung abzustatten.

Die Welt entehret dieses göttliche Geheimniß mit vielen Unbilden und Beschimpfungen; die ewige Anbetung bemüht sich, Dir in der tiefsten Erniedrigung, in Zerknirschung und Demuth reumüthige Abbitte zu thun.

O wie verehrungswürdig sind jene Kirchen, in welchen die ewige Anbetung eingeführt worden! Wie glückselig sind jene Seelen, welche Du, o Jesus, zu dieser Anbetungsandacht berufen hast!

Welchen Trost genießen sie in deiner Gegenwart! welche Gnaden empfangen sie von deiner Güte! wie herrlich werden sie von Dir im Himmel belohnt werden, da sie Dich auf Erden immer anbeten, lieben und loben!

Anbetung.

Jesus Christus, wahrer Gott und einziger Heiland der Welt! dessen unendliche Liebe das höchste Geheimniß des Altars einsetzen wollte, ich vereinige meine Andacht mit Denjenigen, die sich deiner ewigen Anbetung ergeben haben.

In dem Heiligthum deiner göttlichen Gegenwart kniee ich vor dem Throne deiner Majestät und versenke mich in die tiefste Demuth, um deine Hoheit anzubeten.

Ewiger, unendlicher, allmächtiger Gott! O höchstes Gut! O Jesus, mein Erlöser! ich bete Dich von ganzem Herzen an in dem heiligsten Sakramente, ich erkenne deine höchste Macht und unterwerfe mich deinem heiligsten Willen.

Du bist mein erster Anfang und mein letztes Ziel, der Urheber der Natur, der Gnade und der ewigen Glorie; ich bete Dich an als den Herrn des Lebens und des Todes, in dessen Gewalt Himmel und Erde und Alles, was erschaffen ist, sich befindet.

Großer Gott, Dir gebühret alle Ehre und Herrlichkeit, alles Lob und unaufhörlicher Preis, alle Liebe und Danksagung!

Liebreichster Jesus! in deinem göttlichen Herzen brennt noch jene Liebe, welche Du mir geschenkt und mit der Du mich an Dich gezogen hast; ich bete Dich an und will Dich ewig lieben.

Ehre sei dem Vater, und dem Sohne, und dem heiligen Geiste!

Süßester Jesus! in deinem heiligsten Herzen sind die Schätze der himmlischen Tröstungen enthalten, welche in dem heiligen Sakramente uns erquicken; ich bete Dich an und versenke mich in deine Süßigkeit.

Ehre sei dem Vater, und dem Sohne, und dem heiligen Geiste!

Gütigster Jesus! dein anbetungswürdiges Herz ist die Wohnung der göttlichen Liebe, das Heiligthum der Gottheit, in welchem die ewige Quelle der Gnaden fließet: ich bete Dich an und seufze nach dem Wasser deines Heiles, das mich erquicken möge zum ewigen Leben.

Ehre sei dem Vater, und dem Sohne, und dem heiligen Geiste!

Liebevoller Jesus! dein Herz ist der Aufenthalt der liebenden Herzen und reinen Seelen, welche in Dir die erquickende Ruhe finden: ich bete Dich an und erfreue mich in deiner heiligen Liebe.

Ehre sei dem Vater, und dem Sohne, und dem heiligen Geiste!

Barmherziger Jesus! dein Herz ist am Kreuze für mich eröffnet worden und Blut und Wasser, der Werth meiner Erlösung, sind aus demselben geflossen: ich bete Dich an und sehne mich nach den Früchten deines heiligen Leidens.

Ehre sei dem Vater, und dem Sohne, und dem heiligen Geiste!

Liebenswürdigster Jesus! dein Herz ist voll Güte und beweiset, was ein guter Gott für den armen

Menschen wirken kann: ich bete Dich an mit ewigem Danke für meine Erlösung.

Ehre sei dem Vater, und dem Sohne, und dem heiligen Geiste!

Jesus, Du eingeborner Sohn des ewigen Vaters! dein glorreiches Herz ist die Freude der Seligen, und in ihm findet der Geist des Menschen wahre und vollkommene Ruhe: ich bete Dich an; ach, ziehe meine Seele nach Dir!

Ehre sei dem Vater, und dem Sohne, und dem heiligen Geiste!

Jesus, Du Heiland der Welt! dessen heiliges und liebenswürdigstes Herz allen Engeln, allen Heiligen und dem ganzen Himmel so werth und theuer ist: in Dir ruhen alle Geister, alle Seelen werden erquickt, alle Herzen entzündet; ich bete Dich an und bitte Dich um deine Liebe.

Ehre sei dem Vater, und dem Sohne, und dem heiligen Geiste!

Jesus, mein höchstes und liebstes Gut! dein Herz ist der Inbegriff der göttlichen Vollkommen= heiten, in welchem wir Hilfe und Trost in diesem Thale der Thränen finden: ich bete Dich an, lobe und preise deine Güte, deine Liebe im aller= heiligsten Sakramente.

Ehre sei dem Vater, und dem Sohne, und dem heiligen Geiste!

Heilig, heilig, heilig ist der Herr, der allmäch= tige Gott, der Herr der Heerschaaren!

Lasset uns auf Jesus, den Anfänger

und Vollender unseres Glaubens, sehen, der für die Ihm vorgelegte Freude das Kreuz erbuldete, die Schmach nicht achtete, und zur Rechten des Thrones Gottes sitzt. Hebr. 12, 2.

Gebet um den Segen des allerheiligsten Altarssakramentes.

O Herr Jesus Christus, wahrhaft und wesentlich gegenwärtig im allerheiligsten Altarssakramente! vor Dir kniee ich anbetend nieder und bitte um deinen heiligen Segen; erhebe deine Rechte und segne und beschütze deinen sichtbaren Stellvertreter auf Erden, unsern Papst N. N.; segne und beschütze unsern Bischof N. N. und alle Bischöfe und Priester deiner heiligen Kirche, damit sie Alle mit reinem Herzen an deinem Altare dienen und dieses heilige Sakrament mit gläubiger Ehrfurcht spenden mögen; segne alle Verehrer des heiligen Sakramentes und alle Gläubigen deiner heiligen Kirche, damit sie durch dieses Himmelbrod das ewige Leben in sich haben. Ich stelle unter deinen heiligen Segen alle Glieder meiner Familie, meine Wohlthäter, mein Freunde und Feinde, alle Kranken und Sterbenden, die Verirrten und Sünder und alle Menschen; gib ihnen Allen die Fülle deiner heiligen Gnade, damit sie Dich erkennen, loben, lieben und preisen, sowie auch den Vater und den heiligen Geist, in Ewigkeit! Amen.

Hochgelobt sei ohne End'
Jesus Christus im allerheiligsten Altarssakrament!
Ehre sei dem Vater ꝛc.

Reumüthige Abbitte.

Preiswürdiger Tag, an welchem die immer=
während Anbetung deines heiligen Sakramentes
eingeführt wurde! Preiswürdige Stunde, in wel=
cher ich mich dieser gottseligen Andacht ergeben habe!

Gebenedeit sei deine wunderbare Vorsicht, welche
in diesen Zeiten die Verehrung deines Leibes und
Blutes, zum Troste der Kirche, in solche Auf=
nahme gebracht hat!

O Herr Jesus Christus! ich erstatte Dir ewigen
Dank, nicht allein für dieses hochheilige Geheim=
niß, sondern auch für das göttliche Licht, das
deine gottseligen Verehrer zur Einsetzung und Be=
förderung der ewigen Anbetung angeleitet hat.

Lobet den Herrn, alle Völker; preiset Ihn, alle
Gläubigen! denn der heil. Gott Israels, der in
Mitte seines Sions, unter den sakramentalischen
Gestalten verborgen ist, wird nun immer, Tag
und Nacht, auf seinem Gnadenthrone verherrlicht.

Wie billig und heilig ist das heiße Verlangen
und der Wunsch vieler Herzen, daß deine immer=
während Anbetung in der ganzen christlichen Welt
ausgebreitet werde!

Die Hoheit des heiligsten Sakramentes, des
größten Wunders, deine unendliche Liebe und be=
ständige Gegenwart fordern es.

Besonders werden aber die vielen Unbilden und Beschimpfungen, die Du, o Jesus! in diesem Geheimnisse zu leiden hast, einigermaßen durch diese Andacht ersetzt.

Die Großen dieser Welt werden geehrt und fast angebetet; man besucht und füllt ihre Paläste; aber die Kirchen, in denen Du wohnest, sind leer und verlassen, und deine Gegenwart ist in Vergessenheit gerathen.

Man sucht Hilfe und Gnade bei den Menschen, aber deinen Gnadenthron schätzt man nicht, und wenn Du schon immer die Bedürftigen erwartest, um sie zu erquicken, vernachläßigt man doch deine Einladung und achtet nicht deiner Verheißungen.

O Jesus! Du bist gegenwärtig im heiligsten Sakramente; aber die Welt hat daran keinen oder nur einen schwachen Glauben.

In tiefster Demuth bitte ich Dir ab für alle Unbilden und Bosheiten, die wider Dich, o sakramentalischer Jesus! in der ganzen Welt begangen werden.

Herr! Du bist allmächtig, und Dir ist nichts unmöglich; Du bist der Herr aller Herzen. Erwecke in uns einen lebendigen Glauben, entzünde in uns die Liebe gegen dieses Sakrament der Liebe, daß wir solches im Geiste und in der Wahrheit immer anbeten.

Gelobt, geliebt und angebetet sei ohne End'
Das allerheiligste Altarssakrament!

Die ewige Anbetung im Himmel,

das Vorbild der ewigen Anbetung auf Erden.

Jesus Christus! Du bist der Erstgeborne von den Todten, ein Fürst aller Könige auf Erden:

Du hast uns geliebet und von unsern Sünden mit deinem Blute rein gewaschen: Du hast uns zu deinem Reiche gemacht; wir beten Dich an auf dem Throne des Altars. Dir sei Ehre und Herrlichkeit in Ewigkeit!

Du warst todt und lebst nun im Himmel in göttlichem Glanze; es beten Dich an alle Bewohner der himmlischen Stadt; sie loben und preisen Dich in Ewigkeit.

O allerheiligstes Sakrament! in welchem Jesus Christus wahrhaft gegenwärtig ist, eben derjenige Christus, den alle himmlischen Geister anbeten.

Ich folge ihnen nach, und meine Andacht soll der himmlischen gleichförmig sein.

I.

Jesus Christus, wahrer Gott und Mensch! Du sitzest im Himmel auf dem herrlichen Throne.

Es umgeben Dich die vierundzwanzig Aeltesten und die vier lebenden Wesen, welche ohne Aufhören immer rufen: Heilig, heilig, heilig ist Gott der Herr, der Allmächtige, der da war, und der da ist, und der da kommen wird!

Die vierundzwanzig Aeltesten fallen vor dem Throne nieder und beten Dich an, legen ihre

Kronen vor den Thron und rufen: Herr unser Gott!
Du bist würdig, Preis und Ehre zu empfangen.

Göttlicher Heiland! Du bist der nämliche Gott,
wie im Himmel, also auf dem Altare; das hoch=
heilige Geheimniß ist dein Gnadenthron, welchen
Du auf Erden errichtet hast, wunderbar und uns
zu unbegreiflichem Troste.

Du setzest deine Allmacht immer fort und wirkest
alle Stunden, Tag und Nacht, die größten Wun=
der in dem heiligsten Sakramente, die Niemand
fassen oder aussprechen kann.

In unsern Kirchen ist das wahre Heiligthum,
in welchem Du, der Heilige der Heiligen, der
Urheber aller Heiligkeit wohnest.

Niemals können wir genug wiederholen: Heilig,
heilig, heilig ist der Herr, der allmächtige Gott,
Jesus Christus, unser Erlöser und Heiligmacher!

O Jesus! wir beten Dich an in tiefster Unter=
werfung, wir weihen Dir alle Ehre und Preis.

Nicht unsre Güter, sondern uns selbst legen wir
vor deinem Throne nieder, um in unterthäniger
Demuth deine Majestät zu ehren und Dich als
den Urheber alles Erschaffenen zu erkennen.

II.

Jesus Christus! Du bist nicht allein der All=
mächtige und der Schöpfer aller Dinge, sondern
der Erlöser aller Menschen durch deinen Tod.

Du bist der Löwe, der Du überwunden hast,
aus dem Geschlechte Juda, die Wurzel Davids,

der Du würdig bist, das Wunderbuch zu eröffnen und seine sieben Siegel zu erbrechen.

Wie ein Lamm, als wäre es getödtet, stehst Du vor dem Himmelsthrone, und durch dein Blut hast Du uns das Buch des Lebens eröffnet.

Die Auserwählten fallen vor Dir nieder; sie ehren Dich mit ihren Harfen und mit goldenen Schalen voll Rauchwerks, welches die Gebete der Heiligen sind; sie singen Dir ein neues Lied in Gesellschaft vieler tausend Engel.

Jesus, Du Heiland der Welt, Du verborgener Gott im heiligsten Sakramente! Du lebst nun unsterblich und dennoch scheinst Du in diesem Geheimnisse wie todt, zur Erinnerung, daß Du uns durch deinen Tod das Leben gegeben hast.

Mit dankerfülltem Herzen bete ich Dich an, o Jesus, mein Erlöser! Ich opfere Dir meine geringe Andacht und alles Gebet der Heiligen im Himmel und auf Erden.

Ich stimme Dir an den Lobgesang aller heiligen und englischen Geister: Herr! Du bist würdig das Buch zu nehmen und seine Siegel aufzuthun:

Denn Du bist getödtet worden und hast uns mit deinem Blute Gott wieder erkauft aus allen Geschlechtern, Zungen, Völkern und Nationen, und hast uns unserm Gott zu einem Königreiche gemacht.

Göttliches Lamm! Du bist würdig zu empfangen Macht und Gottheit und Weisheit und Stärke und Ehre und Preis.

O allerheiligstes Sakrament! alle Kreaturen,

die im Himmel und auf Erden und unter der Erde
und die im Meere sind, sollen Dich anbeten, loben
und preisen in Ewigkeit.

III.

Nicht allein die Heiligen beten Dich, o Jesus!
im Himmel an, sondern alle Auserwählten, der
ganze Himmel, jene große Schaar, welche Niemand zählen kann, aus allen Stämmen und Sprachen und Völkern und Nationen, welche vor dem
Throne und vor Dir, o göttliches Lamm! stehen,
weiß gekleidet und mit Palmen in ihren Händen.

Sie sind aus großer Trübsal in den Himmel
gekommen; sie sind nun vor dem Sohne Gottes
und dienen Ihm Tag und Nacht in seinem Tempel;
Gott wohnet unter ihnen, und Du, o Lamm
Gottes! regierst und leitest sie zu den Wasser-
quellen des Lebens.

Sie rufen mit lauter Stimme: Heil sei Dem, der
auf dem Throne sitzet, unserm Gott und dem Lamm!

Alle Engel helfen dieser gebenedeiten Schaar
und fallen vor dem Throne auf ihr Angesicht;
ihre Anbetung ertönt, und ich wiederhole mit ihnen
vor Dir, o Jesus! im hochheiligen Sakramente:

Amen! Lob und Herrlichkeit, Weisheit und
Dank, Ehre und Macht und Kraft sei unserm
Gott von Ewigkeit zu Ewigkeit! Amen.

Großer Gott! da Dich der Himmel also ehret
und mit tiefer Anbetung ewig lobet, wünsche ich
von ganzem Herzen, daß die ganze Welt Dich,

den höchsten Gott, den allgemeinen Erlöser, er=
kenne und aller Orten Dir ehrfurchtsvolle Huldi=
gung und Anbetung zolle.

O Jesus! ich vereinige mich mit der unzähl=
baren himmlischen Schaar; ich falle vor Dir
nieder, nicht würdig, mein Angesicht zu erheben,
und sage Dir ewigen Dank für die Schöpfung,
Erlösung und für dieses unendliche Geheimniß des
Altars.

Ich heilige Dir meinen Leib und meine Seele
zur ewigen Liebe, und nichts soll diese in mir
auslöschen können; Lob, Ehre und Preis sei Dir
in Ewigkeit!

IV.

Auf dieser Welt ist dein ewiges Reich, o Herr
Jesus Christus! ausgebreitet worden. Ich sage
Dir Dank, o Herr, allmächtiger Gott! daß deine
Kraft sich groß erwiesen und Du nun in deiner
Kirche herrschest.

Es ist der Tempel Gottes eröffnet, und man
sieht die Bundeslade deines Testamentes, und in
solcher haben wir Dich, das wunderbare Brod,
das vom Himmel herabgestiegen ist, welches uns
das ewige Evangelium aller Orten verkündigt hat.

Ach, daß ich Dich, o Jesus, Du göttliches
Lamm! auf dem Berge Sion mit jenen unzähl=
baren Jungfrauen, die deinen Namen an der
Stirne tragen, würdig loben und in den ewigen
Lobgesang einstimmen möge!

Groß und wunderbar sind deine Werke, all=
mächtiger Herr, Du König aller Zeiten! Wer soll
deinen Namen nicht preisen, der Du allein der
Gütige bist? Alle Völker werden kommen und
Dich anbeten.

Singet Lob unserm Gott, alle seine Heiligen
und die Ihn fürchten, Kleine und Große; denn
der allmächtige Herr, unser Gott, herrschet nun
auf seinem Throne; lasset uns Ihm Ehre geben,
der uns zum Mahle des Lammes berufen hat.

Siehe die Wohnung Gottes unter den Men=
schen, und Er wird bei uns wohnen; wir werden
sein Volk sein, und Jesus wird unser Gott mit
uns sein.

Dein heiliges Geheimniß ist der Baum des
Lebens, von dem wir die süßesten Früchte genießen;
es ist der herrliche Sitz deiner Gnade; dein
heiliges Angesicht werden wir im Glauben schauen,
deinen Namen ehren und Dich mit allen Engeln
ewig anbeten.

Schluß.

O wie gütig und süß ist, o Herr! dein Geist
und deine Liebe, zu deren Beweise Du uns ein
himmlisches Brod bereitet hast, durch welches Du
die Hungrigen mit Gütern erfüllest.

Dein heiligster Leib unter den Gestalten des
Brodes ist diese göttliche Speise, die wir zur
Stärke in den Schwachheiten dieses Lebens genießen.

O Jesus, welches Wunder, welche Liebe, welche

Gnade ist dieses! Du mein Gott und Heiland, ernährest mich mit deinem Fleische und Blute!

Ach, daß meine Seele durch den Genuß desselben in Trost und Süßigkeit versenkt werde! daß mein Herz in Demuth und Liebe, o Jesus, in deiner Gegenwart zerfließe!

Du selbst, göttlicher Heiland! bereite durch deine zuvorkommende und siegende Gnade mein Herz, daß ich Dich allezeit würdig, und mit zartester Andacht empfange.

Heilige Engel, die ihr den Tisch des Herrn umgebet, erleuchtet mich mit heiligen Einsprechungen und führet mich im Geiste der Gottseligkeit zu dem heiligen Abendmahle, das uns Jesus Christus bereitet hat! Amen.

℣. Angebetet sei ohne End' das heiligste Altarssakrament,

℟. In Ewigkeit. Amen.

℣. Herr, erhöre mein Gebet,

℟. Und mein Rufen komme zu Dir.

℣. Lasset uns den Herrn loben,

℟. Und Gott Dank sagen.

Und die Seelen aller Christgläubigen ruhen durch die Barmherzigkeit Gottes im Frieden. A.

Kommt, lasset uns anbeten. 16

Zweite Betstunde.

Andachten für die Ausbreitung der Kirche, die Wohlfahrt des Vaterlandes und die Bekehrung der Sünder.

Eingang.

Herr, eröffne meine Lippen:

So wird mein Mund dein Lob verkündigen.

V. O Gott, merke auf meine Hilfe!

R. Herr, eile mir zu helfen!

Ehre sei dem Vater, und dem Sohne, und dem heiligen Geiste!

Wie es war im Anfange, jetzt und allzeit, und zu ewigen Zeiten! Amen.

Oder: Lob sei Dir, o Herr und König der ewigen Herrlichkeit!

Anbetung.

Zu dem Throne des allmächtigen Gottes, Jesus Christus im heiligsten Altarssakrament, dessen Herrlichkeit über alle Völker herrschet:

Lasset uns hingehen und in tiefster Ehrerbietig=keit seine Hoheit und Macht anbeten.

Vor dem Throne der weisesten Vorsehung, deren ewige Anordnungen und zeitliche Schickungen voll süßester Milde sind:

Kommt, laßt uns in wahrer Anbetung alles Heil und Glück erflehen.

Vor dem Throne der liebreichen Barmherzig=

keit, welche aus dem göttlichen Herzen Jesu im heiligsten Sakrament in alle Welt sich ausgießet:

Kommt, laßt uns auf die Kniee niederfallen und ewiges Lob, Ehre und Danksagung abstatten:

Kommt, laßt uns mit allen Engeln und Heiligen des Himmels anstimmen:

Heilig, heilig, heilig

Ist der Herr, der allmächtige Gott,

Der Herr der Heerschaaren!

Himmel und Erde sind voll

Seiner Majestät, Glorie und Herrlichkeit.

Ehre sei dem Vater, und dem Sohne, und dem heiligen Geiste!

Wie im Anfang, jetzt und allzeit und zu ewigen Zeiten.   Amen.

Oder: Lob sei Dir, o Herr und König der ewigen Herrlichkeit!

Gemüthserhebung.

1. Göttlicher Heiland! muß es nicht in unsern Herzen ein unzerstörbares Vertrauen erwecken, was Du so liebreich verheißen hast, daß Dir Alles vom Vater übergeben worden, daß Du Alle erquicken wollest, welche mit Mühsal beladen zu Dir kommen?

Zu wem soll ich denn meine Zuflucht nehmen, als zu Dir? Wo soll ich in meinen Armseligkeiten Hilfe suchen, als bei Dir?

Jesus, Du bist die Liebe und die Barmherzigkeit selbst; erhöre denn mein Gebet, das ich in

deiner heiligsten Gegenwart für das Vaterland
verrichte, dessen Glück und Wohlstand von deiner
Allmacht und Güte abhängt.

2. Die innerste Erbarmung hat dein liebevolles
Herz eingenommen, als Du die große Schaar
gesehen, welche Dir drei Tage ohne Nahrung
nachfolgte. Du hast das große Wunder gewirket
und mit sieben Broden viertausend Menschen gespeiset und gesättiget.

Noch wunderbarer ist deine Liebe und Allmacht,
da Du mit deinem heiligsten Fleische und Blute
so viele tausend Gläubige täglich ernährest.

Deine mächtige Hand ist nicht abgekürzet und
deine Güte lasset nicht nach, deine Kinder mit
väterlicher Milde, mit zeitlichem und geistlichem
Segen zu erfüllen.

O Jesus! erbarme Dich ferner unseres Vaterlandes, um alles Uebel von demselben abzuwenden und
den Ueberfluß deiner Gnaden ihm mitzutheilen.

3. Wie liebreich hast Du Dich gegen die undankbare Stadt Jerusalem erzeiget! Du wolltest
oft ihre Kinder an Dich ziehen und zum Genusse
deiner Güter versammeln und deine über sie ver-
gossenen Thränen bezeugten dein Mitleiden über
ihr bevorstehendes Unglück und ihre Zerstörung.

Jesus! lasse dein erbarmendes Herz bewegen
und wende gnädig Alles ab, was unserm Vaterlande zum Unheile gereichen möchte.

V. Gott erfülle alle unsere Begierden,

R. Nach seinem Reichthume, zur Ehre Jesu Christi:

℣. Welcher sei angebetet ohne End'
℟. In dem heiligsten Altarssakrament!

Reumüthige Abbitte.

Jesus! ich erkenne deine unergründliche Güte, welche ein Mittel gefunden hat, immer bei den Menschenkindern zu verbleiben in dem hochheilig=sten Sakramente.

Du bist hier Tag und Nacht bereit, deine Schätze der Gnade Denjenigen mitzutheilen, welche Dich anbeten und mit zartem Liebesvertrauen darum bitten.

Auch in unserm Vaterlande hast Du deinen Gnadenthron errichtet; und in dem heiligsten Sak=rament erwartest Du unser eifriges Flehen.

Jesus! ich werfe mich Dir in Zerknirschung meines Herzens zu Füßen, und bitte im Namen des ganzen Vaterlandes um Verzeihung, Gnade und Barmherzigkeit. Verschone der blinden Welt und rechne uns nicht zur Strafe, was ich von dem Innersten meines Herzens verabscheue.

Jesus, Du wahres Licht! erleuchte die Finster=niß Derjenigen, die Dich nicht erkennen und ent=zünde die Herzen, die Dich nicht lieben, damit wir Alle Dich in dem höchsten Geheimniß mit tiefster Ehrfurcht anbeten, und mit Herz und Mund immer wiederholen:

℣. Gelobt, geliebt und angebetet sei ohne End'
℟. Jesus Christus im allerheiligsten Altarssak=rament!

Gebet um Erhaltung und Ausbreitung der heiligen katholischen Kirche.

1. O heilige Kirche, welche Jesus Christus, nach seinem untrüglichen Versprechen, auf einem Felsen errichtet hat! Du bist das glückselige Paradies des Herrn, von Ihm mit eigener Hand gepflanzet und mit seinem kostbaren Blute be= feuchtet. Du aber, o anbetungswürdigstes, aller= heiligstes Altarssakrament! bist der Baum des Lebens mitten im Paradiese: deine Frucht ist das ewige Leben und die wunderbare Kraft für die Heiligkeit des zeitlichen Lebens. Du bist der Mittelpunkt der wahren Gottseligkeit und der echten Religion.

Jesus Christus! ich bete Dich an auf dem Altare, auf dem Throne, als meinen Gott, an den ich glaube; als meinen Heiland, auf den ich hoffe; als mein höchstes Gut, das ich liebe; als meinen Herrn, dem ich huldige; als den göttlichen Lehrer, dessen Evangelium ich bekenne und als das hellglänzende Licht der Welt, dem ich für die Gnade des wahren Glaubens danke.

2. Jesus, Du unsichtbares höchstes Haupt der Kirche! ich danke deiner unendlichen Güte für die unschätzbare Gnade des wahren Glaubens, welchen Du unserm lieben Vaterlande geschenkt und er= halten hast.

Doch, göttlicher Heiland! dein auserwähltes Geschlecht, dein königliches Priesterthum, dein Volk, das Du durch dein Blut Dir eigen gemacht hast,

leidet viele Nachstellungen von dem Geiste der
Falschheit, von der Bosheit der Welt und von
dem Fürsten der Finsternisse. Jesus! erbarme
Dich und erhalte deine Gläubigen in deinem
Namen, in deiner Lehre, in deinem Bekenntnisse
und in deiner Liebe; damit sie kein Betrug der Irr=
lehren von dem Weg der Wahrheit schrecke, und
keine Schmeichelei verwirre, sondern daß sie als
Kinder des Lichts in aller Frömmigkeit wandeln,
und keinen Theil nehmen an den unfruchtbaren
Werken der Finsterniß.

Erbarme Dich, unendlich gütiger Erlöser! jener
irrenden Seelen, welche zwar mit deinem kost=
baren Blute erlöset worden, aber leider in dem
Schatten des Todes und in der Finsterniß sitzen.
Ach, Du ewiges Licht der Wahrheit, erleuchte sie
durch die Strahlen deiner kräftigen Gnade, damit
sie ihre schädlichen Irrthümer erkennen! Bewege
ihren schwachen und schwankenden Willen, damit
sie mehr das ewige Heil als die zeitlichen Güter
lieben, und deinem hellen Gnaden= und Glaubens=
lichte nachgehen. Sorge, o guter Hirt! daß diese
irrenden Schäflein zu deiner Heerde zurückkommen,
damit ein Schafstall und ein Hirt werde, und
wir Alle mit einem Herzen und einem Munde
Dich bekennen und ewig anbeten

3. O heilige Stadt Sion! möchten deine
Pforten eröffnet und deine irrenden Kinder zu
Dir zurückgeführt werden, welche einem Rath ge=

folget, der nicht aus Gott ist, und einer Lehre anhängen, die nicht aus dem Geiste Gottes ist!

O Gott der Erbarmung! warte nicht länger, bis Du Dich ihrer erbarmest, sondern lenke sie auf den Weg, der zum ewigen Leben führt! Möge durch deine Kraft der alte Irrthum weichen, und die wahre Einigkeit hergestellt werden!

Deine Ehre, o Jesus! und das Heil so vieler verführten Seelen ist die Begierde meiner Seele.

Allein deine Hilfe ist mächtig, diese Finsternisse zu verscheuchen und Jene zu erwecken, die in dem Staube sitzen. Dein Gnadenthau ist ein Thau des Lichtes; lasse dieses über sie niederfallen, daß sie Dich erkennen und in dem geheiligten Jerusalem anbeten.

Vater unser ꝛc. Ave Maria ꝛc. 3 Mal

Gebet um die Bekehrung der Sünder.

1. Großer Gott! Du hast nach der Sündfluth den Regenbogen an den Himmel gesetzt, als ein Zeichen deiner Milde und Barmherzigkeit, deiner Aussöhnung mit der sündigen Welt: ebenso ist das heiligste Sakrament des Altars ein Zeichen deiner Güte und deiner Liebe, mit welcher Du dem armen Sünder Verzeihung und Gnade anbietest?

Wie kann es geschehen, o liebster Jesus! daß ungeachtet dieses Wunderzeichens der Gnade und Liebe, dennoch so viele undankbare und sündige Menschen auf Erden leben?

2. Soll es aber deine Liebe zugeben, daß die Seelen ewig zu Grunde gehen, die Du mit deinem theuren Blute und durch deinen Tod erlöset hast? Siehe mit deinen erbarmenden Augen auf diese Versammlung und auf dieses Land, für welches Du Dich den Händen der grausamen Peiniger überlassen, und die schmähliche Qual des Todes ausstehen wolltest.

Erweiche, o Jesus! in deinem heiligen Blut die harten Herzen, welche deine Liebe nicht erkennen und die Sünde nicht verlassen wollen

Ich beweine die große Undankbarkeit so vieler lauen Christen; und in tiefster Anbetung deiner Majestät bitte ich Dich um Verzeihung für so viele Missethaten. Könnte ich doch durch meine Verdemüthigung und reumüthige Abbitte alle Dir zugefügten Unbilden gut machen!

O Jesus! Du liebst die Seelen; denn Du bist gekommen, auch für die Sünder dein Leben auszusetzen, und sie zu deiner Gnade zu berufen. O möchte durch deine allvermögende Kraft nicht ein Einziger zu Grunde gehen!

3. Erbarme Dich denn, o Jesus! nach der Größe deiner Barmherzigkeit aller Derjenigen, die auf dem breiten Wege des Untergangs dem ewigen Verderben zueilen. Erleuchte sie durch dein göttliches Licht, rede zu ihrem Herzen durch deine kräftige Gnade, und stärke ihre Schwachheit, damit sie ihre Gefahr und Armseligkeit erkennen, und durch wahre Buße mit Dir versöhnt werden.

Tilge, o Herr! alle Bosheit, auf daß nicht die Sünde unter uns herrsche, sondern daß die wahre Gottseligkeit und Andacht, der Eifer für deinen heiligen Dienst und die Auferbaulichkeit der guten Sitten, die christliche Tugend und Heiligkeit, unser Vaterland Dir lieb und angenehm, und deines väterlichen Segens würdig machen!

Vater unser 2c. Ave Maria 2c. 3 Mal.

Gebet um Frieden und Einigkeit.

1. Jesus Christus, Du Urheber und Liebhaber des Friedens, den Du deinen Jüngern gegeben und hinterlassen hast! Dein heiligstes Sakrament ist das Geheimniß der Liebe und der Einigkeit, in welchem die Gemüther der Gläubigen Eines Sinnes und Eines Willens werden.

Wir essen von Einem Brod und trinken von Einem Kelch; dein heiligster Leib und dein kostbares Blut ertheilen uns die Liebe zum Frieden und vereinigen die Herzen; denn Du bist der Gott des Friedens, durch dessen Blut an dem Kreuze Alles, was auf Erden und im Himmel ist, mit einander vereinigt werden soll.

Du hassest alle Theilung und Uneinigkeit, weil in ihr nur Unruhe und Unheil zu finden ist, und ein zertheiltes Reich nicht bestehen kann.

2. Lasse denn deine Gnade in uns herrschen, damit dein Friede unsere Herzen bewahre und lasse dein Volk in der Schönheit des Friedens wandeln, in den Wohnungen des Vertrauens und

in vieler Ruhe, damit wir durch das Band der Liebe vereiniget Dich loben und anbeten mögen.

Entferne von uns allen Zwist, allen Streit und Unfrieden, alle Verwirrung und Uneinigkeit! Gib nicht zu, daß in deinem Volke ein Mensch des Haders, ein Mann des Zankes gefunden werde, der die Einigkeit und den Frieden stöße:

Sondern es regiere in uns die Liebe, Freude, Friede, Geduld und Freundlichkeit, Sanftmuth, Güte und Langmuth, damit Jedermann erkenne, daß Du, o Jesus! der Gott des Friedens, in unserer Mitte wohnest und das Heil des Vaterlandes seiest.

3. O Herr, Du Gott Israels! der Du deine Kirche durch deine große Kraft in Einigkeit des Glaubens erhalten und wider ihre Feinde beschützet hast: erbarme Dich Derjenigen, die sich von dieser Einigkeit getrennt haben; führe sie wieder in das Heiligthum der Wahrheit, in welchem unsere Väter die Einigkeit des Geistes durch die Bande des Friedens erhalten haben.

O allmächtiger Herr! siehe herab von deinem heiligen Haus, wirke durch deine Erbarmungen, daß die schädliche Spaltung gehoben werde, welche Diejenigen zertheilt, die deinen heiligen Namen bekennen.

Vater unser 2c. Ave Maria 2c. 3 Mal.

Gebet um Abwendung der verdienten göttlichen Strafen.

1. Herr Jesus Christus, Du eingeborner Sohn des Vaters! der Du dem Moses in einer Feuerflamme erschienen bist, um dein Volk von den Bedrängnissen zu erlösen: ich bete Dich an in dem Wundergeheimnisse des Altars, aus welchem deine unendliche Barmherzigkeit zum Troste deines auserwählten Volkes hervorleuchtet.

Du bist der Hohepriester des Hauses Gottes und unsere Versöhnung, indem Du Dich selbst durch den heiligen Geist als ein unbeflecktes Opfer Gott aufgeopfert hast, um den gerechten Zorn des Vaters zu besänftigen.

Uns zu Liebe erscheinest Du in dem heiligsten Sakramente vor dem Angesichte Gottes, um Gnade und Barmherzigkeit dem sündigen Menschen zu erlangen.

Ich bitte Dich durch dein liebevolles, verwundetes Herz, durch dieses heiligste Sakrament und durch deine unendliche Liebe: zeige deinem himmlischen Vater für uns Alle deine heiligen Wunden; deine Schmerzen, die Du gelitten; dein Kreuz, an dem Du gestorben und endlich dein heiliges Blut, das Du für uns dargegeben hast; und wenn ohne Blutvergießen keine Vergebung geschieht, so mache nun, daß dein vergossenes Blut uns vollkommenen Nachlaß der Sünden erwirke.

2. Jesus, mein Gott und meine Liebe! auf deinem Throne hörest Du das Gebet Aller, die

Dich flehentlich anrufen; höre also auch das Bitten und Seufzen meiner Seele.

Ich erkenne die vielen und großen Unbilden, die Dir von den Menschen zugefügt werden. Ich kenne aber auch deine Milde und Barmherzigkeit; durch diese wende gnädig von dem ganzen Vater= lande alle verdienten Strafen ab; gedenke nicht an die vielfältigen Sünden, sondern an deine unendliche Liebe und Güte.

Bewahre dein Volk, o gütigster Jesus! vor Unfruchtbarkeit der Erde, vor schädlichem Unge= witter, vor Theurung und Mangel, vor Feuer und Wassersnoth, vor Armuth und Hunger, vor bösen Seuchen und Krankheiten und Krieg und vor allen Uebeln.

O Jesus, verschone uns! O Jesus, erhöre uns! O Jesus, erbarme Dich unser! damit wir in dei= nem göttlichen Segen, im Genusse deiner Gaben und Gutthaten, das gegenwärtige Leben in deinem heiligen Dienste, zu deiner Ehre, mit dankbarem Herzen zubringen mögen.

3. O Jesus, Du herrschender Herr und Gott, der Du barmherzig, gütig, geduldig und von großer Erbarmung bist, und die Sünde hinweg= nimmst:

Lasse mich Gnade vor deinem Angesichte finden, und spende über unser Vaterland deinen reichlichen Segen!

Du hast deine Wohnung mitten unter uns auf= gerichtet; Du bist unser Gott, und wir sind dein

Volk: sieh uns in Gnaden an, und lasse deine Milde über uns herrschen!

Lasse die Erde ihre Gewächse hervorbringen, und die Bäume mit Früchten angefüllt werden!

Lasse uns dein Brod in Genüge essen, und ohne Furcht unter deinem Schutze wohnen!

O Jesus! ich rufe deine Allmacht, und deine Liebe in deinem Heiligthum an; bei Dir werde ich Trost, Hilfe und Gnade erlangen, wie Du es verheißen hast.

Vater unser ꝛc. Ave Maria ꝛc. 3 Mal.

Gebet um die göttliche Gnade.

1. Großer Gott! Du hast bei dem Volke Israel den Thron deines Reiches in einer feurigen Wolkensäule errichtet, aus der Du selbst regieren, mit deinem Glanze erleuchten, und auf dem Wege in das Land der Verheißung hast anführen wollen.

Jesus Christus! das allerheiligste Sakrament ist der Thron deiner Liebe und der Sitz deines Reiches, von dem Du deine Kirche mit sanfter Liebesgewalt beherrschest, die Gläubigen erleuchtest, und sie mit süßem Einfluß deiner Gnade auf den Weg in die Ewigkeit leitest.

Du erkennest unsere Schwachheit und unser Unvermögen zu allem Guten: deßwegen hat deine Liebe uns das allerheiligste Sakrament als die Brunnquelle der Gnaden hinterlassen.

2. So bitte ich denn, o Jesus! deine Allmacht und Liebe für unser Vaterland: lasse deinen

himmlischen Gnadenthau auf dasselbe herabfallen, damit wir im Guten blühen und durch Tugend deine Ehre ausbreiten.

Segne deine Kinder mit allem geistlichen Segen und himmlischen Gaben, damit sie heilig und ohne Makel werden vor deinem Angesicht in der Liebe.

Die Erlösung und die Vergebung der Sünden haben wir empfangen durch dein Blut nach dem Reichthum deiner Gnade: lasse auch dein göttliches Licht und die Stärke der Gnade über dein Volk kommen in aller Weisheit und Klugheit.

3. Gib, o Jesus! Allen einen weisen und erleuchteten Geist in deiner Erkenntniß. Erleuchte die Herzen, damit sie allzeit der Tugend und Gottseligkeit nachstreben, und nicht wandeln nach dem Laufe der Welt.

O Jesus, der Du reich an Barmherzigkeit bist, um deiner großen Liebe willen, mit welcher Du uns geliebt hast, verleihe uns deine kräftige und mitwirkende Gnade. Erhalte die Gottesfürchtigen in der Frömmigkeit, erwecke die lauen Gemüther zum Eifer, tröste die Kleinmüthigen, stärke die Angefochtenen und bekehre die Sünder. Deine allvermögende Gnade sei unser Licht, unsere Stärke und unser Trost, damit wir Dich anbeten und lieben in Ewigkeit.

Vater unser 2c. Ave Maria 2c. 3 Mal.

Gebet um Segen über das Vaterland.

O Jesus, mein Gott im heiligsten Sakrament! ich kniee vor deinem Throne, und flehe Dich an um deinen heiligen Segen über unser Vaterland. Wie könnte ich ohne diesen Segen von deiner Liebe scheiden?

Segne, göttlicher Heiland! mich armseligen und bedürftigen Menschen, damit ich mit Leib und Seele Dich allzeit anbete, und in Dir ewig glück= selig werde.

Segne, verborgener Gott! dieses Haus, das deiner ewigen Anbetung geheiliget ist, damit durch deine Gnade deine Ehre und Glorie hier immer befördert werde.

Segne, liebreichster Erlöser! deine Kinder, welche Tag und Nacht vor deinem Throne erscheinen, Dich zu loben und zu preisen, damit sie in wahrer Heiligkeit Dir lieb und angenehm seien.

Höchster Gott! alles Heil, Glück und Segen kommt allein von deiner mächtigen Hand. Segne dein Volk, das Du erschaffen, erlöset und gehei= liget hast.

Ewiger Gott! bis zum Ende der Welt bleibest Du unter uns im hochheiligsten Altarssakramente. Segne deine Erbschaft, die Du durch dein Blut Dir eigen gemacht hast.

Allwissender Gott, dem nichts verborgen ist, ob= wohl Du deine Majestät unter den Brodesge= stalten verhüllest: segne dein Land, über welches deine Vorsehung herrschet und süß und stark Alles anordnet.

Allmächtiger Gott! dessen Gewalt Niemand widerstehen kann: segne unser Vaterland, damit Alles weiche, was die Ruhe stören und den Wohlstand hemmen könnte.

Barmherziger Gott! dem es eigen ist, zu erbarmen und zu verschonen: segne alle Einwohner, damit ihnen kein Unglück schade, sondern alles Glück ihnen widerfahre.

Heiliger Gott! vor dem auch die Seraphim ihr Angesicht verhüllen: segne diese Versammlung, damit sie Dir ewigen Dank sagen möge.

Liebevoller Gott! in dem alle Güte enthalten ist: segne uns Alle, und lasse uns die Wirkungen deiner Liebe genießen.

V. Herr! dessen der Himmel ist, die Erde und Alles, was darin enthalten ist:

R. Dein heiliger Name ist über uns angerufen.

V. Mache, daß wir Ueberfluß haben an allen Gütern:

R. Eröffne deinen besten Schatz, den Himmel, und segne alle Werke unserer Hände.

V. Damit wir mit frohen Herzen loben, preisen und anbeten ohne End':

R. Dich, o Jesus! im allerheiligsten Sakrament.

Litanei von dem Segen Gottes.

Herr, erbarme Dich unser!

Christus, erbarme Dich unser!

Herr, erbarme Dich unser!

Christus, höre uns!

Christus, erhöre uns!

Gott Vater vom Himmel, erbarme Dich unser!

Gott Sohn, Erlöser der Welt,*)

Gott heiliger Geist,

Heilige Dreifaltigkeit, ein einiger Gott,

O allmächtiger, barmherziger und getreuer Gott,

O höchster, einziger Herr über Himmel und Erde,

Vater des Lichtes, von dem alles Gute kommt,

Der Du den Menschen in der Erschaffung ge=
    segnet hast,

Der Du dem Noe nach der Sündfluth einen
    großen Segen mitgetheilet hast,

Der Du den Abraham nach seinem Opfer geseg=
    net und in Ihm allen Völkern den Segen ver=
    heißen hast,

Der Du den Jakob durch seinen Vater Isaak
    gesegnet hast

Der Du den Joseph in Egypten in allen Dingen
    glückselig gemacht hast,

Der Du deinem Volke Israel durch Moses einen
    allgemeinen Segen versprochen hast,

Der Du die Israeliten in das gelobte Land durch
    Josue eingeführet hast,

---

*) Erbarme Dich unser!

Jesus, Du gesegnete Frucht deiner jungfräulichen Mutter, erbarme Dich unser!

Jesus, in dem uns der Vater in himmlischen Dingen gesegnet hat,*)

Jesus, dessen Segen über die ganze Kirche sich ergießet,

Jesus, der Du in deiner Himmelfahrt die Jünger mit erhobenen Händen gesegnet hast,

Jesus, der Du in dem heiligsten Altarssakrament den kräftigsten Segen uns ertheilest,

Jesus, der Du an dem letzten Gerichtstage die Auserwählten als die Gesegneten des Vaters zum ewigen Reich berufen wirst,

Jesus, dessen Segen über dem Haupte des Gerechten allzeit sein und bleiben wird,

Jesus, der Du in dem heiligsten Sakrament Denen, die Dich anrufen, deinen heiligen Segen ertheilest und ihnen in allen Nöthen beistehest,

Sei uns gnädig, verschone uns, o Herr!

Sei uns gnädig, erhöre uns, o Herr!

Von allem Uebel, erlöse uns, o Herr!

Von aller Sünde,**)

Von der Unfruchtbarkeit der Erde,

Von schädlichem Ungewitter,

Von Theurung und Mangel,

Von Streit und Uneinigkeit,

Von bösen Seuchen und Krankheiten,

---

*) Erbarme Dich unser!
**) Erlöse uns, o Herr!

Von Hunger, Pest und Krieg, erlöse uns, o Herr!

Durch deine unendliche Allmacht und Weisheit,*)

Durch deine väterliche Vorsehung,

Durch deine unermessene Güte und Barmherzigkeit,

Durch die unendlichen Verdienste Jesu Christi,

O Du Lamm Gottes, welches Du hinnimmst die
    Sünden der Welt: verschone uns, o Jesus!

O Du Lamm Gottes, welches Du hinnimmst die
    Sünden der Welt: erhöre uns, o Jesus!

O Du Lamm Gottes, welches Du hinnimmst die
    Sünden der Welt: erbarme Dich unser, o Jesus!

Christus, höre uns!

Christus, erhöre uns!

Herr, erbarme Dich unser!

Christus, erbarme Dich unser!

Herr, erbarme Dich unser!

Vater unser ꝛc.

V. Herr, erhöre mein Gebet,

R. Und mein Rufen komme zu Dir.

Lasset uns beten.

Liebreichster Heiland, dessen gebenedeite Herr=
lichkeit ich in deinem Heiligthum ehrerbietigst an=
bete! Dir sei ewiger Dank für die unzähligen
Wohlthaten, mit welchen Du unser Vaterland
überhäufest. Ich lobe und benedeie Dich vor allen
Menschen, denn Du hast uns Barmherzigkeit er=
wiesen: und weil der Segen des Vaters die Häu=

---

*) Erlöse uns, o Herr!

ser der Kinder befestiget, so laß uns noch ferner die Wirkungen deiner väterlichen Liebe genießen. Segne und bewahre uns durch deine mächtige Kraft, damit wir als dein gesegnetes Volk Dich loben und anbeten mögen in Ewigkeit. Amen.

Der Segen des allmächtigen Gottes, des Vaters, des Sohnes, und des heiligen Geistes, steige herab über uns, über diesen Ort, über die Früchte der Erde, und verbleibe allzeit mit uns. Amen.

Dritte Betstunde.

Kirchliche Andachten bei der ewigen Anbetung des Hochwürdigsten Gutes.

Vorbereitungsgebet.

Gelobt sei zu allen Stunden ohne Unterlaß und in Ewigkeit das allerheiligste Sakrament!

Heilig, heilig, heilig bist Du, Herr, Gott Sabaoth[1])! Himmel und Erde sind voll deiner Herrlichkeit, der Du würdig bist, zu empfangen Macht und Weisheit, Stärke und Ehre, und Preis und Lob.[2]) Hosanna in der Höhe!

O Du im heiligsten Sakramente gegenwärtiger Gott und Heiland! sei in diesem Leben mein Trost, im Tode meine Wegzehrung, in ewiger Glorie meine Belohnung, allwo ich Dich mit Maria, deiner glorwürdigen Mutter und allen lieben Heiligen und Auserwählten von Angesicht

---

[1]) Is. 6, 3. [4]) Geh. Offenb. 5, 12.

zu Angesicht in immer größerer Klarheit anschauen, lieben, loben und preisen möchte in alle Ewigkeit! A.

Aebung der drei göttlichen Tugenden.

Glaube.

Großer Gott! ich glaube fest an Dich und glaube Alles, was Du mir durch deine heilige Kirche zu glauben vorgestellt hast, weil Du, die ewige Wahrheit und Weisheit, es gesagt und geoffenbaret hast. Ich glaube, daß Du der Schöpfer, Erhalter und Regierer aller Dinge, der gerechte Belohner des Guten und Bestrafer des Bösen bist; daß die Seele des Menschen unsterblich und deine Gnade zur Seligkeit nothwendig ist; daß Du, o Gott! einfach in der Wesenheit und dreifach in den Personen bist, Gott Vater, Sohn und heiliger Geist; daß die zweite Person in der Gottheit für uns Mensch geworden und durch ihr bitteres Leiden und Sterben uns am Stamme des heiligen Kreuzes von der ewigen Verdammniß erlöset hat. Ich glaube, daß Du das höchste Gut bist, das letzte Ziel und Ende aller Dinge, und darum höchst würdig, niemals beleidigt, sondern stets über Alles geliebt, gelobt und geehrt zu werden. Ich glaube, daß uns durch die hl. Sakramente deine göttliche Gnade und hiedurch die ewige Seligkeit mitgetheilt wird; daß durch eine reumüthige Beichte die Sünden vergeben werden; daß Jesus Christus im heiligsten Sakramente des Altars mit Leib und Seele, mit Fleisch und Blut, mit Gottheit und

Menschheit wahrhaft gegenwärtig ist, und zu unserer Seelenspeise empfangen wird. In diesem wahren Glauben und demselben gemäß will ich leben und sterben. O Herr, stärke mich in diesem Glauben!

Hoffnung.

Ich hoffe, o mein Gott! durch die Verdienste Jesu Christi, sowie durch die Fürsprache der seligsten Jungfrau Maria und der übrigen Heiligen von deiner unendlichen Barmherzigkeit Nachlassung der Sünden, deine Gnade besonders am Ende des Lebens, alle zur Seligkeit nothwendigen Mittel und endlich das ewige Leben. Alles dieses hoffe ich, weil Du, mein Gott! meiner Seele einziges Gut und ewige Glückseligkeit bist. Ich habe auch das feste Vertrauen, dieses Alles zu erlangen, weil Du es mir versprochen hast, der Du der Allbarmherzige und Allmächtige bist und alle deine Verheißungen treu erfüllst. Auf Dich, o Herr! habe ich gehofft; laß mich nicht zu Schanden werden in Ewigkeit!

Liebe.

O mein Gott und Alles! ich liebe Dich, nicht allein darum, weil Du mich erschaffen, erlöset und geheiliget hast, mich erhältst und mir täglich unzählbare Wohlthaten erzeigst; auch nicht allein darum, weil Du noch dazu mir im Himmel die ewige Glückseligkeit geben willst, sondern auch und zwar am meisten liebe ich Dich aus ganzem Her-

zen, aus ganzer Seele, aus allen Kräften und aus
ganzem Gemüthe, weil Du das vollkommenste,
höchste Gut, der gütigste, weiseste, mächtigste, hei=
ligste, gerechteste, der unbegreiflich große Gott bist.
Ich liebe Dich um deiner selbst willen, weil Du
wegen deiner Vollkommenheiten würdig bist, von
allen Engeln und Menschen unablässig geehrt und
geliebt zu werden, wenn auch kein Lohn zu hoffen
und keine Strafe zu fürchten wäre. Ueber diese
deine Vollkommenheiten, o Gott! freue ich mich
von Herzen, freue mich, daß Du bist, der Du
bist. O daß Dich alle Kreaturen erkennen, lieben
und ehren möchten, wie Du es verdienst! O daß
dein heiliger Wille in Allem und von Allem allzeit
erfüllt würde! O könnte ich Dich lieben, wie Dich
alle heiligen Engel und gerechten Menschen lieben,
mit deren Liebe ich meine unvollkommene Liebe
vereinige! O mein Gott! ich liebe auch Dir zu
Liebe alle meine Mitmenschen wie mich selbst; ich
wünsche und will einem Jeden thun, wie ich
wünsche und will, daß mir geschehe! ich verzeihe
auch von Herzen allen meinen Feinden, weil Du
es befohlen hast und es Dir also lieb ist. O
mein Gott; in deiner Liebe verlange ich stets zu
leben und zu sterben. Amen.

Reue und Leid.

O mein Gott und Herr! aus Liebe zu Dir
verfluche ich alle Sünden, weil sie Dir, dem höch=
sten Gute, mißfällig sind. Alle und jede sind mir

aus Grund meines Herzens leid, nicht allein darum, weil ich mich deiner Gnade und Belohnung un= würdig gemacht, dagegen aber von deiner Ge= rechtigkeit zeitliche und ewige Strafe verdient habe, sondern auch und am meisten bereue ich dieselben, weil ich Dich, o höchstes Gut! dadurch beleidiget habe, den ich jetzt über Alles liebe, und der wegen seiner unendlichen Güte und Vollkommenheit aller Liebe und Ehre würdig ist, wenn auch weder Himmel noch Hölle wäre, weder Strafe noch Be= lohnung in jener Welt. O daß ich nimmer ge= sündigt und Dich beleidigt hätte! Ich nehme mir fest vor, alle meine Sünden recht zu beichten, Buße zu thun und mich zu bessern, nimmermehr zu sündigen, auch alle Gefahr und Gelegenheit zur Sünde zu meiden. Ich will auch gerne Alles ersetzen und wiedergeben, wenn ich Jemanden an Ehre und Gut beschädigt habe. O mein Gott! sei mir Sünder gnädig und laß mich diesen Augenblick in deiner Gnade lieber sterben, als daß ich noch einmal sündige und Dich beleidige. A.

Vereinigung mit dem Willen Gottes.

O mein Gott! ohne dessen Willen und Zu= lassung Nichts in der Welt geschieht noch geschehen kann, ich unterwerfe Dir ganz und gar meinen Willen, und verlange mich also nach deinem gött= lichen Willen zu richten, daß ich in allem Thun und Lassen, in allen Gemüthsbewegungen dein Wohlgefallen erfülle, sprechend mit Herz und Mund

und mit dem Werke: Es geschehe dein Wille, o
Herr, nicht der meinige! Ich will, was Gott will,
in Glück und Unglück, in Wohlstand und Wider=
wärtigkeit, in Gesundheit und Krankheit, im Leben
und Tode. In allem will ich sagen: So will,
so gefällt es Gott. Darum nehme ich jetzt gern
und willig von deiner väterlichen Hand an diese
Strafe.... diese Unbilde.... diesen Schaden
.... und ergebe mich in Allem, was mir wider=
fahren könnte, in deinen heiligen Willen. O ewige
Weisheit! Ich unterwerfe mich völlig deiner un=
begreiflichen Fürsehung; handle mit mir nach dei=
nem Belieben! O daß ich Dich lieben, ehren und
benedeien könnte in Allem und über Alles in Ewig=
keit! Amen.

Litanei von dem allerheiligsten Altarssakramente.

Herr, erbarme Dich unser!
Christus, erbarme Dich unser!
Herr, erbarme Dich unser!
Christus, höre uns!
Christus, erhöre uns!
Gott Vater vom Himmel, erbarme Dich unser!
Gott Sohn, Erlöser der Welt,*)
Gott heiliger Geist,
Heilige Dreifaltigkeit, ein einiger Gott,
Jesus, der Du im heiligsten Altarssakramente als
    Gott und Mensch zugegen bist,

---

*) Erbarme Dich unser!

Du lebendiges Brod, so vom Himmel gekommen ist, erbarme Dich unser!

Du verborgener Gott und Heiland,*)

Du immerwährendes Opfer des neuen Bundes,

Du würdigstes Opfer der Anbetung und Danksagung,

Du wahres Versöhnungsopfer für Lebendige und Verstorbene,

Du unbeflecktes Lamm Gottes,

Du Brod der Engel,

Du Speise der Seele,

Du Band des Friedens und der Liebe,

Du himmlisches Verwahrungsmittel wider alle Sünden,

Du Kraft und Wonne reiner Seelen,

Du Urquell aller Gnaden,

Du Trost der Betrübten,

Du Arznei der Kranken,

Du Wegzehrung der Sterbenden im Herrn,

Du Unterpfand der künftigen Herrlichkeit,

Sei uns gnädig; verschone uns, o Herr!

Sei uns gnädig; erhöre uns, o Herr!

Vom unwürdigen Genusse deines heiligen Fleisches und Blutes — erlöse uns, o Herr!

Von aller Lauigkeit bei dessen Empfange,**)

Von der Begierlichkeit des Fleisches,

Von der Begierlichkeit der Augen

---

*) Erbarme Dich unser!

**) Erlöse uns, o Herr!

Von der Hoffart des Lebens, erlöse uns, o Herr!

Von aller Lieblosigkeit gegen den Nächsten, *)

Von aller Gefahr und Gelegenheit zu sündigen,

Vom ewigen Tode,

Durch deine heilige Menschwerdung,

Durch dein bitteres Leiden und Sterben,

Durch dein sehnliches Verlangen, mit deinen Jün=
gern das Osterlamm zu essen,

Durch die tiefe Demuth, womit Du deinen Jün=
gern die Füße gewaschen hast,

Durch die inbrünstige Liebe, mit welcher Du die=
ses heiligste Sakrament eingesetzet hast,

Durch deine immerwährende Gegenwart im hei=
ligsten Sakramente,

Wir arme Sünder, wir bitten Dich, erhöre uns!

Daß Du den Glauben, die Ehrfurcht und Andacht
gegen dieses heiligste Sakrament in uns erhal=
ten und vermehren wollest, **)

Daß Du uns durch eine wahre Buße zum öftern
Empfang dieses heiligsten Sakramentes vorbe=
reiten wollest,

Daß Du uns dadurch mit Abscheu vor der Sünde
und mit Liebe zur Tugend erfüllen wollest,

Daß Du uns durch dasselbe in unserer Schwachheit
stärken und in den Betrübnissen trösten wollest,

Daß Du in uns das Feuer deiner Liebe entzün=
den wollest,

---

*) Erlöse uns, o Herr!

**) Wir bitten Dich, erhöre uns!

Daß Du uns Alle mit dem Bande christlicher
Liebe vereinigen wollest, wir bitten Dich, er=
höre uns!

Daß Du unsere Gemüther mit der Gnade deiner
Heimsuchung erleuchten und reinigen wollest, wir
bitten Dich, erhöre uns!   .

Daß Du uns vor unserem Tode mit dieser himm=
lischen Speise stärken wollest, wir bitten Dich,
erhöre uns!

Daß Du uns durch sie der seligen Unsterblich=
keit theilhaftig machen wollest, wir bitten Dich,
erhöre uns!

Jesus, Du Sohn Gottes und Heiland der Welt,
wir bitten Dich, erhöre uns!

O Du Lamm Gottes ꝛc., wie gewöhnlich.

O heil. Gastmahl, worin Christus empfangen,
das Andenken seines Leidens erneuert, die Seele
mit Gnaden erfüllt und uns das Unterpfand der
künftigen Herrlichkeit verliehen wird!

Du hast ihnen Brod vom Himmel gegeben,
Welches alle Süßigkeit in sich enthält.

Gebet.

O Gott, der Du uns in dem wunderbaren
Sakramente ein Denkmal deines Leidens hinter=
lassen hast! wir bitten Dich: laß uns die heilig=
sten Geheimnisse deines Leibes und Blutes also
verehren, daß wir die Früchte deiner Erlösung
immerdar in uns erfahren mögen; der Du lebest
und regierest in Ewigkeit. Amen.

Sechster Abschnitt.

Andachten vor dem hochwürdigsten Gute zur Verehrung Christi

in den fünfzehn Geheimnissen seines Lebens, Leidens und Sterbens und seiner Herrlichkeit, so wie auch zum Preise der allerseligsten Gottes Mutter.*)

Eine Rosenkranzandacht.

Vorbereitungsgebet.

Angebetet und gebenedeit sei Jesus Christus, der Glanz der Herrlichkeit des Vaters und das Ebenbild seines Wesens, welcher alle Dinge mit dem Worte seiner Kraft traget und die Verzeihung unserer Sünden bewirket hat; und obwohl Er nun zu der Rechten der Majestät in der Höhe sitzet, dennoch auch unter den Gestalten des Brodes in dem heiligen Sakramente bei uns gegenwärtig ist, zu dessen Gemeinschaft uns der allgütige und getreue Gott berufen hat, daß wir durch Ihn in allen Dingen und in aller Erkenntniß reich werden.

Jesus Christus, Du Urheber des Glaubens, in dessen wunderbarliches Licht ich durch deine Gnade gesetzt worden, ich glaube fest an deine Gottheit, deine Menschwerdung, an dein Leiden und deinen

---

*) Auch als fünfzehntägige Samstagsandacht zu gebrauchen.

Tod, deine Auferstehung und glorreiche Himmel=
fahrt, und zugleich an deine wahre Gegenwart
in dem Geheimnisse des Altars; wie auch an alle
andern Glaubenslehren der katholischen Kirche, in
welcher ich zu leben und zu sterben verlange.

Durch diesen Glauben erleuchtet und gestärket,
worin ich deine unendliche Güte und Barmherzig=
keit, deine große Erlösung und kostbarsten Ver=
dienste erkenne, hoffe ich Verzeihung meiner Sün=
den und die Gnade, nach deinem heiligen Willen
zu leben und selig zu werden. Jesus Christus,
mache Dich auf mit deiner Gnade und hilf mir;
erlöse mich um deines heiligen Namens willen von
allem Uebel!

℣. Ich lebe in dem Glauben des Sohnes Gottes,

℟. Der mich geliebet und sich selbst für mich
dahin gegeben hat.

℣. Angebetet sei ohne End'

℟. Jesus, mein Seligmacher, im heiligsten Sa=
krament!

Ehre sei dem Vater, ꝛc.

Erstes Geheimniss.

Verehrung der Menschwerdung Christi.

Jesus, den du, o Jungfrau, vom heiligen
Geiste empfangen hast!

Erwägung. O unermeßliche Barmherzigkeit!
Anstatt die Menschen nach Verdienen zu strafen,
nimmt Gott selber in dem jungfräulichen Schooße

Mariens die Menschennatur an, um für sie leiden zu können, was sie verschuldet hatten, sie von der Sünde zu erlösen und zur Würde der Kindschaft Gottes zu erheben.

Anbetung. O Jesus im heiligsten Sakramente, Dir sei Lob, Ehre, Liebe und Anbetung in Ewigkeit!

Jesus, Du Sohn des lebendigen Gottes! was hat Dich bewogen, aus dem Schooße des Vaters auf diese arme Welt herabzusteigen und die menschliche Natur aus Maria, der reinsten Jungfrau, anzunehmen?

Dich, o menschgewordener Gott, bete ich an im heiligsten Sakrament! Deine Herablassung erweckt in mir die tiefste Ehrfurcht; deine Liebe entzündet mein Herz mit heftigen Liebesflammen.

Jesus, meine Liebe, Dir will ich ganz eigen sein, weil Du Dich mir mit Gottheit und Menschheit geschenkt hast.

O wunderbare Erfindung der Allmacht, Weisheit und Güte Gottes!

Gott ist Mensch geworden und zwar den Menschen zu Liebe!

Lobe und preise meine Seele, deinen Gott, und Alles, was in mir ist, seinen heiligen Namen! A.

Vorsatz. Herr, mein Heiland und Erlöser! ich will mich Dir h i n g e b e n in dankbarer Liebe, weil Du Dich zuerst aus Liebe für mich dahingegeben hast; und will Dir l e b e n in Liebe, weil Du aus Liebe für mich gestorben bist.

Ehre sei dem Vater, und dem Sohne, und dem heiligen Geiste!

Vater unser 2c. Gegrüßt seist du 2c.

Zweites Geheimniss.

Verehrung Christi in der Heimsuchung Mariens.

Jesus, den du, o Jungfrau, zu Elisabeth getragen hast.

Erwägung. Gemeinsam war unter allen Guten des alten Bundes das Verlangen nach einem Erlöser; gemeinsam sollte unter ihnen auch die Hoffnung seiner baldigen Ankunft sein. Die heilige Freundschaft theilt die heilige Freude gerne mit; denn mittheilen ist ja der Liebe eigen. Darum brach Maria beim Besuche ihrer Base und Freundin Elisabeth in den Jubel des Herzens aus: „Hoch preiset meine Seele den Herrn und mein Geist frohlocket in Gott meinem Heilande!" Elisabeth aber rief beim Anblicke Mariens: „Gebenedeit bist du unter den Weibern und gebenedeit ist die Frucht deines Leibes!

Anbetung. O Jesus im heiligsten Sakrament, Dir sei Lob, Ehre, Liebe und Anbetung in Ewigkeit!

Göttlicher Heiland, wie früh hast Du das Werk der Erlösung angefangen! Noch im Mutterleibe hast Du deinen Vorläufer Johannes besucht, um ihn zu heiligen.

Kommet, lasset uns anbeten. 18

Nicht nur drei Monate, sondern schon so viele
Jahrhunderte, bleibst Du bei uns in dem heilig=
sten Sakrament, um die Erlösung in uns zu
wirken und unsere Herzen durch deine Liebe zu
heiligen.

Ich bete darum deine Barmherzigkeit an, welche
gekommen ist, uns zu erleuchten, die wir in Fin=
sterniß und im Schatten des Todes sitzen.

Hochheiliges Sakrament, lasse dein Licht in mein
Herz kommen, damit ich durch deine Erkenntniß
die wahre Heiligung meiner Seele erlange!

Jesus, suche mich heim, nicht in deinem Zorne,
sondern mit deiner Gnade zum Troste und Heile
meiner armen Seele! Amen.

Vorsatz. Keine andere Liebe und keine Freund=
schaft soll in meinem Herzen Platz finden, als die
sich im Herrn erfreut und mit seiner Liebe verträgt.

Ehre sei dem Vater, und dem Sohne, und dem
heiligen Geiste!

Vater unser ꝛc. Gegrüßt seist du ꝛc.

Drittes Geheimniß.
Verehrung der Geburt Christi.
Jesus, den du, o Jungfrau, geboren hast!

Erwägung. Das ist wohl das Uebermaß
der Liebe, daß das ewige Wort Fleisch, der ewige
Sohn des ewigen Vaters ein armes Menschen=
kind wird, nur darum, um uns in der Sünde
verlorne Menschen wieder zu Kindern Gottes zu
machen, wenn wir anders Ihn aufnehmen.

Anbetung. O Jesus im heiligsten Sakrament, Dir sei Lob, Ehre, Liebe und Anbetung in Ewigkeit!

Ich bete Dich an, o Jesus, mein Heiland, aus der seligsten Jungfrau Maria geboren! In Dir wohnt alle Fülle der Gottheit, in Dir ist verborgen der theure Schatz der göttlichen Güte und Gnade.

Unsterblicher Dank sei dem ewigen Vater, der uns seinen Sohn gegeben hat!

Ewige Liebe sei dem Sohne, der, sich unser erbarmend, unsere Schwachheiten angenommen hat!

Ewiges Lob sei dem heiligen Geiste, der die heilige Menschheit Jesu in Maria gebildet hat!

Jesus, Du bist der Sohn des lebendigen Gottes, der Eine Erbe aller Güter des Vaters; lasse Dir meine Huldigung gefallen, die ich Dir als meinem Gott und Erlöser darbringe, indem ich Dich in tiefster Ehrfurcht immer anbeten und ewig lieben will.

Du bist der Wunderbare, der Starke, der Allmächtige, der Heiland aller Menschen; lasse mich die Früchte deiner Geburt genießen. Deine Schwachheit sei meine Stärke, deine Armuth mein Reichthum, deine Mühseligkeit mein Trost.

Jesus, Du hast das Leben in dieser elenden Welt mir zu Lieb angenommen; ich widme mein noch übriges Leben allein deiner Liebe.

Dein heiligstes Sakrament ist gleichsam eine Krippe, in welcher Du deine Gottheit und Menschheit verborgen hast; aber auch zugleich der Thron

deiner Liebe, den ich niemals vergessen, sondern
ewig anbeten und preisen will. Amen.

Vorsatz. Ich will innig und ewig anbeten
das ewige Wort, welches Fleisch geworden ist auch
für mich, und will es in mein Herz aufnehmen,
damit ich durch dasselbe die Macht erhalte, ein
Kind Gottes zu werden.

Ehre sei dem Vater, und dem Sohne und dem
heiligen Geiste!

Vater unser 2c.   Gegrüßt seist du 2c.

Viertes Geheimniß.

Verehrung der Aufopferung Christi im Tempel.

**Jesus, den du, o Jungfrau, im Tempel
aufgeopfert hast!**

Erwägung. Alles ist Gottes, weil Gott Alles
erschaffen hat. Darum mußte auch nach dem alten
Gesetze jede Erstgeburt Gott geopfert werden. Und
darum brachte auch Maria ihren erstgebornen
Sohn, den sie vom heiligen Geiste empfangen
hatte, in den Tempel, um Ihn Gott seinem Vater
aufzuopfern.

Anbetung. O Jesus im heiligsten Sakra=
ment, Dir sei Lob, Ehre, Liebe und Anbetung
in Ewigkeit!

O Gott! wir haben deinen geliebten Sohn,
das Unterpfand deiner Liebe in Mitte deines
Tempels empfangen, welchen Maria aus den Hän=
den des Priesters gelöset hat.

Heiliges, unendlich werthes Opfer, welches Du, mein Jesus, dem Vater von Dir selbst entrichtet hast, indem Du Dich für uns zu einem mühsamen Leben, zu einem schmerzhaften Tode darbotest.

Jesus, welch großen Dank, welche Liebe bin ich Dir nicht schuldig für meine Erlösung, welche Du mit deinem Opfer im Tempel bestimmt hast!

Ich bete Dich an im heiligsten Sakrament, in welchem Du täglich dieses Opfer erneuerst. Wie kann ich Dir vergelten, als daß ich mein Herz deiner Liebe, mich ganz deiner Güte, mein Leben deiner Ehre aufopfere.

Jesus, ich will nicht mehr mein eigen sein, sondern Dir gänzlich angehören. Amen.

Vorsatz. Ich will Alles, was ich thun und leiden muß, in Gottes Namen und zur Ehre Gottes thun und leiden.

Ehre sei dem Vater, und dem Sohne, und dem heiligen Geiste!

Vater unser 2c. Gegrüßt seist du 2c.

Fünftes Geheimniss.

Verehrung Christi, den Maria im Tempel gefunden hat.

Jesus, den du, o Jungfrau, im Tempel gefunden hast!

Erwägung. Der Tempel war, wie Jesus selbst sagte, seines Vaters Haus; darum verweilte Er so gerne darin. Ein Tempel ist Gottes Haus; denn in ihm ist göttliche Lehre, göttliche Gnade,

göttliches Opfer und göttlicher Segen. Jeder
Tempel soll aber ein Bethaus sein; wir sollen
uns darum in demselben nur mit dem be=
schäftigen, was Gottes ist. Wir sollen die
göttliche Lehre gut aufnehmen, die göttliche
Gnade in uns wirken lassen, bei dem göttlichen
Opfer mitopfern, und des göttlichen Segens
uns möglichst würdig machen.

Anbetung. O Jesus im heiligsten Sakra=
ment, Dir sei Lob, Ehre, Liebe und Anbetung
in Ewigkeit!

Groß war der Trost deiner heiligen Mutter,
als sie Dich nach drei Tagen im Tempel gefun=
den; wie glücklich bin ich, da ich Dich alle Stun=
den in der Kirche auf dem Altare finden kann.

In Dir, liebster Heiland, finde ich meinen Trost,
meine Freude und meine Erquickung.

O Jesus, lasse nicht zu, daß ich Dich jemals
verliere, sondern erhalte mich in deiner Gnade;
denn Du bist mein Gott, mein höchstes Gut, mein
größter Schatz und Alles.

Göttlicher Lehrmeister, rede von deinem Throne
des Lichts mir zu Herzen, erleuchte durch die
Strahlen deiner Weisheit mein Gemüth, damit
mein Herz Dich einzig liebe und in Dir allein
die reinste Freude suche. Amen.

Vorsatz. Ich will auch gerne im Hause Gottes
verweilen, will die Kirche stets als Bethaus an=
sehen und will deßhalb immer in Ehrfurcht,
Andacht und Anbetung darin sein.

Ehre sei dem Vater, und dem Sohne, und dem
heiligen Geiste!

Vater unser ꝛc.   Gegrüßt seist du ꝛc.

Sechstes Geheimniß.

Verehrung Christi in seiner Todesangst.

Jesus, der für uns Blut geschwitzt hat!

Erwägung. Ohne Blutvergießen fand im
alten Bunde keine Vergebung statt; darum schreibt
der hl. Paulus: „Wir haben die Vergebung unserer Sünden in seinem Blute." Deßhalb mußte
unser Herr das Werk unserer Erlösung mit seinem
Blute beginnen. Und blutigen Angstschweiß preßte
Ihm der Anblick des Leidenskelches aus, welchen
Er trinken mußte, wenn Er uns erlösen wollte;
auf Ihm lag die schwere Last der Sündenschuld
des ganzen Menschengeschlechtes.

Anbetung. O Jesus im heiligsten Sakrament, Dir sei Lob, Ehre, Liebe und Anbetung
in Ewigkeit!

O Jesus, in den tiefsten Abgrund der Traurigkeit und des Schmerzes versenkt, liegst Du auf
deinem heiligen Angesichte vor dem Vater. O unendlich anbetungswürdige Demuth!

Ewiger Sohn des Vaters, wie tief soll ich mich
erniedrigen, da ich Dich im hohen Altarsgeheimnisse anbete!

O Jesus, Du Stärke der Schwachen, Du
Freude des Paradieses, Du fangest an zu zittern,
und betrübest Dich bis in den Tod.

Du siehst vor Dir die grausamsten Schmerzen und den schmählichen Tod des Kreuzes; Du umfangest sie mir zu Lieb und fallest in Todesangst.

Liebster Heiland, welchen Dank und welche Liebe bin ich Dir nicht schuldig? O Liebe, Du hast meinem Jesus blutigen Schweiß ausgetrieben!

Heiliges Blut meines Erlösers, ich bete Dich an; mit Blut beronnener Jesus, ich liebe Dich zärtlich bis in den Tod; kostbarer Balsam, fließe mir zu Nutzen, reinige meine Seele, erweiche mein Herz und heile meine Wunden!

Deine Todesangst sei meine Stärke und mein Trost im letzten Streite. Amen.

Vorsatz. Auch ich will bei jedem Leiden und in jeder Angst beten wie mein Herr und Meister: „Mein Vater, ist es nicht möglich, daß dieser Kelch vorübergehe, ohne daß ich ihn trinke, so geschehe dein Wille!" (Matth. 26, 42.)

Ehre sei dem Vater, und dem Sohne, und dem heiligen Geiste!

Vater unser 2c. Gegrüßt seist du 2c.

Siebentes Geheimniss.

Verehrung Christi in seiner Geißlung.

Jesus, der für uns ist gegeißelt worden!

Erwägung. „Um unserer Sünden willen ist Er geschlagen und um unserer Missethaten willen verwundet worden," hatte der Prophet im alten Bunde ausgesprochen. Ja jede Sünde ist gleich=

sam ein Geißelstreich) auf den Rücken des Erlösers; denn jede Sünde fordert sein Blut und kann nur dadurch wieder gesühnt werden, daß der Gott= mensch dafür leide und büße.

Anbetung. O Jesus im heiligsten Sakra= ment, Dir sei Lob, Ehre, Liebe und Anbetung in Ewigkeit!

Unschuldiger Jesus, wie unmenschlich war die Grausamkeit, mit der Du, an eine Säule gebun= den, mit Stricken und Geißeln so zerfleischt wur= dest, daß alle Adern geöffnet, die Glieder gelähmt, das Fleisch zerrissen und das Blut nach allen Seiten vergossen worden.

Göttlicher Sohn, Du leidest diese entsetzlichen Schmerzen mit tiefem Stillschweigen und mit wunderbarer Geduld für die Sünden der Menschen.

Deine unzähligen und schmerzlichen Wunden sind eben so viele Zeichen deiner Liebe gegen mich; dein heiliges Blut ist der Werth meiner Erlösung.

Verwundeter Jesus, ich bete Dich an mit reu= müthigem Herzen, mit innigster Liebe und mit unsterblichem Danke.

Ich habe gesündiget, und Du hast für mich so schwere Züchtigung gelitten; wie theuer hast Du meine Seele erkauft!

Deine Liebe sei gepriesen in Ewigkeit. Ach, keine Sünde mehr, welche den Sohn Gottes so harte Buße gekostet hat!

Jesus, nimmer mehr will ich deine Bande,

deine Wunden und deine Schmerzen vergessen, son=
dern Dich lieben in Ewigkeit. Amen.

Vorsatz. Lieber will ich sterben als mehr
freiwillig sündigen. Nein, ich will meinen Herrn
und Meister, meinen Erlöser und Seligmacher
nicht neuerdings geißeln und kreuzigen!

Ehre sei dem Vater und dem Sohne und dem
heiligen Geiste!

Vater unser 2c. Gegrüßt seist du 2c.

Achtes Geheimniss.
Verehrung Christi in seiner Dornenkrönung.
**Jesus, der für uns ist mit Dornen gekrönt
worden!**

Erwägung. „Sei gegrüßt Du König
der Juden! sprachen die Juden spottweise zu
Jesus. Einem König gebührt eine Krone, darum
ließ Er es in seiner Sanftmuth geschehen, daß sie
Ihm eine solche flochten; aber keine Krone von
Rosen, sondern von Dornen: und diese Dornen
schlugen die Henkersknechte Ihm tief in das Haupt.

Anbetung. O Jesus im heiligsten Sakra=
ment, Dir sei Lob, Ehre, Liebe und Anbetung
in Ewigkeit!

Du betrübter Heiland und König der Schmer=
zen, wie geht die boshafte Welt mit Dir um!
Du bist der wahre Gott, der König Himmels und
der Erde, und nun wirst Du das Gespött der
ganzen Stadt Jerusalem.

O Jesus, ich bete kniefällig deine Sanftmuth

und Liebe an, indem Du mit so großer Geduld Alles erträgest.

O Jesus, wie schmerzlich ist Dir diese Krone, von welcher dein heiliges Haupt umflochten ist! Du leidest dieß Alles für mich und mir zu Liebe. Mein Herz ist verwundet mit deiner Liebe.

Ihr, durch das Blut des Sohnes Gottes geheiligten Dornen, durchstechet meine Seele mit den empfindlichsten Schmerzen, daß ich so oft einen so guten Gott beleidiget habe.

O Jesus, mein König und Erlöser, ich bete Dich an, und will Dich lieben in Ewigkeit! A.

Vorsatz. Ich will mich stets von Dir regieren lassen, Du sanftmüthiger und demüthiger König des Himmels und der Erde!

Ehre sei dem Vater, und dem Sohne, und dem heiligen Geiste!

Vater unser 2c. Gegrüßt seist du 2c.

Neuntes Geheimniß.
Verehrung Christi in seiner Kreuztragung.
Jesus, der für uns das schwere Kreuz getragen hat!

Erwägung. Er trug unsere Sünden an seinem Leibe auf dem Holze; denn der Vater hatte alle unsere Missethaten auf Ihn gelegt. Wie einst Isaak das Holz zu seinem Opfer selber auf den Berg Moria trug, so trug Jesus das Holz des Kreuzes selbst auf Kalvaria. Und Er trug es in aller Schwäche dieses schwere Kreuz, obgleich Er dreimal damit zur Erde stürzte.

Anbetung. O Jesus im heiligsten Sakra=
ment, Dir sei Lob, Ehre, Liebe und Anbetung in Ewigkeit!

O Jesus, der Du mit der schweren Last des Kreuzes beladen wurdest, ich falle Dir zu Füßen und bete Dich an als meinen Gott und Heiland.

Unschuldiges Lamm Gottes, wie schmerzlich ist Dir der Weg zur Schädelstätte gewesen! Du wurdest zur Schlachtbank geführt und hast deinen Mund nicht eröffnet; Jesus, deine Sanftmuth und Geduld unter dem Kreuz tröste und stärke mich in allen Widerwärtigkeiten.

Liebster Heiland, wie groß war deine Liebe für die Welt, deren Sünden Du auf Dich genommen und getragen hast!

Auch meine Sünden haben Dich gedrückt, daß Du voll der Schmerzen und entkräftet zur Erde sankest. Ach ich beweine sie mit zerknirschtem Herzen.

O Jesus, meine Liebe, ziehe mich nach Dir, damit ich Dir auf deinem heiligen Kreuzweg mit meinem Kreuze Dir willig nachfolge. Amen.

Vorsatz. Ich will mein Kreuz, welches die stets liebevolle Vaterhand Gottes mir aufgelegt hat, geduldig und unermüdlich im Vertrauen auf seine Gnade tragen; auch wenn es mir schwer vorkommt, oder wenn ich darunter zu erliegen befürchte.

Ehre sei dem Vater, und dem Sohne, und dem heiligen Geiste!

Vater unser ꝛc.   Gegrüßt seist du ꝛc.

Zehntes Geheimniss.

Verehrung Christi in seiner Kreuzigung.

Jesus, der für uns ist gekreuzigt worden!

Erwägung. So lange die Welt steht, gab es wohl noch kein so schauderhaftes Schauspiel wie das der Kreuzigung des Gottmenschen. Der Gottmensch, das ewige Wort, aus welchem Alles gemacht wurde, was gemacht ist, und das in der Fülle der Zeit Fleisch geworden ist und unter uns gewohnt hat und umherging und Gutes that, dieser Gottmensch am Holze des Kreuzes, stöhnend im Uebermaße der Schmerzen und sein Haupt neigend und sterbend — welch ein Schauspiel!

Anbetung. O Jesus im heiligsten Sakrament, Dir sei Lob, Ehre, Liebe und Anbetung in Ewigkeit!

Jesus, der Du ein König der Glorie auch an dem schmählichen Kreuze bist, ich bete Dich an in tiefster Demuth, und sage Dir ewigen Dank für deine unendliche Liebe, daß Du für mich am Kreuze sterben wolltest.

Jesus, meine gekreuzigte Liebe, was kann ich Dir vergelten? Dir bin ich Alles schuldig, deiner Liebe muß ich Alles geben, meinen Leib und meine Seele, mein Leben und meinen Tod. Alles an

mir soll künftig Denjenigen lieben, der mir zu
Liebe gestorben ist.

Jesus, ich will leben, Dich zu lieben, und
sterben, Dich noch mehr zu lieben in Ewigkeit.

Kostbares Kreuz, durch das Blut meines Erlösers geheiliget: Du bist mein Trost, meine Stärke
und das Zeichen des ewigen Heils; nimm mich
auf in deine glorreichen Arme! Amen.

Vorsatz. Ich will am Kreuze Vergebung,
Versöhnung, Heil und ewiges Leben suchen und
ewig dankbar dem Lamme anhangen, das auch
für mich sich freiwillig schlachten ließ.

Ehre sei dem Vater, und dem Sohne, und dem
heiligen Geiste! Vater unser 2c. Gegrüßt seist 2c.

Eilftes Geheimniss.
Verehrung der Auferstehung Christi.
Jesus, der von den Todten auferstanden ist!

Erwägung. „Er ist auferstanden und
nicht mehr im Grabe!" rief der Engel den
frommen Frauen entgegen, welche zum Grabe gekommen waren, um dem theuren Leichnam durch
Einbalsamirung die letzte Ehre zu erweisen. Durch
diese Auferstehung hat Christus seine Lehre bestätigt, seine Gottheit bewiesen, seine Sendung
beurkundet, unsere Hoffnung begründet und uns
das ewige Leben erworben.

Anbetung. O Jesus im heiligsten Sakramente, Dir sei Lob, Ehre, Liebe und Anbetung
in Ewigkeit!

O Jesus, Du glorreicher Ueberwinder des To=
des, Du bist aus dem Grabe wie eine Sonne
hervorgegangen und hast deine Glorie der ganzen
Welt bekannt gemacht.

Mein Herz erfreut sich in Dir und in deiner
Herrlichkeit; dein Kreuz ist nun der Stab deines
Reiches und deine Dornenkrone ist zur Krone der
Unsterblichkeit geworden.

Deine bluttriefenden Wunden sind nun voll
himmlischer Klarheit und die Freude der Christen.

O Jesus, Du König der Herrlichkeit, lasse mich
Theil nehmen an deiner Glückseligkeit; ich erwarte
Dich als meinen Heiland, welcher den Leib meiner
Sterblichkeit nach der Verwesung dem Leibe deiner
Klarheit gleichförmig machen wird. Amen.

Vorsatz. Auch ich will auferstehen aus dem
Grabe meiner Sündhaftigkeit, Gleichgültigkeit und
Trägheit, und will wandeln in einem neuen Leben
der Tugendhaftigkeit und Gerechtigkeit, damit ich
auch einst auferstehen möge zum Leben der ewigen
Seligkeit.

Ehre sei dem Vater, und dem Sohne, und dem
heiligen Geiste! Vater unser ꝛc. Gegrüßt seist ꝛc.

Zwölftes Geheimniss.

Verehrung der Himmelfahrt Christi.

Jesus, der in den Himmel aufgefahren ist.

Erwägung. „Ich fahre auf zu meinem
Vater und euerm Vater, zu meinem Gott
und euerm Gott", hatte der auferstandene

Heiland zu Magdalena gesagt. Und Er erfüllte
diese seine Worte am vierzigsten Tage nach seiner
Auferstehung auf herrliche Weise, indem Er An=
gesichts von vielen seiner Jünger von der Höhe
des Oelberges in den Himmel fuhr, allwo Er
sitzt zur Rechten Gottes des allmächtigen Vaters.
Alleluja dem Auferstandenen und Alleluja dem
zum Himmel Gefahrenen! Denn durch seine Auf=
fahrt hat uns Christus den Himmel wieder auf=
geschlossen und eine Wohnung bereitet im Hause
seines Vaters und unsers Vaters, auf daß auch
wir einst dort sein können, wo Er ist.

Anbetung. O Jesus im heiligsten Sakra=
ment, Dir sei Lob, Ehre, Liebe und Anbetung
in Ewigkeit!

Göttlicher Heiland, mein Herz frohlocket wegen
deines siegreichen Triumphes, mit welchem Du den
Thron der Herrlichkeit besteigest.

Nimm nun 'Besitz von dem ewigen Reiche, wel=
ches Du so wohl verdient und durch Vergießung
deines Blutes erworben hast.

Aber, o König der Glorie! verlasse mich nicht
in diesem Jammerthale, sondern gedenke, daß Du
all dein Blut für mich ausgesetzt hast, um mir
den Himmel zu erkaufen.

Ach Jesus, mache mich würdig, daß auch ich
einst in deine himmlischen Wohnungen aufgenom=
men werde.

O Jesus, meine Liebe und mein Verlangen,
was thue ich auf dieser Erde? Nach Dir seufzt

meine Seele, rufe mich zu Dir, damit ich Dich liebe, lobe und ewig anbete. Amen.

Vorsatz. Ich will mein Herz und meine Seele zum Himmel erheben, und mit meinem Her= zen schon in der Zeit in den Himmel fahren, damit ich dann dieses einst sicher thun könne in der Ewigkeit.

Ehre sei dem Vater, und dem Sohne, und dem heiligen Geiste!

Vater unser rc.   Gegrüßt seist du rc.

Dreizehntes Geheimniss.

Verehrung Christi in der Sendung des hl. Geistes.

Jesus, der uns den heil. Geist gesandt hat!

Erwägung. „Wenn Ich hingehe zum Vater, so werde Ich euch einen andern Tröster senden, den heiligen Geist; die= ser wird euch alle Wahrheit lehren." So sprach der göttliche Heiland vor seiner Auf= fahrt in den Himmel.   Und seine Verheißung ist Ja und Amen; kaum war Er aufgefahren, so sandte Er am eilften Tage den heiligen Geist, am heiligen Pfingstfeste in der Gestalt feuriger Zungen über die Jünger herab.   Und Er brachte Wahrheit und Trost und Heiligung über Alle, welche Ihn aufnahmen und in sich wirken ließen.

Anbetung. O Jesus im heiligsten Sakra= ment, Dir sei Lob, Ehre, Liebe und Anbetung in Ewigkeit!

O Jesus, ich preise ewiglich deine unendliche

Kommet, lasset uns anbeten.   **19**

Güte, daß Du der Welt den heiligen Geist des Lichts, der Liebe und der Stärke, den Geist der Wahrheit und den Tröster gesandt hast.

Also hast Du das Werk unserer Erlösung vollendet, und deine Liebe dem Menschen durch die Liebe selbst bewiesen.

Heiliger Geist, Du ewiges und durchdringendes Licht, erleuchte meine Finsterniß und lehre mich alle Wahrheit, damit ich alles Irdische verachte und allein das Ewige suche.

Heiliger Geist, Du verzehrendes Feuer, reinige mein Herz von aller eiteln Liebe und zwinge es durch deine liebliche Gewalt, sich der Liebe gänzlich zu ergeben.

Heiliger Geist, Du allmächtige Kraft, ohne Dich bin ich lauter Schwachheit; stärke mich durch deine Gnade, damit ich großmüthig in wahrer Andacht und Liebe verharre. Amen.

Vorsatz. Ich will den heiligen Geist in mich aufnehmen und mich stets vom heiligen Geiste regieren lassen und unabläſſig bitten, daß Er mich heilige durch seine heiligmachende Gnade.

Ehre sei dem Vater, und dem Sohne. und dem heiligen Geiste!

Vater unser ꝛc. Gegrüßt seist du ꝛc.

Vierzehntes Geheimniss.

Verehrung Chriſti in der Himmelfahrt Mariens.

Jeſus, der dich, o Jungfrau, in den Himmel aufgenommen hat!

Erwägung. „Wer ſich ſelbſt erniedrigt, wird erhöhet werden.“ Die allerſeligſte Jungfrau Maria hat ſich ſelbſt erniedriget als ſie zum Engel ſprach: „Sieh’, ich bin eine Magd des Herrn!“ Darum hat ſie dann auch der Herr erhöht, indem Er ſie aufnahm in ſeine Herrlichkeit. Der fromme Glaube ſagt, daß die Engel ſie aus dem Grabe genommen und in den Himmel getragen haben. Darum ſingt die heilige katholiſche Kirche: „Erhoben iſt die heilige Mutter über die Chöre der Engel im himmliſchen Reiche.“

Anbetung. O Jeſus im heiligſten Sakrament, Dir ſei Lob, Ehre, Liebe und Anbetung in Ewigkeit!

Liebreichſter Heiland, wahrer Sohn Mariens, ich bete Dich an und ſage Dir ewigen Dank für den herrlichen Triumph deiner gebenedeiten Mutter bei ihrer Himmelfahrt.

Du haſt ſie vor dem ganzen Himmel glorreich gemacht, und übergießeſt ſie nun in Ewigkeit mit Strömen der heiligſten Wonne. Himmel und Erde, lobet Jeſum, weil Er Maria, ſeine und unſere Mutter, alſo verherrlicht hat.

Göttliche Mutter, mein Herz erfreut ſich wegen

deiner Glorie, und wünscht dir ewiges Glück zu deiner so herrlichen Erhöhung.

Würdige dich aber, liebste Mutter, von deinem Throne deine mütterlichen Augen zu mir zu wenden und dein liebreiches Herz zu meinem Flehen zu neigen.

Sei meine mächtige Fürsprecherin bei dem Throne deines Sohnes für mein ganzes Leben und für die Stunde meines Todes! Amen.

Vorsatz. Ich will mich kindlich an die göttliche Mutter anschließen und ihr in Unschuld und Tugend nachfolgen.

Ehre sei dem Vater, und dem Sohne, und dem heiligen Geiste!

Vater unser 2c. Gegrüßt seist du 2c.

Fünfzehntes Geheimniss.

Verehrung Christi in der Krönung Mariens.

Jesus, der dich, o Jungfrau, im Himmel gekrönt hat.

Erwägung. Dem Siege folgt die Krone. Wenn wir rechtmäßig gekämpft haben, so werden wir auch gekrönt werden. Gleichwie Christus, nachdem Er aufgefahren war in den Himmel, dort nun sitzt zur Rechten Gottes des allmächtigen Vaters, so ist nun auch seine göttliche Mutter, nachdem sie in den Himmel aufgenommen worden, gekrönet mit der Krone der Gerechtigkeit und der Herrlichkeit.

Anbetung. O Jesus im heiligsten Sakra=
ment, Dir sei Lob, Ehre, Liebe und Anbetung
in Ewigkeit!

O Jesus, Du hast an deiner Mutter erfüllet,
daß wer sich demüthiget, erhöhet werden solle.
Ewiges Lob erstatte ich Dir, daß Du uns eine
so mächtige Königin des Himmels und der Erde
an deiner heiligsten Mutter gegeben hast.

Du hast sie erhoben über alle Chöre der Engel,
über alle Heiligen, und alle Geschöpfe erkennen sie
als die glorreichste Himmelskönigin.

Seligste Jungfrau, bitte für uns, die wir in
diesem Thale der Thränen weinen und seufzen!

Mächtige Fürsprecherin, erhalte mir die Gnade,
dich zu sehen, und zu lieben im Himmel und
Jesus mit dir anzubeten in Ewigkeit! Amen.

Vorsatz. Ich will hienieden die Dornenkrone
mit Christus geduldig tragen, damit ich auch einst
die Krone der Herrlichkeit mit Maria tragen kann.

Ehre sei dem Vater, und dem Sohne, und dem
heiligen Geiste!

Vater unser ꝛc. Gegrüßt seist du ꝛc.

Schlußgebet.

O himmlischer Vater! ich sage Dir von ganzem
Herzen Dank für die vielen und großen Gnaden, die
Du uns in Jesus Christus, deinem eingebornen
Sohne, gegeben hast, und die ich nun in den Geheim=
nissen seines Lebens, Leidens und Sterbens und
seiner Herrlichkeit betrachtet habe. Zum Beschlusse

meiner Andacht, die ich Dir durch die allerheilig=
sten Herzen Jesus und Maria demüthig aufopfere,
bitte ich um deinen göttlichen Segen. Segne mich
jetzt und durch meine ganze Lebenszeit, daß ich
keinen Tag vorbeigehen lasse, an welchem ich nicht,
wenigstens im Geiste, Dich, meinen Herrn und
Gott, in dem allerheiligsten Altarssakramente be=
suche. Segne mich mit heiliger Glaubensstärke,
mit kindlicher, vertrauensvoller Hoffnung und mit
einer flammenden Liebe, die mich würdig macht,
Dich mit deinen Auserwählten in alle Ewigkeit
lieben zu dürfen. Amen.

Allerseligste Jungfrau Maria, Mutter der
Christenheit, hohe Himmelskönigin, verschließe in
dein Herz die Eine, heilige katholische und apo=
stolische Kirche, beschütze sie und ihre Diener, sei
immerfort ihre Zuflucht und ihr unüberwindlicher
Thurm gegen jeden Anfall der Gegner! Nimm
unter deinen mächtigen Schutz und Schirm unser
Vaterland, unsere Gemeinde, unsere Wohnung,
und verwende dich bei Gott, daß Er uns Allen
die Fülle seines Segens und unsern Tagen den
Frieden verleihen wolle — durch Jesus Christus,
deinen Sohn, unsern Herrn, welchem mit dem
Vater und dem heiligen Geiste gebührt Lob, Preis
und Ehre und Anbetung von Ewigkeit zu Ewig=
keit! Amen.

Siebenter Abschnitt.

Andachten vor dem Hochwürdigsten Gute für verschiedene Zeiten.

Oeffentliche Abbitte vor dem Hochwürdigsten Gute für jeden Tag der Woche.

(Von der ehrw. Mutter Mechtilde vom hl. Sakrament.)

O Jesus, mein Gott und mein Erlöser! wahrer Gott und wahrer Mensch, würdiges Opfer des Allerhöchsten, lebendiges Brod und Quelle des ewigen Lebens: ich bete Dich von ganzem Herzen in deinem göttlichen Sakramente an, in der Absicht, die Unehrerbietigkeiten, Entweihungen und Gottlosigkeiten, welche in diesem erhabenen Geheimnisse gegen Dich begangen sind, wieder gut zu machen. Ich werfe mich nieder vor deiner heiligsten Majestät, um Dich im Namen aller derjenigen anzubeten, welche diese Pflicht niemals erfüllt haben, und welche vielleicht so unglücklich sein werden, es niemals thun zu wollen. Möchte ich Dir, o mein Gott, so viele Verherrlichung verschaffen können, wie Alle diese zusammen Dir verschaffen würden, wenn sie Dir treu ihre Ehrfurcht und Dankbarkeit bewiesen! Möchte ich in meinem Glauben, in meiner Liebe und in dem Opfer meines Herzens Alles sammeln können, was sie

Dir an Ehre, Liebe und Ruhm während aller Jahrhunderte darzubringen fähig gewesen wären. Ich wünsche sogar aus voller Herzensgluth, Dir so viele Anbetungen und Lobpreisungen zu erweisen, als die Verdammten Verwünschungen gegen Dich ausstoßen während der ganzen Dauer ihrer Strafe.

Um meine Anbetung zu heiligen und Dir wohl= gefälliger zu machen, vereinige ich sie, o mein Heiland! mit den Anbetungen aller triumphiren= den und streitenden Glieder deiner heiligen Kirche. Siehe mehr auf die Gesinnungen meines Herzens als auf die Worte meines Mundes. Ich habe die Absicht, Dir alles das zu sagen, was dein heiliger Geist deiner jungfräulichen Mutter Maria einflößt, um Dich zu ehren. Ja ich möchte Dir alles das sagen, was Du selbst Gott, deinem himmlischen Vater, sagest in diesem hochheiligen Sakramente, in welchem Du sein immerwähren= des Brandopfer bist, und in dem glückseligen Schooße, worin Er Dich erzeuget hat von Ewig= keit. Amen.

Oeffentliche Abbitte vor dem Hochwürdigsten Gute — für jeden ersten Donnerstag im Monate.

O Jesus, Du König der Herrlichkeit und Vater der künftigen Welt! wir sind gekommen, um deine Erhabenheit zu preisen und deine Liebe zu ver= herrlichen. Wir glauben fest, daß Du in dem göttlichen Liebesmahle wahrhaftig gegenwärtig bist. Wir beten Dich an in demselben als den Abglanz

des Vaters, als das Bild seiner Wesenheit, als
die Glorie des Himmels und das sichere Unter=
pfand unserer ewigen Glückseligkeit. Unfähig, Dich
so zu lieben, wie Du es verdienst, entlehnen wir
von den Seraphinen ihren Liebeseifer und flehen
sie dringend an, unsere Herzen mit jenem Feuer
der Liebe zu entzünden, wovon sie selbst entflam=
met sind. Wir laden Himmel und Erde, Engel
und Menschen ein, sich mit uns zu vereinigen, auf
daß sie mit uns niederfallen und Dir alle Pflich=
ten der Anbetung und Liebe zollen, welche wir
Dir in diesem heiligsten Sakramente schuldig sind.

Aber, o Jesus! warum sind wir allein vor
deinen Altären? Warum zeigen sich so viele unserer
Brüder taub für unsern Ruf? Unser Verlangen,
deinen Ruhm zu erhöhen, ist von deinem Taber=
nakel ausgegangen. Dieses Feuer der Liebe, wel=
ches wir in Aller Herzen brennen sehen möchten,
ist von Dir auf die Erde gebracht; und was
willst Du anders, als daß es brennen möge. Wo=
her kommt es denn, o mein Heiland! daß so viele
deiner Kinder sich von Dir entfernen? Woher
kommt es, daß so Wenige von den Flammen
deiner Liebe entzündet sind? Ach! woher anders,
als weil die ganze Welt im Argen ist, und die
Menschen nur für das Irdische Sinn haben. Es
ist kein lebendiger Glaube mehr unter uns.

In tiefster Demuth und Zerknirschung des Her=
zens liegen wir seufzend vor deinem Angesicht
und flehen deine Huld und Gnade an. O könnten

wir doch die vielen Beleidigungen, welche Dir zu=
gefügt werden, wieder gut machen! Aber wir füh=
len unsere Schwäche und Ohnmacht, daß wir nicht
im Stande sind, die Untreue unserer Brüder zu
sühnen. O Du erhabenster Hoherpriester! der
Du Dich für das Heil der Sünder zum Opfer
gebracht hast, siehe gnadenvoll auf uns herab, die
wir unsere Zuflucht zu Dir nehmen. Laß uns
aus dem Schatze deiner Tugenden und Verdienste
die Mittel schöpfen, wodurch wir unsere Beleidi=
gungen wieder gut machen können. Unsertwegen
warst Du bußfertig, zerknirscht und verdemüthiget
unsertwegen vergossest Du dein kostbares Blut;
welches noch alle Tage, wie einst auf Golgatha,,
um Gnade und Erbarmung flehet.

Heiliger, dreieiniger Gott! höre auf die Stimme
dieses Blutes, welches die Sünden der Welt hin=
weggenommen hat. Wir sind sehr strafbar, das
ist wahr; aber die Hostie, welche wir Dir opfern,
ist so heilig! Haben wir deine Wohlthaten nur
mit Kälte und Undank vergolten, so hat Jesus
sich auf dem Altare zu einem Brandopfer der
Liebe gemacht. Haben wir uns deinen heiligen
Eingebungen widersetzt und unser Versprechen treu=
los gebrochen, so bleibt Jesus stets zu deiner Ver=
herrlichung im vollkommensten Gehorsam, den Er
Dir gelobet hat, und Er wird bei uns sein, wie
Er es verheißen hat, bis an das Ende der Zeiten.
Darum Gnade, o mein Gott, und Erbarmung!
Gedenke nicht ferner der Bosheiten, die so über=

reichlich getilget sind, und blicke nur auf Jesus, den würdigen Gegenstand deines ewigen Wohlgefallens. Verbirg uns in seinem zärtlichen und erbarmungsvollen Herzen. Möchten wir endlich, von uns selbst entblößt, von dem göttlichen Herzen Jesu erlernen, wie wir Dich, o Gott! nach Gebühr verherrlichen können; möchten wir endlich mit Ihm das Opfer für die Sünde Dir darbringen und zur Erlösung der Menschheit mitwirken können!

Heilige Jungfrau, du vollkommenste aller Anbeterinnen, die Du mit dem Sohne des ewigen Vaters so eng vereiniget warest, erhalte doch für die Töchter und für alle frommen Anbeter des allerheiligsten Altarssakramentes die ihnen nothwendigen Gnaden. Du allein kennst sowohl die Liebe Jesu zu den Menschen, als auch den Undank der Menschen gegen deinen Jesus. O unsere Mutter, die du von dem brennenden Verlangen beseelt bist, deines Sohnes unendliche Liebe dankbar anzuerkennen und für den schwarzen Undank der Menschen Genugthuung zu leisten, laß uns Antheil nehmen an deinem heiligen Eifer! Du hast uns ja zu Anbetern deines in der hl. Hostie verborgenen Sohnes erwählt, so gib uns denn auch deine heilige Gemüthsstimmung dazu. Wir liegen zu deinen Füßen, heilige Jungfrau und Mutter, erhöre uns, erfülle die Wünsche, die den Deinigen so gleichförmig sind, und mache, daß Jesus, unser Heiland, fortan sein Wohlgefallen an uns haben

möge, sowie Er auf Golgatha sein Wohlgefallen
an Dir gehabt hat. Amen.

Oeffentliche Abbitte vor dem Hochwürdigsten Gute — für die Donnerstage von dem Sonntage Septuagesima bis Ostern.

Herr Jesus Christus, Du ewiger Hoherpriester,
Du heiliges und makelloses Schlachtopfer! nimm
die Huldigungen, welche wir voll Ehrfurcht Dir
darbringen, gnädig auf und erhöre unser demüthiges
Flehen. Wir beten Dich an sowohl im Glanze
der himmlischen Glorie, als auch in deiner Er=
niedrigung auf dem Altare, wo die Brodsgestalt
deiner Gottheit Glanz verhüllet. Mit den heiligen
Engeln, die Dich umringen, erkennen wir Dich
an als den dreimal heiligen Gott. Wir vereini=
gen unsere Stimme mit ihrem Lobe und rufen
mit ihnen: Ehre sei dem Lamme in die
Ewigkeiten der Ewigkeiten! Ihm sei
Weisheit und Macht, Preis und Lob!
Aber, o Jesus! warum mischen deine Stellver=
treter und die Bräute deines heiligsten Sakramentes
Thränen und Seufzer in ihre Lobgesänge? Warum
sind deine getreuen Anbeter, warum ist die ganze
Kirche in so großer Trauer und Betrübniß, als
weil Du in deinem heiligen Liebesmahle verkannt,
verachtet und vernachläßigt wirst, weil man deine
großen Wohlthaten mit dem schwärzesten Undank
belohnt und weil deine Kinder, nicht zufrieden,
ihre Herzen deiner Liebe zu verschließen, Dir auch

noch die schmerzlichsten Unbilden zufügen! O
mein gütigster Gott, wie groß ist unsere Blind=
heit und Bosheit! Nicht genug, daß unsere Sün=
den Dich auf Golgatha an's Kreuz geschlagen
haben, erneuern wir diese Kreuzigung noch auf
dem Altare und verunehren das kostbare Blut,
das Du für das Heil der Welt vergossen hast.

Ewiger Vater, nimm Dich deines göttlichen
Sohnes an, und züchtige uns, deine strafbaren
Kinder. Wir Alle geben uns deiner Gerechtigkeit
Preis; denn wir Alle haben Dich zum Zorne
gereizt. Züchtige uns, aber laß Dich durch unsere
Züchtigung besänftigen, und bekehre uns und unsere
Mitmenschen. Rette unsere Seelen, für welche
Jesus Christus all' sein Blut vergossen hat; deren
Undankbarkeit Er gern vergessen will, und für
welche Er noch auf dem Altare seine Thränen
und seine Fürbitten zum Opfer bringt. Schenke
unserer hl. kathol. Kirche die Kinder wieder, deren
Verlust sie unaufhörlich beweint. Ihr hast Du
deinen Segen und deinen Frieden verheißen; o
so lindere denn ihre Schmerzen, damit sie, die
Braut des göttlichen Lammes, fortan nicht mehr
weine, sondern nur mit dem Lobe und der Ver=
herrlichung Jesu im heiligsten Sakramente seiner
Liebe beschäftigt sei. Dann wird auch Er, der
göttliche Dulder, seiner vergangenen Schmerzen
nicht mehr gedenken, sondern nur Preis= und Dank=
gesänge zu deinem Throne, o Vater! hinaufsteigen
lassen. Amen.

Oeffentliche Abbitte vor dem Hochwürdigsten Gute — für den Donnerstag nach dem Sonntag Sexagesima.

(Fest der großen Genugthuung.)

Anbetungswürdiger Jesus, Du Gott der Gnade und der Güte! der Du zur Erlösung der strafbaren Menschheit am Kreuze gestorben bist, siehe huldvoll auf uns arme Sünder, die wir mit den Gefühlen der tiefsten Beschämung und des lebhaftesten Reueschmerzes vor Dir erscheinen, um deine Gnade und Barmherzigkeit auf uns herabzuflehen. Sehr oft und schwer haben wir Dich beleidiget, o göttlicher Heiland! Unsere Schwachheit und unsere Verblendung ist unserer Bosheit gleich gekommen. Es genügte uns nicht, vom Schooße unserer Mutter an deine Feinde gewesen zu sein; nein, sobald wir nur konnten, beeilten wir uns, den Ungehorsam unserer Stammeltern durch unsern eigenen Ungehorsam noch schwerer zu machen. Wir haben unsere Kräfte und Fähigkeiten nur zum Bösen angewendet, und jeden unserer Tage durch neue Sünden befleckt.

Verzeihung, o Gott der Barmherzigkeit! Gütigster Jesus, Verzeihung! Verzeihe uns selbst, verzeihe unsern Brüdern, verzeihe allen Menschen! Insbesondere verzeihe uns die Fehler, deren wir uns gegen das allerheiligste Altarssakrament schuldig gemacht haben. O Jesus, gleichsam vergebens hast Du, um deinen Wohlthaten die Krone aufzusetzen und unsere Gegenliebe zu erlangen, dieses

anbetungswürdige Geheimniß, worin Du alle Reich=
thümer deiner Liebe so überflüssig ausspendest,
eingesetzt. O wie undankbar und schlecht sind
wir doch, und welche Strafe verdienen wir nicht
wegen des Uebermaßes unserer Bosheit, womit
wir deine grenzenlose Liebe vergelten!   .

Gott der Güte, der Du nicht den Tod deiner
Kinder willst, wir nehmen unsere Zuflucht zu
deiner unendlichen Barmherzigkeit. Laß uns Gnade
widerfahren, wir beschwören Dich darum. Wenn
Israel Dich zum Zorn gereizt hatte, so pflegte
der Hohepriester ein Lamm auf deinem Altare
zu schlachten. Mein Heiland, wenn jetzt noch
deine Gerechtigkeit Opfer verlangt, hier sind sie;
schaue auf die Schwelle deines Tabernakels. Nicht
gemeine Thiere sind es, die Dir zum Opfer ge=
bracht werden; deine eigenen Bräute sind es,
welche, im Bußgewande und mit reumüthiger
Herzenszerknirschung, Dich flehentlich bitten, sie
mit den Uebelthaten ihrer Brüder zu belasten und
sie als Sühnopfer deines gerechten Zornes aufzu=
nehmen. O Gott der Liebe, der Du für uns
gestorben bist, laß dein Herz gerührt sein! Die
Königin Esther brauchte nur ein Wort zu sprechen,
und Assuerus, ihr Gemahl, war gerührt, ihr Volk
gerettet. Werden deine Bräute, o Jesus! weniger
bei Dir vermögen? !

So sage denn zu den Bräuten deines heiligen
Sakramentes, daß Du das Opfer, womit sie sich
aus Liebe zu Dir an deinen Altar fesseln, als

Genugthuung annehmest. Sage ihnen, daß Du
ihre Wünsche erhört und den strafbaren Menschen
nochmals verziehen habest. Bekehre, o Jesus, alle
Feinde der Kirche, und verzeihe allen Sündern!
Entferne von uns die Züchtigungen, die wir unse=
rer Laster wegen verdient haben, dann werden
unsere Herzen von der lebhaftesten Dankbarkeit
durchdrungen, immer mehr von deiner Liebe ent=
zündet und in dem Bestreben ermuntert werden,
deine Glorie in dem erhabensten Altarssakramente
zu befördern. Amen.

Oeffentliche Abbitte vor dem Hochwürdigsten Gute
für die Fastnachtstage.

O mein Jesus im heiligsten Sakramente, an Dich
glaube ich, und in tiefster Ehrfurcht bete ich mit
den Engeln, welche dein Heiligthum umgeben,
deine unendliche Majestät an, im Namen Aller,
die Dich in diesen Tagen weder erkennen noch
anbeten. O Herr! wie böse sind diese Tage, wo
dein Volk, das Du doch in deine Hände geschrie=
ben und um einen so hohen Preis erkauft hast,
Deiner unzählige Male vergißt! Es liebt Dinge,
wodurch es eben so verwerflich wird, wie sie selbst
sind. O blinde, thörichte Menschen! sie lieben
die Finsterniß mehr als das Licht; sie verlassen
den Brunnen des lebendigen Wassers und graben
sich durchlöcherte Wasserbehälter auf dem Wege nach
Egypten: sie ziehen die Welt und das Vergäng=
liche dem Himmel und dem Ewigen vor. Aber

ihre eigene Bosheit wird sie züchtigen; denn sie sollen und werden durch die Erfahrung lernen, wie böse und bitter es ist, Gott, seinen Herrn verlassen zu haben, von dem man allein sein Heil hat.

O Süßigkeit meiner Seele, liebender und liebenswürdigster Jesus! Aller Lieben Liebwerthester, aber auch aller Betrübten und Verlassenen Betrübtester und Verlassenster! O daß ich mit Verwendung aller meiner Kräfte alle Unbilden, Beleidigungen und Entehrungen deiner göttlichen Majestät aller Orten verhindern, — mit Vorzeigung deines Marterbildnisses Alle von allen Sünden abschrecken, und Aller Herzen zu Gott, ihrem Herrn, bekehren könnte, wie gerne, o mein Heiland, würde ich es thun! — Wahrhaftig! ich trage das größte Leidwesen, und immerwährender Schmerz beklemmt mein Herz, daß diese Fastnachtszeit hindurch sittlicherweise alles das wieder vollbracht wird, was durch die Propheten und im Evangelium von Dir, o Menschensohn! geschrieben steht, nämlich: daß Du den neuen Heiden, deinen eigenen Christen, überantwortet, verspottet, gegeißelt und verspieen, und endlich in den Herzen der Gottlosen auf's Neue gekreuziget werden wirst.

O schmählich verachteter Gottmensch! sieh, hier liege ich auf meinen Knieen und bitte Dir alle Unbilden ab, die Dir an diesen Tagen von den Menschen angethan werden. Ich bete Dich an, liebe, lobe, preise und erhöhe Dich über Alles, o mein Gott! und dieß nicht nur in meinem Namen,

Kommt, lasset uns anbeten. 20

sondern auch im Namen Aller, die es nicht thun, sondern Dich beleidigen. O möchten doch diese Unglückseligen klüger werden, um dem Unheile zu entgehen, das ihnen bevorsteht!

Ewiger Liebhaber der Menschen! erbarme Dich über diese Armseligen, für die Du gelitten hast, und rufe aus diesem Liebessakramente zu deinem himmlischen Vater, was Du einstens auf dem Altare des Kreuzes gerufen hast: „Vater verzeih' ihnen; denn sie wissen nicht, was sie thun!" — Ach, strafe sie nicht in deinem Zorne! laß deine unendliche Güte den rächenden Arm einhalten, damit Du nicht verlierest, was Du so unermüdet gesucht hast. Schenke sie deinem göttlichen Vaterherzen, das am Kreuze für sie mit einer Lanze durchbohrt worden ist. Schenke sie der Fürbitte deiner Mutter, die sie neben dem Kreuze mit so vielen Schmerzen zu ihren Kindern geboren hat, und eine Zuflucht der Sünder geworden ist. Schenke sie ihren hl. Schutzengeln, denen Du sie zur Obsorge anvertraut hast, und die sich mit dem ganzen Himmel über ihre Bekehrung erfreuen werden. — O Jesus! höre und erhöre mich, und erbarme Dich über Jene, die sich über sich selbst nicht erbarmen, weil sie in den Finsternissen sitzen!

Als man Dich kreuzigte, da entstunden Finsternisse über die ganze Erde. Auch in diesen Tagen, wo man Dich, o mein Jesus! im Herzen auf's Neue kreuziget, entstehen erschreckliche Finsternisse

auf dem ganzen Erdboden. O wahres und ewiges
Licht, in welchem keine Finsternisse sind, laß nicht
zu, daß in uns Finsternisse seien! Mache durch
deine Gnade, daß wir erkennen, wie einzig gut
es ist, Gott, dem höchsten Gute, anhangen, und
jener beseligenden Herzensfreude nachtrachten, die
in einem ruhigen Gewissen zu finden, und über
alle Freuden der eitlen Welt ist.

O wie glückselig ist das Leben,
Wenn man sich Gott hat ergeben,
und sagen kann:
Mein Herr, mein Gott, mein höchstes Gut!
Dein ist mein Herz, dein ist mein Blut!

Andacht vor dem Hochwürdigsten Gute in den Faßnachtstagen,

wie solche von der heiligen Gertrud geübt worden ist.

O himmlischer Vater! zum Ersatze aller irdischen
und sinnlichen Belustigungen und verderbten Nei=
gungen, womit jetzt ein menschliches Herz bestrickt
wird, opfere ich Dir jede Uebung des heiligsten
Herzens deines Sohnes auf, womit Er auf Erden
für das Heil des menschlichen Geschlechtes im Lobe,
in Danksagung, in Widerwärtigkeit, in einer Hand=
lung oder göttlichen Unternehmung, in Begierde
und Liebe ermüdet worden ist, so lange Er auf
Erden gesehen wurde.

Vater unser rc.

O ewiger Vater! zum Ersatze für alle Sün=
den, die in der ganzen Kirche theils durch Un=

mäßigkeit im Essen und Trinken, theils durch
Plauderei oder Vervielfältigung schädlicher und un-
nützer Werke begangen werden, opfere ich Dir die
Uebung des unschuldigsten Mundes deines Sohnes
auf, die Er in der Enthaltsamkeit und Mäßigung
der Speise sowohl als der Worte, wie auch in
dem unaufhörlichen Predigen und Beten, womit
Er das Heil der Menschen wirkte, vorgenommen hat.

Vater unser 2c.

O gütigster Vater! zum Ersatze für alle Sünden, welche die Welt in diesen bösen Tagen durch
was immer für eine Bewegung der Glieder, oder
auf eine andre Weise begeht, opfere ich Dir alle
und jede Uebung des heiligsten Leibes deines
Sohnes auf, — sammt allen Regungen aller
seiner Glieder, und zugleich die ganze Reihe seines
heiligsten Wandels — nebst aller Bitterkeit seines
unschuldigsten Leidens und Todes, welches Er mit
so großer Liebe des menschlichen Geschlechtes aus-
gestanden hat.

Vater unser 2c.

Oeffentliche Abbitte vor dem Hochwürdigsten Gute — für die Donnerstage von Ostern bis zum Sonntag Septuagesima.

Anbetungswürdiger Jesus, ewiger Sohn des Vaters, der Du wirklich im heiligsten Altarssakramente gegenwärtig bist! In Demuth liegen wir
vor deinem Angesichte, um Dir die Huldigungen
darzubringen, welche Dir so rechtmäßig gebühren.

Wie gütig bist Du gegen uns Menschen, o Gott der Liebe! Es war Dir nicht genug, uns mit so großer Sorgfalt erschaffen und mit so großmüthiger Freigebigkeit wieder erkauft zu haben; sondern Du wolltest auch allezeit bei uns bleiben und Dich unaufhörlich für unser Heil opfern. Ja, deine Liebe geht noch weiter; Du willst Dich auf das Innigste mit uns vereinigen und willst in diesem Lande der Verbannung uns zur Speise und zur Stütze dienen. Deßwegen hast Du, o Jesus! dieses heiligste Sakrament eingesetzt, welches in Wahrheit ein Inhalt deiner Wunder ist, und in welches Du alle Reichthümer deiner Liebe eingeschlossen hast. Herr Jesus, was sollen wir Dir für so viele Wohlthaten wiedergeben? Liebe verdient Gegenliebe. Darum wollen wir Dich lieben, o zärtlichster Vater, o großmüthiger Freund! Ja aus der ganzen Fülle unsers Herzens lieben wir Dich. Könnten wir doch, um Dir unsere Dankbarkeit zu beweisen, alle Herzen unserer Mitmenschen für Dich gewinnen, damit Alle Dich unaufhörlich liebten!

Aber ach, wie groß ist unser Schmerz! Wir lieben Dich, liebenswürdigster Heiland; doch ein Blick um uns zeigt, daß Du nicht von allen Menschen geliebt wirst. Sie, für die Du so viel gethan hast, vergelten Dir deine Liebe durch Kälte, Verachtung und Spott. Die Meisten denken nicht an Dich, und Andere denken nur daran, Dich zu beleidigen. Heilige Jungfrau und ihr glückseligen

Bewohner des himmlischen Jerusalems, kommet
herab zu uns, und vor dem Throne des Lammes
niedergebeugt, leistet Ihm mit uns reumüthige Ab=
bitte zum Ersatze für so viele Sünden und Ent=
ehrungen! Möchten unsere Anbetungen Ihn die
Beleidigungen vergessen machen, die Ihm überall
zugefügt werden! Möchte unser Eifer im Dienste
Gottes Ihn für die Gleichgültigkeit und den Un=
dank der Andern entschädigen! Verzeihung, o Jesus,
Verzeihung für so viele Unglückliche! Verzeihung
für diese Gottlosen, die Dich lästern; für diese
schlechten Christen, welche Dich vergessen; für diese
Irrgläubigen, welche Dich in dem heiligen Ge=
heimnisse deiner Liebe verkennen. Verzeihe ihnen,
o Herr! sie wissen nicht, was sie thun.

Erlöser der Menschen, der Du am Kreuze für
deine Feinde und Mörder gebetet hast, sei deiner
Güte und Liebe eingedenk und höre den Ruf dei=
nes Herzens. Dieses durch die Entweiher deines
heiligsten Sakramentes so grausam verwundete
Herz flehet um Gnade und Barmherzigkeit. Gott,
dein himmlischer Vater, hat alle Schätze seiner
Barmherzigkeit in deine Hände gelegt; so ergieße
Du sie denn vom Throne deines Altars herab
über alle deine Feinde. Verscheuche die Finster=
niß ihres Geistes, brich die Härte ihrer Herzen,
verwandle und bekehre sie. Ihre Reue, ihre Thrä=
nen werden Dich weit mehr verherrlichen, als es
ihre Strafe thun würde. Von Dankbarkeit für
diese neue Wohlthat durchdrungen, wollen wir mit

verdoppeltem Eifer Dir treu dienen und immer wohlgefälliger zu werden trachten. O Jesus, höre huldvoll an den Freudenruf unserer dankbaren Herzen:

Gelobt und angebetet sei ohne End'
Das allerheiligste Altarssakrament!

Achter Abschnitt.

Andachten vor dem Hochwürdigsten Gute in verschiedenen Nöthen und Anliegen.

Gebet vor dem Hochwürdigsten Gute zur Zeit einer allgemeinen Noth.

Anbetungswürdiger Herr Jesus Christus, wahrhaft gegenwärtig im Sakrament der göttlichen Barmherzigkeit, vor Dir fallen wir auf unser Angesicht hin, und unser bekümmerter Geist ruft zu Dir: Erhöre uns und erbarme Dich unser! Sieh von deinem hl. Hause auf uns und neige dein Ohr zu uns! Wir gießen unser Gebet aus und begehren Barmherzigkeit von Dir.

O heiligste Hostie! die mein Jesus seinem Vater zu einem süßen Wohlgeruche aufgeopfert hat, da Er das Brod in seine ehrwürdigen Hände nahm, dasselbe brach, segnete und seinen Jüngern zur Speise gab — o angenehmstes Opfer! stelle Dich zwischen die erzürnte Gerechtigkeit und zwischen uns sündige Menschen, die wir die Stimme

unsers Gottes nicht gehört, und vor den Augen
des Herrn Böses gethan haben! — O Opfer
über alle Opfer, sei die Versöhnung für unsere
Sünden, und für die Sünden der ganzen Welt!

Ach, liebster Erlöser! Ach, Herr, Gott vom
Himmel, großer und erschrecklicher Gott, der da
den Bund und die Barmherzigkeit Jenen hält,
die Ihn lieben und sich zu Ihm bekehren: schone
Derjenigen, die ihre Sünden bekennen und vom
Grunde des Herzens bereuen!

Wehe uns, daß wir je so gesündiget haben!
Darum ist auch unser Herz in Schmerzen trau=
rig, und darum sind unsere Augen verdunkelt
worden. Gedenke, o Herr! was uns widerfahren
ist; sieh unsre Schmach an!

Betrachte, o Gott! unsern elenden Stand, und
gedenke deiner Barmherzigkeit wieder, nachdem Du
über uns gezürnet hast! Verändere deinen Grimm
in unaussprechliche Güte, und erfülle uns mit
deinem Troste!

O Herr, der Du in Ewigkeit bleibest, und dein
Thron auf immer und ewig! warum wolltest Du
uns auf ewig vergessen und uns so lange Zeit
verlassen? — Bekehre uns zu Dir, o Herr! so
werden wir uns bekehren! Erneuere unsere Tage,
wie sie früher waren!

Gott unsers Heiles! alle unsere Hoffnung ruht
in Dir; Jesus, Du bist unser Heiland geworden;
mache selig, rette und befreie Jene, die mit Ver=
trauen und Zuversicht handeln!

Verbreite, o Herr! die Wirkungen deiner Barm=
herzigkeit auf Jene, die Dich erkennen! Laß Jene
nicht zu Schanden werden, die ihr ganzes Ver=
trauen auf Dich setzen!

Bist Du nicht der Vater, der uns erschaffen
hat? Sind wir nicht deine Kinder, die Du ernährt
und auferzogen hast?

Ach! so erbarme Dich denn über Jene, die Dich
fürchten, wie sich ein Vater über seine Kinder
erbarmt.   Amen.

Sehr andächtige Seufzer.

Mitten im Leben sind wir dem Tode nahe;
und wo sollen wir sonst Hilfe suchen, als bei
Dir, o Herr! der Du über unsere Missethaten
gerecht zürnest?

Verwirf uns doch nicht zur Zeit unsers Alters!
Verlaß uns nicht, wenn unsere Kräfte abnehmen!
Heiliger Gott!

Der Du alle Heimlichkeiten des Herzens erkennest,
verschone uns unsrer Sünden wegen! Heiliger,
Starker!

Verschließe deine Ohren unserm Flehen und
Bitten nicht! Herr, verlaß uns nicht auf's Aeußerste!
Heiliger und unsterblicher Seligmacher, übergib
uns nicht einem bitteren Tode!

V. Herr, unsre Zuflucht und Stärke!

R. Laß uns zur Zeit der Trübsal in Dir einen
sicheren Zufluchtsort finden!

℣. Heiliger Gott! heiliger Starker! heiliger Un= sterblicher!

℟. Erbarme Dich unser!

℣. Komm uns zu Hilfe, o Gott unsers Heiles!

℟. Errette uns wegen der Herrlichkeit deines Namens aus unserm Elende!

℣. Herr, erhöre unser demüthiges Gebet,

℟. Und laß unser trauervolles Rufen zu Dir kommen.

Gebet.

Allmächtiger, ewiger Gott, verschmähe das tiefe Seufzen deines Volkes nicht, sondern deines Namens wegen eile Jenen zu Hilfe, die in ihrer Trübsal zu Dir rufen!

Herr, erzeige uns die Wirkungen deiner unaus= sprechlichen Barmherzigkeit, daß Du uns unsere Sünden gnädig verzeihest, und zugleich die Strafen nachlassest, die wir dafür verdienet haben!

O Gott! Du hast von dem gottlosen Könige Achab die angedrohte Strafe abgewendet und ihn wieder in Gnaden angesehen, weil er sich vor Dir gedemüthiget hat. O so sieh doch auch gnädig auf die Trübsal deines Volkes, und verzeihe Jenen, die ihre Sünden reumüthig bekennen! — Gedenke, huldreichster Vater! wie rühmlich deine Schrift von Dir spricht und ausdrücklich bezeugt, daß Du barmherzig seiest, gnädig, langmüthig und von großer Güte, huldreich gegen alle Geschöpfe, — daß deine Barmherzigkeit über alle deine Werke reiche, und größer sei als alle unsere Missethat! Dieß macht uns Muth, daß wir hartbedrängte Kinder in dieser Noth zu Dir unsere Zuflucht nehmen, und voll Zerknirschung und Reue Dir zu Füßen fallen, um durch Bitten und Flehen die gerechte Ruthe deines Grimmes aus deinen Händen zu winden.

Ach, grundgütigster Vater, halte deine Straf=gerichte zurück, und werde durch deine Barmher=zigkeit besänftiget! Schone Derjenigen, die ihre Schuld bekennen, und strafe uns nicht zur Zeit deines gegen uns bewaffneten Zornes! Gestatte deiner unendlichen Herzensgüte, daß sie deinen rächenden Arm einhalte, und Dich im Hinblicke auf unser Elend zur Erbarmung erweichen möge! Um dieses bitten und flehen wir sowohl durch das große Wunderwerk der Liebe unsers Erlösers in seinem allerheiligsten Sakramente, als durch jenes hohe Geheimniß, welches am Kreuze vollbracht wurde, als Er durch Vergießung seines kostbarsten Blutes im Tode deinen gerechten Zorn besänftiget, und deine strenge Gerechtigkeit in eine lautere Barmherzigkeit verwandelt hat. Amen.

Gebet vor dem Hochwürdigsten Gute in einem besondern Anliegen.

Ewiger Gott, Vater der Erbarmungen und Gott alles Trostes! sieh auf mich mit jenem Auge deiner Güte, womit Du deinen am Oelberge trauernden Sohn angesehen hast. Ich bin betrübt und komme zu Dir, um Trost zu suchen, weil es dein Wille ist, daß wir in unserer Trübsal zu Dir flehen sollen.

Deine Hand liegt schwer auf mir, und ich empfinde nur allzusehr ihre harten Streiche; allein es sind Streiche deiner barmherzigsten Gnade, Streiche, die verwunden, damit sie heilen und aufmerksam machen. Gerecht bist Du, o Herr! billig und gerecht sind auch deine Urtheile. Ich bete sie in Ehrfurcht an, und überlasse mich deiner Barmherzigkeit. Thue, was in deinen Augen gut ist; Du bist der Herr. Ich weiß, daß Du als Vater schlägst, und die besten Absichten hast. Mein Verstand begreift sie zwar nicht, kann sie nicht einmal errathen; allein ich werde sie dereinst ein= sehen und ewig loben. Gewiß ist, daß deine Züchtigungen meistens Merkmale der Liebe sind.

Herr! ich verwerfe deine Zucht nicht, und bin nicht kleinmüthig, da ich von Dir bestraft und zurecht gewiesen werde; denn ich weiß ja, daß Du es thust, weil Du mich liebest, und daß Du mich hier eine Zeit lang nicht schonest, um mich ewig schonen zu können. Sei ewig gepriesen, mein Gott, meine Barmherzigkeit! deine Ruthe, die ich küsse, ist mir zum Troste. Ginge mir Alles in der Welt nach Wunsch und Verlangen, so könnte ich gar leicht in Sünden und Laster fallen, oder wenigstens mich unbescheiden betragen und mir selbst gefallen, Dir aber mißfallen, und so wäre ich ja nur zu meinem größten Unglücke eine kurze Zeit glücklich.

Ich will es also für lauter Gnade halten und
mich erfreuen, wenn mich mancherlei Prüfungen
treffen; denn die Trübsale geben mir Gelegenheit,
zwar schwere, aber sehr verdienstliche Tugenden
zu üben, als: die Demuth, die Zufriedenheit mit
deinen Anordnungen, das Vertrauen, daß Du
es gut mit mir meinest, — die Geduld, welche
das Werk vollendet, und mich mir selbst kennbar
macht, ob ich eine bleibende Tugend habe oder
nicht, so daß ich alle Leiden mit herzlicher Ergebung und innigstem Danke, wie dein Diener
Job, von deiner Hand annehme.

Der Kelch deines Leidens ist zwar bitter; hart
ist es, daß ich schwacher Mensch die Betrübniß
meiner Seele zu deinen Füßen niederlegen, und
mit Jesus, meinem Heilande, ausrufen muß:
„Vater! wenn es deinen ewigen Rathschlüssen
nicht zuwider ist — nimm diesen Kelch von
mir; doch nicht, wie ich will, sondern
wie Du willst, soll's geschehen!" — Hart
ist es, unter der Last des Kreuzes ausharren;
aber es ist doch leichter, in diesem Leben mit dem
Wasser der Trübsal, als im andern Leben mit den
Flammen des Fegfeuers gereiniget, oder gar ein
Raub der Hölle zu werden. Schwer fällt es,
wenn Kreuze über Kreuze kommen; aber was sind
alle meine Leiden gegen die Leiden meines Erlösers und seiner Heiligen, gegen meine großen
und vielen Sünden, gegen die unendlich große
Glückseligkeit, dem bedrängten Gottmenschen auf

Erden ähnlicher zu werden, und dem im Himmel Verherrlichten desto näher zu kommen, je mehr und geduldiger ich jetzt leide? Wenn ich auch kein Sünder, sondern ein Engel wäre, so sollte ich mich schon in diesem Hinblick auf die frohe Zukunft — mit dem Apostel in nichts Anderem rühmen, als im Kreuze unsers Herrn Jesu Christi.

Sei mir demnach willkommen, o sei gegrüßt, o einzige Hoffnung, heiliges Kreuz, du sicheres Pfand meines Heiles! Dieß sei mein Trost, daß Du, mein lieber Gott! mich züchtigest, weil Du mich liebest. Heiliger Gott! ich werde deinen Urtheilen nicht widersprechen, nur um diese Gnade bitte ich, daß Du mich deiner unendlichen Güte und des hohen Verdienstes deines am Oelberge betrübten Sohnes wegen, den ich mir in meinem Leiden immer vorstellen werde, — stärken, und mein Herz in aller Geduld aufrecht erhalten wollest, damit ich nach dem Beispiele, welches mir mein Jesus gegeben hat, thun, und Dir Alles anheim= stellen, mit Ihm und wie Er — voll Ergebung und Andacht rufen möge: Lebe oder sterbe ich, „Vater, dein Wille geschehe!" Amen.

Gebet um die Gnade der Ueberwindung einer Versuchung oder Leidenschaft.

Gütigster Gott, der Du hier zugegen bist, und das Innerste meines Herzens siehst! Du siehst den betrübten Zustand, in welchem ich mich be= finde, und die Kämpfe, die ich zu bestehen habe.

Da Du bisher ſo gütig gegen mich geweſen biſt,
ſollte es möglich ſein, daß Du mich gänzlich ver=
geſſen und der Wuth meiner Feinde überlaſſen
habeſt? — Nein, mein Gott! ſo untreu ich auch
deiner Gnade geweſen ſein mag, ſo bin ich doch
ſo glücklich, daß ich Dir zugehöre, weil Du Dich
für uns auf deinen Altären aufopferſt, und mir
noch dahin zu kommen erlaubeſt.

Scheineſt Du Dich auch zur Beſtrafung meiner
Sünden auf einige Zeit von mir zu entfernen,
ſo wird dein Zorn nicht immerfort dauern. Jagt
mir die Finſterniß, die mich allenthalben umgibt,
Furcht ein, ſo wird mir doch das ſanfte Licht,
welches bisher meine Tritte und Schritte erleuch=
tet hat, nicht verſagt werden. Nachdem Du mich
ſo oft und ſo augenſcheinlich wider den Feind
meines Heiles beſchützet haſt, ſollte es möglich
ſein, daß Du ihm endlich erlaubeſt, mich ſeiner
Tyrannei zu unterwerfen, und ein Herz zu be=
ſiegen, das nur für Dich erſchaffen iſt, und das
Du ſo oft durch die Gnade deines Sakramentes
geheiliget haſt? Nein, mein Gott, nein! Laſſeſt
Du zu, daß der Verſucher mich verſuche, ſo wirſt
Du doch nicht zulaſſen, daß ich durch die Ver=
ſuchung überwunden werde, und daß ich in die
Sünde, welche ich mehr als die Hölle verabſcheue,
einwillige.

Sieh mich demnach, o Herr! mit jenem barm=
herzigen Auge an, welches die dichten Finſterniſſe
zerſtreut. Mache die Feinde, welche mich angreifen,

zu Schanden; unterstütze meine schwachen Be=
mühungen und erhöre das demüthige Gebet eines
bedrängten Herzens, welches sein Heil nur von
Dir hofft, und deine große Barmherzigkeit, die es
dadurch wird selig gemacht haben, daß sie ihm
den Sieg über seine Feinde verleiht, ewig preisen
wird. Amen.

**Gebet zu Jesus im allerhl. Altarssakramente,
um Verzeihung aller sündlichen Gedanken,
Worte und Werke zu erlangen.**

O Jesus, der Du gekommen bist, zu suchen und
selig zu machen, was verloren war, und in deinem
heiligsten Liebesgeheimnisse den wahrhaft bußfer=
tigen Sünder stets liebevoll zu Gnaden aufnimmst!
in reumüthiger Zerknirschung flehe ich zu deiner
Barmherzigkeit: vergib mir durch die Verdienste
deiner hochheiligen Gedanken alle eitlen, bösen und
schändlichen Gedanken, die ich selbst wider dein Ver=
bot gehegt, und wozu ich Andere veranlaßt habe!
Vergib mir auch barmherzig, kraft deiner heilig=
sten und heilsamen Worte, alle sündlichen Worte,
die ich deinem heiligsten Willen zum Trotze ge=
sprochen, und wozu ich Andere angeregt habe.
Endlich flehe ich zur Dir, o mein barmherzigster
Heiland! daß Du mir zur Ehre deiner höchst
heiligen Werke, die Du auf Erden für unser Heil
gewirkt hast, alle Sünden, welche ich selbst gegen
dein Gesetz, gegen deine Ehre und gegen deine
göttlichen Einsprechungen wissentlich oder unwissent=

lich begangen und wozu ich Andere verleitet habe,
erlassen wollest. Ordne, o Du Lenker und Prüfer
der Herzen! von nun an alle meine Gedanken,
Worte und Werke nach deinem heiligen Willen
und zu deiner göttlichen Ehre, auf daß mein
ganzes noch übriges Leben dem deinigen gleich=
förmig werde. Dein will ich sein, mein Jesus,
im Leben und im Tode; ich übergebe mich deinen
heiligen Händen; walte mit mir nach deinem hei=
ligen Wohlgefallen! Amen.

Gebet um die Gnade, auf eine heilige Weise zu communiziren.

O mein Gott! ich habe das Glück, oft zu com=
muniziren. Es ist dieses eine Gnade, die Du
mir zu verleihen Dich würdigest, — und für
welche ich Dir meine billige Erkenntlichkeit nicht
genugsam bezeigen kann. Was mich aber beküm=
mert, ist die Furcht, ich möchte dieses heil. Werk
nicht recht verrichten, noch die gehörige Vorbe=
reitung dazu mitbringen. Wie unglücklich wäre
ich, o mein Gott! wenn ich, da ich dein gött=
liches Geheimniß empfange, nicht im Stande
wäre, dasselbe würdig zu empfangen, und wenn
ich mich in Gefahr setzen würde, mein Gericht
und meine Verdammniß zu empfangen! — Dieser
Gedanke erschreckt mich, und macht mich zittern.

Mein Gott, mein anbetungswürdiger Jesu! ich
bin jetzt vor Dir und bei Dir. Ich bin gleich=
sam befugt, Alles von Dir zu begehren, und Du

bist im Stande, mir Alles zu verleihen. Nun
sieh, die wichtige und kostbare Gnade, um welche
ich in diesem Augenblicke Dich bitte, und zwar
für mein ganzes Leben bitte, ist das Glück, alle
meine heiligen Communionen auf eine recht christ=
liche, recht heilige Weise zu empfangen. Bereite
Du selbst mein Herz und meine Seele dazu vor,
reinige meine Anmuthungen, und erwecke sie. Gib,
daß ich zu diesem hochheiligen Geheimnisse jeder=
zeit mit einem lebhaften Glauben, mit fester Hoff=
nung, mit inbrünstiger Liebe, kurz: mit jener
Vorbereitung hingehe, welche die Heiligkeit und
Würde dieses anbetungswürdigsten Sakramentes
erfordert. Ich meinerseits verspreche, mit deiner
heiligen Gnade alle meine Kräfte anzustrengen,
damit ich mich selbst auf eine heilige Weise vor=
bereiten und im Leben jederzeit so communiziren
möge, wie ich es im Tode wünschen werde, ge=
than zu haben. Und mit eben diesen Gesinnun=
gen nehme ich Dich jetzt auch geistiger Weise in
mein Herz auf, da ich es in Wirklichkeit nicht
thun kann. — Mein Gott in mir! bleibe immer
in mir, und mache, daß auch ʼich stets in Dir
verbleibe! Amen.

Gebet eines Kranken.

Barmherziger Jesu, der Du bis an das Ende
der Zeiten im hochheiligen Sakramente unter uns
Menschen sein willst, um uns deine süße Barm=
herzigkeit zu zeigen! errette, wenn es nach dem

Willen deines himmlischen Vaters geschehen kann, meine Seele aus dieser Noth! Nimm die Furcht und Angst meines Herzens, und die Pein und Schmerzen meines Leibes von mir, auf daß ich mit erneuerten Kräften Dir diene!

Gedenke, süßester Heiland! wie liebreich Du während deines Wandels auf Erden an so vielen Kranken gehandelt, wie Du den demüthig bittenden Aussätzigen gereiniget, den Knecht des Hauptmannes geheilet, den Gichtbrüchigen mit den trostreichen Worten gesund entlassen: „Vertraue, mein Sohn! deine Sünden sind dir vergeben!" wie Du den Blutgang jenes armen Weibes gestillet hast, welches den Saum deines Kleides mit Vertrauen berührte; und wie Du durch Städte und Flecken wandeltest, und alle Krankheiten der Seele und des Leibes durch dein heilsames Wort hinwegnahmest! Du bist noch immer unser Leib- und Seelen-Arzt im hochheiligen Sakramente! erzeige also auch mir, deinem unwürdigen Diener, diese große Barmherzigkeit, und nimm die Leiden meiner Seele und meines Leibes von mir, daß ich in deiner heiligen Gemeinde Dich lobe, und Dir den flammendsten Dank meines Herzens darbringe!

Doch, Herr! nicht mein, sondern dein Wille geschehe! Willst Du, daß ich noch mehr, noch länger leiden soll, ich bin es zufrieden. Ist es Dir gefällig, mich aus diesem Leben abzurufen, so sei es, wie und wann Du willst! Nur gewähre mir Geduld, vollkommene Verzeihung meiner Sünden, eine glückselige Sterbstunde und das ewige Leben! Amen.

Gebet um die Gnade, vor dem Tode die letzte Wegzehrung zu empfangen.

Ich weiß, daß ich einst sterben werde, o mein Gott! Unsre Sünden und deine Gerechtigkeit haben uns zum Tode verurtheilt. In jenen letzten Augenblicken, wenn der letzte Kampf herbeikommen wird, werde ich mehr, als je zuvor, deine Hilfe und deinen Beistand vonnöthen haben, — sowohl wider den Schrecken und die Furcht des Todes, wovon ich werde umrungen sein, — als auch wider die Feinde meines Heiles, welche ihr Aeußerstes thun werden, und wider die Schwachheit meines Herzens, dessen Unbeständigkeit ich nur zu sehr erfahren habe. Du, o getreuer Gott! wirst mich in diesen so gefährlichen Augenblicken nicht verlassen. Du hast mir während meines Lebens so oft erlaubt, zu deinem heiligen Tische zu gehen, und deine göttlichen Geheimnisse zu empfangen, deßhalb bitte ich Dich durch alle deine Barmherzigkeit mir diese Gnade auch am Ende meines Lebens angedeihen zu lassen. Möchte ich doch das Glück haben, vor meinem Tode die letzte Wegzehrung mit jenen heiligen Gesinnungen und mit jener Gegenwart des Geistes und Freiheit des Herzens zu empfangen, welche nothwendig sind, damit ich Dir mein letztes Opfer würdig darbringen, und mich mit Dir, als meinem liebsten

Heilande, vereinigen möge, ehe ich vor Dir, als meinem höchsten Richter erscheinen werde!

Ich opfere Dir, o mein Gott! für jene Zeit schon jetzt mein Leben auf, und nehme zum Voraus alle Schmerzen der letzten Krankheit, und was der Tod Hartes an sich haben mag, willig an. Ich bitte Dich aber um die Gnade, Dich zu empfangen, ehe ich diesen Ort des Elendes verlasse, und in Dir auch das Unterpfand meiner ewigen Seligkeit zu erhalten. Komm mir alsdann zu Hilfe, um mich zu stärken, zu reinigen, und meiner Seele die Bitterkeit des Hinscheidens und der Reise in die Ewigkeit zu mildern. Dadurch wirst Du alles Gute, womit Du mich in meinem Leben begnadiget hast, gleichsam krönen, wenn Du selbst meinen letzten Athemzug heiligen und aufnehmen wirst. Amen.

Bittseufzer zu dem heiligen Herzen Jesu.

Begierden des Herzens Jesu! herrschet in mir. Göttliche Flammen des Herzens Jesu! entzündet mich. Geduld des Herzens Jesu! ertrage mich. Armuth des Herzens Jesu! bereichere mich. Leiden des Herzens Jesu! machet mich standhaft. Vernichtung des Herzens Jesu! demüthige mich. Vorsichtigkeit des Herzens Jesu! wache über mich. Lieblichkeit des Herzens Jesu! ziehe mich zu Dir. Heiligkeit des Herzens Jesu! drücke Dich in mich ein. Unermeßlichkeit des Herzens Jesu! erfülle mich. Unbeweglichkeit des Herzens Jesu! befestige

mich). Reichthum des Herzens Jeſu! vergnüge mich).
Gehorſam des Herzens Jeſu! unterwerfe mich).
Reinigkeit des Herzens Jeſu! heilige mich). Barm=
herzigkeit des Herzens Jeſu! begnadige mich).

⸺◇◇⸺ ˎ

Neunter Abſchnitt.

Abläſſe und Ablaßgebete zur Ehre des allerheiligſten Altarsſakramentes.*)

1. Abläſſe am Fronleichnamsfeſte und in deſſen Oktav.

Papſt Urban IV. hat in ſeiner Conſtitution:
Transiturus, vom 11. Auguſt 1264, das Feſt
des Fronleichnams mit ſeiner Oktav eingeführt,
und ſelbes in der ganzen katholiſchen Chriſtenheit
zum Gedächtniß des anbetungswürdigſten Altars=
ſakraments, das unſer göttlicher Erlöſer, Jeſus
Chriſtus, kurz vor ſeinem Leiden eingeſetzt hat,
zu feiern befohlen. Dieſes Erinnerungsfeſt wurde
bis dahin von der Kirche nur am Gründonnerstag
in der heiligen Meſſe gefeiert. Oberwähnter Papſt,

---

*) Aus der, aus dem Italieniſchen nach der eilften
römiſchen Original-Ausgabe überſetzten oberhirtlich ap=
probirten „Sammlung von Gebeten und guten Werken,
auf deren Verrichtung die römiſchen Päpſte den Gläu=
bigen heilige Abläſſe verliehen haben."

voll des Verlangens, daß die Christgläubigen bei einer solchen Feierlichkeit dem Herrn wegen dieser außerordentlichen Gnade (Ex lect. 2. Noct. in festo etc. Corporis Christi) gebührend danken und sich wechselseitig dazu aneifern möchten, hat hierauf verschiedene Abläſſe verliehen, welchen Martin V. in seiner Conſtitution: Ineffabile, vom 26. Mai 1429, andere hinzufügte, die dann später Eugen IV. in seiner Conſtitution: Excellentissimum, vom 26. Mai 1433 beſtätigte, und noch vermehrte. Es sind folgende:

1) Ein Ablaß von 200 Tagen iſt verliehen allen Gläubigen, welche nach reumüthig verrichteter Beicht und Communion am Tage vor dem Fronleichnamsfeste faſten, oder nach Anleitung des Beichtvaters ein anderes gutes Werk verrichten.

2) Ein Ablaß von 200 Tagen allen Jenen, welche nach abgelegter Beicht und empfangener Communion, am Fronleichnamsfeſte der erſten und zweiten Veſper, der Matutin und der Meſſe beiwohnen, und zwar für jede dieser Funktionen.

3) Ein Ablaß von 160 Tagen allen Jenen, welche am nämlichen Feſte bei den kanoniſchen Tagzeiten, das iſt: der Prim, Terz, Sext, Non und Complet beiwohnen, und zwar für jede dieser Tagzeiten.

4) Ein Ablaß von 200 Tagen allen Jenen, welche in den Tagen der Fronleichnams-Oktav der Veſper, Matutin und Meſſe beiwohnen, und zwar für jede dieser Funktionen.

5) Ein Ablaß von 80 Tagen allen Jenen, welche in der Oktav bei den kanoniſchen Tagzeiten der Prim, Terz, Sext, Non und Complet ſich ein= finden, und zwar für jede dieſer Tagzeiten.

6) Ein Ablaß von 200 Tagen jedem Prieſter nach verrichteter heiliger Meſſe, ſowie jeder andern Perſonen, welche die heilige Communion empfängt, und darauf der Fronleichnamsprozeſſion an dieſem Tage ſelbſt, oder in der Oktav andächtig bei= wohnt und dabei für die heilige Kirche betet.

Benedikt XIV. erklärte unter'm 13. Sept. 1749, daß dieſe Abläſſe auch den Seelen im Fegfeuer können zugewendet werden. Dieſe Abläſſe beſtä= tigte auch Paul V. am 15. Febr. 1608, und Clemens X. am 23. April 1676.

2. Das Stundengebet vor dem allerheiligſten Altarsſakramente am Gründonnerstage, am Fronleichnamstage und an andern Donnerstagen.

Damit die Chriſtgläubigen noch mehr angeeifert werden, unſerem Herrn Jeſus Chriſtus zu danken für die Einſetzung des allerheiligſten Altarsſakra= ments, hat Pius VII. mit zwei Reſcripten vom 14. Februar 1815. und 6. April 1816 (welche ſich in der Sekretarie der hl. Congregation der Abläſſe befinden) auf ewige Zeiten Jenen einen vollkommenen Ablaß verliehen, welche entweder mit Mehreren zuſammen, oder für ſich allein, am Gründonnerstage eine Stunde lang andächtige Uebungen zur Feier der Einſetzung dieſes Sakra=

mentes halten werden; natürlich müssen sie ent=
weder am nämlichen Tage, oder an einem Tage
der Osterwoche beichten und communiziren. Dieser
Ablaß kann auch unter den nämlichen Bedingnissen
am Fronleichnamsfeste gewonnen werden. Wenn
diese fromme Uebung an andern Donnerstagen des
Jahres gehalten wird, kann man jedesmal einen
Ablaß von 300 Tagen gewinnen. Diese Ablässe
können alle auch den Seelen im Fegfeuer zuge=
wendet werden.

3. Ablässe für den öftern Empfang der heiligen Communion.

Gregor XIII. in seiner Constitution vom 10. April
1580: Ad excitandum, verleiht auf ewige Zeiten
einen Ablaß von 5 Jahren jenen Christgläubigen,
welche nach verrichteter Beicht, an den kirchlichen
Festtagen die heilige Communion empfangen, und
zugleich auf die Meinung des höchsten Kirchen=
hauptes die gewöhnlichen Gebete verrichten werden.
Jenen aber, welche den frommen Gebrauch haben,
wenigstens Einmal des Monats, und an den Fest=
tagen unseres Herrn Jesu Christi, der seligsten
Jungfrau, der heiligen Apostel und der Geburt
des hl. Johannes des Täufers die heilige Com=
munion zu empfangen, verleiht er jedesmal einen
Ablaß von 10 Jahren, und Einmal im Jahre,
und zwar am Feste des Landes= oder des Stadt=
patrons, wo man sich aufhält einen vollkomme=
nen Ablaß, wenn sie an diesem Tage beichten,

communiziren, und das gewöhnliche Gebet auf die
Meinung des Oberhauptes der Kirche verrichten.

**4. Anbetung des allerhl. Altarsſakraments bei
dem Glockenzeichen zur hl. Wandlung und bei
dem Segen.**

Gregor XIII. verleihet in der oben erwähnten
Conſtitution, auf ewige Zeiten, einen Ablaß von
einem Jahre allen Jenen, welche, wo ſie ſich
auch immer befinden mögen, bei gegebenem Glocken=
zeichen zur Wandlung, während des Hochamts
oder der Pfarr= oder Conventmeſſe, auf die Kniee
fallen, und ein Gebet zu Jeſu im hl. Altars=
ſakramente verrichten; und von zwei Jahren,
wenn ſie ſich zu dieſem Zwecke beim Glockenzeichen
ſchnell in die Kirche verfügen, und Jeſum bei der
Wandlung anbeten.

Pius VII. aber verlieh nebſtbei mit Dekret Urbis et Orbis der heil. Kongregation der Abläſſe
vom 7. Dezember 1819, auf ewige Zeiten, allen
Jenen einen Ablaß von 100 Tagen, welcher auch
den Seelen im Fegfeuer zugewendet werden kann,
welche bei Anhörung der heiligen Meſſe, während
der Wandlung, andächtig und mit reumüthigem
Herzen, Jeſum im heiligſten Sakramente mit dem
bekannten Lobgebete anbeten:

Gelobt und gebenedeit ſei ohne End'
Das heiligſte und göttliche Sakrament!

Erwähnter Papſt Pius VII., voll des eifrigen
Verlangens, die Andacht zum heiligſten Altärs=

ſakrament zu vermehren, hat mit einem ſpätern
Dekret Urbis et Orbis der hl. Kongregation der
Abläſſe vom 30. Juni 1818, auf ewige Zeiten,
einen Ablaß von 100 Tagen, welcher auch den
Seelen im Fegfeuer zugewendet werden kann,
Denjenigen verliehen, welche bei dem Glockenzei=
chen, das bei einer 40ſtündigen Anbetung des
Altarsſakraments, entweder zum Segen, oder zur
Gebetſtunde, oder aus was immer für einer Ur=
ſache, während der Ausſetzung gegeben wird, das
Hochwürdigſte anbächtig und mit reumüthigem
Herzen anbeten, und das oben genannte Lobgebet
verrichten werden.

5. Die Begleitung des allerheiligſten Altars-sakraments zu den Kranken.

Um die Chriſtgläubigen mehr anzueifern, die hl.
Wegzehrung zu den Kranken zu begleiten, haben
Paul V. unterm 3. November 1606, und Jn=
nocenz XI. unterm 1. Oktober 1688, einige Ab=
läſſe hierauf ertheilt, welche Innocenz XII. in ſeiner
Conſtitution: Debitum pastoralis Officii etc. vom
5. Jan. 1695 beſtätigte und vermehrte, und zwar:

1) Jene, welche das allerheiligſte Altarsſakra=
ment mit angezündeter Kerze zu den Kranken an=
dächtig begleiten, gewinnen jedesmal einen Ablaß
von 7 Jahren und 7 Quadragenen (280 Tagen.)
Jene, die es ohne Kerze begleiten, einen Ablaß
von 5 Jahren und 5 Quarantenen (200 Tagen);
Jene aber, welche wirklich verhindert ſind, ſelbſt

zu erſcheinen, und eine andere Perſon mit ange=
zündeter Kerze zur Begleitung ſenden, einen Ab=
laß von 3 Jahren und 3 Quadragenen (120
Tagen.)

2) Jene, welche nothwendig verhindert ſind,
und das heilige Viaticum nicht perſönlich beglei=
ten können, wenn ſie dann ein Vater unſer und
Gegrüßet ſeiſt ꝛc. auf die Meinung Sr. Heilig=
keit, des Papſtes, beten, werden eines Ablaſſes
von 100 Tagen theilhaft, welches auch von Cle=
mens X. mit Dekret der hl. Kongregation der
Abläſſe vom 23. April 1676 beſtätigt wurde.

In Folge Dekrets Benedikts XIV. vom 13.
September 1749 können obige Abläſſe den Seelen
im Fegfeuer zugewendet werden; auch können ſie
im heiligen oder Jubeljahre nicht eingeſtellt werden,
und zwar nach den Erklärungen Benedikts XIV.
in der Bulle: Cum nos nuper, vom 10. Mai 1749
für das Jubeljahr 1750; dann Clemens XIV.
in einer ähnlichen Bulle vom 15. Mai 1774
für das Jubeljahr 1775; und des Papſtes
Leo XII. in der Bulle vom 20. Juni 1824 für
das Jubeljahr 1825.

6. Beſuchung des allerheiligſten Altarsſakraments während der 40ſtündigen Anbetung.

Das unausgeſetzte 40ſtündige Gebet vor dem hei=
ligſten Altarsſakrament, zum Andenken der 40
Stunden, während welcher der heilige Leibe Jeſu
Chriſti im Grabe ruhete, wurde in Mailand im

Jahre 1534 eingeführt. Diese Andacht verbrei=
tete sich bald in andere Städte Italiens und wurde
auch später von der Erzbruderschaft der hl.
Dreieinigkeit der Pilgrime in Rom, welche der hl.
Philippus Neri im Jahre 1548 errichtet hatte,
für jeden ersten Sonntag des Monats, und dann
im Jahre 1551 von der Erzbruderschaft der hl.
Maria vom Gebete für alle dritte Sonntage des
Monats eingeführt.

Diese Andacht wurde endlich von Clemens VIII.
für Rom auf immer und ohne Unterbrechung ein=
geführt, und dauert daher vom ersten Sonntage
im Advent bis zum Ende des Kirchenjahres; sie
fängt in der Kapelle des päpstlichen Palastes an,
und wird von Kirche zu Kirche Tag und Nacht
das ganze Jahr hindurch fortgesetzt. Laut seiner
Constitution: Graves et diuturnæ, vom 25. No=
vember 1592, verlieh derselbe folgende Ablässe,
die Paul V. mit seinem Breve: Cum felicis recor-
dationis, vom 10. Mai 1606, auf ewige Zeiten
bestätigte, und zwar:

1) Einen vollkommenen Ablaß für Jene,
welche nach verrichteter Beicht und empfangener
Communion alle jene Kirchen, worin das hoch=
würdigste Gut jedesmal ausgesetzt ist, das ganze
Jahr hindurch besuchen, und alldort nach Thun-
lichkeit eine Zeitlang die Anbetung halten.

2) Einen Ablaß von 10 Jahren und eben so
viel Quadragenen (400 Tagen), wenn man diese
Kirchen während der Anbetung besucht, mit dem

festen Vorsatz, reumüthig zu beichten. Pius VII.
verlieh auch mit Rescript vom 6. August 1814 dem
in Rom 1810 eingeführten frommen Verein der
Anbeter des heiligsten Altarssakraments verschiedene
Ablässe, die, weil sie ausschließend nur für diese
ertheilt wurden, hier anzuführen überflüssig wäre.
— Diese Ablässe können nach Erklärung des
Papstes Pius VII. (12. Mai 1817) auch den
armen Seelen zugewendet werden.

7. Besuchung des allerheiligsten Altarssakraments bei dem 40stündigen Gebete in den drei Wochen vor dem Aschermittwoch.

Es wurde schon vor einigen Jahrhunderten in
den Wochen nach den Sonntagen Septuagesimä,
Sexagesimä und Quinquagesimä in Rom sowohl,
als in andern Orten Jesus Christus im heiligsten
Altarssakrament nach Art des 40stündigen Gebetes
zur Anbetung ausgesetzt zu dem Zwecke, daß durch
das anhaltende Flehen der frommen Gläubigen
den vielfältigen Sünden und Lastern, die in den
Fastnachtstagen begangen werden, einigermaßen
vorgebeugt werde, und die Sünder Barmherzig=
keit und Gnade erlangen mögen.

Um nun die Christgläubigen zu einer so hei=
ligen und Gott gefälligen Uebung anzueifern, hat
Clemens XIII. mit Dekret der heil. Kongregation
der Ablässe vom 23. Juli 1765 auf ewige Zeiten
Jenen einen vollkommenen Ablaß verliehen,
welche nach verrichteter Beicht und empfangener

heiligen Communion, in was immer für einer
Kirche der katholischen Christenheit, das durch
drei Tage an einer der drei obbenannten Wochen
ausgesetzte heiligste Altarssakrament besuchen, und
auf obige Meinung andächtig beten werden. Dieses
soll auch Gültigkeit haben, wenn die Aussetzung
nur am Donnerstag nach Sexagesimä (dem soge=
nannten fetten Donnerstage) gewöhnlich wäre.
Dieser Ablaß ist zuerst von Benedikt XIV. durch
seine Constitution vom 1. Jänner 1748: Inter
cætera, aber nur für den Kirchenstaat ertheilt
worden.

8. Besuch des allerheiligsten Altarssakraments beim heiligen Grabe, am Gründonnerstag und Charfreitag.

Es ist immer lobenswerth, und unserer christlichen
Religion angemessen, wenn die Christgläubigen am
Gründonnerstag und Charfreitag Jesum im hei=
ligen Altarssakramente, beim heiligen Grabe mit
frommer Andacht besuchen. Damit aber solche
Besuche im wahren Geiste des Glaubens und mit
mehr geistlichem Vortheile geschehen möchten, hat
Pius VII. mit Rescript der hl. Kongregation der
Ablässe vom 7. März 1815, auf ewige Zeiten,
allen frommen Christgläubigen, welche an den ob=
benannten zwei Tagen das heilige Grab besuchen,
und sich dort eine ziemlich geraume Zeit verweilen,
um auf die Meinung Sr. Heiligkeit des Papstes
zu beten, alle jene Ablässe verliehen, welche man

bei der 40ſtündigen Andacht vor dem ausgeſetzten
heiligſten Altarsſakramente gewinnen kann, näm=
lich: einen vollkommenen Ablaß, wenn man
entweder am Gründonnerſtag oder am Oſtertag
beichtet und communizirt; und einen Ablaß von
10 Jahren und 10 Quadragenen (400 Tagen),
ſo oft man das heilige Grab beſucht, mit dem
feſten Vorſatze, die heilige Beicht und Commu=
nion nächſtens zu verrichten. Dieſe Abläſſe können
auch den Seelen im Fegfeuer zugewendet werden.

**9. Beſuchung des allerheiligſten Altarsſakraments
an Donnerſtagen, mit dem nachfolgenden Gebete.**

Mit Reſcript der Sekretarie der Memorialen
vom 17. Oktober 1796 hat Pius VI. jenen
Chriſtgläubigen, auf ewige Zeiten, einen voll=
kommenen Ablaß verliehen, welche nach reu=
müthig verrichteter Beicht und empfangener Com=
munion das Jahr hindurch alle erſten Donnerſtage
eines jeden Monats das allerheiligſte Sakrament,
es mag nun ausgeſetzt oder im Tabernakel ver=
ſchloſſen ſein, beſuchen, und alldort das nach=
ſtehende Gebet (welches der heil. Cajetan von
Thiene verfaßt haben ſoll) verrichten, um die
göttliche Barmherzigkeit anzuflehen, und für das
Anliegen der Kirche zu beten u. ſ. w.

Jenen aber, welche an was immer für einem
Donnerſtage des Jahres nach abgelegter Beicht
und Communion dieſes Gebet knieend vor dem
heiligen Sakrament, wie oben, verrichten, wird

ein Ablaß von 7 Jahren und 7 Quadragenen (280 Tagen), und Jenen, welche dasselbe an einem andern beliebigen Tage, wenigstens mit reumüthigem Herzen beten, ein Ablaß von 100 Tagen verliehen. Diese Ablässe können auch den armen Seelen im Fegfeuer zugewendet werden. — Das Original-Dokument liegt im Archive der ehr= würdigen Kongregation der regulirten Kleriker (Theatiner), zu St. Andreas della Valle zu Rom.

Gebet.

Schau herab, o Herr! von deinem Heiligthume und dem erhabenen Wohnorte des Himmels, und siehe an diese heilige Hostie, die Dir unser großer Hoherpriester, dein heiliger Sohn, der Herr Jesus Christus, für die Sünden seiner Brüder zum Opfer bringt, und laß Dich besänftigen wegen der Menge unserer Bosheiten. Sieh! die Stimme des Blutes unsers Bruders Jesu ruft zu Dir vom Kreuze. Erhöre uns, o Herr! und laß Dich versöhnen; Herr! merke auf und thue es um deiner selbst willen; zögere nicht, mein Gott! denn diese Stadt und dein Volk wird nach deinem Namen genannt; und handle mit uns nach deiner Barmherzigkeit. Amen.

10. Der Hymnus: Pange lingua, oder das Tantum ergo etc.

Auf das Ansuchen vieler Bischöfe und des ehr= würdigen Kollegiums der Pfarrer von Rom, hat

Kommet, lasset uns anbeten.   22

Pius VII. um die Chriſtgläubigen zur Andacht
zu Jeſu im heiligſten Altarsſakramente mehr und
mehr zu ermuntern, Ihn öfters im Geiſte und
in der Wahrheit anzubeten, und Ihm wegen der
unendlichen Wohlthat, vermöge der Er ſich uns in
dem höchſten Altarsgeheimniſſe ganz geſchenket, zu
danken — mit Dekret Urbis et Orbis der heili=
gen Kongregation der Abläſſe vom 25. Aug. 1818,
auf ewige Zeiten, allen Chriſtgläubigen 300 Tage
Ablaß für einmal des Tages verliehen, wenn ſie
mit reumüthigem Herzen folgenden Hymnus : Pange
lingua etc. ſammt dem Gebet; und 100 Tage
Ablaß, wenn ſie einen Theil davon, nämlich das :
Tantum ergo etc. mit dem Gebet ſprechen werden.

Jenen aber, welche entweder täglich, oder
wenigſtens zehnmal in jedem Monate dieſen
Hymnus, oder den Theil: Tantum ergo etc. mit
dem Gebete beten, wird entweder am Gründonner=
ſtage, oder am Fronleichnamtage, oder an einem
Tage in der Oktav dieſes Feſtes, oder überhaupt
an jenem Tage ein vollkommener Ablaß ver=
liehen, an welchem ſie beichten, communiziren,
eine Kirche beſuchen, und auf die Meinung des
Oberhauptes der Kirche beten. Dieſe Abläſſe
können auch den Seelen im Fegfeuer zugewendet
werden.

Pange lingua.
(Siehe Seite 102.)

V. Du, o Herr! hast ihnen das Himmelsbrod gereicht,

R. Welches alle Lieblichkeit in sich enthält.

Gebet.

O Gott! der Du uns in dem wunderbaren Sakramente ein Andenken deines Leidens hinterlassen hast, wir bitten Dich, verleihe uns, die heiligen Geheimnisse deines Leibes und Blutes zu verehren, daß wir die Früchte deiner Erlösung immer in uns empfinden mögen. Der Du mit Gott dem Vater in Einigkeit des heiligen Geistes lebest und regierest, Gott, von Ewigkeit zu Ewigkeit. Amen.

11. Der Lobspruch zur Ehre des allerheiligsten Altarsfakramentes.

Pius VII. mit Rescript der Sekretarie der Memorialen vom 24. Mai 1776, ertheilt für einmal in jedem Tag, allen jenen Christgläubigen einen Ablaß von 100 Tagen, welche wenigstens mit reumüthigem Herzen zur Ehre des heiligsten Altarsfakraments den Lobspruch sprechen:

Gelobt und gebenedeit sei ohne End'
Das heiligste und göttliche Sakrament!

Ferner verleihet er einen Ablaß von 300 Tagen allen Jenen, welche an allen Donnerstagen des ganzen Jahres, sowie in der Oktav des Fronleichnamsfestes diesen Lobspruch allezeit **d r e i m a l**, und einen **v o l l k o m m e n e n** Ablaß, wenn sie den= selben täglich, einen ganzen Monat hindurch, beten, und an einem beliebigen Tage die heilige Beicht, Communion, und das Gebet auf die Meinung der heiligen Kirche verrichten.

12. Aebungen der Anbetung des allerheiligsten Altarssakramentes, mit 5 Vater unser, 5 Ge- grüßet seist etc. und 5 Ehre sei Gott dem Vater etc.

Mit Rescript vom 26. August 1814 hat Pius VII. durch den Kardinal=Präfekt der hl. Kongregation der Riten, nebst der Gutheißung folgender Uebun= gen der Anbetung Jesu im heiligsten Altarssakra= mente, auch einen Ablaß von 300 Tagen, auf ewige Zeiten, jenen Christgläubigen verliehen, welche erwähnte Uebungen, die ein Prälat und nach= maliger Kardinal in Rom verfaßt hat, nebst 5 Vater unser zc., und eben so vielen Ave Maria und Ehre sei Gott dem Vater, andächtig beten wollen. Dieser Ablaß kann auch den Seelen im Fegfeuer zugewendet werden. — Das Original= Dekret ist in den Akten der hl. Kongregation der Riten, und eine authentische Kopie in dem Sekre= tariat der heiligen Kongregation der Ablässe zu finden.

Uebung der Anbetung Jesu im heiligsten Altarssakrament.

1. Ich bete Dich in tiefster Ehrfurcht an, o mein Jesus im heiligsten Sakrament! Ich erkenne

Dich als wahren Gott und wahren Menschen; und
durch diesen Akt der Anbetung will ich die Frostig=
keit und den Kaltsinn so vieler Christen ersetzen,
welche im Vorübergehen bei deinen Tempeln, und
vielmal sogar vor dem heiligen Tabernakel, worin
Du Dich würdigest, zu jeder Stunde des Tages
in liebevoller Ungeduld zu verweilen, um Dich
deinen Gläubigen mitzutheilen, Dich nicht einmal
begrüßen, sondern durch ihre sträfliche Nachläßig=
keit leider beweisen, daß sie, wie die Juden in
der Wüste, einen Ekel vor diesem himmlischen
Manna haben. Ich opfere Dir demnach das
kostbarste Blut, welches Du aus der Wunde deines
linken Fußes vergossest, zur Sühnung für eine
so empörende Lauigkeit auf, und in diese Wunde
mich verschließend, wiederhole ich tausend und
tausend Mal:

Gelobt und gebenedeit sei ohne End'
Das heiligste und göttliche Sakrament!
Vater unser. Gegrüßt seist. Ehre sei Gott.

2. Ich bete Dich in tiefster Ehrfurcht an, o
Jesus! der Du gegenwärtig bist im heiligsten Altars=
sakramente, und durch diesen Akt der Anbetung
verlange ich die Gleichgültigkeit jener lauen Chri=
sten zu ersetzen, die, obschon sie Dich zu den Kran=
ken, zur Stärkung für ihre große Reise in die
Ewigkeit, tragen sehen, Dich dennoch ohne Be=
gleitung lassen, und kaum eines kleinen Zeichens der
äußerlichen Verehrung würdigen. Ich opfere Dir
demnach, zur Sühnung eines solchen Kaltsinns,

das koſtbarſte Blut, welches Du aus der Wunde
deines re ch ten Fußes vergoſſeſt, auf, und in
dieſe Wunde mich verſchließend, wiederhole ich
tauſend und tauſend Mal:

Gelobt und gebenedeit ſei ohne End'
Das heiligſte und göttliche Sakrament!

Vater unſer. Gegrüßt ſeiſt. Ehre ſei Gott.

3. Ich bete Dich in tiefſter Ehrfurcht an, o
mein Jeſus, Du wahres Brod des ewigen Lebens!
und durch dieſen Akt der Anbetung verlange ich,
Dir für die ſo vielen Wunden genugzuthun, welche
tagtäglich deinem Herzen geſchlagen werden, durch
die Verunehrung deiner Kirchen, wo Du unter
den ſakramentaliſchen Geſtalten zu verweilen Dich
würdigeſt, um von deinen Getreuen angebetet und
geliebt zu werden. Ich opfere Dir demnach auf,
zur Sühnung ſo vieler Ungebührlichkeiten, das
koſtbarſte Blut, welches Du aus der Wunde deiner
linken Hand vergoſſeſt, und in dieſe Wunde
mich verſchließend, wiederhole ich tauſend und
tauſend Mal:

Gelobt und gebenedeit ſei ohne End'
Das heiligſte und göttliche Sakrament!

Vater unſer. Gegrüßt ſeiſt. Ehre ſei Gott.

4. Ich bete Dich in tiefſter Demuth an, o
mein Jeſus, lebendiges Brod, vom Himmel ge=
ſtiegen! und durch dieſen Akt der Anbetung ver=
lange ich, Dir für alle die vielen Unehrerbietig=
keiten genugzuthun, welche tagtäglich von deinen
Gläubigen, in Anhörung der heiligen Meſſe be=

gangen werden, bei welcher Du aus zärtlicher
Liebe zu uns das nämliche, obschon unblutige,
Opfer erneuerst, das Du auf dem Calvarienberge
zu unserem Heile vollbracht hast. Ich opfere Dir
demnach auf, zur Sühnung eines solchen Undankes,
das kostbarste Blut, welches Du aus der Wunde
deiner rechten Hand vergossest, und in diese Wunde
mich verschließend, vereinige ich meine Stimme
mit jener der Engel, die Dich tief anbetend um=
geben, und rufe mit ihnen:

Gelobt und gebenedeit sei ohne End'
Das heiligste und göttliche Sakrament!

Vater unser. Gegrüßt seist. Ehre sei Gott.

5. Ich bete Dich in tiefster Ehrfurcht an, o
mein Jesus, wahres Opfer zur Tilgung unserer
Sünden! und opfere Dir diesen Akt der Anbetung
auf, zu einigem Ersatz für die Gottesraube und
Lästerungen, welche Du von so vielen undank=
baren Christen erduldest, die es wagen, sich Dir
zu nähern, und mit schweren Sünden auf ihrer
Seele Dich in der Communion zu empfangen.
Zur Sühnung einer so verabscheuungswürdigen
Entheiligung opfere ich Dir die letzten Tropfen
deines kostbarsten Blutes auf, das Du aus der
Seitenwunde vergossest, und in diese Wunde
mich verschließend, komme ich Dich anzubeten, zu
lieben und zu preisen, und mit allen frommen
Anbetern des allerheiligsten Altarsfakraments tausend
und tausend Mal zu wiederholen:

Gelobt und gebenedeit ſei ohne End'
Das heiligſte und göttliche Sakrament.
Vater unſer. Gegrüßt ſeiſt. Ehre ſei Gott.

(Hier betet man das: Tantum ergo etc. Dann
ſpricht man das: V. Du, o Herr ꝛc. und das Gebet:
O Gott! der Du in dem wunderbaren Sakramente ꝛc.
Siehe Seite 338.)

13. Sühnungsgebet zu Jeſus im allerheiligſten Altarsſakrament.

Auf das Anſuchen des ehrwürdigen Ordens der
ewigen Anbeterinnen des allerheiligſten Sakra=
ments zu Rom hat Pius VII. mittelſt Reſcript
vom 21. Jänner 1815, für ewige Zeiten, einen
Ablaß von 200 Tagen (welcher auch den armen
Seelen im Fegfeuer zugewendet werden kann)
Jenen verliehen, welche das nachſtehende Süh=
nungsgebet zu Jeſu im heiligſten Altarsſakra=
mente (welches die obgenannten Kloſterfrauen zu
jeder Stunde, in welcher ſie Anbetung halten, zu
beten pflegen), wahrhaft reumüthig ſprechen. Dieſen
Ablaß beſtätigte auch für ewige Zeiten Papſt
Leo XII. mit ſeinem eigenhändig unterſchriebenen
Reſcript vom 13. Auguſt 1828, welches in dem
Archiv des oberwähnten Kloſters aufbewahrt wird.

Sühnungsgebet.

Mit jener tiefſten Ehrfurcht, welche der wahre
Glaube mir eingibt, mein Gott und mein Er=
löſer, Jeſus Chriſtus, wahrer Menſch und wahrer

Gott! bete ich Dich an, verborgen in dem heilig=
sten Sakramente, und liebe Dich von ganzem
Herzen, zum Ersatz für alle Unehrerbietigkeiten,
Entweihungen und Entheiligungen, die ich mir
bisher zu meinem Unglücke zu Schulden kommen
ließ, sowie für alles Jene, was Andere verschuldet
haben, oder worin sie, was Gott verhüte, in Zu=
kunft sich vergehen könnten. Ich bete Dich an,
o mein Gott! zwar nicht so sehr, als Du würdig
bist angebetet zu werden, noch auch so viel, als
ich es für meine Pflicht erkenne, sondern nur so
viel, als es in meinen Kräften steht. Aber ich
wünschte, dieß so vollkommen zu erfüllen, als je
ein vernünftiges Geschöpf es zu thun vermag;
und diese meine tiefste Anbetung verlange ich nicht
allein darzubringen, jetzt und allezeit, für jene
katholischen Christen, die Dich nicht anbeten und
nicht lieben; sondern auch zum Ersatz und für
die Bekehrung aller Irrgläubigen, von der Kirche
Getrennten, Gotteslästerer, Flucher, Wahrsager,
Gottesleugner, Juden, Mahomedaner und Heiden.
Ach mein Jesus, möchtest Du von Allen erkannt,
angebetet, geliebt und immerdar gepriesen werden,
im heiligsten, göttlichen Sakramente! Amen

Schlußgebetlein.

Wir beten Dich an ohne End', o lebendiges
Himmelsbrod, großes Sakrament!

O Jesus, Mariä Herzenssohn! ich bitte Dich,
segne meine Seele!

Dir ſchenke ich mein Herz, o Jeſus mein allerheiligſter Erlöſer!

Es werde erkannt, angebetet und gebenedeit von Allen ohne End' — das allerheiligſte, göttliche Sakrament!

Für dieſe Schlußgebete allein hat Leo XII. mit oben angeführtem Reſcript, auf ewige Zeiten (wenn ſie mit reumüthigem Herzen geſprochen werden), einen Ablaß von 100 Tagen verliehen, welcher auch den armen Seelen im Fegfeuer zu= gewendet werden kann.

14. Gebet zum allerheiligſten Altarsſakrament und zum göttlichen Herzen Jeſu.

Pius VI. hat mittelſt Reſcript vom 7. Nov. 1787 jedem Chriſtgläubigen einen Ablaß von 100 Ta= gen, für Einmal des Tages, verliehen, wenn er folgendes Gebet zum heiligſten Altarsſakrament und zum liebenswürdigſten Herzen Jeſu mit An= dacht betet. Pius VII. beſtätigte mit Reſcript der Sekretarie der Memorialen vom 9. Februar 1818 dieſen Ablaß auf ewige Zeiten, dehnte ihn auch auf die getreue Ueberſetzung dieſes Gebetes in fremde Sprachen aus, und erlaubte, denſelben auch den Seelen im Fegfeuer zuzuwenden.

Das Reſcript wird aufbewahrt in dem Archiv des frommen Vereins zu dem heiligſten Herzen Jeſu und Mariä in der Kapelle, nun übertragen nach St. Maria della Pace.

Gebet.

Sieh, mein liebenswürdigſter Jeſus, wie weit doch deine unausſprechliche Liebe geht! Du haſt mir von deinem Fleiſch und koſtbaren Blute ein göttliches Mahl bereitet, um Dich mir ganz ·zu ſchenken. Wer hat Dich wohl zu ſolchen Erweiſen der Liebe bewogen? Gewiß Niemand anders, als dein liebebrennendes Herz. — O anbetungswür= diges Herz meines Jeſu, glühender Ofen der gött= lichen Liebe! ſchließe meine Seele in deine aller= heiligſte Seitenwunde ein, damit ich in dieſer Schule der Liebe lerne, jenen Gott, der mir ſo wunderbare Proben ſeiner Liebe gab, hinwieder zu lieben. Amen.

15. Kurze Ablaßgebete z. hhl. Altarsſakramente.

Lob, Anbetung, Liebe und Dank werde jeden Augenblick dargebracht dem unter Brodsgeſtalten verborgenen Herzen Jeſu in allen Tabernakeln auf Erden bis an's Ende der Welt. Amen.

(Täglich 100 Tage Abl. Pius IX. 29. Feb. 1868.)

Seele Chriſti, heilige mich. * Leib Chriſti, er= löſe mich. * Blut Chriſti, tränke mich. * Waſſer der Seite Chriſti, waſche mich. * Leiden Chriſti, ſtärke mich. * O gütiger Jeſu, erhöre mich * In deine Wunden verberge mich. * Von Dir laß nimmer ſcheiden mich. * Vor dem böſen Feinde beſchütze mich. * In der Todesſtunde rufe mich.

* Und laß zu Dir dann kommen mich. * Da=
mit mit allen Heiligen Dich * Ich loben möge
ewiglich. Amen.

(Jedesmal 300 Tage; monatlich vollkommener Ablaß
Pius IX. 9. Jan. 1854.)

16. Gebet, den Ablaß für die armen Seelen aufzuopfern.

O mein Jesus! ich flehe zu deiner Barmherzig=
keit, Du wollest den Ablaß, den ich durch meine
heilige Communion erlangt habe, den armen Seelen
N. N. zu ihrer Erlösung gereichen lassen. Soll=
ten diese Seelen der Fürbitte nicht mehr bedürftig
sein, so schenke ihn den Seelen, welche zunächst
an der Erlösung sind, damit sie Dich, o Gott!
im Himmel sehen, lieben, loben und anbeten mögen,
und auch für mich bitten wollen, daß ich einstens
durch einen glückseligen Tod ihnen im Himmel
beigesellt werde, um Dich zu lieben, zu loben und
anzubeten in alle Ewigkeit. Amen.

(Bete sieben Vater unser und Gegrüßt seist du Maria
sammt dem Glauben nach der Meinung der Kirche zur
Gewinnung des Ablasses.)

Und Ich, wenn Ich von der Erde erhöhet
bin, werde Alles an Mich ziehn.

Gebr. C. u. N. Benziger in Einsiedeln.

Dritte Abtheilung.

Allgemeine Andachten.

In sechs Abschnitten.

———◆———

„Wenn Diejenigen, welche mit weisen Männern in häufige Berührung kommen, in kurzer Zeit von der Weisheit derselben zu ganz neuen Menschen umgebildet werden: was muß dann nicht erst mit Jenen geschehen, die durch Gebet in häufigen Verkehr treten mit der ewigen und höchsten Weisheit? — Wie weise, tugend= haft, fromm, nüchtern müssen sie nicht durch das Ge= bet werden!"

Der heilige Chrysostomus,
Kirchenlehrer.

Erster Abschnitt.

Morgen- und Abendandachten.

Morgengebet an Sonn- und Feiertagen.

Im Namen des Vaters und des Sohnes und des heiligen Geistes. Amen.

Ehre sei dem Vater, der mich erschaffen hat! Ehre sei dem Sohne, der mich erlöset hat! Ehre sei dem heiligen Geiste, der mich geheiliget hat!

Gelobt, gebenedeit und angebetet sei die hochheiligste und ungetheilte Dreifaltigkeit, wie von aller Ewigkeit her, so auch jetzt und in alle Ewigkeit!

Ich bete Dich an, ich lobe und verherrliche Dich, o heiligste Dreifaltigkeit! Ich sage Dir Dank, daß Du mich in dieser Nacht so gnädig bewahrt hast. O wie viele Sünder sind in eben dieser Nacht dahingestorben und nach deinem gerechten Urtheile gerichtet worden! Was soll ich Dir, o mein höchstes Gut, dafür vergelten, daß Du mich einer so besondern Liebe gewürdigt hast? O du mildeste Mutter und keuscheste Jungfrau Maria, mein hl. Schutzengel und ihr meine heiligen Schutzpatrone, lobet und verherrlichet mit mir meinen und euern Gott heute und zu allen Zeiten!

Opfere dem himmlischen Vater dein Herz.

O ewiger Vater! Dir bringe ich mein Herz und alle Kräfte meiner Seele, alle Sinne meines Leibes und Alles, was ich habe, zum freiwilligen Opfer dar. Ach, nimm mich, dein geringes Ge= schöpf und all' das Meinige auf in Vereinigung deines geliebten Sohnes, unsers· Herrn Jesus Christus. O mein Vater! wann werde ich kom= men und vor deinem Angesichte erscheinen?

Mache eine gute Meinung nach der Lehre Jesu.

O süßester Jesus, der Du bist der Weg, die Wahrheit und das Leben! ich nehme mir fest vor, nach deinen Geboten zu wandeln; und heute ins= besondere diese guten Werke . . . . zu verrichten. Nur für das Heil meiner Seele soll ich an diesem Dir geheiligten Tage sorgen durch den kirchlichen Gottesdienst, den Empfang der heiligen Sakra= mente und Lesung in geistlichen Büchern. Alles und Jedes soll geschehen zur Ehre deines Namens. O Jesus, meine Hoffnung und mein Leben, könnte ich doch heute und allezeit bei jedem Athemzuge Dich lieben, verehren, verherrlichen und alle Ge= schöpfe zu deinem Lobe anleiten! Nimm auf, o Jesus! diese meine Meinung, und ersetze durch deine unendlichen Verdienste, was meinen Kräften mangelt.

Meide die Sünde durch den Beistand des heiligen Geistes.

Komm, o heiliger Geist, Du Trost und Stärke meiner Seele! damit ich allen Versuchungen standhaft widerstehe. Wie? sollte ich noch einmal in diese Sünde N. einwilligen? Ach, nein! gar zu oft bin ich in dieselbe gefallen; von heute an will ich mich ernstlich bessern. O heiliger Geist, stehe mir bei mit deiner Gnade!

Rufe die Heiligen Gottes um ihre Fürbitte an.

Stehet mir auch bei, ihr Auserwählten Gottes, und unterstützet meine guten Vorsätze! O heilige Jungfrau und Gottesgebärerin Maria mit deinem heiligen und keuschesten Bräutigam Joseph; du, o heiliger Engel, mein treuer Schutzgeist; ihr, meine besondern Schutzpatrone, heilige N. N., und ihr Heiligen, deren Andenken heute begangen wird, reichet mir eure hilfreiche Hand, warnet mich, wenn ich unbehutsam bin, und führet mich, wenn ich mich verirre, auf den rechten Weg zurück, damit ich meine Vorsätze heute getreu möge ausführen! Gib zu Allem deinen Segen, o hochheiligste Dreifaltigkeit: Vater, Sohn und heiliger Geist! Amen.

Ehre sei ꝛc. Vater unser. Gegrüßt seist.

Würdige Dich, o Herr, an diesem Tage uns ohne Sünde zu bewahren! — Erbarme Dich unser, o Herr, erbarme Dich unser! — Deine Barmherzigkeit, o Herr, komme über uns, wie wir auf Dich gehofft haben! — Auf Dich, o Herr!

habe ich gehofft, ich werde nicht zu Schande werden in Ewigkeit. Amen.

Morgengebet an Communiontagen.

Gebenedeit sei Gott, der Vater unsers Herrn Jesus Christus, der nach seiner großen Barm=herzigkeit das Licht aus der Finsterniß hat her=vorleuchten lassen und einen hellen Schimmer in unsere Herzen gesenkt, damit sie mit der Erkennt=niß der Klarheit Gottes durch Jesus Christus erleuchtet würden.

Vom Aufgang der Sonne bis zu ihrem Nieder=gange werde in allen Dingen Gott geehret durch Jesus Christus, welchem im allerheiligsten Altars=sakramente Lob und Ehre und Anbetung sei von Ewigkeit zu Ewigkeit!

Jesus, mein Herr und Gott im heiligsten Sak=rament, wie freut sich meine Seele, daß die Stunde wieder herannahet, in der ich in die innigste Vereinigung mit Dir treten darf! Mit Mund und Herz stimme ich in das Lob aller frommen Seelen ein, die Dich heute im hochheiligsten Sakrament deiner Liebe mit reinem Herzen empfangen.

So oft ich heute meine Augen zum Himmel erhebe, wünsche ich von Herzen, Dich in deiner ewigen Herrlichkeit anzuschauen, zu besitzen und ewig zu lieben, und mit allen Seraphim Dich zu loben und auszurufen: Heilig, heilig, heilig ist der Herr der Heerschaaren! Himmel und Erde sind voll seiner Majestät, Glorie und Herrlichkeit.

So oft ich heute an Dich denke oder von Dir rede, opfere ich deiner Liebe auf dein heiliges Leben und deinen Tod am Kreuze, das Herz deiner jungfräulichen Mutter, die Liebe aller heiligen Engel, das Blut aller heiligen Märtyrer, die Seufzer, Thränen und guten Werke aller heiligen Bekenner, die reinen Herzen aller Jungfrauen und endlich die Verdienste aller Heiligen und Auserwählten.

So oft ich an mein Herz klopfe, soll dies jedesmal eine Uebung der wahren und innerlichen Reue und Leid über alle meine Sünden und über alle Missethaten der ganzen Welt sein.

So oft das Zeichen zur hl. Messe oder Wandlung gegeben wird, sollen Dir, o höchste Majestät! aufgeopfert sein alle heiligen Messen, welche bisher in deiner heiligen Kirche sind gehalten worden und bis zum Ende der Zeiten werden verrichtet werden.

So oft ich mit Herz oder Mund sagen werde: Gelobt sei ohne End' das heiligste Sakrament! verlange ich alles Lob, alle Liebe und Anbetung zu ersetzen, welche die undankbare Welt diesem hohen Geheimnisse schuldig ist und dennoch vernachläßiget.

So oft sich heute mein Herz bewegt und die Pulse schlagen, soll sich meine Liebe in zartestem Eifer erneuern, und deine göttliche Majestät im Namen aller Geschöpfe Himmels und der Erde anbeten.

Siehe, mein göttlicher Heiland! ich ergebe mich ganz deiner Liebe! all mein Thun und Lassen, mein Leib und meine Seele sollen zur Ehre deiner unendlichen Majestät aufgeopfert sein.

Angebetet sei ohne End'
Jesus, mein höchstes Gut, im heiligsten Sakrament!

Die allerseligste Jungfrau Maria und alle Heiligen Gottes wollen für mich bitten bei Gott, damit ich Hilfe und Heil erlange von Demjenigen, der da lebt und regiert in alle Ewigkeit. Amen.

Maria, du gebenedeite Mutter meines Erlösers, den ich heute in dem heiligsten Sakrament in mein Herz aufnehmen werde; unter deinen heiligen Schutz fliehe ich mit einem kindlichen Vertrauen auf deine mütterliche Güte.

Empfehle mich deinem göttlichen Sohne und wende durch deine mächtige Fürbitte alle Gefahren und Uebel des Leibes und der Seele von mir ab.

Maria, Mutter der Gnaden, Mutter der Barmherzigkeit, verleihe, daß mir die Feinde nicht schaden; und stehe mir bei im letzten Streit!

Durch deine heilige Jungfräulichkeit und unbefleckte Empfängniß, o reinste Jungfrau Maria! reinige mein Herz, im Namen des Vaters und des Sohnes und des heiligen Geistes. Amen.

O heiliger Engel! dem die göttliche Güte mich zu beschützen anvertraut hat, ich sage dir kindlichen Dank für alle deine Liebe und Gutthaten und für den mächtigen Schutz, den du mir bis=

her erwiesen hast. Ich empfehle dir heute wieder
meinen Leib und meine Seele. Erleuchte, beschütze
und regiere mich, damit ich meinen Gott und
Heiland im heiligsten Sakramente mit keiner
Sünde beleidige.

Alle meine heiligen Patronen, alle Heiligen
Gottes, besonders deren Festtag heute gehalten
wird, erwerbet mir die kräftige Gnade, allezeit
fromm zu leben und endlich selig zu sterben! A.

Vater unser 2c. Gegrüßt seist du 2c.

Ehre sei dem Vater und dem Sohne und dem
heiligen Geiste, wie sie war im Anfang, jetzt und
allzeit und zu ewigen Zeiten. Amen.

Alles Lob, alle Ehre, Liebe und Anbetung sei
Jesus Christus, unserm Gott und Heiland, im
allerheiligsten Sakrament, von mir und allen Geschöpfen, an allen Orten und zu ewigen Zeiten! A.

Morgengebet an Werktagen.
Anbetung.

Himmlischer Vater, Du Urquell aller geschaffenen
Wesen, ich bete Dich an von ganzem Herzen, und
vereinige mich mit der Huldigung, die dein viel-
geliebter Sohn Dir darbringt.

Jesus, mein Erlöser, Du Wort, das Fleisch
geworden, ich bete Dich an mit jener Gesinnung,
mit welcher Maria, deine heilige Mutter, Dich
im Stalle zu Bethlehem anbetete.

Heiliger Geist, Du wechselseitige Liebe zwischen

Vater und Sohn, Geist der Wahrheit und des
Lebens, ich bete Dich an im Geiste und in der
Wahrheit, mit all' jener Ehrfurcht und Liebe,
mit welcher die Heiligen Gottes Dich im Himmel
anbeten.

Heiligste Dreifaltigkeit, ich glaube, daß Du
Ein Gott bist in drei Personen. Ich hoffe, daß
Du mir meine Sünden verzeihen und das ewige
Leben verleihen werdest. Darum verlange ich Dich
zu lieben von ganzem Herzen, von ganzer Seele,
aus allen meinen Kräften und über Alles, wie
es deiner göttlichen Majestät geziemt, und erkenne
Dich an als meinen allmächtigen Schöpfer und
als mein letztes Ziel und Ende.

Danksagung.

Ich sage Dir Dank, o himmlischer Vater für
die unendliche Liebe, die Du von Ewigkeit her
zu mir trugest; daß Du mir das vernünftige
Dasein gegeben und beständig erhalten hast, und
mir eine unsterbliche Seele gabest, die fähig ist,
die ewigen Güter einst zu genießen.

Ich danke Dir, o ewiges Wort! daß Du für
mich Mensch geworden bist, in einem Stalle von
der allerreinsten Jungfrau Maria geboren wurdest,
und um mich zu erlösen, den Tod des Kreuzes
erdulden wolltest.

Ich danke Dir, o heiliger Geist! daß Du mich
durch die Gnade der heiligen Taufe wiederge=
boren und geheiliget, durch den heiligen Glauben

unterrichtet und belebt, und durch deine heiligen Einsprechungen erleuchtet hast.

Sei allzeit gepriesen, o dreieiniger Gott! daß Du deine heiligen Engel mir zum Schutze gesendet, und mich diese Nacht vor Krankheit und einem plötzlichen Tode gnädig bewahret hast. Ich preise Dich für die vielen Gnaden, die ich von deiner unendlichen Güte von meiner Geburt an bis auf diese Stunde an Leib und Seele empfangen habe. Ich bitte Dich, Du wollest meine kindliche Danksagung huldreich aufnehmen, wie die der seligsten Jungfrau Maria, welche sie Dir in ihrem ganzen Leben auf Erden dargebracht, und Dir noch im Himmel in alle Ewigkeit darbringen wird

Aufopferung.

Ich opfere Dir auf, o Vater des Lichtes! meinen Verstand, daß Du ihn erleuchten mögest, auf daß ich Dich, die ewige Weisheit, und mich, dein geringstes Geschöpf, immer besser erkennen lerne.

Ich opfere Dir auf, o gütigster Heiland! mein Gedächtniß; präge tief in dasselbe ein das Andenken an deine allerheiligste Menschwerdung, an dein Leben, Lehren, Leiden und Sterben.

Ich opfere Dir auf, o heiliger Geist! meinen Willen, damit Du ihn mit deiner reinen und heiligen Liebe entzündest.

Endlich opfere und schenke ich mich ganz Dir, o hochheiligste Dreifaltigkeit! Dir weihe ich mein

Herz, meinen Leib, meine Seele und alle meine Gedanken, Worte und Werke, in Vereinigung mit den Verdiensten und der Liebe aller Heiligen.

Gebet um Verzeihung der Sünden.

O Gott der Güte! verleihe mir und allen Sündern durch die unendlichen Verdienste deines Sohnes Verzeihung unserer Sünden, und gib uns die Gnade, sie aufrichtig und beständig zu bereuen, weil wir Dich, den so liebenswürdigen und heiligen Gott, durch dieselben beleidigt haben. Zur Genugthuung für meine Sünden opfere ich Dir alle Leiden und Widerwärtigkeiten, welche ich auf dieser Welt erdulden muß, im Vereine mit denjenigen, welche Jesus Christus und seine heilige Mutter einst auf Erden ertragen haben.

Bitte um Gnade.

Mein Gott! ich bitte Dich mit der ganzen In= brunst meines Herzens und durch deine unendliche Barmherzigkeit, Du wollest durch deine Gnade bewirken, daß ich meine bösen Neigungen über= winde, deinen heiligen Willen mit aller Bereit= willigkeit erfülle, und lieber sterbe, als Dich durch eine Todsünde beleidige.

Flöße mir heilige Gesinnungen und Entschlüsse ein, und die Gnade, sie zu vollbringen, wie auch immer auf das bedacht zu sein, was zu meinem ewigen Heile dient. Gib, daß ich Dir die Sorge für meinen Leib und meine zeitlichen Angelegen=

heiten, sowie mein Leben und meinen Tod an=
vertraue, damit ich nur Dir lebe und sterbe.

Und weil Du uns gelehrt hast, für Alle zu
beten, so bitte ich um die gleichen Gnaden, für
meine Eltern und Verwandten, für meine Freunde
und Wohlthäter, für diejenigen, welche mich be=
leidiget haben, und auch für diejenigen, welche ich
beleidiget oder geärgert habe; für Alle, die sich
in mein Gebet empfohlen haben, und für die
öffentlichen und besonderen Nöthen der hl. Kirche,
auf daß Alles, was sie hienieden thun wird, zu
deiner Ehre, zu unserm Heile und zur ewigen
Ruhe der Abgestorbenen gereiche. Amen.

Gebet zur Mutter Gottes.

O glorreiche Gottesmutter, Königin des Him=
mels, heilige Jungfrau Maria, meine vorzügliche
Beschützerin! ich grüße dich durch das heiligste
Herz Jesu, deines geliebtesten Sohnes, und em=
pfehle mich heute deiner mütterlichen Liebe, damit
Alles, was ich diesen Tag hindurch thun werde,
zur Ehre deines Sohnes, zu meinem Heile und
zum Nutzen des Nebenmenschen angeordnet und
vollbracht werde. Komm mir zu Hilfe in aller
Trübsal, bei jeder Versuchung, Angst und Noth,
o gütige, o liebevolle, o süße Jungfrau Maria!

Gebet zum heiligen Schutzengel.

Ich grüße dich, o Engel Gottes, liebliche Blume
des Himmels, edler Fürst, mein getreuer Beschützer,

dem ich von Gott anvertraut bin. Ich empfehle
mich dir heute; bitte für mich, führe mich auf
dem Wege der Gebote Gottes, beschütze mich gegen
die Anfälle des bösen Feindes und erhalte mich
in der göttlichen Gnade.

Gebet zum heiligen Namenspatron.

O glückseliger, heiliger N.! erbitte mir die Gnade,
deines Namens würdig zu werden durch Nachah=
mung deines heiligen Lebens, damit ich einst mit
dir meinen Gott im Himmel ewig loben und
preisen kann. Amen.

Gebet zu allen Engeln und Heiligen.

Ihr glorreichen Heiligen und seligen Geister,
stehet mir bei, daß ich heute ein christliches Leben
führen und am Ende meines Lebens heilig ster=
ben kann. Bittet für die Lebendigen, damit sie
in der Gnade Gottes verharren, und für die ab=
gestorbenen Gläubigen, damit sie, vom Fegfeuer
befreit, den dreieinigen Gott mit euch im Himmel
ewig loben können. Amen.

Gebet zu Jesus, Maria und Joseph.
(Besonders für Eheleute.)

Heilige Familie: Jesus, Maria, Joseph, Joa=
chim und Anna, ich empfehle euch meine Seele
und all' mein Besitzthum, meine Familie und die
ganze Christenheit; segnet und heiliget sie durch
eure Verdienste und mächtige Fürbitte. Amen.

(Hierauf wird der englische Gruß gebetet.)

Abendgebet an Sonn= und Feiertagen.

Im Namen des Vaters und des Sohnes und des heiligen Geistes. Amen.

Preis, Dank und Anbetung sei Dir, o Du heiligste, glorwürdigste, liebwertheste, mildeste, erhabenste und unerfaßbarste Dreifaltigkeit, Du dreieiniger Gott!

Von ganzem Herzen danke ich Dir, o mein gütigster Gott und Herr! in •dieser Abendstunde für das Geschenk des nun entschwundenen heiligen Tages. Ich benedeie, lobe und verherrliche Dich mit allen Engeln und Auserwählten, und danke Dir für alle Gnaden und Wohlthaten, welche Du mir heute so reichlich erwiesen hast — durch das Erbauliche des Gottesdienstes, durch das Wort der Predigt, und durch gar vielfache innere Erleuchtungen und Antriebe zur Heilung meiner Seele. Was soll ich Dir, o Herr, vergelten für Alles, was Du mir gethan hast? Leib und Seele und Alles, was Du mir gegeben hast, sowie alle Lobes=, und Liebeserweisungen aller Heiligen bringe ich Dir, in Vereinigung des Leidens und der Verdienste Jesu Christi, als schuldiges Dankopfer dar. O ewiger Vater, nimm dieses Opfer gnädig an! O könnte ich mit allen Geschöpfen Dich so loben und preisen, wie deine lieben Heiligen, jetzt und in Ewigkeit! Mein Herz ist bereit, o Gott, mein Herz ist bereit!

Bitte um Erleuchtung.

Komm, o heiliger Geist! und sende vom Him=
mel die Strahlen deines Lichtes; erleuchte die
Finsterniß meines Herzens, damit ich alle Sünden
und Versäumnisse dieses Tages in der Bitterkeit
meiner Seele überdenken, erkennen und bereuen
möge. O wie viele sind meiner Sünden und
Missethaten! O Herr, thue mir ·meiner Fehler
und Missethaten kund!

(Erforsche dein Gewissen, gehe alle Stunden des
Tages durch und untersuche, was du Gutes unterlassen
und Böses gethan hast in Gedanken, Worten und
Werken.)

Bitte um Verzeihung.

Mein Herr und Gott! Was habe ich Dir ver=
golten für all' das Gute, das Du mir erwiesen
hast? Ich finde nichts als Sünden, Unterlassun=
gen und Undankbarkeiten. O wie schmerzt es
mich, daß ich Dich, meinen Gott und Vater,
mein höchstes und liebenswürdigstes Gut, auch
an diesem heiligen Tage beleidiget habe! Dir
allein habe ich gesündigt und Böses vor Dir ge=
than, und habe mich verirret, wie ein verlorenes
Schäflein. Siehe auf mich herab, erbarme Dich
meiner, und verzeihe mir meine Sünden; ich bitte
Dich darum durch die Seufzer und Thränen,
durch das Leiden und Sterben deines geliebtesten
Sohnes, meines Herrn Jesus Christus. — Auf
Dich, o mein Jesus! setze ich alle meine Hoff=

nung; versenke alle meine Sünden und Missethaten in dein hl. Blut, und ersetze durch deine unend= lichen Verdienste, was meiner Buße mangelt, denn Du bist die Versöhnung für unsere Sünden.

Mache den Vorsatz, dich zu bessern.

Sollte ich denn wiederum sündigen und deine heiligen Wunden, o Jesus! erneuern? — Soll ich denn nicht einmal anfangen, meine bösen Ge= wohnheiten mit Gewalt auszurotten? Solltest Du, o Jesus! mir nicht lieber sein, als diese kurze Freude, als dieses vergängliche Gut und diese eitle Ehre? Ich habe es gesagt, jetzt sei der An= fang gemacht. Von nun an will ich meine Feinde, das ist: die Sünden bekämpfen. O mein Jesus, stehe mir bei mit deiner Gnade! Kommet mir zu Hilfe, ihr Bewohner des Himmels; vor allen du, o Mutter der Barmherzigkeit! und du, mein hei= liger Schutzengel; auch ihr, meine heiligen Schutz= patrone, stehet mir bei und unterstützet mich, daß ich von nun an alle Sünden meide, besonders ...

Bitte die heiligste Dreifaltigkeit um ein seliges Ende.

O ewiger Vater! durch deine unendliche Güte und durch das Leben und Sterben deines gelieb= testen Sohnes bitte ich Dich, verleihe, daß ich allezeit in deiner Gnade lebe und einst darin sterbe. Amen.

Beschütze uns, o Herr! wenn wir wachen; he=

wahre uns, wenn wir schlafen, damit wir wachen mit Christus und ruhen im Frieden.

O gütigster Jesus! durch die Liebe, womit dein himmlischer Vater Dich von Ewigkeit her geliebt und durch die letzten Worte, womit Du am Kreuze deinen Geist dem Vater befohlen hast, bitte ich Dich, nimm meinen Geist auf in meinem Ende. Amen.

O heiliger Geist! entzünde in mir das Feuer der vollkommenen Liebe, und erhalte in ihr meine Seele, wenn sie vom Leibe scheidet. Amen.

O heiligste Dreifaltigkeit, einiger Gott! erbarme Dich meiner jetzt und in der Stunde meines Todes. Amen.

Empfiehl dich in den Schutz Mariens.

(Memorare.) Gedenke, o gütigste Jungfrau Maria! es sei noch nie erhört worden, daß, wer unter deinen Schutz floh, dich um Hilfe bat, dich um deine Fürbitte anflehte, von dir sei verlassen worden. Von solchem Zutrauen beseelt, nehme ich meine Zuflucht zu dir, o Maria, du Jungfrau der Jungfrauen und Mutter Jesu Christi! zu dir komme ich, zu dir eile ich. Siehe mich Sünder in Thränen zu deinen Füßen. O Königin der Welt, o Mutter des ewigen Wortes, verschmähe meine Bitten nicht, sondern höre sie gnädig, und erhöre mich Armen, der in diesem Thale der Thränen zu dir rufet! Stehe mir bei in allen meinen Nöthen, jetzt und allezeit und besonders

in der Stunde meines Todes, o gütige, o milde,
o süße Jungfrau Maria! Amen.

Für obiges Gebet verlieh Pius IX. am 11. Dezbr.
1846 jedesmal 300 Tage Ablaß.

Die Seelen der verstorbenen Gläubigen ruhen
durch die Barmherzigkeit Gottes im Frieden.

Herr, gib ihnen die ewige Ruhe und das ewige
Licht leuchte ihnen. Amen.

Abendgebet an Communiontagen.

Im Namen des Vaters, und des Sohnes, und
des heiligen Geistes. Amen.

Gott Vater, Sohn und heiliger Geist, drei=
einiger Gott, Du höchstes Gut: in deinem Namen
habe ich den heutigen Tag angefangen, in deinem
Namen will ich ihn wieder beschließen. Siehe,
auf meinen Knieen danke ich Dir für alles Gute,
was Du mir heute erwiesen, und für alles Böse,
was Du gnädig von mir abgewendet hast. Dich
lobe und preise ich mit allen heiligen Engeln und
Auserwählten, daß Du deine göttliche Vaterhuld
heute so glänzend an mir armen Sünder erzeigt,
mich unter die Zahl deiner geliebten Kinder auf=
genommen und durch das heilige Sakrament dei=
ner Liebe zum ewigen Leben ernähret hast. Wie
soll ich Dir, o Herr! Alles vergelten, was Du
mir gethan hast? Leib und Seele, alle Kräfte
und das Gute, welches ich heute gethan habe,
opfere ich Dir auf in Vereinigung mit den Ver=

diensten Jesu Christi. Laß Dir, o Vater! dieses
Opfer deines Kindes wohlgefällig sein, durch Jesus
Christus, unsern Herrn. Amen.

Wie habe ich aber deine Wohlthaten ange=
wendet? — Habe ich deine Liebe nicht mit Un=
dank und Unbußfertigkeit vergolten? Erleuchte mich
mit dem Lichte des heiligen Geistes, damit ich
meine Sünden und Verirrungen einsehe, sie von
Herzen bereue und aufrichtig beßere.

Jesus Christus, Du Richter der Lebendigen
und der Todten, ich glaube es fest, daß Du, der
Du im heiligen Sakramente gegenwärtig bist, mich
einstens am Tage des Gerichtes vor deinen stren=
gen Richterstuhl fordern wirst, um mein Urtheil
für die ganze Ewigkeit zu sprechen. Auch über
alle Stunden dieses Tages wirst Du alsdann
Rechenschaft fordern. Vergiß doch beim Gerichte,
o Jesus, des Gebetes nicht, welches ich jetzt in
Reue und Demuth als Sühnopfer für meine Sün=
den auf den Altar lege! Vergib mir alle meine
Fehler, Trägheiten, Versäumnisse und Nachläßig=
keiten, womit ich Dich heute beleidigt habe. O
Jesus Christus, Du Gott der Liebe, erhebe Dich
nicht in deinem heiligen und gerechten Zorne,
sondern gib Zeit und Gnade zur Buße! Siehe,
so oft ich Dich heute durch die Sünde beleidigte,
so oft will ich Dir demüthige Abbitte leisten, so
oft will ich Dich mit allen Heiligen loben, preisen
und anbeten in diesem heiligsten Sakramente.

Ihr heiligen Chöre der Engel, lobet und preiset

Christum im heiligsten Sakramente in Ewigkeit! Ihr heiligen Apostel und Märtyrer, lobet und preiset Christum im heiligsten Sakramente in Ewigkeit! Ihr heiligen Bekenner und Jungfrauen, lobet und preiset Christum im heiligsten Sakramente in Ewigkeit! Himmel und Erde sollen Dich loben und preisen, sollen Dich verherrlichen und anbeten in diesem heiligsten Sakramente der Liebe in Ewigkeit! Amen.

Allerseligste Jungfrau Maria, heiliger Joseph, heiliger Schutzengel, heilige Barbara und alle lieben Heiligen, bittet für mich und alle Menschen, daß Gott in dieser Nacht, die ganze Zeit unsers Lebens hindurch und in der Stunde unsers Absterbens mit seinem allmächtigen Schutz über uns wache!

Gott der Barmherzigkeit, sei auch gnädig den abgestorbenen Gläubigen, die noch im Fegfeuer büßen! Erhöre unser und ihr Gebet; laß ihr Verlangen nach Dir erfüllt werden, und führe alle, vorzüglich jene, für welche ich zu beten schuldig bin, in die ewige Ruhe und himmlische Seligkeit! Amen.

O Jesus Christus! durch dein bitteres Leiden und Sterben und durch deine große Todesangst am Kreuze bitte ich Dich, verlaß mich nicht in meiner Sterbestunde! Stehe mir bei mit deiner Gnade, daß ich aufrichtig alle meine Sünden beichten, Dich würdig in der heiligen Commu-

Kommet, lasset uns anbeten. 24

nion als letzte Wegzehrung empfangen und durch
die Salbung meiner fünf Sinne in der heiligen
Oelung Verzeihung aller Sünden erlangen möge!
Amen.

Jesus, Maria, Joseph, euch schenke ich mein
Herz und meine Seele!

Jesus, Maria, Joseph, stehet mir bei in meinem
letzten Todeskampfe!

Jesus, Maria, Joseph, lasset meine Seele unter
eurem Schutze in Frieden scheiden!

Gelobt und angebetet sei das allerheiligste Sa=
krament des Altars in Ewigkeit! Amen.

Abendgebet an Werktagen.
(Vom hl. Franziskus Xaverius.)

Dank sei Dir, o Gott! am Schlusse dieses Tages
für alle Wohlthaten, welche Du mir heute an
Leib und Seele erwiesen hast. Zur Danksagung
opfere ich Dir die unendlichen Verdienste Jesu
Christi, der seligsten Jungfrau Maria und aller
Heiligen, wie auch alle guten Werke, welche heute
von den Gläubigen verrichtet worden sind. Ich
begebe mich nun unter deinem allmächtigen Schutze
zur Ruhe; verleihe mir eine segensvolle Nacht,
damit ich neue Kräfte sammle, Dir morgen wieder
zu dienen, meine Berufspflichten zu erfüllen, und
dasjenige gut zu machen, was ich bisanhin in
deinem Dienste versäumt habe; denn leider habe
ich heute wenig Gutes, und auch das Wenige

nicht ganz recht gethan; dagegen habe ich viel Böses verübet mit Worten, Werken, Gedanken, Begierden und Unterlassung des Guten, und zwar wider Dich, wider den Nächsten und mich selbst.

(Hier die tägliche Gewissenserforschung, nachher Reue und Leid.)

Mein Gott, was habe ich gethan? Ich habe gesündiget wider Dich und den Himmel. Und doch liebe ich Dich über Alles. Ich hasse deß= wegen und verfluche von ganzem Herzen alle meine Sünden, weil sie Dir, meinem höchsten, liebenswürdigsten Gute, Dir, dem ich doch allen Dienst und alle Verehrung schuldig bin, mißfallen. Ich schätze Dich von nun an über Alles und nehme mir kräftig vor, niemals etwas zu thun, was gegen deinen heiligsten Willen ist, oder mich in Gefahr setzen könnte, deine heilige Gnade zu verlieren. Ich glaube Alles, was Du geoffen= baret hast, und durch deine heilige Kirche zu glauben vorhältst. Ich hoffe von Dir deine Gnade, die Verzeihung meiner Sünden und das ewige Leben zu erlangen. Laß mich, o Herr! bis an's Ende in deiner Liebe und Gnade verharren! Be= hüte mich in dieser Nacht vor allem Uebel, be= sonders vor einem unvorgesehenen Tode und vor jeder Sünde; bewahre das Haus und die Ge= meinde, worin ich mich befinde, nimm mich und alle die Meinigen in deinen väterlichen Schutz.

Heilige Maria, Mutter Gottes, heiliger Schutz= engel, heiliger Namens= und Schutzpatron, alle

Heiligen und Auserwählten Gottes, bittet für mich und beschützet mich, wenn ich schlafe, vor allem Uebel des Leibes und der Seele, damit ich, in der Gnade Gottes und an den Kräften des Leibes gestärkt, erwache und Gott preisen möge.

Durch deine hochheilige Jungfrauschaft und un= befleckte Empfängniß, o reinste Jungfrau Maria! reinige mein Herz, meine Seele und meinen Leib im Namen des Vaters, des Sohnes und des heiligen Geistes. Amen.

Die Seelen der verstorbenen Christgläubigen sollen durch die Barmherzigkeit Gottes im Frieden ruhen. O Herr, gib ihnen die ewige Ruhe, und das ewige Licht leuchte ihnen!

Jesus, Maria und Joseph! seien stets mit mir jetzt und in der Stunde meines Todes!

Hochgelobt sei Jesus Christus im allerheiligsten Altarssakramente! Gebenedeit sei die unbefleckte Empfängniß der seligsten Jungfrau Maria! Es lebe Jesus, meine Liebe und Maria, meine Hoff= nung! Amen.

Ehre sei dem Vater ꝛc. Vater unser. Unter deinen Schutz und Schirm ꝛc.

Zweiter Abschnitt.

Meßandachten.

Meßandacht an Sonn- und Feiertagen.
(Hochamt.)

Vorbereitungsgebet.

Allmächtiger Gott, himmlischer Vater! hier in diesem Dir geheiligten Tempel falle ich vor Dir auf mein Angesicht nieder, und im Staube der Erde bete ich deine unendliche Majestät an, während auf diesem Altare das unblutige Opfer deines Sohnes zur Versöhnung deiner Gerechtigkeit in dieser hl. Messe verrichtet wird.

O Jesus, Du Sohn des lebendigen Gottes! opfere Dich für mich deinem himmlischen Vater, wie Du Dich demselben am Kreuze aufgeopfert hast; denn wir haben an Dir einen Fürsprecher bei dem Vater.

O heiliger Geist! erwärme mein kaltes Herz mit der Flamme der heiligen Liebe, damit ich bei dieser Erneuerung des Gedächtnisses des Leidens und Todes Jesu, der uns bis an das Ende geliebt, an den Früchten seiner unermeßlichen Verdienste theilnehmen möge zum ewigen Leben.

Ich wohne einem Opfer von unendlichem Werthe, einem heiligen Opfer bei, welches deiner Majestät gebührt und Dir wohlgefällig ist. Ich wohne dem= selben bei zur Ersetzung der Unbilden, welche mein Heiland in seinem Leiden und Sterben aus Liebe gegen mich erlitten hat, zur Vergeltung der großen Liebe, welche Ihn bewogen hat, sein heiligstes Fleisch und Blut dem Menschen zur Speise zu geben und zur Ersetzung der Verunehrungen, welche dem unblutigen Opfer der hl. Messe und dem allerheiligsten Altarssakramente jemals zugefügt worden sind. Ich wohne demselben bei für mich, um Erlangung der Vergebung meiner Sünden, der Beharrlichkeit im Guten und eines seligen Endes; für den Oberhirten der katholischen Kirche, daß er in seinem geistlichen Amte die ihm von Gott anvertrauten Schafe glücklich weide; für geistliche und weltliche Obrigkeiten und Regenten; für die Wohlfahrt der katholischen Kirche; für meine Freunde und Feinde; für meine Anverwandten, für alle Stände der hl. Kirche; für Gerechte und Sünder, und für die Seelen im Fegfeuer.

Barmherziger Gott und Vater! laß Dir diese meine Meinung gefallen, und erhöre das Gebet deiner Kinder durch unsern Herrn Jesus Christus, deinen Sohn, der mit Dir in Einigkeit des hl. Geistes lebt und regiert, Gott von Ewigkeit zu Ewigkeit. Amen.

Die heilige Messe, wie sie der Priester am Altare liest.

Bei Austheilung des Weihwassers.

Besprenge mich, o Herr! mit Hyssop, und ich werde rein: wasche mich, und ich werde weißer als Schnee. Psalm. Erbarme Dich meiner, o Gott! nach deiner großen Barmherzigkeit.

℣. Die Ehre sei dem Vater ꝛc.

℣. Erzeige uns, o Herr! deine Barmherzigkeit,

℟. Und dein Heil schenke uns.

℣. Herr, erhöre mein Gebet,

℟. Und laß mein Rufen zu Dir kommen.

Gebet.

Heiliger Herr, allmächtiger Vater, ewiger Gott! erhöre uns, und sende deinen heiligen Engel vom Himmel, damit er Alle welche in diesem Hause versammelt sind, bewache, beschütze, beschirme, heim= suche und vertheidige, durch Christus, unsern Herrn. Amen.

Komm, heiliger Geist! erfülle die Herzen deiner Gläubigen, und entzünde in ihnen das Feuer deiner Liebe, der Du durch die Verschiedenheit aller Sprachen die Völker in der Einheit des Glaubens versammelt hast.

℣. Sende aus deinen Geist, so werden die Dinge erschaffen:

℟. Und Du erneuerst die Gestalt der Erde.

Gebet.

O Gott! der Du die Herzen der Gläubigen durch die Erleuchtung des heiligen Geistes gelehret hast: verleihe uns, daß wir durch denselben Geist, was recht ist, verstehen und seiner Tröstung uns allezeit erfreuen mögen. Durch Jesus Christus, unsern Herrn. Amen.

Segen vor dem Hochamte.

Darum laßt uns tief verehren
Ein so großes Sakrament;
Dieser Bund wird ewig währen,
Und der alte hat ein End';
Unser Glaube soll uns lehren,
Was das Auge nicht erkennt.

Tantum ergo Sacramentum
Veneremur cernui;
Et antiquum documentum
Novo cedat ritui:
Præstet fides supplementum
Sensuum defectui.

Das Stufengebet.

Im Namen des Vaters und des Sohnes und des heiligen Geistes. Amen.

Priester: Ich will hintreten zum Altare Gottes.

Diener: Zu Gott, der meine Jugend erfreut.

P. Richte mich, o Gott! und entscheide meine Sache gegen ein unheilig Volk: von ungerechten und trugvollen Menschen rette mich.

D. Denn Du, o Gott! bist meine Stärke; warum hast Du mich verlassen, und warum gehe ich traurig einher, während der Feind mich drängt?

P. Sende aus dein Licht und deine Wahr=
heit: sie geleiten mich und führen mich hin auf
deinen heiligen Berg, in deine Wohnungen.

D. Und ich will hintreten zum Altare Gottes,
zu Gott, der meine Jugend erfreut.

P. Da will ich Dich preisen mit Saitenspiel,
o Gott, mein Gott! Was bist du denn traurig,
meine Seele, und warum betrübst du Mich?

D. Hoffe auf Gott, denn ich werde Ihn noch
preisen: „Heil und Wonne meines Antlitzes, und
mein Gott!"

P. Die Ehre sei dem Vater 2c.

D. Wie sie war im Anfange, so jetzt und
allezeit und in Ewigkeit. Amen.

P. Ich will hintreten zum Altare Gottes.

D. Zu Gott, der meine Jugend erfreut.

P. Unsere Hilfe † ist im Namen des Herrn.

D. Der Himmel und Erde gemacht hat.

P. Ich bekenne Gott dem Allmächtigen 2c.

D. Der allmächtige Gott wolle sich deiner er=
barmen, dir deine Sünden vergeben und dich zum
ewigen Leben führen.

P. Amen.

D. Ich bekenne Gott dem Allmächtigen, der
seligen allzeit jungfräulichen Maria, dem seligen
Erzengel Michael, dem seligen Johann dem Täufer,
den heiligen Aposteln Petrus und Paulus, allen
Heiligen und dir, Vater, daß ich gar sehr ge=
sündigt habe in Gedanken, Worten und Werken,

durch meine Schuld, durch meine Schuld, durch
meine größte Schuld: darum bitte ich die selige,
allzeit jungfräuliche Maria, den seligen Erzengel
Michael, den seligen Johann den Täufer, die
heiligen Apostel Petrus und Paulus, alle Heiligen
und dich, Vater, für mich zu beten bei dem
Herrn, unserem Gott.

P. Der allmächtige Gott ꝛc.

D. Amen.

P. Nachlassung, Lossprechung † und Vergebung
unserer Sünden wolle uns verleihen der allmäch=
tige und barmherzige Herr.

D. Amen.

P. O Gott! neige Dich zu uns und belebe uns,

D. Und dein Volk wird sich freuen in Dir.

P. Erzeige uns, o Herr! deine Barmherzigkeit,

D. Und dein Heil schenke uns.

P. Herr, erhöre mein Gebet,

D. Und laß mein Rufen zu Dir kommen.

P. Der Herr sei mit euch,

D. Und mit deinem Geiste.

Beim Aufsteigen. — Wir bitten Dich, o
Herr! nimm unsere Missethaten von uns hinweg,
damit wir gewürdigt werden, mit reinem Herzen
zum Heiligthume einzugehen. Durch Christus,
unsern Herrn. Amen.

Beim Kusse des Altars. — Wir bitten
Dich, o Herr! durch die Verdienste deiner Heiligen,
deren Reliquien hier sind, und aller Heiligen, Du
wollest uns alle unsere Sünden gnädig verzeihen. A.

Introitus (Eingang.)

Gebenedeit sei die heilige Dreifaltigkeit und un=
zertheilte Einheit. Lasset uns ihr danken, denn
sie hat an uns Barmherzigkeit erwiesen. — Herr,
unser Gott, wie wunderbar ist dein Name auf
der ganzen Erde! — Die Ehre sei dem Vater ꝛc.

Das Kyrie.

Herr, erbarme Dich unser! (Dreimal.)
Christus, erbarme Dich unser! (Dreimal.)
Herr, erbarme Dich unser! (Dreimal.)

Das Gloria.

Ehre sei Gott in der Höhe, und auf Erde
Friede den Menschen, die guten Willens sind.
Wir loben Dich, wir benedeien Dich, wir beten
Dich an, wir verherrlichen Dich. Wir sagen Dir
Dank wegen deiner großen Herrlichkeit. Herr Gott,
himmlischer König, Gott allmächtiger Vater! Herr
eingeborner Sohn, Jesus Christus! Herr Gott,
Lamm Gottes, Sohn des Vaters; der Du weg=
nimmst die Sünden der Welt, erbarme Dich unser!
Der Du wegnimmst die Sünden der Welt, nimm
an unser Gebet! Der Du sitzest zur Rechten des
Vaters, erbarme Dich unser! Denn Du allein
bist heilig, Du allein Herr, Du allein der Aller=
höchste, Jesus Christus, mit dem heiligen Geiste
in der Herrlichkeit Gottes des Vaters. Amen.

Die Collecten.

Oremus (Lasset uns beten)! — Allmächtiger, ewiger Gott, der Du deinen Dienern verliehen hast, in dem Bekenntnisse des wahren Glaubens die Glorie der ewigen Dreifaltigkeit zu erkennen, und in der Macht der Majestät die Einheit an= zubeten: wir bitten Dich, daß wir durch die Festig= keit dieses Glaubens jederzeit vor allen Wider= wärtigkeiten bewahrt werden mögen.

O Gott! der Du uns unter dem wunderbaren Sakramente das Gedächtniß deines Leidens hinter= lassen hast: verleihe gnädig, die hl. Geheimnisse deines Leibes und Blutes so zu verehren, daß wir die Frucht deiner Erlösung allezeit in uns erfahren.

O Herr! wir bitten Dich, befreie uns von allen Gefahren der Seele und des Leibes, und durch die Fürbitte der seligen und glorreichen, allzeit jungfräulichen Gottesgebärerin, deiner seligen Apo= stel Petrus und Paulus, unseres Kirchenpatrons N., und aller Heiligen (besonders des N., dessen Fest heute begangen wird), verleih uns gnädig Heil und Frieden, damit alle Widerwärtigkeiten und Irrthümer unterdrückt werden, und deine Kirche Dir in ungestörter Freiheit dienen möge. Durch unsern Herrn Jesus Christus, deinen Sohn, der mit Dir lebet und regieret in Einigkeit des hl. Geistes, Gott von Ewigkeit zu Ewigkeit. Amen.

Die Epistel.

Lesung aus dem Briefe des hl. Apostel Paulus an die Römer: O tiefer Reichthum der Weisheit und der Erkenntniß Gottes! Wie unbegreiflich sind seine Gerichte, und wie unerforschlich seine Wege! Denn wer hat den Sinn des Herrn erkannt? Oder wer ist sein Rathgeber gewesen? Oder wer hat zuvor Ihm gegeben, daß es Ihm wiedervergolten werde? Denn aus Ihm und durch Ihn und in Ihm ist Alles. Ihm sei die Ehre in Ewigkeit. Amen.

Diener: Gott sei Dank!

Graduale (Daniel 7.) — Gebenedeit bist Du, o Herr! der Du thronest über den Cherubinen und die Abgründe durchschauest. V. Gebenedeit bist Du, o Herr, im Firmamente des Himmels, und lobwürdig in Ewigkeit! — Alleluja! Alleluja! V. Gebenedeit bist Du, o Herr! Du Gott unserer Väter, und lobwürdig in Ewigkeit. Alleluja!

(In der Mitte des Altars betet der Priester gebeugt:) Reinige mein Herz und meine Lippen, allmächtiger Gott, der Du die Lippen des Propheten Isaias mit einer glühenden Kohle gereinigt hast: also würdige Dich, durch deine huldreiche Erbarmung mich zu reinigen, daß ich dein hl. Evangelium würdig zu verkünden vermöge. Durch Christus, unsern Herrn. Amen. — Genehmige, o Herr, zu segnen! Der Herr sei in meinem Herzen und auf meinen Lippen, damit ich sein Evangelium würdig und geziemend verkündigen möge. Amen.

Das Evangelium.

Priester: Folgendes aus dem heiligen Evangelium nach Matthäus (Markus, Lukas, Johannes.)

Diener: Die Ehre sei Dir, o Herr!

(Matth. 28.) In jener Zeit sprach Jesus zu seinen Jüngern: Mir ist alle Gewalt gegeben im Himmel und auf Erden. Darum gehet hin und lehret alle Völker, und taufet sie im Namen des Vaters und des Sohnes und des heiligen Geistes, und lehret sie Alles halten, was Ich euch befohlen habe. Und siehe, Ich bin bei euch alle Tage bis an's Ende der Welt.

Diener: Lob sei Dir, Christus!

Das Nicäische Glaubensbekenntniß.

Ich glaube an Einen Gott, den allmächtigen Vater, den Schöpfer Himmels und der Erde, aller sichtbaren und unsichtbaren Wesen. Und an Einen Herrn Jesus Christus, den eingebornen Sohn Gottes, und aus dem Vater geboren vor allen Zeiten. Gott von Gott, Licht vom Lichte, den wahren Gott vom wahren Gott, geboren, nicht erschaffen, Einer Wesenheit mit dem Vater; durch den Alles gemacht ist. Der um uns Menschen und um unseres Heiles willen vom Himmel herabgestiegen ist, und durch den heiligen Geist aus Maria der Jungfrau Fleisch angenommen hat und Mensch geworden ist; der auch für uns gekreuziget worden, und unter Pontius Pilatus gelitten hat, und ist begraben worden, und am dritten Tage

der Schrift gemäß wieder auferstanden, und in
den Himmel aufgefahren ist, sitzet zur Rechten des
Vaters, und wiederkommen wird mit Herrlichkeit,
zu richten die Lebendigen und die Todten; dessen
Reich kein Ende haben wird. Und an den hl.
Geist, den Herrn und Lebendigmacher, der vom
Vater und Sohne ausgeht; der mit dem Vater
und dem Sohne zugleich angebetet und verherr=
licht wird; der geredet hat durch die Propheten.
(Ich glaube) auch Eine heilige katholische und
apostolische Kirche. Ich bekenne eine Taufe zur
Vergebung der Sünden; und ich erwarte die
Auferstehung der Todten, und das Leben der zu=
künftigen Ewigkeit. Amen.

Das Offertorium.

Priester: Der Herr sei mit euch,

Diener: Und mit deinem Geiste.

Priester: Lasset uns beten.

(Offertorium.) Gebenedeit sei Gott der Vater,
und der eingeborne Sohn Gottes, wie auch der
heilige Geist; denn Er hat Barmherzigkeit an uns
erwiesen!

(Opferung der Hostie.) Nimm auf, o hl.
Vater, allmächtiger ewiger Gott! diese unbefleckte
Hostie, welche ich, dein unwürdiger Diener, Dir
meinem lebendigen und wahren Gott (durch den
Priester) darbringe für meine unzähligen Sünden,
Beleidigungen und Nachlässigkeiten, für alle An=
wesenden, auch für alle Christgläubigen, Lebendige

und Abgestorbene, daß es mir und ihnen zum
Heile gereiche in's ewige Leben. Amen.

(Beim Eingießen des Weines und Ver=
mischen desselben mit etwas Wasser.)
O Gott! der † Du die Würde der menschlichen
Wesenheit wunderbar erschaffen und noch wunder=
barer erneuert hast: verleihe uns durch das Ge=
heimniß dieses Wassers und Weines, der Gott=
heit Dessen theilhaftig zu sein, der sich gewürdigt
hat unserer Menschheit theilhaftig zu werden, Jesus
Christus, dein Sohn unser Herr, der mit Dir
lebet und regieret in Einigkeit des heiligen Geistes
Gott von Ewigkeit zu Ewigkeit. Amen.

(Opferung des Kelches.) Wir opfern Dir,
o Herr! den Kelch des Heiles, und flehen zu deiner
Gütigkeit, damit er im Angesichte deiner göttlichen
Majestät für unser und der ganzen Welt Heil
mit lieblichem Geruche emporsteige. Amen.

(Selbstaufopferung.) Im Geiste der De=
muth und mit zerknirschtem Herzen mögen wir von
Dir, o Herr! aufgenommen werden, und möge
unser Opfer heute vor deinem Angesichte so ver=
richtet werden, daß es Dir wohlgefalle, o Herr,
unser Gott!

(Bitte um Segen.) Komm, o Heiligmacher,
allmächtiger, ewiger Gott! und segne † dieses Opfer,
welches deinem heiligen Namen vorbereitet ist.

Bei der Räucherung in feierlichem Hochamte werden
folgende Gebete verrichtet:

(Beim Einlegen und Segnen des Rauch=

werkes.) Durch die Fürbitte des seligen Erz=
engels Michael, der zu Rechten des Rauchaltars
steht, und durch die Fürbitte aller seiner Auser=
wählten wolle der Herr dieses Rauchwerk segnen
† und zu lieblichem Geruche annehmen. Durch
Christus, unsern Herrn. Amen.

(Beim Räuchern der Opfergaben.) Die=
ses Rauchwerk, welches von Dir, o Herr! geseguet
ist, steige zu Dir empor, und es steige über uns
hernieder deine Barmherzigkeit.

(Beim Räuchern des Altars.) Laß, o
Herr! mein Gebet vor dein Angesicht kommen,
wie das Rauchwerk; die Erhebung meiner Hände
sei ein Abendopfer. Setze, o Herr! eine Wache
an meinen Mund und eine Thür an meine Lippen
ringsum, damit mein Herz sich nicht neige zu bos=
haften Worten, um meine Sünde zu entschuldigen.

(Wenn der Priester incensirt wird.)
Der Herr entzünde in uns das Feuer seiner Liebe,
die Flamme der ewigen Liebe. Amen.

(Bei der Handwaschung.) Psalm 25.
Mit den Unschuldigen will ich meine Hände wa=
schen, und deinen Altar umringen, o Herr! damit
ich horche auf den Lobgesang und erzähle alle
deine Wunder. Herr, ich liebe deines Hauses
Zier, den Ort der Wohnung deiner Herrlichkeit.
Raffe nicht mit Sündern meine Seele hin, o Gott!
nicht mit Blutschuldigen mein Leben; in deren
Händen Gräuel sind, deren Rechte gefüllt ist mit
Geschenken. Ich aber will wandeln in meiner

Kommet, lasset uns anbeten. 25

Unschuld; erlöse mich und sei mir gnädig. Mein Fuß soll stehen auf rechtem Pfade; in den Versammlungen will ich Dich preisen, o Herr! Die Ehre sei dem Vater 2c.

(In der Mitte.) Nimm auf, o heiligste Dreifaltigkeit! dieses Opfer, welches wir Dir darbringen zum Gedächtnisse des Leidens, der Auferstehung und Himmelfahrt unseres Herrn Jesus Christus, und zur Ehre der seligen allzeit jungfräulichen Maria, des seligen Johannes des Täufers, der heiligen Apostel Petrus und Paulus und dieser aller Heiligen, damit es ihnen zur Ehre, uns aber zum Heile gereiche, und sie im Himmel für uns bitten, deren Andenken wir auf Erden begehen. Durch denselben Christus, unsern Herrn. Amen.

(Der Priester spricht zum Volke gewendet:) Orate fratres etc., das ist: Betet, Brüder, daß mein und euer Opfer wohlgefällig werde bei Gott dem allmächtigen Vater!

(Der Diener oder die Umstehenden antworten:) Der Herr wolle das Opfer von deinen Händen aufnehmen, zum Lobe und zur Verherrlichung seines Namens, auch zu unserem und seiner ganzen heiligen Kirche Wohlergehen. P. Amen.

(Secreta, d. i.: die stillen Gebete.) Wir bitten Dich, o Herr, unser Gott! heilige die Opfergabe dieser Opferung durch die Anrufung deines heiligen Namens, und mache durch dieselbe uns selbst Dir zu einer ewigen Opfergabe.

Erhöre uns, o Gott, unser Heiland! damit Du durch die Kraft dieses Sakramentes uns vor allen Feinden der Seele und des Leibes beschützest, und uns Gnade verleihest in der Gegenwart und die Herrlichkeit in der Zukunft.

Wir bitten Dich, o Herr! verleihe deiner Kirche gnädig die Geschenke der Einigkeit und des Friedens, welche unter den geopferten Gaben geheimnißvoll vorgestellt werden. Durch unsern Herrn Jesus Christus, deinen Sohn, der mit Dir lebet und regieret in Einigkeit des heiligen Geistes Gott

Priester: Von Ewigkeit zu Ewigkeit.

Diener: Amen.

Die Präfation (Vorrede).

Priester: Der Herr sei mit euch,

Diener: Und mit deinem Geiste.

P. Erhebet die Herzen.

D. Wir haben sie zum Herrn erhoben.

P. Lasset uns Dank sagen dem Herrn unserm Gott,

D. Das ist würdig und recht.

Wahrhaft würdig und recht, billig und heilsam ist es, daß wir Dir immer und überall Dank sagen, heiliger Herr, allmächtiger Vater, ewiger Gott, der Du mit deinem eingebornen Sohne und dem heiligen Geiste Ein Gott, Ein Herr bist, nicht in der Einzelheit Einer Person, sondern in der Dreifaltigkeit der Einen Wesenheit. Denn was wir durch deine Offenbarung von deiner Herrlichkeit glauben, dasselbe glauben wir ohne Unterscheidung von

deinem Sohne und vom heil. Geiste; so daß bei
dem Bekenntnisse der wahren und ewigen Gott=
heit, in den Personen die Eigenthümlichkeit, im
Wesen die Einheit, und in der Majestät die Gleich=
heit angebetet wird, welche die Engel loben und
die Erzengel, die Cherubinen und Seraphinen,
welche nicht aufhören, Tag für Tag zu rufen und
einstimmig zu singen:

Heilig, heilig, heilig bist Du Herr, Gott der
Heerschaaren! Himmel und Erde sind deiner Herr=
lichkeit voll. Hosanna in der Höhe! Gebenedeit
sei, der da kommt im Namen des Herrn! Ho=
sanna in der Höhe!

Canon der Messe,
(worunter die Wandlung geschieht.)

Dich also, gütigster Vater, bitten wir in Demuth
durch Jesus Christus, deinen Sohn, unsern Herrn,
daß Du wohlgefällig annehmen und segnen wollest
diese † Geschenke, diese † Gaben, diese † heiligen
und unbefleckten Opfer, die wir Dir aufopfern
vornehmlich für deine heil. kathol. Kirche, welche
Du im Frieden bewahren, beschützen, in Einigkeit
erhalten und regieren wollest auf dem ganzen Erd=
kreise, sammt deinem Diener, unserm Papste N.,
und unserm Bischofe N., und allen Rechtgläubi=
gen und Bekennern des katholischen und apostoli=
schen Glaubens.

(Memento für die Lebenden.) Gedenke,
o Herr! deiner Diener und Dienerinnen N. N.

(hier gedenke des Priesters am Altare und Ande=
rer, für welche du besonders beten willst), und
aller Anwesenden, deren Glaube und Andacht Dir
bekannt ist: für welche wir Dir darbringen, oder
welche selbst Dir darbringen dieses Lobopfer, für
sich und die Ihrigen alle, für die Erlösung ihrer
Seelen, für die Hoffnung ihres Heiles und ihrer
Wohlfahrt, und welche Dir, dem ewigen, wahren
und lebendigen Gott, ihre Bitten vortragen.

So flehen wir in der Gemeinschaft und dem
Gedächtnisse, vornehmlich der glorreichen, allzeit
jungfräulichen Maria, der Gebärerin unseres Gottes
und Herrn Jesus Christus, aber auch deiner seli=
gen Apostel und Martyrer Petrus und Paulus,
Andreas, Jakobus, Johannes, Thomas, Jakobus,
Philippus, Bartholomäus, Matthäus, Simon und
Thaddäus, Linus, Cletus, Clemens, Xystus, Cor=
nelius, Cyprianus, Laurentius, Chrysogonus, Jo=
hannes und Paulus, Cosmas und Damianus,
und aller deiner Heiligen: durch deren Verdienste
und Fürbitte Du wollest verleihen, daß wir in
Allem unter dem Beistande deines Schutzes stehen
mögen. Durch denselben Christus, unsern Herrn.
Amen.

(Beim Ausstrecken der Hände über die
Opfergaben.) Wir bitten Dich also, o Herr!
nimm huldreich dieses Opfer an, welches wir und
deine ganze Gemeinde Dir darbringen; lenke unsere
Tage in deinem Frieden, und gewähre uns, daß
wir vor der ewigen Verdammniß bewahrt und

der Herde deiner Auserwählten beigezählt werden. Durch Christus unsern Herrn. Amen.

Mache doch, o Gott! dieses Opfer in Allem gesegnet †, aufgenommen †, gutgeheißen †, vernünftig und wohlgefällig, damit es für uns werde der Leib † und das Blut † deines geliebtesten Sohnes, unsers Herrn Jesus Christus.

Während der Wandlung und Aufhebung bete still Jeder für sich Folgendes.

(Beim Kniebeugen des Priesters vor der heiligen Hostie.) Ich bete Dich an, o heiligster Leib Jesu!

(Bei Aufhebung der heil. Hostie.) O Jesus, sei mir gnädig! — O Jesus, sei mir barmherzig! — O Jesus, verzeih' mir meine Sünden!

(Beim Kniebeugen des Priesters vor dem Kelche.) Ich bete Dich an, o heiligstes Blut Jesu!

(Bei Aufhebung des Kelches.) O heiliges Blut Jesu, wasche ab meine Sünden! — O theures Blut Jesu, zahle die verdienten Strafen! — O gnadenvolles Blut Jesu, rufe zum Vater um Gnade und Barmherzigkeit!

(Nach der Elevation.) Nach dem Befehle deines Sohnes, o Herr! sind wir, deine Diener, und dein geheiligtes Volk, eingedenk des so heilbringenden Leidens dieses deines Sohnes Christi unseres Herrn, wie auch seiner Auferstehung von den Todten und seiner glorreichen Himmelfahrt;

und in diesem Andenken opfern wir deiner erhabenen Majestät von deinen uns geschenkten Gaben ein reines † Opfer, ein heiliges † Opfer, ein unbeflecktes † Opfer, das heilige † Brod des ewigen Lebens, und den Kelch † des immerwährenden Heiles.

Schaue herab auf diese Gaben mit gnädigem und huldreichem Angesichte, und nimm sie wohlgefällig auf, gleichwie Du wohlgefällig aufnahmst die Gaben deines gerechten Dieners Abel und das Opfer unseres Erzvaters Abraham, und welches dein Hoherpriester Melchisedech Dir geopfert hat, ein heiliges Opfer, eine unbefleckte Hostie.

In tiefster Demuth flehen wir zu Dir, allmächtiger Gott, laß dieses durch die Hände deines hl. Engels hinauftragen auf deinen Altar dort oben, im Angesichte deiner göttlichen Majestät, damit wir Alle, die wir an diesem Altare hier theilnehmen und davon den hochheiligen Leib † und das Blut † deines Sohnes genießen, mit aller himmlischen Segnung und Gnade erfüllt werden. Durch denselben Christus, unsern Herrn. A.

(Memento für die Verstorbenen.) Gedenke auch, o Herr! deiner Diener und Dienerinnen N. N., die uns mit der Fahne des Glaubens vorangegangen sind, und nun ruhen im Schlafe des Friedens. (Hier gedenke der Verstorbenen, für welche du besonders beten willst.) Diesen, o Herr! und allen in Christus Entschlafenen wollest Du die Wohnung der Erquickung, des Lichtes und des Friedens verleihen. Darum bitten wir durch denselben Christus unsern Herrn. Amen.

(An die Brust schlagend.) Auch uns Sündern, deinen Dienern, die wir auf die Menge deiner Erbarmungen hoffen, wollest Du einigen Antheil und Gemeinschaft verleihen mit deinen heiligen Aposteln und Martyrern, mit Johannes, Stephanus, Matthias, Barnabas, Ignatius, Alexander, Marcellinus, Petrus, Felicitas, Perpetua, Agatha, Lucia, Agnes, Cäcilia, Anastasia und allen deinen Heiligen: in deren Gemeinschaft Du uns, nicht nach Maß des Verdienstes, sondern in gnädiger Verzeihung unserer Sünden aufnehmen wollest. Durch Christus, unsern Herrn, durch welchen Du, o Herr! stets alle diese Güter erschaffest, heiligest †, belebest †, segnest † und uns ertheilest. Durch † Ihn, und mit † Ihm, und in † Ihm ist Dir Gott allmächtigem † Vater, in Einigkeit des heiligen † Geistes alle Ehre und Herrlichkeit

Priester: Von Ewigkeit zu Ewigkeit.

Diener: Amen.

Das Gebet des Herrn.

P. Lasset uns beten. Durch heilsame Vorschriften ermahnt, und durch göttlichen Unterricht belehrt, wagen wir zu sprechen:

Vater unser, der Du bist im Himmel: Gehei=

liget werde dein Name: Zukomme uns dein
Reich: Dein Wille geschehe, wie im Himmel, also
auch auf Erden. Gib uns heute unser tägliches
Brod; und vergib uns unsere Schulden, wie auch
wir vergeben unsern Schuldigern: und führe uns
nicht in Versuchung:　　　　　　　　　　 .

D. Sondern erlöse uns vom Uebel.

P. Amen.

Wir bitten Dich, o Herr! erlöse uns von allen
Uebeln, den vergangenen, gegenwärtigen und zu=
künftigen! und durch die Fürbitte der seligen und
glorreichen allzeit jungfräulichen Gottesgebärerin
Maria, deiner seligen Apostel Petrus und Pau=
lus, Andreas und aller Heiligen, verleihe gnädig
den Frieden in unseren Tagen, damit wir durch
den Beistand deiner Barmherzigkeit allezeit von
den Sünden frei und vor jeder Seelenstörung
sicher sein mögen.

(Zertheilung der hl. Hostie.) Durch den=
selben unsern Herrn Jesus Christus, deinen Sohn,
der mit Dir lebt und regiert in Einigkeit des
heiligen Geistes, Gott

P. Von Ewigkeit zu Ewigkeit.

D. Amen.

P. Der Friede des Herrn sei allezeit mit euch.

D. Und mit deinem Geiste.

Diese Vermischung und Vereinigung des Leibes
und Blutes unseres Herrn Jesus Christus gereiche
uns, die wir es empfangen, zum ewigen Leben.
Amen.

Das Agnus Dei.

O Du Lamm Gottes, das Du hinwegnimmst die Sünden der Welt, erbarme Dich unser!

O Du Lamm Gottes, das Du hinwegnimmst die Sünden der Welt, erbarme Dich unser!

O Du Lamm Gottes, das Du hinwegnimmst die Sünden der Welt, schenk' uns den Frieden!

Die Communion.

O Herr Jesus Christus! der Du deinen Aposteln gesagt hast: Den Frieden hinterlasse Ich euch, meinen Frieden gebe Ich euch: siehe nicht auf meine Sünden, sondern auf den Glauben deiner Kirche und verleihe ihr nach deinem Wohlgefallen Friede und Einigkeit. Der Du lebest und regierest Gott von Ewigkeit zu Ewigkeit. Amen.

Hier wird im feierlichen Hochamte der Friedenskuß gegeben mit dem gegenseitigen Gruße:

Der Friede sei mit dir! — Und mit deinem Geiste!

O Herr Jesus Christus, Sohn des lebendigen Gottes! der Du nach dem Willen des Vaters, unter Mitwirkung des heil. Geistes durch deinen Tod der Welt das Leben gegeben hast: befreie mich durch diesen deinen hochheiligen Leib und dein Blut von allen meinen Sünden und von allen Uebeln; verleihe, daß ich stets deinen Geboten anhange, und laß nicht zu, daß ich jemals von Dir getrennt werde. Der Du mit demselben

Gott dem Vater und dem hl. Geiste lebest und regierest, Gott von Ewigkeit zu Ewigkeit. Amen.

O Herr Jesus Christus! laß den Genuß deines Leibes, den ich Unwürdiger zu empfangen wage, mir nicht zum Gerichte und zur Verdammniß gereichen, sondern nach deiner Güte mir zum Schutze der Seele und des Leibes und zur heilenden Arznei gedeihen. Der Du lebest und regierest mit Gott dem Vater in Einigkeit des heiligen Geistes Gott von Ewigkeit zu Ewigkeit. Amen.

(Wenn der Priester die hl. Hostie in die Hand nimmt.) Das Himmelbrod will ich nehmen und den Namen des Herrn anrufen.

(Domine non sum dignus.) O Herr, ich bin nicht würdig, daß Du eingehest unter mein Dach, sondern sprich nur ein Wort, so wird meine Seele gesund! (Dreimal.)

(Beim Empfange der hl. Hostie.) Der Leib unseres Herrn Jesus Christus bewahre meine Seele zum ewigen Leben. Amen.

Was soll ich dem Herrn vergelten für Alles, was Er mir gethan hat? Den Kelch des Heiles will ich nehmen und den Namen des Herrn anrufen, und ich werde gerettet sein von meinen Feinden!

(Beim Empfange des Kelches.) Das Blut unseres Herrn Jesus Christus bewahre meine Seele zum ewigen Leben. Amen.

Was wir mit dem Munde empfangen haben, o Herr! das laß uns mit reiner Seele erfassen:

und aus der zeitlichen Gabe werde uns ein ewiges Heilmittel.

Dein Leib, o Herr! den ich genossen, und dein Blut, das ich getrunken habe, bleibe in meiner Seele, und verleihe, daß in mir, den die reinen und heiligen Sakramente erquickt haben, keine Sündenmakel zurückbleibe. Der Du lebest und regierest in Ewigkeit. Amen.

(Antiphon an der Epistelseite.) Lasset uns loben den Gott des Himmels, und vor dem Angesichte aller Lebenden Ihm danken; denn Er hat an uns seine Barmherzigkeit erwiesen!

Die letzten Collecten.

P. Der Herr sei mit euch,

D. Und mit deinem Geiste.

(Oremus.) Herr unser Gott, gib, daß der Genuß dieses Sakramentes und das Bekenntniß der ewigen heiligen Dreifaltigkeit und derselben ungetheilten Einigkeit uns zum Heile des Leibes und der Seele gereichen.

Wir bitten Dich, o Herr! verleihe, daß wir von dem ewigen Genusse deiner Gottheit erfüllet werden, welchen der zeitliche Genuß deines Leibes und Blutes vorbildet.

Wir bitten Dich, o Herr! daß das Opfer des göttlichen Sakramentes uns reinige und beschütze, und, durch die Fürbitte der seligen jungfräulichen Gottesmutter Maria, deiner seligen Apostel Petrus und Paulus, unseres Kirchenpatrones N. und aller

Heiligen, uns von allen verkehrten Neigungen reinige und von allen Widerwärtigkeiten befreie. Durch ebendenselben unsern Herrn Jesus Christus, deinen Sohn, der mit Dir lebet und regieret in Einigkeit des heiligen Geistes Gott von Ewigkeit zu Ewigkeit. Amen.

(Zum Ite missa est.) Heilige Dreifaltigkeit, laß Dir diese Erweisung meiner Unterwürfigkeit gefallen, und verleihe, daß das Opfer, welches ich, obwohl unwürdig, vor dem Angesichte deiner göttlichen Majestät (durch den Priester) darge= bracht habe, Dir wohlgefällig, mir aber und Allen wofür ich es dargebracht habe, durch deine Barm= herzigkeit ein Versöhnungsopfer sein möge. Durch Christus, unsern Herrn. Amen.

(Zum Segen sprich:) Es segne mich der allmächtige Gott, Vater und Sohn und heiliger Geist. Amen.

Schluß-Evangelium.

Der Anfang des heiligen Evangeliums nach Johannes. — Im Anfange war das Wort, und das Wort war bei Gott, und Gott war das Wort. Dasselbe war im Anfange bei Gott. Alles ist durch dasselbe gemacht worden, und ohne dasselbe ist nichts gemacht, was gemacht worden ist. In Ihm war das Leben, und das Leben war das Licht der Menschen. Und das Licht leuchtet in der Finsterniß, und die Finsterniß hat es nicht begriffen. Es war ein Mensch von

Gott gesandt, dessen Name war Johannes. Dieser kam zum Zeugnisse, damit er Zeugniß gäbe von dem Lichte, auf daß Alle durch ihn glaubten. Er war nicht das Licht, sondern er sollte Zeugniß geben von dem Lichte. Es war das wahre Licht, welches erleuchtet einen jeden Menschen, der in diese Welt kommt. Er war in der Welt, und die Welt ist durch Ihn gemacht worden, und die Welt hat Ihn nicht erkannt. Er kam in sein Eigenthum, und die Seinigen nahmen Ihn nicht auf. Allen aber, die Ihn aufnahmen, gab Er die Macht, Gottes Kinder zu werden, denen, die da glauben an seinen Namen, die nicht aus dem Blute, noch aus dem Willen des Fleisches, noch aus dem Willen des Mannes, sondern aus Gott geboren sind. **Und das Wort ist Fleisch geworden** (hier kniee man) und hat unter uns gewohnt. Und wir haben seine Herrlichkeit ge= sehen, eine Herrlichkeit, als des Eingebornen vom Vater, voll der Gnade und Wahrheit.

D. Gott sei Dank!

Segen nach dem Hochamte.

Gott dem Vater und dem Sohne
Sei Lob, Preis und Herrlichkeit.
Mit dem Geist auf höchstem Throne
Eine Macht und Wesenheit.
Singt in lautem Jubeltone
Göttlicher Dreieinigkeit. Amen.

Genitori, Genitoque
Laus et jubilatio,

Salus, honor, virtus quoque
Sit et benedictio:
Procedenti ab utroque
Compar sit laudatio.   Amen.

Meßandacht zur Ehre des allerheiligsten Altarssakramentes.

(Siehe Seite 116.)

Meßandacht an Communiontagen.

(Communionmesse.)

Die heilige Communion steht in engster Verbindung mit der heiligen Messe, ist die unmittelbare Theilnahme an dem heiligen Opfer, welches der Priester darbringt, und es enthalten die Meßgebete des Priesters selbst die vollständige Communionandacht, indem sie alle Uebungen der Demuth und Anbetung, der Reue und des Bekenntnisses, des Glaubens, der Hoffnung und der Liebe, des Lobes und des Dankes, des Vertrauens und der Zerknirschung, der Bitte und der Fürbitte, und zugleich das, was mit diesem allerheiligsten Sakramente besonders verbunden sein soll, die Erinnerung an das Leben und Leiden Christi, auf die würdigste Weise in sich schließen. So gebührt es sich denn auch, vor dem Empfang der heiligen Communion zuvor der heiligen Messe beizuwohnen und sind deswegen die folgenden Gebete nach dem Gange der heiligen Messe geordnet.

Vorbereitungsgebet.

Liebster Jesus, der Du gesagt hast: „Kommet Alle zu Mir, Ich will euch erquicken;" sieh, ich komme auf diese deine liebreiche Einladung zu

deinem allerheiligsten Sakramente, um deiner Ver=
heißungen theilhaftig zu werden, und begehre Dich
zu jenem Ziel und Ende zu empfangen, zu welchem
Du dieses Sakrament eingesetzt hast. Ich ver=
lange diese heilige Communion=Messe zu verrichten
zur größern Ehre der allerheiligsten Dreifaltigkeit,
zum dankbaren Gedächtniß deines bittern Leidens
und Sterbens, zur Danksagung für alle mir jemals
erzeigten Wohlthaten, zur vollkommenen Verzeihung
und Genugthuung meiner Sünden, zur Erhaltung
und Vermehrung der göttlichen Gnade, zur
Stärkung wider alle Versuchungen, zur Be=
wahrung vor aller Sünde, zur Erlangung eines
wahren und beständigen Eifers im Guten und
zur Erwerbung der besondern Gnade, welche ich
jetzt am meisten bedarf . . . Ich opfere Dir auch
diese heilige Communion=Messe auf für meine
Freunde und Feinde, für meine Verwandten und
Wohlthäter, für die Erhöhung der Kirche, für
die Einigkeit der Fürsten, für die Erleuchtung der
Irrgläubigen, für die Bekehrung der Sünder, und
für die Seelen der Abgestorbenen im Fegfeuer.
Nimm auf, o Herr! diese meine Meinung und
gib mir die Gnade, daß allerheiligste Sakrament
so zu empfangen, daß ich die Gewährung meiner
Bitten von deiner Liebe und Barmherzigkeit er=
halten möge. Amen.

Zum Eingang.

O Jesus! Es war Dir nicht genug, für mich Mensch zu werden, zu leiden und zu sterben, sondern Du hast auch bei deinem Hinscheiden aus dieser Welt ein immerwährendes Opfer einsetzen wollen, in welchem Du Dich immer auf's neue deinem himmlischen Vater für mich aufopferst,- damit die Frucht deiner Erlösung in mir erhalten und erneuert werde.

O liebreichster Jesus, wie soll ich diese deine unendliche Liebe genugsam erkennen und zu vergelten suchen! Ach, statt der schuldigen Dankbarkeit höre ich nicht auf zu sündigen und Dich täglich zu erzürnen! Ich klage mich an vor deinem heiligen Altare, und bekenne vor deiner göttlichen Majestät und deiner allerreinsten Menschheit, sowie vor Maria der allerseligsten Jungfrau und vor der ganzen himmlischen Heerschaar, daß ich viel und schwer gesündiget habe, durch meine eigene Schuld, in Gedanken, Worten und Werken, heimlich und öffentlich, wissentlich oder unwissentlich, gegen Gott, gegen meinen Nächsten und gegen mich selbst. Ich bereue alle meine bekannten und unbekannten Sünden, einzig aus Liebe zu Dir, weil Du allein mein höchstes Gut bist, welches ich durch die Sünde beleidigt habe. Ich begehre durch deinen Beistand Alles wieder gut zu machen und nach deinem Wohlgefallen zu büßen.

Verzeihe mir, o Jesus! nach der Fülle deiner Barmherzigkeit, ergänze meine Buße und nimm

mich auf zum Kusse des Friedens in diesem aller=
heiligsten Opfer deines Fleisches und Blutes,
welches ich mit Dir deinem himmlischen Vater
zur größeren Ehre seiner göttlichen Majestät, zur
Genugthuung für meine begangenen Sünden, und
zum Heile meiner armen Seele darbringe. Gib
mir zur würdigen Theilnahme an diesem aller=
reinsten Opfer deinen Segen, erwecke in mir das
Licht der göttlichen Tugenden und laß mich ein=
geschlossen sein in die Verdienste der allerseligsten
Jungfrau Maria und aller deiner Heiligen. A.

Zum Kyrie.

O Gott, ich glaube an Dich! O Gott, ich
hoffe auf Dich! O Gott, ich liebe Dich! O Gott,
es reuet mich von Herzen, daß ich Dich jemals
mit einer Sünde beleidigt habe! Gott Vater vom
Himmel, erbarme Dich meiner! Gott Sohn, Er=
löser der Welt, erbarme Dich meiner! Gott hei=
liger Geist, erbarme Dich meiner! Heilige Drei=
faltigkeit ein einiger Gott, erbarme Dich meiner,
jetzt und in Ewigkeit! Amen.

Zum Gloria.

Ehre sei Gott in der Höhe und Friede auf
Erden den Menschen, die eines guten Willens
sind! Dich loben wir, Dich preisen wir, Dich
beten wir an, Dich verherrlichen wir; Dir danken
wir wegen deiner großen Herrlichkeit; Herr Gott,
König des Himmels, Gott, allmächtiger Vater!

Herr, eingeborner Sohn, Jesus Christus, Herr Gott, Lamm Gottes, Sohn des Vaters, der Du hinwegnimmst die Sünden der Welt, erbarme Dich unser; der Du hinwegnimmst die Sünden der Welt, nimm auf unser Flehen; der Du sitzest zur Rechten des Vaters, erbarme Dich unser! Denn Du allein bist heilig, Du allein der Herr, Du allein der Allerhöchste Jesus Christus, mit dem heiligen Geiste in der Herrlichkeit Gottes des Vaters. Amen.

Epistel.

(Aus dem ersten Briefe des heiligen Paulus an die Korinther 11, 23—29.)

Brüder! ich habe vom Herrn empfangen, was ich euch auch überliefert habe, daß der Herr Jesus in der Nacht, in welcher Er verrathen wurde, das Brod nahm, und dankte, es brach und sprach: Nehmet hin und esset, das ist mein Leib, der für euch hingegeben wird; dieses thuet zu meinem Andenken. Desgleichen nahm Er nach dem Abendmahle den Kelch und sprach: Dieser Kelch ist der neue Bund in meinem Blute: thuet dieses, so oft ihr trinket, zu meinem Andenken. Denn so oft ihr dieses Brod esset und diesen Kelch trinket, sollet ihr den Tod des Herrn verkündigen, bis Er kommt. Wer nun unwürdig dieses Brod ißt, oder den Kelch des Herrn trinkt, der ist schuldig des Leibes und Blutes des Herrn. Der Mensch aber prüfe sich selbst und so esse er von diesem Brode

und trinke aus diesem Kelche. Denn wer unwürdig
ißt und trinkt, der ißt und trinkt sich das Ge=
richt, indem er den Leib des Herrn nicht unter=
scheidet.

Evangelium.
(Johannes 6, 56—59.)

In der Zeit sprach der Herr Jesus zu den
Schaaren der Juden: Mein Fleisch ist wahr=
haftig eine Speise, und mein Blut ist wahrhaftig
ein Trank. Wer mein Fleisch ißt und mein Blut
trinkt, der bleibt in Mir und Ich in ihm. Gleich=
wie Mich der lebendige Vater gesandt hat, und
Ich lebe um des Vaters willen: so wird auch
der, welcher Mich ißt, um meinetwillen leben.
Dieses ist das Brod, welches vom Himmel herab=
gekommen ist, nicht wie das Manna, das eure
Väter gegessen haben und gestorben sind. Wer
dieses Brod ißt, der wird leben in Ewigkeit.

Vom Offertorium bis zur Wandlung.

Herr, mein Gott, Dein ist Alles, was im Him=
mel ist und was auf Erden. Aber ich verlange
auch, mich selbst als ein freiwilliges Opfer Dir dar=
zubringen und Dein zu bleiben auf ewig. Siehe,
in der Einfalt meines Herzens opfere ich mich
heute Dir auf zu einem ewigen Dienste, zu voll=
kommnem Gehorsam und zu einem immerwähren=
den Lobopfer. Nimm mich auf mit dem heiligen
Opfer deines kostbaren Leibes und Blutes, welches

in glorreicher Gegenwart und Beiwohnung deiner
heiligen Engel auf dem Altare dargebracht wird,
auf daß es für mich und dein ganzes Volk zum
Heile gereiche.

Siehe, o Herr! alle meine Sünden und Verge=
hungen, welche ich bis auf diese Stunde begangen
habe, bringe ich zu deinem heiligen Altare der
Versöhnung, auf daß Du sie alle anzündest und
verbrennest mit dem Feuer deiner Liebe, alle meine
Flecken vertilgest, mein Gewissen reinigest und mir
deine Gnade, welche ich durch meine Sünden ver=
loren, zurückgebest, indem Du mir Alles verzeihest
und mich zum Kusse des Friedens gnädig wieder
aufnimmst. Ich bringe Dir auch all mein Gutes,
o Herr! obgleich es wenig und unvollkommen ist;
ich opfere es Dir auf, damit Du es läuterst und
heiligest, es Dir angenehm und wohlgefällig machest,
und zugleich mich aus meiner Trägheit und Lauigkeit
immer mehr zum Bessern erhebest und zu einem glück=
seligen und preiswürdigen Ziele gnädig hinführest.

Ich opfere Dir auch die frommen Wünsche und
Begierden aller Christgläubigen, die besonderen An=
liegenheiten meiner Eltern, Brüder und Schwestern,
Freunde und Verwandten, und aller derer, die
mir oder Anderen um deiner Liebe willen jemals
Gutes gethan haben, mögen sie noch auf dieser
Erde leben oder schon aus den Banden des Flei=
sches abgeschieden sein, auf daß sie Alle den Bei=
stand deiner Gnade und die Macht deines Trostes
empfinden und von allen Gefahren und Nöthen

errettet, Dir in Frohlocken Dank sagen und glück=
selig dienen mögen.

Endlich opfere ich Dir auch meine Gebete und
dies Versöhnungsopfer noch besonders für die=
jenigen, welche mich irgend jemals beleidigt, be=
trübt, verläumdet oder beeinträchtigt haben, sowie
auch für alle diejenigen, welche ich selbst jemals
beleidigt, betrübt, erzürnt und geärgert habe, mit
Worten oder Werken, wissentlich oder unwissent=
lich, auf daß Du uns allen gleichmäßig unsere
Sünden und gegenseitigen Beleidigungen verzeihest.
Nimm hinweg, o Herr! von unsern Herzen allen
Argwohn und Unwillen, allen Zorn und Hader,
und was nur immer die Liebe verletzen und die
aufrichtige Eintracht vermindern kann. Erbarme
Dich, o Herr, erbarme Dich! Gib deine Barm=
herzigkeit Allen, die darum bitten, und deine Gnade
Allen, die ihrer bedürfen, und laß uns Alle wür=
dig werden, deine Gnade zu genießen und das
ewige Leben zu erlangen, der Du lebest und regie=
rest mit Gott dem Vater und dem heiligen Geiste
von Ewigkeit zu Ewigkeit. Amen.

Zur Wandlung.

Sei gegrüßt, o Herr Jesus Christus, Eingeborner
des Vaters; Du Pforte des Himmels, Du leben=
diges Brod; Du Licht des Himmels; Du Brod
der Engel; Du Freude der Menschen; Du König
und Bräutigam deiner jungfräulichen Mutter!

Sei gegrüßet, o Erlöser der Welt, der Du Dich

gewürdiget, für uns arme Sünder am Holze des
Kreuzes dein heiliges Blut zu vergießen! Reinige
uns, heilige uns, leite uns auf dem Wege des
ewigen Heiles!

Sei gegrüßet, o wahrer, lebendiger Leib meines
Herrn Jesu Christi, der Du eingehen willst in
mein Herz, um eine Speise meiner Seele zu sein!
Ach, meine Seele dürstet nach Dir, stille ihr
Verlangen!

Nach der Wandlung bis zur Communion.

Allmächtiger, ewiger Gott, siehe, ich komme zu
dem allerheiligsten Sakramente deines eingebornen
Sohnes, unsers Herrn Jesu Christi. Ich komme
als ein Kranker zum Arzte des Lebens, als ein
Unreiner zur Quelle der Barmherzigkeit, als ein
Blinder zum Lichte der ewigen Klarheit, als ein
Armer und Dürftiger zum Herrn des Himmels
und der Erde. Darum bitte ich Dich durch die
Fülle deiner unermeßlichen Freigebigkeit, Du wollest
meine Unreinigkeit waschen, meine Krankheit heilen,
meine Blindheit erleuchten, meine Armuth bereichern
und meine Nacktheit kleiden, damit ich das Brod
der Engel, den König der Könige, den Herrn der
Herrscher mit so großer Ehrfurcht und Demuth, mit
so großer Zerknirschung und Andacht, mit solcher
Reinheit und Zuversicht in solcher Absicht und
Meinung empfange, als es für das Heil meiner
Seele nöthig und nützlich ist.

Darum bitte ich Dich, o Herr! verleihe mir,

daß ich nicht bloß das Sakrament des Leibes und
Blutes unseres Herrn empfange, sondern auch des
Sakramentes Gnade und Kraft. O milbreicher
Gott laß mich den wirklichen Leib deines einge=
bornen Sohnes unseres Herrn Jesu Christi also
genieße, daß ich seinem geistlichen Leibe einver=
leibt und unter dessen Glieder gezählt zu werden
verdienen möge! O liebreichster Vater, gib, daß
ich deinen geliebten Sohn, welchen ich jetzt auf
meiner Pilgerschaft in geheimnißvoller Verhüllung
empfangen werde, dereinst von Angesicht zu An=
gesicht ewig anschaue, der mit Dir lebt und regiert
in Einigkeit des heiligen Geistes Gott von Ewig=
keit zu Ewigkeit! Amen.

O seligste Jungfrau, du Zuflucht der Sünder!
ich bitte dich durch deine mütterliche Liebe, du
wollest mit deiner allerreinsten Jungfrauschaft meine
Unreinigkeit zudecken, mich deinem Sohne liebreich
entgegenführen, Ihm deinen lebendigen Glauben,
deine feste Hoffnung, deine brennende Liebe, deine
tiefe Demuth und alle Andacht und Tugend=
übungen deines Lebens für mich aufopfern, damit
Er in Ansehung derselben meine Unwürdigkeit nicht
verschmähe und sein Angesicht nicht von mir ab=
wende. Amen.

O ihr heiligen Engel und Erzengel lasset mich
Theil nehmen an eurer unbefleckten Unschuld! Ihr
heiligen Patriarchen und Propheten, nehmet mich
auf in euren standhaften Glauben! Ihr heiligen
Apostel und Evangelisten erfüllet mich mit eurer

lebendigen Hoffnung und dem glühenden Eifer um
die Ehre Gottes! Ihr heiligen Martyrer, schmücket
mich mit dem hochzeitlichen Gewande der Liebe,
damit ich nicht von diesem königlichen Mahle in
die äußerste Finsterniß geworfen werde! Ihr heili=
gen Bekenner, gebet mir eure Ehrfurcht, Andacht
und Demuth, damit ich wagen darf, vor dem
Angesichte meines Gottes zu erscheinen! Ihr heili=
gen Jungfrauen, leuchtet mir vor mit euren bren=
nenden Lampen, damit ich eile, um zu öffnen
meinem Herrn! Alle Heiligen Gottes, begleitet
mich zu dem Gastmahle des höchsten Königs, und
lasset alle eure Tugenden wiederleuchten in meiner
Seele, auf daß ich würdig genieße das Brod der
Engel, meinen Gott und euren Gott, damit ich
von Ihm erfrischt und gestärkt, mit beflügelten
Schritten weiter eile, bis ich gelange zu eurer
glückseligen Gemeinschaft am ewigen Gastmahle
des himmlischen Vaterlandes. Durch denselben
Jesus Christus, unsern Herrn. Amen.

Zur Communion.

Die Seele Christi heilige mich!
Der Leib Christi heile mich!
Das Blut Christi tränke mich!
Das Wasser der Seite Christi wasche mich!
Das Leiden Christi stärke mich!
O gütiger Jesus, erhöre mich!
In deine Wunden verberge mich,
Von Dir laß nimmer scheiden mich!

Vor dem bösen Feinde beschütze mich!
In meiner Todesstunde rufe mich)
Und laß dann zu Dir kommen mich,
Mit deinen Heiligen zu loben Dich
In alle Ewigkeit! Amen.

Nach der Communion.

O Gott meines Heiles! Dich soll preisen all'
mein Inneres, all' mein Wesen und meine Kraft;
es soll frohlocken vor Dir alles Verlangen und
Wünschen meines Herzens; es soll ausrufen aus
dem Thal der Zähren all' mein Seufzen: „Dir
sei Lob und Ehre in Ewigkeit!" Dich preisen und
rühmen sollen für mich alle deine Werke, alle deine
Erbarmungen und unbegrenzten Wohlthaten, mit
welchen Du meiner Seele wohlgethan hast. Alle
Kraft und Wirksamkeit deiner Gottheit möge Dich
loben für mich; alle Empfindung und Liebe der
Menschheit Dir danken für mich, alle Hoheit und
Majestät der göttlichen Dreieinigkeit Dich verherr=
lichen für mich, Dich in Dir selbst mit jener aller=
höchsten Herrlichkeit, mit welcher Du Dir selber
genug bist, und mit welcher Du die Mängel alles
Erschaffenen ergänzest und in Dir vollendest, o
wahrer, lebendiger und einiger Gott! Dir sei Lob
und Preis in Ewigkeit! Amen.

Zu den letzten Gebeten des Priesters.

Ich sage Dir Dank, Herr, heiliger Vater, all=
mächtiger, ewiger Gott! daß Du Dich gewürdigte

haſt, mich unwürdigen Sünder, ohne alles Ver=
dienſt, einzig aus der Fülle deiner Barmherzig=
keit, mit dem Leibe und Blute deines eingebornen
Sohnes, unſers Herrn Jeſu Chriſti heimzuſuchen
und zu ſpeiſen. Ich bitte Dich, laß dieſe heilige
Communion mir nicht zur Schuld und Strafbar=
keit, ſondern als eine Vermittlung des Heils zur
Verzeihung und Begnadigung gereichen. Laß ſie
mir ſein eine Rüſtung des Glaubens und ein
Schild des guten Willens.

Gib, daß ſie mich von meinen Fehlern und
Gebrechen erledige, alle böſe Luſt und Begierlich=
keit aus mir vertreibe, die Tugenden der Liebe
und der Geduld, der Demuth und des Gehorſams
in mir vermehre, mich gegen die Nachſtellungen
aller meiner ſichtbaren und unſichtbaren Feinde
ſicher ſtelle, alle Regungen des Fleiſches und Ver=
wirrungen des Geiſtes zur Ruhe bringe, mich mit
Dir, dem einzigen und wahren Gott, feſt verbinde
und zu einem glückſeligen Ziel und Ende hin=
führe, auf daß ich gewürdiget werde, zu jenem
unausſprechlichen Gaſtmahle zu gelangen, wo Du
mit deinem Sohne und dem heiligen Geiſte deinen
Auserwählten das wahre Licht, eine vollkommene
Sättigung, ewige Wonne und vollendete Seligkeit
biſt. Durch denſelben Jeſus Chriſtus, unſern
Herrn. Amen.

Bei und nach dem Segen des Priesters.

Ich habe gefunden, den meine Seele liebt; ich will Ihn halten und nicht von mir lassen. Ich lasse Dich nicht, o mein Jesus! bis Du mich ge= segnet hast. Segne, o Herr! meinen Leib und meine Seele. Segne mein Gedächtniß, meinen Verstand und meinen Willen. Segne alle meine Gedanken, Worte und Werke. Segne alle meine Freunde und Feinde. Segne meine Arbeit und Mühe. Segne die ganze Zeit meines Lebens, damit ich in deinem Dienste beständig verharre bis an mein Ende; denn Dir allein, o Jesus! will ich leben und sterben; dein bin ich todt und lebendig. Was ich hinfort denken, reden oder wirken und leiden werde, soll Alles zu deiner größeren Ehre gedacht, geredet, gewirkt und ge= litten sein. Gib mir nur die Gnade, Alles auf solche Weise zu denken und zu reden, zu wirken und zu leiden, wie es Dir, mein Gott wohlge= fällig ist.

Segne mich in meinem Leben, o Jesus! segne mich in meinem Sterben. Bewahre mich vor einem jähen, unversehenen Tode. Beschütze mich wider alle Anfechtungen des bösen Geistes. Laß mich nicht sterben ohne würdigen Empfang der heiligen Sakramente; durch die Kraft derselben stärke mich alsdann in den Schmerzen des Leibes und rette mich in den Gefahren der Seele. Wende ab von mir alle Vermessenheit und Kleinmüthig= keit. Leite und regiere mich, daß ich in deiner

Gnade lebe und sterbe, und Dich mit deinen Hei=
ligen im Himmel ewig lobe und preise, der Du
mit dem Vater und dem heiligen Geiste wahrer
Gott lebst und regierst von Ewigkeit zu Ewigkeit.
Amen.

Gebet nach der heiligen Messe.
(Zugleich als kurzes Ablaßgebet.)

O Jesus, Du höchster König und Priester, Du
Hirt der Seelen! ich bitte Dich durch die Liebe,
mit welcher Du dieses allerheiligste Sakrament
uns als ein immerwährendes Pfand der Erhö=
rung hinterlassen hast! nimm gnädig auf die
Fürbitten, welche ich Dir in deiner gnadenreichen
Gegenwart darbringe. Laß in diese meine heilige
Communion eingeschlossen sein meine Eltern und
Geschwister, meine Verwandten und Wohlthäter,
und Alle, die Du mit mir durch das Band der
Liebe in Gnaden verbunden hast, Lebendige und
Abgestorbene (besonders N.). Gedenke auch derer,
die mir in ihrem Herzen entgegen sind, und er=
wecke in ihnen den Geist des Friedens und der
Liebe, sowie ich vor Dir, mein liebreichster Gott,
bezeuge, daß ich Allen verzeihe, die mich jemals
beleidigt haben, und alle Feindschaft von mir werfe.
Insbesondere bitte ich Dich auch, daß Du
deine heilige katholische Kirche, darin Du deine
Gnade so reichlich ertheilest, immer mehr aus=
breiten und ihren siegreichen Glanz erhöhen wollest;
daß Du die Irrlehren ausrotten, alle Verstockt=

heit lösen und alle Blindheit mit dem Lichte deiner Wahrheit erleuchten wollest; daß Du die Könige und Fürsten in den Gedanken des Friedens be=stätigen und sie zum Schutze der Kirche bekräftigen wollest; daß Du endlich alle Stände segnen und auf dem Wege des Heiles zu den himmlischen Belohnungen führen wollest, damit wir Dich vereint in Ewigkeit lieben, loben und preisen mögen, der Du lebst und regierst Gott von Ewigkeit zu Ewig=keit. Amen.

Meßandacht zur Betrachtung und Verehrung des bittern Leidens und Sterbens Christi.

(Passionsmesse.)

Vorbereitungsgebet.

Liebster Jesus! Du hast aus unendlicher Liebe zu uns Menschen das heilige Meßopfer eingesetzt, damit wir ein beständiges Gedächtniß hätten des=jenigen allerheiligsten Opfers, welches Du am Kreuze für uns vollbracht hast, zugleich aber auch ein Mittel, um uns der Verdienste desselben theil=haftig zu machen. Ich will jetzt dieser heiligen Messe mit möglichster Andacht beiwohnen und sie der allerheiligsten Dreifaltigkeit aufopfern: 1) zum Lobe und zur Anbetung der göttlichen Majestät, 2) zum Gedächtnisse und zur Verehrung deines bittern Leidens und Sterbens, 3) zur Danksagung für alle mir erwiesenen Gutthaten, 4) zur Genug=

thuung für meine Sünden, 5) zur Erlangung aller
Gnaden, welche mir zum Heile meiner Seele, vor=
nehmlich heute, nothwendig oder nützlich sind, und
6) für die Seelen im Fegfeuer. Besonders aber
will ich diese hl. Messe anhören zu diesem Ziel
und Ende N. N. — O mein Jesus, verleihe mir
dazu deine Gnade!

O allerseligste Jungfrau Maria! die du auf
dem Calvarienberge unter dem Kreuze standest,
bitte für mich, daß ich dieser hl. Messe, worin
Er sich jetzt auf's Neue, wiewohl auf eine un=
blutige Weise, seinem himmlischen Vater aufopfert,
mit innigster Andacht und schuldiger Ehrerbietung
beiwohne. Amen.

Zum Stufengebet.

Der Priester geht an den Altar. — Christus geht
mit seinen Jüngern an den Oelberg.

Gütigster Jesus! Du bist mir zu Liebe frei=
willig an den Oelberg gegangen, um dort dein
heiliges Leiden anzufangen. Du bist betrübt wor=
den bis zum Tode mir zu Liebe. O¹, verzeihe
mir meine Sünden, welche eine Ursache deiner
Traurigkeit und deines bittern Leidens sind. Ich
bereue sie von Herzen, weil sie eine Beleidigung
deiner göttlichen Majestät sind.

Zum Anfang der heiligen Messe.

Der Priester fängt die hl. Messe an. — Jesus fängt
sein Gebet im Garten an.

Ich bete Dich an und danke Dir, o mein ge=
liebtester Jesus! der Du betend im Garten am
Oelberge, daß der Kelch des Leidens von Dir ge=
nommen werde, dennoch nicht deinen, sondern
des Vaters Willen erfüllen wolltest.

Ich bitte Dich, verleihe mir durch die Kraft
deines Gebetes die Gnade, daß ich in allen meinen
Widerwärtigkeiten und Trübsalen mit festem Ver=
trauen durch demüthiges Gebet zu Dir Zuflucht
nehme, und daß ich mich auf's Innigste mit
deinem heiligen Willen vereinige.

Zum Confiteor.

Der Priester betet das Confiteor. — Jesus fällt auf
sein Angesicht und schwitzt Blut.

Ich bete Dich an und danke Dir, o gütigster
Jesus! der Du, indem Du im Gebete verharrtest,
Dir die Peinen und den grausamen Tod, den
Du erdulden solltest, vorstelltest, von einer so großen
Angst befallen wurdest, daß Du Blut schwitztest.

Ach, könnte ich mit blutigen Thränen meine
Sünden beweinen, die Dir solche Qual verur=
sachten! Ich verabscheue sie von ganzem Herzen
aus Liebe zu Dir, und will lieber sterben, als
Dich durch eine Todsünde vorsätzlich beleidigen.

Ja, mein lieber Heiland! ich mache einen festen
Vorsatz, mit Hilfe deiner Gnade in Zukunft besser
zu leben, und bitte Dich demüthig, Du wollest,
in Ansehung deines blutigen Schweißes und deiner

Mühen, mir meine Sünden verzeihen, und mich durch deine überaus große Barmherzigkeit erlösen.

Der Priester küßt den Altar. — Jesus wird durch einen Kuß verrathen.

Ich bete Dich an, o Herr! und danke Dir, der Du, nach Vollendung deines Gebetes im Garten, den treulosen Judas an der Spitze deiner Feinde herankommen saheft, und es geschehen ließeft, daß er Dich durch einen Kuß ihren Händen überlieferte.

O sanftmüthigster Jesus, welchen Frevel, welche Treulosigkeit habe ich begangen gegen Dich, da ich Dich verrieth und verfolgte durch meine Sünden! Züchtige, o Herr! und bessere mein Leben, auf daß ich gewürdiget werde, zu deiner Gnade zurückzukehren.

Der Priester geht auf die Epistelseite. — Jesus wird gefangen und zu Annas geführt.

O liebevollster Jesus! ich bete Dich an und danke Dir, der Du Dich von den Juden gefangen nehmen ließeft, und wie ein Verbrecher gebunden zum Hohenpriester Annas geführt wurdeft.

Binde mich los, o Herr! von Allem, was Dir mißfällt und Dich beleidiget, und ziehe mich zurück vom Rande des Verderbens durch das Andenken an die Fesseln, mit welchen Du so hart gebunden wurdeft. Feßle meine Zunge, damit sie nicht fluche und nicht murre, löse sie vielmehr zur Verkündigung deines Lobes.

Kommt, lasset uns anbeten.

27

Zum Eingang der Messe.

Der Priester betet den Introitus. — Jesus wird dem Annas vorgestellt und in's Angesicht geschlagen.

O geliebtester Heiland! ich danke Dir und bete Dich an, der Du im Palaste des Hohenpriesters angelangt, alle an Dich gestellten Fragen mit unvergleichlicher Sanftmuth beantwortet, dennoch von einem gottlosen Schergen auf eine rohe Weise in's Angesicht geschlagen wurdest.

Besänftige in mir, o Herr, durch deine Sanft=muth die Aufwallung meines Zornes, auf daß, wenn ich beleidiget werde, oder mir Unrecht wi=derfahrt, ich nicht auf Rache sinne, sondern diese Unbilden aus Liebe zu Dir mit demüthigem und dankbarem Herzen ertrage.

Zum Kyrie eleison.

Der Priester betet das Kyrie eleison. — Jesus wird von Annas zu Kaiphas geführt.

Ich danke Dir, o Jesus! und bete Dich an, der Du, von Petrus dreimal verleugnet im Hause des Kaiphas, nur eines Blickes auf ihn Dich be=dientest, um seine Augen mit Thränen anzufüllen und ihn zur wahren Buße zu bewegen.

Ach, blicke auch mich an mit dem Auge des Mitleidens, und verleihe mir die Gnade, meine Sünden aufrichtig zu bereuen und Dich nie zu verleugnen, weder durch Worte, noch durch Werke.

Zur Epistel.

Der Priester geht zur Epistelseite. — Jesus wird von Kaiphas zu Pilatus geführt.

Ich bete Dich an, o Jesus! und danke Dir, der Du, dem Pilatus vorgestellt, auf alle Verläumdungen und falschen Anklagen, deren man Dich beschuldigte, keine Antwort gabest, wie ein sanftes Lamm, das unter der Hand des Scheerers verstummt.

Sanftmüthigster Jesus! verleihe mir durch deine Bescheidenheit und durch dein Stillschweigen die Gnade, niemals eine Unbild, Verachtung oder Verläumdung zu rächen, sondern sie mit Stillschweigen und Geduld zu ertragen.

Zum Munda cor meum.

Der Priester geht in die Mitte des Altars und betet. — Jesus wird neben Barrabbas gestellt.

O gütigster Heiland! ich bete Dich an und danke Dir von ganzem Herzen, der Du, einem Aufrührer und gottlosen Mörder gleich geachtet, als ein Verbrecher des Todes schuldig gehalten wurdest.

Durch diese Erniedrigungen gewähre mir die Gnade, daß meine Seele nie von dem Gifte des Neides angesteckt werde, und daß ich böse Gesellschaften fliehe, damit ich niemals durch eine Todsünde von Dir getrennt werde.

Zum Evangelium.

Der Priester geht zur andern Seite des Altars und liest das Evangelium. — Jesus wird von Pilatus zu Herodes, und von diesem wieder zu Pilatus zurückgeführt.

Ich bete Dich an und danke Dir, o liebreich= ster Jesus! der Du, von Herodes gefragt, ihm nichts antwortetest, für einen Thoren gehalten, und bekleidet mit dem Spottkleide von weißem Tuche, so zu Pilatus zurückgeführt wurdest.

O liebenswürdigster Erlöser! wie sehr verdienst Du unser Mitleiden, da Du von einem Richter= stuhle zum andern geschleppt und vor so vielen Richtern und Hofleuten mit Schmach bedeckt, vor= gestellt wurdest! Bekleide meine Seele mit deinem Geiste, mit deiner Demuth und Unschuld, damit ich Dir in der Ausübung dieser Tugenden nachfolge.

Zum Credo.

Der Priester deckt den Kelch auf. — Jesus wird seiner Kleider beraubt.

Dank sei Dir und Anbetung, o gütigster Er= löser! der Du es geschehen ließest, daß man Dir vor deiner schmerzhaften Geißelung die Kleider auszog.

Mißhandelter Heiland! durch die Verdienste dieser schmachvollen Entblößung ziehe mir, ich bitte Dich, den alten Menschen mit seinen bösen Neigun= gen und Gewohnheiten aus, um mich mit einem neuen Menschen zu bekleiden, der kein anderer ist, als Du selbst.

Zum Offertorium.

Der Priester opfert Brod und Wein. — Jesus wird gegeißelt.

Empfange meinen Dank und meine tiefste An=
betung, o Jesus! der Du hart an eine Säule
gebunden, zahllose Geißelstreiche erhieltest.

Mache, daß ich, im Andenken einer so grenzen=
losen Grausamkeit, in allen Mühen und Arbeiten,
seien sie noch so hart, aus Liebe zu Dir ausharre,
und im Geiste der Demuth alle Schläge und
Züchtigungen von deiner väterlichen Hand willig
annehme.

Der Priester deckt den Kelch zu. — Jesus wird mit
Dornen gekrönt.

Sei angebetet und gepriesen, göttlicher Erlöser!
der Du aus Liebe zu mir erduldetest, daß dein
Haupt mit Dornen gekrönt und mit einem Schilf=
rohr geschlagen werde. Durchdringe mein Fleisch
mit deiner Furcht und mein Herz mit lebendigem
Reueschmerz über meine Sünden, damit ich hie=
durch eine herrliche Krone erlange.

Der Priester wascht seine Hände. — Jesus wird durch
die Handwaschung des Pilatus für unschuldig erklärt.

Ich bete Dich an, o Jesus! und danke Dir,
der Du die Beleidigungen und Beschimpfungen der
Juden auch noch nach gerichtlich anerkannter Un=
schuld so geduldig ertrugest.

Ich bitte Dich durch alle Verachtung und
Schmähung, die Du ungerechter Weise ertragen
mußtest, Du wollest meinem Herzen die Achtung

und Liebe zur Erniedrigung recht tief einprägen und mir das Verlangen einflößen, mich jedem Geschöpfe zu unterwerfen.

Zum Orate fratres.

Der Priester wendet sich zum Volke und spricht: Orate, Fratres! (Betet, Brüder!) — Jesus wird von Pilatus dem Volke vorgestellt mit den Worten: Ecce homo! (Sehet, ein Mensch!)

Unendlicher Dank sei Dir, o Jesus! und tiefe Anbetung, der Du zum Spotte als König der Juden gegrüßt, mit einem zerrissenen Purpurmantel bekleidet, mit einer Dornenkrone auf dem Haupte, mit einem Schilfrohre als Szepter in der Hand, erduldetest, daß man Dich schlug, Dir in's Angesicht spie, und in diesem schmählichen Zustande Pilatus Dich den Juden vorstellte, indem er mit lauter Stimme zu ihnen sprach: Ecce homo! (Sehet, ein Mensch!)

O Jesus, Du schönster aller Menschen, und jetzt so sehr entstellt! ich bitte Dich durch dieses schmachvolle und blutige Kleid und durch das Uebermaß der Schmerzen, in dem Du Dich befindest, verleihe mir ein mitleidiges Auge und eine für Erbarmung gefühlvolles Herz, damit ich Mitleiden habe für deine Schmerzen, die Du für mich ertragen hast, und damit ich es als eine Ehre erachte, aus Liebe zu Dir verachtet zu werden.

Zur Präfation.

Der Priester spricht die Präfation. — Jesus wird zum Kreuzestode verurtheilt.

Anbetung und Dank sei Dir, o liebevollster Erlöser! der Du, obwohl unschuldig, dennoch durch Pilatus, aus Furcht vor dem kaiserlichen Mißfallen und daheriger Entsetzung, zum Kreuzestod verurtheilt wurdest.

Verleihe mir die Gnade, daß ich niemals aus Menschenfurcht oder wegen zeitlichen Gewinns Dich beleidige, damit Du mir am Tage des Gerichts gnädig seiest, und ich aus deinem Munde die Versicherung meines Heiles vernehmen möge!

Beim Memento für die Lebendigen.

Der Priester betet den Canon. — Jesus trägt sein Kreuz.

Ich bete Dich an, o gütigster Heiland! und preise Dich, der Du, nachdem Pilatus das traurigste Urtheil von der Welt über Dich ausgesprochen hatte, gleichwohl, ja sogar mit inniger Freude das Kreuz auf deine Schultern nahmest, und es mit Ergebung auf den Kalvarienberg trugest.

Liebenswürdiger Erlöser! gewähre mir die Gnade, mit Liebe dein Kreuz zu umarmen, auf daß mein Kreuz mit dem deinigen vereiniget sei durch Abtödtung meiner Sinne, und ich es freudig trage bis zum Tode.

Der Priester legt die Hände auf den Kelch. — Jesus spricht zu den Frauen von Jerusalem.

Ich danke Dir, o süßester Jesus! und bete Dich an, der Du im Hingang zur Richtstätte, begleitet von frommen Frauen von Jerusalem, die deinen Tod beweinten, denselben sagtest: sie sollten nicht über Dich weinen, sondern über sich selbst und ihre Kinder.

Rühre mein Herz durch eine wahre Reue, auf daß ich, meine Sünden beweinend, befreit werde von den Strafen, die ich durch selbe verdient habe.

Der Priester macht das Kreuzzeichen über das Brod und den Wein. — Jesus wird an's Kreuz geschlagen.

Dank und Anbetung sei Dir, o gütigster Jesus! der Du, angelangt auf dem Calvarienberg, deiner Kleider beraubt, wodurch der Schmerz deiner Wunden erneuert wurde, in diesem bejammernswürdigen Zustand auf das Holz des Kreuzes gelegt, und an Händen und Füßen mit Nägeln durchbohrt wurdest.

Mein liebenswürdigster Heiland! hefte mich an Dich, und mache mich los von mir selbst; und da man Dir nur Essig und Galle bot, um deinen Durst zu löschen, so mache, daß ich, in steter Erinnerung an diesen bittern Trank, der Sinnlichkeit und den fleischlichen Gelüsten gänzlich entsage, auf daß ich durch Bezähmung aller unordentlichen Begierden mein Fleisch kreuzige, Dich über Alles liebe und Dich einzig anbete.

Bei der heiligen Wandlung.

Der Priester hebt die heilige Hostie in die Höhe. — Jesus wird am Kreuze erhoben.

Ich bete Dich an, o Jesus! und sage Dir Dank, der Du gesagt hast: Du wollest Alles an Dich ziehen, wenn Du am Kreuze von der Erde werdest erhöhet sein.

Ich bitte Dich, Du wollest, vermöge dieser heiligen Worte, meinen Geist durch die Betrachtung deiner Größe und deiner Barmherzigkeit, sowie mein Herz durch ein lebendiges Gefühl des Mitleids gegen deine Schmerzen, zu Dir hinaufziehen.

Der Priester hebt den Kelch in die Höhe. — Jesus vergießt sein hl. Blut.

Ich bete Dich an, o gütigster Jesus! und danke Dir, der Du aus Liebe zu mir am Kreuzesstamme dein heiliges Blut vergossen hast, um mich von den Peinen der Hölle zu erlösen.

Ich bitte Dich in Kraft deines heiligen Blutes, Du wollest mir und allen Menschen die Sünden verzeihen; denn ein einziger Tropfen deines Blutes ist ja hinreichend, alle Sünder zu erlösen und alle ihre Sünden abzuwaschen.

Der Priester betet das Memento für die Verstorbenen. — Jesus betet für seine Feinde.

Ich danke Dir, o Herr! und bete Dich an, der Du so gut gegen die Bösen Dich erwiesest, ja selbst für deine Kreuziger zum Vater betetest: „Vater, verzeihe ihnen, denn sie wissen nicht, was sie thun."

O geduldiges Lamm! gib, daß ich nach deinem Beispiele und nach deinem Befehle meine Feinde liebe, Jenen Gutes thue, die mir Böses thaten, und Dich mit Demuth für sie um Vergebung und um ihre Rettung bitte.

Der Priester klopft an seine Brust und spricht: Nobis quoque peccatoribus. — Jesus verheißt dem büßenden Schächer das Paradies.

Anbetung und Dank sei Dir, o guter Heiland! der Du, am Kreuze hangend mit zwei Schächern, es zuließest, daß der Eine Dich lästerte, während Du dem Andern das Paradies versprachest, weil er in sich gegangen und mit einem vertrauungsvollen Glauben deinen Namen bekannte.

O Gott der Gnade und Barmherzigkeit! laß nicht zu, daß ich meine Bekehrung von einem Tage auf den andern verschiebe. Hilf mir, für das Unrecht, das ich Andern zugefügt, genugzuthun, damit ich auch einmal mit dem reumüthigen Schächer die angenehme Verheißung vernehmen könne: „Heute noch wirst du bei Mir in Paradiese sein!"

Zum Pater noster.

Der Priester spricht das „Vater unser". — Jesus empfiehlt seine Mutter dem hl. Johannes.

Ich bete Dich an, o Herr! und danke Dir, der Du vom Kreuze herab auf deine in Kummer und Gram versenkte Mutter voll Liebe hinblicktest, und sie deinem liebsten Jünger, sowie auch ihn und uns Alle ihr empfahlest.

Erhalte mir durch deine kindliche Liebe, die so herzlichen Antheil an den Schmerzen deiner Mutter nahm, die Gnade, daß auch ich Maria von Herzen

liebe und verehre, damit ich, indem ich sie als
meine Mutter achte, verdiene ihr Kind zu sein.

Erhöre auch die Gebete, die wir mit deiner
heiligen Kirche verrichten, für unsern heil. Vater,
den Papst, für die Bischöfe und Seelsorger, für
unsere Regierung und Vorgesetzten, für den Frie=
den unter den Gläubigen, für die Gesundheit unsers
Leibes, für die Fruchtbarkeit der Erde, für die Be=
kehrung der Sünder und Ungläubigen, für die
Beharrlichkeit der Guten und Gerechten, für alle
Jene, welche in großer Noth, in Trübsal, Krank=
heit und Versuchung sich befinden, für meine Eltern,
für meine Freunde und Feinde, und für alle An=
dern, für welche Du willst, daß wir beten sollen.

**Der Priester zertheilt die hl. Hostie. — Jesus stirbt
am Kreuze und empfiehlt seinen Geist in die Hände
seines Vaters.**

Unendlicher Dank und Anbetung sei Dir, o
gütigster Heiland! der Du das große Werk der
Erlösung vollbracht hast, indem Du Dich selbst
opfertest auf dem Altare des Kreuzes für die
Sünden der Welt, und freiwillig sterbend aus
Liebe zu uns, deinen Geist, ehe Du starbest, in
die Hände deines Vaters übergabest.

O mein geliebtester Bräutigam! ich opfere mich
Dir im Geiste eines Schlachtopfers und sehne mich,
auf diesem Kreuze geschlachtet zu werden, um Dir
für deine unendliche Güte meine Huldigung und
meinen Dank darzubringen.'

Mache, o Gott der Liebe! durch diesen kostbaren

Augenblick, in welchem sich deine Seele von deinem Leibe trennte, daß auch meine Seele in der Stunde des Todes mit Dir auf's Innigste vereinigt werde.

Der Priester läßt einen Theil der hl. Hostie in den Kelch fallen. — Jesus steigt in die Vorhölle hinab.

Dank und Anbetung sei Dir, o Jesus! der Du, nachdem Du deinen Geist aufgegeben hast, deine Seite durchbohren und mit einer Lanze dein Herz eröffnen ließest, woraus Blut und Wasser floß, um unsere Sünden abzuwaschen. Du aber, o heiligste Seele meines Erlösers! ließest deinen Leich= nam am Kreuze und stiegest hinab in die Vor= hölle, um die Seelen der hl. Väter, die dort ge= fangen gehalten wurden, zu befreien.

Befreie auch meinen Geist aus der Gefangen= schaft des Fleisches, damit er Dir mit größerer Reinheit diene; verwunde mich so heftig mit den Pfeilen deiner Liebe, daß ich Dich nimmermehr mit einer Todsünde beleidige, und mache durch deine Barmherzigkeit, daß dein kostbares Blut jetzt herabrinne auf die verstorbenen Gläubigen im Fegfeuer, besonders auf meine Eltern und Freunde damit sie, befreit vom Fegfeuer, deine ewige Glück= seligkeit genießen mögen.

Zum Agnus Dei.

Der Priester klopft an seine Brust und spricht: Agnus Dei 2c. — Viele bekehren sich.

Ich bete Dich an, o Jesus! und danke Dir, der Du Vielen, die am Fuße deines Kreuzes ihre

Sünden beweinten, und mit deinen Schmerzen Mitleid fühlten, die Gnade der Bekehrung verliehest.

O Gott der Barmherzigkeit! verleihe mir die Gnade, daß ich im Hinblick auf deine Kreuzigung ergriffen werde von einem wahren Reueschmerz über mein vergangenes Leben; verwandle und gestalte mich ganz in Dich um, o mein gütigster Erlöser!

Bei der heiligen Communion.

Der Priester genießt den Leib und das Blut Christi. — Jesus wird in's Grab gelegt.

Ich bete Dich an, o Jesus! und danke Dir, der Du vom Kreuze herabgenommen und durch Joseph und Nikodemus in ein neues Grab gelegt wurdest; die, nachdem sie deinen heiligen Leichnam einbalsamirt, denselben einwickelten und mit aller Liebe und Ehrfurcht bedeckten.

Verleihe mir, o Gott! daß ich mit Dir begraben sei, auf daß ich, mich trennend von der Welt und abgestorben ihrer Eitelkeit, einzig nur in Dir lebe, der Du das Leben meiner Seele bist. Und da Du so oft Dich würdigest, in das Grab meines Herzens Dich einzuschließen durch die hl. Communion, so reinige es von jeder Sünde und gib ihm ein neues Leben, damit es deines Aufenthaltes würdig sei.

(Hier kann man auch folgende geistige Communion verrichten, wenn man nicht wirklich communizirt):

Mein Herr und mein Gott! ich verlange sehr,

Dich heute in mein Herz aufzunehmen mit jener Liebe, mit jener Andacht und Verehrung, die deiner göttlichen Majestät gebührt; aber wegen meiner allzu großen Unwürdigkeit fürchte ich mich, Dich in mein Haus einzuladen. Doch weiß ich, o mitleidigster Jesus! daß Du nicht allein auf die Werke siehst, sondern auch auf unsere Sehnsucht und unsere Wünsche, die Dir bisweilen angenehmer sind, als die Werke selbst.

Nun sieh mich vor Dir, o mein Jesus! Ich verlange Dich, da ich es sakramentalischer Weise nicht thun kann, wenigstens im Geiste zu empfangen. Ich öffne die Pforte meiner Seele, damit Du darin wohnen mögest, und breite die Arme meines Verlangens aus, um Dich zu umarmen.

Komm, o göttlicher Jesus! Komm, o himmlische Speise! Komm, o Liebe meiner Seele, komme mit allen deinen Tugenden und Verdiensten, mit allen Gnaden und Schätzen, auf daß das Verlangen meiner Seele, die so sehr nach Dir sich sehnt, gestillt und befriediget werde von Dir, o Du einzige und wahre Quelle des Lebens!

Der Priester wendet sich zum Volke und spricht: Dominus vobiscum. — Jesus, vom Tode erweckt, erscheint seiner Mutter und seinen Jüngern.

Ich bete Dich an, o geliebtester Heiland! und sage Dir Dank, der Du nach deiner Auferstehung deiner heiligen Mutter und deinen Aposteln erschienen bist, und ihnen durch diesen Besuch eine unaussprechliche Freude verschafft hast.

Verleihe mir jetzt die Gnade, Dich mit den Augen eines durch die Liebe thätigen und an guten Werken fruchtbaren Glaubens zu schauen, damit ich würdig werde deines beseligenden Anblickes mit den Auserwählten im Himmel.

Bei den letzten Orationen.

Der Priester spricht die letzten Gebete auf der Epistel= seite. — Jesus verweilt 40 Tage unter seinen Jüngern.

Anbetung und Dank sei Dir, o göttlicher Er= löser! der Du in deinem verklärten Leben noch 40 Tage unter den Jüngern weiltest, sie im Glau= ben an deine Auferstehung stärktest und sie unter= richtetest.

Verleihe mir, ich bitte Dich, nach deinem hei= ligen Willen zu leben, und alle Tage auf dem Wege deiner Gebote zu wandeln.

Der Priester spricht das letzte Dominus vobiscum. — Jesus fährt gen Himmel.

Dank und tiefste Anbetung sei Dir, o Herr! der Du in Gegenwart deiner Mutter und aller deiner Jünger, vierzig Tage nach deiner Aufer= stehung, im Triumphe gen Himmel fuhrest.

O König der Herrlichkeit, durch deine wunder= bare Himmelfahrt verleihe mir ein eifriges Ver= langen, im Geiste Dir zu folgen, in der Tugend zu wachsen, die Welt und ihre Eitelkeiten zu ver= achten und täglich meinen Sinn zum Himmel zu erheben.

Beim Segen.

Der Priester segnet das Volk und liest das letzte Evangelium. — Jesus sendet seinen Aposteln den hl. Geist.

Anbetung und Dank sei Dir, Herr! der Du deiner heiligen Mutter und deinen Jüngern einen so herrlichen Segen ertheilt hast, indem Du ihnen am Pfingsttage den hl. Geist sendetest, auf den sie in anhaltendem Gebete gewartet haben im Vertrauen auf deine Verheißung.

Gieße auch über mich deinen himmlischen Segen aus, und in Ansehung der heilsamen Sendung des hl. Geistes schenke mir die Tugend der Demuth, die Beharrlichkeit im Gebete, und reinige meine Seele durch dieses göttliche Feuer, auf daß dieser Geist selbst, welcher mein Herz durchglüht, mich entflamme und zu allem Guten antreibe.

Gebet nach der heiligen Messe.

Ich bete Dich an, o liebevollster Jesus! und sage Dir Dank für die große Gnade, daß ich heute den göttlichen Geheimnissen beiwohnen durfte. Ich opfere Dir diese und alle heiligen Messen, die heute in der ganzen katholischen Christenheit gelesen werden, zu deiner Ehre und Verherrlichung, zur Ehre des ewigen Vaters und des heiligen Geistes.

Ich opfere sie Dir auf nach der Meinung deiner heiligen Kirche, zur Heiligung meiner Seele und der Seelen meiner Eltern, zum Ersatz meiner Unvollkommenheiten und für den Beistand in allen meinen Nöthen des Leibes und der Seele; ich opfere sie Dir auf zur Genugthuung für die Strafen, die meine Sünden verdient haben; zur Danksagung für alle Gnaden und Wohlthaten, die ich von Dir empfangen habe, und zum Trost der armen Seelen im Fegfeuer.

Ich bitte Dich um Verzeihung wegen den Zerstreuungen und Unehrerbietigkeiten, deren ich mich schuldig gemacht habe, und bitte Dich, o gütigster Erlöser! Du wollest mein demüthiges Gebet, in Erinnerung an das blutige Opfer, das Du deinem Vater auf dem Holze des Kreuzes dargebracht hast, gnädigst erhören. Gib, daß das Verdienst eines so heiligen Opfers mich während dieses Tages und allezeit in deiner Gnade erhalte und mir und dem ganzen christkatholischen Volke die nothwendigen Gnaden erwerbe, das Böse zu meiden und das Gute zu thun zur Ehre des dreieinigen Gottes: des Vaters, des Sohnes und des heiligen Geistes. Amen.

Meßandacht zur Verehrung der allerseligsten Jungfrau Maria.

(Marienmesse.)

Vorbereitungsgebet.

Im Namen des Vaters, und des Sohnes, und des heiligen Geistes. Amen.

Ewiger Gott! sieh herab auf uns, deine Kinder, die wir hier vor deinem Altare versammelt sind, um der heiligen Messe, dem gnadenreichen Opfer unserer Erlösung, beizuwohnen. Wir verrichten dieses Opfer durch deinen gesalbten Priester im Namen Jesus, und bringen dadurch deiner göttlichen Majestät den Dank, welchen wir Dir für unsere Erlösung schuldig sind. Aber, o mein Gott! wie darf ich Sünder es wagen, vor deinem Throne zu erscheinen? Von Reue durchdrungen schlage ich an meine Brust und bekenne vor Dir, allwissender Gott, vor Maria der Jungfrau, und den heiligen Aposteln Petrus und Paulus, sammt allen Heiligen, daß ich oft und schwer gesündigt habe. Die heiligste Jungfrau Maria, sammt allen Heiligen wollen für mich bitten, daß Du, o Gott! mir meine Sünden verzeihest und mir die Gnade verleihest, diesem hochheiligen Opfer mit wahrer Andacht beizuwohnen, und der Verdienste des Kreuzesopfers meines göttlichen Erlösers theilhaftig zu werden.

Heilige Maria, Mutter Gottes! durch deinen göttlichen Sohn bist du auch unsere Mutter. Ich liebe dich, und um dir meine kindliche Liebe zu bezeigen, opfere ich diese heilige Messe dem lieben Gott als eine Danksagung auf, daß Er dich zu so hoher Würde zur Königin des Himmels erhoben hat. O daß ich bei dieser heiligen Messe so mit Andacht zu beten vermöchte, wie du, o Jungfrau! auf Erden gebetet hast; aber ich bin unwürdig, meine Stimme zu dem Allerhöchsten zu erheben; darum bitte ich, sei du meine Fürsprecherin bei

Gott, erbitte mir die Gnade, daß ich mit demüthigem Herzen und kindlichem Vertrauen bete, und daß ich besonders jetzt im Andenken an Jesus Christus, an seine Leiden und an seinen Tod der heiligen Messe beiwohne, und der Verdienste dieses kostbaren Opfers theilhaftig werde durch Jesus Christus, unsern Herrn. Amen.

Bei dem Gloria und der Epistel.

Ehre sei Gott dem Allerhöchsten, der durch seinen göttlichen Sohn die Menschen erlöst hat! Ehre und Dank, Lob und Preis sei Ihm in Ewigkeit!

Auch du, o Maria! bist unsers Lobes würdig, du seligste Mutter unsers Herrn! Aus dir ist das Licht der Erleuchtung, Jesus Christus, hervorgegangen, darum sei Ehre Gott dem Vater, dem Sohne und dem heiligen Geiste, wie im Anfange, so jetzt und in Ewigkeit.

Ewiger Gott! der Du die seligste Jungfrau Maria gewürdigt hast, die Mutter deines Sohnes zu sein, verleihe gnädigst, daß wir durch Nachfolgung ihrer Tugenden, ihrer Frömmigkeit, ihrer Keuschheit, Demuth und Gottesliebe einstens zur ewigen Seligkeit gelangen, wo wir mit ihr und allen Heiligen vereint Dich lobpreisen, lieben und anbeten werden in alle Ewigkeit. Amen.

Beim Evangelium.

Ewiger Gott! Dir sei Dank und Ehre für dein heiliges Evangelium. Durch diese frohe Bot=

schaft wissen wir die gnadenreiche Menschwerdung
Gottes, und wissen, daß Jesus Christus, unser
Erlöser, aus Maria der reinsten Jungfrau ist
geboren worden. Verleihe gnädigst, o mein Gott!
daß ich jetzt bei diesem heiligen Meßopfer mich an
die Geheimnisse der Menschwerdung deines Sohnes,
an sein Leiden und an seinen schmerzlichen Kreuzes=
tod mit inbrünstiger Andacht erinnere, und Dir
für unsere Erlösung herzlichst danke.

Heilige Maria! ich erinnere mich mit heiliger
Freude an das hohe Geheimniß der Menschwer=
dung Gottes, und spreche mit dem Erzengel Gab=
riel: Gegrüßt seist du, Maria! du bist voll der
Gnaden, der Herr ist mit dir, du bist gebenedeit
unter den Weibern, und gebenedeit ist die Frucht
deines Leibes Jesus Christus, der für uns den
Himmel verlassen hat, und Mensch geworden ist.
Laß dir, o göttliche Mutter! meine kindliche Vereh=
rung wohlgefallen, und bitte Gott, daß Er unser
Opfer, welches der Priester am Altare verrichtet,
gnädig von uns annehme als ein Dankopfer für
seine Menschwerdung und unsere Erlösung.

Auch sei dieses heilige Meßopfer dem Allerhöch=
sten als ein Lobopfer dargebracht, daß Er dich,
o Jungfrau! zur Mutter seines Sohnes erwählt
hat. Sei du auch meine Mutter, und bitte für
mich deinen Sohn, jetzt und in der Stunde meines
Hinscheidens. Amen.

Bei der Opferung.

Zu Dir, allmächtiger Gott! erhebe ich mein Herz, und rufe mit Maria, der hochgebenedeiten Jungfrau: Meine Seele preise den Herrn, und mein Geist frohlocke in Gott, meinem Heilande, der mir die Gnade verliehen hat, diesem heiligen Opfer beiwohnen zu können. O Gott aller Güte! sieh mit Wohlgefallen auf den Altar und segne die Opfergaben, Brod und Wein, welche durch die Einsetzungsworte, die der Priester ausspricht, in den heiligen Leib und in das heilige Blut deines göttlichen Sohnes verwandelt werden. Wir bringen Dir dieß hochheilige Opfer in Ehrfurcht dar, und bitten: segne es, und segne auch mein Gebet, welches ich mit diesen Opfergaben Dir darbringe. Ich wünsche, durch dieß heiligste Opfer Dir alle Ehre, Lob und Danksagung zu erweisen, weil Du uns in der seligsten Jungfrau Maria eine Mutter gegeben hast, die unsere Beschützerin und Fürsprecherin an deinem Throne ist. Aber liebster Gott! ich fühle meine Unwürdigkeit, Dich zu lobpreisen, denn ich bin ein Sünder, und habe viele Fehler zu beweinen. Ich bereue meine Fehler, und bitte durch die Heiligkeit dieses Opfers um Gnade und um Kraft, künftig jeder Sünde, ja allen Reizungen zur Sünde standhaft zu widerstehen und Dich, meinen Gott, von Herzen und über Alles zu lieben.

O Gott! der Du gewollt hast, daß dein Wort von der seligsten Jungfrau Maria Fleisch anneh=

men solle, verleihe auf unser flehentliches Bitten, daß uns, die wir sie wahrhaft als Gottesgebärerin erkennen, durch ihre Fürbitte in allen unsern Nöthen geholfen werde, durch denselben unsern Herrn Jesus Christus, der mit Dir lebt und regiert in Einigkeit des heiligen Geistes, Gott von Ewigkeit zu Ewigkeit. Amen.

Heilige Maria, Mutter Gottes! höre mein Rufen aus dem Thale der Zähren, und eile, mir zu helfen. Du bist ja der Trost, die Hoffnung und die Zuflucht der Sünder. O flöße meinem Herzen deine heilige Liebe, deine tiefe Demuth, deine Ehrfurcht und stille Andacht ein, damit jetzt bei dieser heiligen Handlung mein Herz von allen Zerstreuungen und unnützen Gedanken befreit bleibe, und mein Gemüth in Andacht sich zu Gott erhebe, nichts denke und nichts empfinde, als Gottes heilige Gegenwart. Bitte, daß mein Gebet von Gott erhört werde durch Jesus Christus, deinen Sohn, unsern Herrn. Amen.

Beim Sanctus.

Allmächtiger, ewiger Gott! erfülle mein Herz mit heiliger Ehrfurcht, denn nun beginnt das wundervolle Geheimniß, der Weltheiland kömmt zu uns Sündern herab; der nämliche Gottessohn, den der Engel der Jungfrau Maria verkündete, den sie vom heiligen Geist empfangen und zu Bethlehem im Stalle geboren hat; dieser menschgewordene Gott kommt herab auf den Altar, und wird ein

Opfer zur Verherrlichung Gottes. Wir glauben die Menschwerdung des göttlichen Sohnes, und erwarten in Ehrfurcht unsern Erlöser in der heiligen Hostie, die der Priester zur Anbetung in die Höhe hebt. Daher ist es billig und recht, daß wir Gott lobpreisen. Wir rufen mit Maria der Gottesmutter, mit den Engeln und Erzengeln, mit den Thronen und Herrschaften und allen seligen Geistern: Heilig, heilig heilig ist Gott! Gebenedeit sei, der da kömmt im Namen des Herrn! Hosanna in der Höhe!

Bei der Wandlung.

Jesus, Du Sohn Gottes, sei mir gnädig! Jesus, Du Sohn Davids, sei mir barmherzig! Jesus, Du Sohn der Jungfrau Maria, verzeih mir meine Sünden!

O heiligstes, in dem Kelche gegenwärtiges Blut meines Erlösers, ich bete Dich an, und bitte: Wasche mich von meinen Sünden, und erlange mir bei Gott Gnade und Barmherzigkeit. O Jesus, ich glaube an Dich! O Jesus, ich hoffe auf Dich! O Jesus, von Herzen liebe ich Dich!

Nach der Wandlung.

O mein Jesus, mein Gott und Heiland! Obgleich ich Dich mit leiblichen Augen nicht sehe, so glaube ich doch an deine lebendige Gegenwart und bete Dich an. Ja, Du bist der nämliche Gottmensch, der für uns Sünder am Kreuze gestorben

ist, und Du erneuerst hier deinen Opfertod mit
eben der Liebe, mit welcher Du Dich zur Ver=
söhnung der göttlichen Gerechtigkeit am Kreuze
geopfert hast. Wir danken Dir, o Jesus! daß
Du Dich hingabst für uns Sünder und daß Du
noch täglich dein Kreuzesopfer auf unsern Altären
erneuerst. O mein Erlöser! o wie bin ich so
glücklich in deiner heiligen Gegenwart, und wie
selig fühle ich mich, daß ich meinem Gott so nahe
bin! Um Dir gebührend zu danken, stimme ich
ein in den Jubel der Engel, die deine göttliche
Majestät anbeten. Ach, daß ich mit ihnen Dich
laut anbeten und mit ihnen unaufhörlich rufen
könnte: Heilig, heilig, heilig bist Du, unser Gott! O
daß ich Dich so zu loben vermöchte, wie die
Seraphim Dich loben, denn Dir gebührt alles Lob,
alle Ehre und Anbetung von Ewigkeit und in
Ewigkeit! Ich spreche also in Andacht aus der
Tiefe meines Herzens: Ehre sei Gott dem Vater,
dem Sohne und dem heiligen Geiste von mir und
allen Geschöpfen jetzt und in Ewigkeit!

Seligste Jungfrau Maria! ich bitte Dich, lehre
mich beten, wie Du auf Erden gebetet hast; lehre
mich frohlocken in Gott, unserm Herrn, und erbitte
mir von Ihm die Gnade, daß ich im Glücke wie
im Unglücke, in der Freude wie in der Trübsal
stets in fester Treue an Gott halte; daß ich in
allen Verhältnissen meines Lebens auf Gott ver=
traue, und frohlockend in meinem Herzen spreche:
Meine Seele preise den Herrn, Er ist der All=

mächtige, der allezeit helfen kann; der Allgütige, der helfen will; der Getreue, der gewiß hilft. O liebste Mutter! erbitte mir ein kindliches Vertrauen, daß ich wie du, durch Frömmigkeit und Hingabe in den Willen Gottes, ein Opfer der Liebe zu Gott werde, und daß mich nichts mehr von dieser Liebe trenne. Diese Gnade erbitte mir von Jesus Christus, deinem Sohne, den wir hier vor Augen haben und anbeten. Amen.

Bei der Communion.

Liebster Jesus! mit gerührtem Herzen schlage ich an meine Brust und bitte: O Lamm Gottes, welches hinwegnimmt die Sünden der Welt, nimm meine Sünden von mir, und kehre in meinem Herzen ein! Ich verlange mit dem Opferpriester das Engelbrod zu essen; aber ich bin dieser Gnade unwürdig, darum flehe ich auf meinen Knieen, verzeihe mir meine Fehler und kehre geistiger Weise in meinem Herzen ein. Komm, Geliebter meiner Seele, komm zu mir armen Sünder! (Denke, du communizirtest, und sprich:) O mein Jesus! mit heißer Sehnsucht habe ich nach Dir verlangt. Segne nun meinen Leib und meine Seele. Segne meine Gedanken und Worte, daß ich nichts denke als Dich: daß ich nichts rede, als zu deinem Lobe, zu deiner Ehre. Ich widersage dem Satan und seinen Werken, wie ich ihm schon in der Taufe widersagt habe. Nur allein Dir, o mein Jesus! will ich leben, und will durch treuen Ge=

horsam gegen deine Gebote mich bestreben, würdig
zu werden, das Engelbrod vom Altare zu essen,
und auch einstens bei meinem Sterben, mit dieser
Engelspeise gestärkt, in die ewige Seligkeit einzugehen

O allerseligste Jungfrau Maria, du gebenedeite Gottesgebärerin! du bist die Gnadenvolle,
denn Der, den der Erdkreis nicht fassen kann, hat
unter deinem Herzen geruht. Du hast deinen
Schöpfer geboren, und bist die reinste Jungfrau
geblieben. O mächtige Jungfrau! hilf mir durch
deine Fürbitte bei Gott, daß ich deinen Tugenden
nachfolge, fromm, keusch und in Gottesfurcht lebe,
und würdig werde, einstens zur ewigen Seligkeit
in den Himmel aufgenommen zu werden. Diese
Gnade erbitte mir durch Jesus Christus, deinen
Sohn, der mit dem Vater und dem heil. Geiste
gleicher Gott lebt und regiert in Ewigkeit. Amen.

Schlußgebet.

Himmlischer Vater, ewiger Gott! ich danke Dir,
daß Du mir abermals die Gnade verliehen hast,
dem Opfer der heiligen Messe beiwohnen zu können.
Groß, unermeßlich groß ist dieß Geschenk deiner
Liebe; denn im Glauben habe ich bei dieser hei=
ligen Handlung den wahren Gott gesehen. O
liebster Vater! laß nicht zu, daß ich durch Sünde
und Leichtsinn diesen Schatz verliere, und meine
guten Vorsätze aus meinem Herzen wieder ver=
schwinden. Du kennst ja meine Schwäche; o stärke
mich, damit alle meine Gedanken, Worte und Werke

zu deiner Ehre gereichen. Gib, daß ich die Sünde als das größte Uebel fürchte, und laß mir den tröstenden Gedanken stets vor Augen sein, daß Du mir für eine jede Sünde, die ich in mir bekämpfe, eine ewige Belohnung ertheilen werdest. Segne mich mit deinem göttlichen Segen; segne auch Alle, die hier dem heiligen Opfer beigewohnt haben, und laß Keinen ohne Trost von Dir weggehen. Segne meine Angehörigen, meine Wünsche und Vorsätze. Und endlich bitte ich noch durch die Verdienste der Mutter deines göttlichen Sohnes, laß deinen Gottessegen in mir wohnen und Früchte bringen, die mich würdig machen, die ewige Seligkeit zu erlangen.

Heilige Maria, Mutter Gottes! ich habe mit festem Glauben dem heiligen Meßopfer beigewohnt, und zum Beschlusse meines Gebetes hebe ich abermals meine Hände zu deinem Mutterherzen, und bitte: behalte mich als dein treues Kind in deinem Schutze. Bitte für mich, daß mein verrichtetes Gebet und Opfer Gott wohlgefalle, und daß Er mit seiner Gnade und Hilfe bei mir verbleibe.

Ehre sei dem Vater, und dem Sohne, und dem heiligen Geiste jetzt und in Ewigkeit. Amen.

Meßandacht für die Verstorbenen.

(Seelenmesse.)

Vorbereitungsgebet.

Traurig ist mein Geist und betrübt, weil Du, o Herr! eine Seele von meiner Seite aus diesem Leben gerufen, welche ich liebte, und die Du selbst meinem Herzen so nahe gestellt hast. Ich ringe in meiner Betrübniß nach Trost und Beruhigung, und finde sie nicht. Denn die Welt mit ihren lärmenden Freuden kann sie mir nicht bieten; und wenn sie meinen Schmerz auch übertäuben kann, ihn zu heben oder zu lindern vermag sie nicht. Selbst meine besten Freunde können nur mit mir weinen und als schwache Menschen mich trösten; aber mehr, weit mehr bedarf mein schmerzzerrisse= nes Herz.

Verlassen von der Welt vernehme ich deine Stimme, mein Heiland, unaussprechlich tröstend aus deinem Himmel: „Kommet zu Mir Alle, die ihr mühselig und beladen seid, und Ich will euch erquicken!" Darum fliehe ich zu Dir, an Dich halte ich mich; denn Du allein kannst als Quelle des Trostes wahrhaft mich trösten und beruhigen. Als das Opferlamm, das die Sün= den der Welt hinwegnimmt, bringst Du Dich auch für die Schuld der dahingeschiedenen Seele als Sühnopfer dem himmlischen Vater dar; durch Dich wird ihr Verzeihung und Seligkeit zu Theil wer= den. O mein Herr und Gott! laß mein Flehen zum Heile der dahingeschiedenen Seele und zu meinem Troste vor den Thron deiner Barmherzig= keit gelangen. Amen.

Introitus.

Herr! gib allen abgestorbenen christgläubigen Seelen die ewige Ruhe, und lasse das ewige Licht ihnen leuchten. Dir, o Herr! gebührt der Lobgesang auf Sion, und Dir wird geopfert werden in Jeru= salem; denn jeder Mensch wird zu Dir kommen. Ja, o Herr! gib auch jener Seele, deren ich heute besonders gedenke, die ewige Ruhe, und das ewige Licht leuchte ihr. Amen.

Collecte.

O Gott! dem Erbarmung und Schonung eigen ist, Dich bitten wir demüthig für die Seele deines Dieners (deiner Dienerin), welche Du von dieser Welt abgerufen hast; laß sie nicht die Beute des bösen Feindes werden, und vergiß ihrer nicht, sondern laß sie von deinen heiligen Engeln auf= nehmen und in das himmlische Vaterland führen; damit sie, weil sie an Dich geglaubt und auf Dich gehofft hat, die Peinen der Hölle nicht erdulde, sondern zum Genusse der ewigen Wonne gelange. Durch unsern Herrn Jesus Christus, deinen Sohn. Amen.

Epistel.

O Gott der Liebe und Erbarmung! Unaufhör= lich erweisest Du uns durch die von Dir erkornen

Männer in den Wahrheiten unsers Glaubens und
in deinem heiligen Willen. Laß diese Lehren in
unsere Herzen dringen zu deiner Ehre und zum
Troste unserer Seelen. Amen.

Lektion.
aus dem ersten Briefe des hl. Apostels Paulus an die Corinther.

Brüder! ich sage euch ein Geheimniß: Wir
werden zwar Alle wieder auferstehen, aber wir
werden nicht Alle verwandelt werden. Urplötzlich
wird es geschehen, zur Zeit der letzten Posaune
(denn die Posaune wird ertönen, und die Todten
werden unverweslich auferstehen), und wir werden
verwandelt werden. Denn dieß Verwesliche muß
die Unverweslichkeit anziehen, und das Sterbliche
die Unsterblichkeit. Alsdann wird das Wort voll=
zogen werden: Der Tod ist verschlungen in den
Sieg. — Dank sei Gott, der uns den Sieg ge=
geben hat, durch unsern Herrn Jesus Christus.

Graduale.

Herr, gib ihnen die ewige Ruhe, und das ewige
Licht leuchte ihnen. — In ewigem Andenken wird
der Gerechte sein; er wird das Verwerfungsurtheil
am jüngsten Tage nicht befürchten.

Erlöse, o Herr! diese und aller Christgläubigen
Seelen von allen Banden der Sünde, auf daß sie
durch Mitwirkung deiner Gnade dem Gerichte der
Vergeltung entgehen und die Seligkeit des ewigen
Lichtes genießen mögen. Amen.

Sequenz.
(Dies iræ, dies illa.)

Tag des Zornes, Tag der Zähren,
Wirst die Welt in Asche kehren,
Wie Sybill' und David lehren!

Welch' Entsetzen, welch' Erbeben,
Wird herab der Richter schweben,
Alles strenge zu erheben!

Hehr wird die Posaun' erschallen,
Rufend durch der Gräber Hallen,
Vor den Thron zu kommen, Allen.

Tod, Natur wird staunend sehen,
Wie hervor die Wesen gehen,
Und dem Richter Rede stehen.

Und ein Buch wird sich entfalten,
Worin Alles ist enthalten,
Um das Urtheil zu gestalten.

Wird nun das Gericht beginnen,
Kommt an's Licht des Herzens Sinnen,
Wird der Rache nichts entrinnen.

Ach, was werd' ich Armer flehen,
Wen zum Schützer mir ersehen,
Wenn Gerechte kaum bestehen?

König, hehr und furchtbar schaltend,
Die zu retten sind, erhaltend,
Mich beleb' auch neugestaltend.

Denk' des Weges voll Beschwerden,
Den Du für mich gingst auf Erden;
Darum laß mir Gnade werden.

Suchteſt mich mit müden Schritten,
Haſt für mich am Kreuz gelitten;
Nicht umſonſt ſei ſo geſtritten!

Richter mit gerechter Wage,
Sprich mich los von Schuld und Klage
Vor der Rechnung ernſtem Tage!

Seufzend fühl' ich mein Vergehen,
Kann nur ſchamroth vor Dir ſtehen,
Gott, verſchon' mich für mein Flehen!

Der Du einſt vergabſt Marien,
Und dem Schächer haſt verziehen,
Haſt auch Hoffnung mir verliehen!

Ob mein Fleh'n des Werth's entbehre,
Doch dem Feuer gütig wehre,
Daß es nimmer mich verzehre.

Laß mich ſteh'n bei den Gerechten,
Scheide, Herr, mich von den Schlechten.
Stelle mich zu deiner Rechten!

Wenn die Flamme heiß entglommen,
Die Verdammten hingenommen,
Rufe mich mit deinen Frommen!

Vor Dir flehend ich mich neige,
Und zerknirſcht im Staub mich beuge;
Meinem Ende Gnad' erzeige!

Tag der Thränen, wenn da lebend
Alles Fleiſch, vom Grabe ſich hebend,
Wankt zum Richter ſchuldbeladen!
Schone ihrer, Gott der Gnaden:
Milder Jeſus, Herr! verzeihe
Ihnen jetzt, und Ruh' verleihe. Amen.

Vor dem Evangelium.

Vater im Himmel, wie gut bist Du, daß Du uns alle Tage deine Lehre verkünden lässest! O daß uns doch nicht der lockende Ruf dieser Welt oft lieblicher tönte, als dein göttliches Wort, das so unendlich viel Trost und Beseligung enthält!

Heilige Ruhe und süßen Trost will ich mir auch heute aus demselben holen; vor deiner lieblichen Stimme schwinde jede Sorge und jeder Kummer; sie gebe mir wieder neues Leben und träufle heilenden Balsam auf mein verwundetes Herz!

Evangelium
nach Johannes: 11, 21—28.

In derselben Zeit sprach Martha zu Jesus: „Herr, wärest Du hier gewesen, mein Bruder wäre nicht gestorben."

„Aber auch jetzt weiß ich, daß Alles, was Du von Gott begehrest, Gott Dir geben wird.

Jesus sprach zu ihr: „Dein Bruder wird auferstehen."

Martha sprach zu Ihm: „Ich weiß, daß er auferstehen wird bei der Auferstehung am jüngsten Tage."

Jesus sprach zu ihr: „Ich bin die Auferstehung und das Leben; wer an Mich glaubt, wird leben, wenn er auch gestorben ist."

„Jeder, der da lebt und an Mich glaubt, der wird nicht sterben in Ewigkeit. Glaubst du das?"

Sie sprach zu Ihm: „Ja, Herr! ich glaube,

daß Du Christus, der Sohn des lebendigen Gottes bist, der in diese Welt gekommen ist!

Offertorium.

Herr Jesus Christus, König der Glorie! erlöse die Seelen aller verstorbenen Gläubigen von den Strafen des andern Lebens und von dem tiefen Abgrunde; bewahre sie vor dem Rachen des Löwen, damit die Tiefe sie nicht verschlinge, damit sie nicht in die Finsterniß fallen, sondern der Himmelsfürst, der heilige Michael, sie führe in das heilige Licht, welches Du einst dem Abraham und seinen Kindern versprochen hast. Opfer und Gebete, o Herr! bringen wir Dir dar; nimm sie an für diejenigen Seelen, derer wir heute eingedenk sind. Laß sie, Herr! vom Tode übergehen zum Leben, welches Du einst dem Abraham und seinen Kindern versprochen hast.

Zum Sanktus.

Heilig, heilig, heilig ist der Herr Gott Sabaoth! Himmel und Erde sind seiner Herrlichkeit voll! Hosanna in der Höhe! Gebenedeit sei, der da kömmt im Namen des Herrn! Hosanna in der Höhe! So tönte es Dir einst, o Jesus aus Jerusalems Mauern, so schallt es Dir noch unaufhörlich von den Bewohnern deiner Himmelsstadt entgegen. In dieß dein Loblied, o Herr! lasse bald auch von deinem Throne in den Schaaren deiner Heiligen jene geliebte Seele einstimmen, die Du von mir aus diesem Leben hinweggenommen hast. Nimm sie auf in deine Herrlichkeit, und erhöre sie, wenn sie bittet, daß auch ich bald dahin gelangen möge, damit wir, die wir uns auf Erden so nahe standen, innig vereinigt am Orte ewiger Verklärung ohne Ende rufen: Heilig, heilig, heilig ist der Herr Gott Sabaoth! Himmel und Erde sind seiner Herrlichkeit voll! Hosanna in der Höhe! Gebenedeit sei, der da kömmt im Namen des Herrn! Hosanna in der Höhe!

Kanon.

Näher und immer näher rückt der heilige, große Augenblick, wo das Opfer der Liebe sich abermals erneuern, und Jesus, das unbefleckte Lamm, auf diesem Altare unblutiger Weise sich Dir für mich und Alle darstellen wird. Durch diesen Herrn Jesus, der als der Hohepriester des neuen Bundes Brod und Wein durch das Wort der Allmacht in seinen Leib und sein Blut verwandelt Dir darbringt, bitte ich Dich, o Vater der Liebe! gedenke deiner heil. Kirche; beschütze und erhalte sie und spende ihr deinen Frieden. Erbarme Dich aller deiner Diener und Dienerinnen, die in Liebe und Einigkeit in deinem Sohne Jesus Christus hier versammelt sind. Segne mit deiner Gnade alle meine Mitmenschen und vorzüglich jene, die meinem Herzen besonders nahe stehen. Laß uns im Frieden unser Leben, ohne Trennung von Dir, durchwandern; bewahre uns vor dem ewigen Tode,

und nimm uns einst in die ewige Glorie deiner
Auserwählten auf. Amen.

Wandlung.
Bei der Erhebung der heiligen Hostie.

Ich bete voll inniger Liebe Dich an, mein Herr
Jesus! und bitte Dich, mache mich und die Seele,
für deren Ruhe ich jetzt bete, der Früchte deines
Todes theilhaftig. Mein Heiland! der Du jetzt
auf dem Altare als wahrer Gott und Mensch
thronest, blicke gnädig auf mein Flehen! Jesus,
Dir lebe ich! Jesus, Dir sterbe ich! Jesus, Dein
bin ich todt und lebendig! Amen.

Bei der Erhebung des Kelches.

Sei gegrüßt, Du lebendiges, kostbares Blut
meines Herrn und Erlösers Jesu Christi, mit seinem
heiligen Leibe in diesem hochheiligen Sakramente
vereinigt! Tilge die Flecken an meiner und des
verstorbenen Mitmenschen Seele, und laß ihn und
mich einst zur ewigen Glorie gelangen. Amen.

Nach der Wandlung.

Wer, o Gott! vermöchte die Größe deiner Er=
barmungen zu ermessen? Täglich darf ich dem
immer sich erneuernden Opfer meines Erlösers mich
nahen, darf vor diesem Friedens= und Versöh=
nungsopfer knieen, von dem Trost und Beruhigung
mir zuströmt, und vor ihm täglich zu Dir für
jene Seelen flehen, die in ihrem hilflosen Zustande

allein auf Dich, den Erbarmer, und auf unsere
Fürbitte hoffen. Wie Du auf Golgatha durch
deinen blutigen Kreuztod m e i n Erlöser geworden,
also bist Du auch i h r Heil, und erkaufst den Er=
lösten vom himmlischen Vater Unsterblichkeit und
ewiges Leben. O laß es uns recht innig fühlen,
was Du uns bist, damit wir durch Dich werden,
was wir nur durch Dich sein können! Amen.

Zum Memento für die Verstorbenen.

Gedenke, o Herr! der Seele deines Dieners
(deiner Dienerin), die uns mit dem Glauben be=
zeichnet vorangegangen ist und im heiligen Frieden
ruht! Sie und Alle, die in Christo ruhen, laß,
o Herr! an den Ort der Erquickung, des Lichtes
und der Ruhe gelangen. Durch unsern Herrn Jesus
Christus. Amen.

Uns aber, den Zurückgebliebenen, die wir als
arme Sünder auf deine unendliche Erbarmung
hoffen, verleihe, daß wir hienieden unsere Bahn
in Glauben und Frömmigkeit wandeln, und auf
ihr einst in das himmlische Vaterland gelangen
— durch unsern Herrn Jesus Christus. Amen.

Zum Pater noster.

Vater unser, der Du bist in dem Himmel! Ge=
heiligt werde von uns Allen dein Name! Zukomme
uns dein Reich, das Reich der Wahrheit, der
Tugend und der Seligkeit. Dein Wille geschehe,
wie im Himmel, also auch auf Erden. Gib uns

heute unser tägliches Brod; spende uns gnädig,
was zu unsern leiblichen und geistigen Bedürfnissen
gehört. Vergib uns unsere Schulden, wie auch wir
vergeben unsern Schuldigern. Ja verleihe uns
Gnade zur Buße; gib uns den Geist der Liebe,
daß auch wir gerne denen verzeihen, die uns je
beleidiget haben. Bewahre uns vor Versuchung,
oder stärke uns doch zu siegreichem Kampfe, und
halte ab von uns, was unserm Leibe oder unserer
Seele Schaden bringen könnte.

Um dieses bitten wir Dich durch deinen geliebten
Sohn, der uns Erhörung verheißen hat, wenn wir
in seinem Namen zu Dir flehen. Amen.

Zum Agnus Dei.

Herr Jesus, Du Lamm Gottes, das Du die
Sünden der Welt durch deinen schmerzvollen
Kreuzestod getilgt hast, schone meiner! Der Du die
Reue deines Mitgekreuzigten belohnt hast, schone
Aller, die mir im Tode bereits vorangegangen
sind! Versöhne sie und mich mit deinem Vater,
dem gerechten Gott, der in unendlicher Erbarmung
Dich dem ganzen Menschengeschlechte zum Troste
und zur Erlösung gesandt hat, um alle Sünden
der Welt zu tilgen, und mit deinem Blute unsre
schuldbefleckten Herzen zu reinigen. In Demuth
und Reue anerkennend, wie so viele Sünden des
Schöpfers Ebenbild in uns entstellen, flehen wir
zu Dir: Wende ab, o Reinster! deine Augen von
unsern Vergehen; erlöse auch unsere verstorbenen

Brüder aus den Banden der Sünde, und laß sie nach langer Knechtschaft einer ewigen, nie mehr getrübten Ruhe sich erfreuen. Amen.

Zur heiligen Communion.

Herr Jesus, mein geliebter Heiland! Ich bin nicht würdig, daß Du eingehest unter mein Dach; aber sprich nur ein Wort, so wird gesund meine Seele. Dein Leib und dein Blut möge meine Seele er= quicken, und die Traurigkeit aus ihr verbannen; denn Du bist der Gott der Barmherzigkeit, auf den ich vertraue, und jeglichen Trostes Spender! Doch unwürdig, Dich wahrhaft und wesentlich zu empfangen, nahe ich mich, von Reue durchdrungen, im Geiste wenigstens deinem heiligen Tische, und genieße geistiger Weise deinen heiligen Leib und dein kostbares Blut, das für meine und der ganzen Welt Sünden dem Kreuze entströmt ist. Amen.

Nach der heiligen Communion.

O mein Herr Jesus! Du hast mir armen Sün= der aus diesem heiligen, erhabenen Opfer, dem deine Liebe mich beiwohnen ließ, wieder so viele Gnaden gespendet! Dank Dir, liebreicher Heiland, meinen innigsten Dank dafür! O laß dieses neuen Opfers reiche Früchte mir und jener der Erde entrückten Seele, für die es bestimmt ist, zum Heile gereichen, laß zu dem Throne deiner Barmherzig= keit das Gebet gelangen, das ich zugleich mit deinem Priester verrichte!

Allmächtiger, ewiger Gott! verleihe, wir bitten Dich, daß die Seele, welche vor Kurzem aus dieser Welt geschieden ist, durch dieß Opfer gereinigt und von aller Sünde erlöst, vollständige Erlassung aller Schuld und Strafe und die ewige Ruhe erlangen möge — durch Jesus Christus, unsern Herrn. A.

Zum Requiescant in pace.

Gott der Güte und Erbarmung! gib der entschlafenen Seele und all' unsern abgeschiedenen Brüdern und Schwestern jenen in der Welt ersehnten aber nie errungenen Frieden, den nur Du spendest, und gönne ihnen das Glück, in ungetrübter Seligkeit bei Dir zu ruhen — Durch Jesus Christus, unsern Herrn. Amen.

Zum letzten Evangelium.

Im Anfange war das Wort, und das Wort war bei Gott, und Gott war das Wort. Dieß Wort allein bringt Leben und Seligkeit, und ist das Licht, welches alle Finsternisse verscheucht und allen Menschen leuchtet! Dieß dein Licht, o Gott! laß uns Allen einst leuchten! laß uns Alle einst schauen das Wort, so Fleisch geworden ist, und unter uns gewohnt hat, auf daß wir durch dasselbe das ewige Leben haben. Dieß Leben voll des Glanzes und der Wonne schenke allen unsern bereits vorangegangenen Brüdern und Schwestern; schenke es auch uns, damit wir in deiner und des heiligen Geistes Herrlichkeit auch Jesu Herrlich-

keit, die schon einmal hienieden geglänzt hat, ewig
schauen, die Herrlichkeit des Eingebornen des Va=
ters voll der Gnade und Wahrheit. Amen.

Schlußgebet.

Allmächtiger Herr und Gott! vollendet ist nun
das Opfer, das deine ewige Güte zu der Mensch=
heit Freude und Heil angeordnet hat. Fest steht
der Glaube in meiner Seele, daß es die Quelle
unendlichen Trostes ist für die theure, durch den Tod
mir entrissene Seele, daß es die Bande brechen
hilft, die sie an den Ort der Reinigung fesseln
und vom Anschauen deiner Herrlichkeit ausschließen,
wenn sie, von Fehlern entstellt, noch nicht würdig
ist, vor deinem heiligen Angesichte zu erscheinen.
So wie i h r das heilige Opfer zum Heile wurde,
so hat es auch mir Trost und Beruhigung gegeben.
Ruhig, voll innigen Dankes für die frommen
Regungen und Gefühle, die Du mir während die=
ser heiligen Handlung eingeflößt, für den Frieden
und Trost, der mir daraus geworden ist, kehre
ich nach Hause und ergebe mich und mein zu=
künftiges Geschick ganz Dir, mein Herr und
Gott! denn unter deinem Schutze wandle ich in
Frieden. Amen.

Dritter Abschnitt.

Beichtandachten.

Allgemeine Beichtandacht.

Vor der Beicht.

Gebet um die Gnade, seine Sünden zu erkennen.

Göttlicher Erlöser, der Du voll Liebe und Barm= herzigkeit bist, ich bitte Dich demüthig durch dein heiliges Leiden, gieße in mein Herz deinen Geist, damit ich meine Sünden erkenne und bereue, und sie mit solcher Reue bekenne, daß ich von deiner unendlichen Güte Verzeihung erlange.

Heiligste Jungfrau Maria, du Zuflucht der Sünder! ich bitte dich, stehe mir bei und erlange mir eine aufrichtige Reue über meine Sünden, daß ich sie alle erkenne, um sie beichten zu können, und die Nachlassung derselben zu erlangen.

Engel Gottes, mein treuer Beschützer, und du mein lieber heiliger Namenspatron N.! bittet für mich mit dem ganzen himmlischen Hofe, damit ich würdige Früchte der Buße bringe und einst an eurer Seligkeit theilnehmen kann. Amen.

Beichtspiegel oder Gewissenserforschung nach den zehn Geboten Gottes.

(Auch für eine General= oder kindliche Beicht zu gebrauchen.)

Wider das erste Gebot.
(Du sollst allein an Einen Gott glauben.)

In Glaubenssachen zweifeln, ohne um Erläuterung nachzusuchen. Bücher lesen, die in der Religion irre machen. Sich zu einer falschen Lehre freiwillig oder aus Furcht bekennen. Religiöse Dinge, Ceremonien der Kirche verachten, darüber spötteln, sich mit Aberglauben, Zaubereien und dergleichen abgeben, Andern dazu rathen. Sich wahrsagen, Karten schlagen lassen. An der Barmherzigkeit Gottes verzweifeln. Vermessen auf Gottes Barmherzigkeit sündigen. Sich freiwillig in gotteslästerlichen Gedanken aufhalten. Stolz sein auf die Gaben der Gnade und der Natur, und sie seinen Verdiensten, statt der göttlichen Gnade zuschreiben.

Wider das zweite Gebot.
(Du sollst den Namen Gottes nicht eitel nennen.)

Ohne Noth oder auch falsch schwören. Etwas verfluchen. Einen Schwur in billigen Dingen, ein Gelübde nicht halten. Wider Gott murren, Gott lästern. Den Namen Gottes, die heiligen Sakramente und andere religiöse Dinge leichtfertig aussprechen.

Wider das dritte Gebot.

(Du sollst den Sabbat [Sonntag] heiligen.)

An Sonn- und Feiertagen den Gottesdienst, die Predigt, Christenlehre ꝛc. versäumen, oder ihnen ohne Andacht anwohnen, zu spät dabei erscheinen; Andere davon abhalten. An diesen Tagen unnöthige Arbeit vornehmen, zeitlichen Geschäften nachlaufen, sie mit Schwelgereien und sündhaften Ergötzlich= keiten entheiligen.

Wider das vierte Gebot.

(Du sollst Vater und Mutter ehren.)

Eltern oder Obrigkeiten erzürnen, betrüben, ihnen ungehorsam sein. Bei sich selbst oder Andern über sie murren, über sie fluchen, ihnen den Tod wün= schen, ihnen die nöthige Unterstützung nicht gewäh= ren, für sie nicht beten.

Wider das fünfte Gebot.

(Du sollst nicht tödten.)

Feindschaft und Haß wider den Nächsten haben, lange oder kurze Zeit, oder solche bei Andern an= stiften. Rachgierig sein in großen oder kleinen Dingen. Verwünschungen, Schimpfworte, Zänkereien, Ver= leumdungen sich erlauben. Den Nebenmenschen schlagen oder ihm Schaden zufügen. Aergerniß geben, oder wie immer den Nächsten zur Sünde reizen.

Wider das sechste und neunte Gebot.
(Du sollst nicht Unkeuschheit treiben.)
(Du sollst nicht begehren deines Nächsten Hausfrau.)

Unreine Gedanken nachläßig ausschlagen, Vergnügen darüber haben; in sie einwilligen. Sich mit unanständigen Blicken, Worten, Anhören, Betastungen, Geberden, Kleidung versündigen. Zu dergleichen Andern Gelegenheit geben. Auf was immer für eine Art Unkeuschheit treiben, mit sich oder Andern. Lesen unsittlicher Bücher und Romane. Sündhafte Verhältnisse unterhalten.

Wider das siebente und zehnte Gebot.
(Du sollst nicht stehlen.)
(Du sollst nicht begehren deines Nächsten Gut.)

Einem mit Gewalt Etwas nehmen oder entfremden. Seinen Mitmenschen betrügen im Handel, im Spiel ꝛc. Zu leichtes Gewicht oder zu kleines Maß geben. Fremdes Eigenthum besitzen, annehmen, nicht zurückgeben. Entwendetes wissentlich kaufen. Dem Mitmenschen in seinem Eigenthum Schaden zufügen, durch Wucher und andere Uebervortheilungsarten. Den Dienstboten ihren Lohn unbilliger Weise schmälern oder entziehen. Wünschen, fremdes Gut entfremden zu können, oder dazu helfen.

Wider das achte Gebot.
(Du sollst nicht falsches Zeugniß geben.)

Vor Gericht und vor der Obrigkeit fälschlich etwas bezeugen; lügen. Andern den guten Namen rauben durch Ehrabschneidung oder Verleumdung. Verleumder gern anhören. Ungegründeten Arg= wohn haben. Lieblos oder fälschlich urtheilen. Ohrenblasen.

Die fünf Kirchengebote.

1) Du sollst die angesetzten Feiertage der hei= ligen Kirche halten.

2) Du sollst alle Sonn= und Feiertage die hei= lige Messe mit Andacht hören.

3) Du sollst die gebotenen Fasttage, sowie auch den Unterschied der Speisen halten.

4) Du sollst zum wenigsten einmal im Jahre deinem verordneten Priester, oder einem andern mit dessen Erlaubniß, deine Sünden beichten.

5) Du sollst das hochheiligste Sakrament des Altars zum wenigsten ein Mal im Jahre, näm= lich um die österliche Zeit, empfangen.

Jeder, der 21 Jahre alt ist, muß das kirchliche Fasten= gebot halten zur Fastenzeit, an den Vigilien, Quatember= tagen u. s. w., wenn er nicht anderweitig davon dispen= sirt ist.

Die sieben Todsünden.

1) Hoffart. 2) Geiz. 3) Unkeuschheit. 4) Neid. 5) Fraß und Völlerei. 6) Zorn. 7) Trägheit.

Einige Sünden der Hoffart sind aufgezählt beim 1. Gebot, die Sünden des Geizes beim 7. Gebot, die der Unkeuschheit beim 6. und 9. Gebot, die des Neides und Zornes beim 5. Gebot. Wenn dort etwas ausgelassen ist, so ergänze es hier, und erforsche dich bei der Sünde des Fraßes u. s. w., über Trunkenheit, Unmäßigkeit im Essen u. s. w.

Die sechs Sünden wider den heiligen Geist.

1) Vermessentlich auf Gottes Barmherzigkeit oder auf die Ungestraftheit des Lasters sündigen. 2) Verzweifeln. 3) Der erkannten Wahrheit widerstreben. 4) Gegen seine Mitmenschen wegen der göttlichen Gnade neidisch und mißgünstig sein. 5) Ein verstocktes Herz haben. 6) In der Unbußfertigkeit verharren.

Die vier himmelschreienden Sünden.

1) Der vorsätzliche Todschlag. 2) Die sodomitische Sünde. 3) Die Unterdrückung der Armen, Wittwen und Waisen. 4) Die Zurückbehaltung des von Arbeitern verdienten Lohnes.

Die neun fremden Sünden.

Sie werden begangen 1) durch Rathen, 2) durch Befehlen, 3) durch Einstimmen, 4) durch Reizen, 5) durch Loben, 6) durch Verschweigen, 7) durch Uebersehen, 8) durch Theilnahme an fremdem Gute, 9) durch Vertheidigung fremder Sünden.

Einige Hauptfragen.

Hast du Gott aus ganzem Herzen, aus ganzer Seele, über Alles geliebt?

Hast du aus Liebe zu Gott deine Standespflichten willig, treu und vollkommen erfüllt; auch

wenn sie beschwerlich waren und Selbstverleug=
nung forderten?

Hast du die Leiden und Widerwärtigkeiten, die
dich getroffen haben, mit kindlicher Ergebung in
Gottes Willen getragen und zu deiner Besserung
und Heiligung angewendet?

Welche Sünde würdest du am schmerzlichsten
bereuen, wenn du jetzt sterben müßtest?

Welche Sünde begehst du am öftesten?

Welche Veranlassungen, Gelegenheiten, Orte,
Personen reizen dich gewöhnlich zu dieser Sünde?

Worüber mußt du dich zuerst und vorzüg=
lich vor dem Beichtvater anklagen?

Reue und Leid.

Ach, wer gibt mir Klagen und Thränen, daß
ich ohne Unterlaß meine Sünden bereue. Herr,
wenn ich meine Sünden betrachte, und den Haß,
den Du gegen dieselben trägst, so schaudre und
zittre ich vor Furcht, und vor mir schwebt die
Hölle, die ich verdient habe.

Doch, wenn ich wieder deine unendliche Barm=
herzigkeit betrachte, die so herrlich in allen deinen
Werken sich kundgibt, so erhebt sich meine Hoff=
nung und ermuthiget mich in meinem Unglücke.
Warum sollte ich nicht auf Dich meine Hoffnung
setzen, mein Erlöser, der Du so oft die Sünder
zur Buße rufest und ihnen sagst: Ich will nicht
den Tod des Sünders, sondern daß er sich bekehre
und lebe.

Auf diese Versicherung hin kehre ich zu Dir zurück, o milder Vater! und bitte Dich, meine Sünden zu vergessen, mich in deine Gnade wieder aufzunehmen, durch deine große Barmherzigkeit und durch Alles, was Du für mich erduldet hast.

Ich glaube fest, daß Du mit einem Sünder Mitleid habest, der sich zu deinen Füßen niederwirft und Dich demüthig um Verzeihung bittet. Ich verabscheue und bereue es, und zwar aus Liebe zu Dir, Dich, meinen höchsten, gütigen und liebreichen Gott, beleidiget zu haben. Ich will Dich künftighin über Alles lieben, und lieber sterben, als Dich beleidigen.

Ich will alle Leiden, Trübsale und Verachtung mit Geduld ertragen, zur Genugthuung für meine Sünden. Verleihe mir jetzt die Gnade, sie alle mit der erforderlichen Reue und Aufrichtigkeit zu bekennen, damit ich Verzeihung erhalte. Amen.

Nach der Beicht.
Bitte.

Mein Herr und Erlöser, der Du gesagt hast; Was auf Erden gebunden und gelöset wird, das soll auch im Himmel gebunden und gelöset sein; ich bitte Dich von ganzem Herzen, mein liebreicher Heiland, daß nun meine Sünden auch im Himmel vergeben seien, wie sie es auf Erden sind, und daß die Absolution, die nun dein Stellvertreter auf Erden mir gegeben, mir gelte als eine allgemeine Lossprechung über alle Sünden meines

ganzen Lebens, und daß sie mir zugleich sei eine
Versicherung deiner Gnade, Dich niemals mehr
zu beleidigen.

Darum bitte ich Dich durch alle Schmerzen,
die Du am Kreuze für mich zur Genugthuung
für meine Sünden erduldet hast, die ich in deine
heiligen Wunden verberge, damit sie durch die
Kraft deiner göttlichen Liebe vernichtet werden. A.

Danksagung.

Mein anbetungswürdiger Erlöser! ich sage Dir
Dank für deine große Barmherzigkeit, die Du an
mir ausgeübt hast. Ich war krank, und Du hast
mich von allen Wunden meiner Seele geheilt. Ich
schmachtete unter der Herrschaft des Feindes, und
Du hast mich von dieser grausamen Knechtschaft
befreit.

Die Engel und Heiligen sollen Dich allezeit für
deine unendliche Güte loben und preisen; denn sie
hat mir meine Sünden nachgelassen; möge sie mir
auch die Gnade erlangen, meine Sünden in dieser
Welt noch zu beweinen, damit ich in der andern
der Genugthuung enthoben sei. Ich hoffe es durch
dein heiligstes Leben, Leiden und Sterben, o mein
gütigster Erlöser! Amen.

Kürzere Beichtandacht.
Gebet vor der Beicht.

O Herr Jesus Christus! der Du aus unendlicher
Liebe vom Himmel in dieses Thränenthal herab

gekommen bist, um als barmherziger Samaritan
dem verwundeten kranken Menschengeschlechte wie=
der aufzuhelfen, und der Du in dieser Zeit der
Gnade nicht aufhörest, die Sünder zur Buße zu
rufen, die Beladenen, welche zu Dir kommen, zu
erquicken, und die Kranken wieder gesund, gerecht
und selig zu machen: ich bitte Dich, heile die
tiefen Wunden meiner Seele, reinige sie von dem
tödtenden Gifte; verschone als der weise Arzt mich
nicht mit dem Messer der Bitterkeit; denn fühlen
soll ich mein Sünden=Elend, und erzittern vor
dem strengen Urtheil deiner Gerechtigkeit; gieße
aber als der liebende Arzt auch in die gereinigte
Wunde das lindernde Oel deiner Gnaden und
Tröstungen, daß ich in Glauben und Vertrauen
auf deine Liebe und Verheißungen von meinen
Sünden ablasse, mich zu Dir bekehre, und zu
Beicht und Buße noch zur rechten Zeit meine Zu=
flucht nehme.

O mein Jesus! sieh' mich an mit den Augen
deiner Barmherzigkeit, wende Dich nicht von mir
hinweg, wie die Welt, welche Alle, so ihr feind=
lich geworden, von sich weiset, gleich dem Meere,
das seine Todten ausspült!

O sieh mich an mit dem liebenden Gnaden=
blicke, der den Petrus traf im Vorhofe des Hohen=
priesters, und Maria Magdalena in Simons Hause,
und den reumüthigen Schächer, als er am Kreuze
hing!

Verleihe mir die Gnade, daß ich auch meine

Sünden mit Petrus innig beweine, mit Magda=
lena Dich herzlich liebe, und mit dem Schächer
im Paradiese einst ewig bei Dir sei. Amen.

Gebet nach der Beicht.

Lobe meine Seele den Herrn, und vergiß nicht,
was Er dir Gutes gethan hat!

Ach, Herr, wie gnädig und barmherzig, wie
langmüthig und geduldig, wie liebreich und freund=
lich bist Du mit mir armen Sünder!

Du hast mich gesucht, da ich verloren war.

Du hast mich gerufen, da ich in der Irre ging.

Du hast mich sanftmüthig gemacht, da ich wider=
spenstig war.

Du hast langmüthig auf mich gewartet, da ich
unbußfertig war.

Du warst mir gnädig, da ich Dich angefleht.

Du nimmst mich an, da ich mich zu Dir be=
kehrt habe.

Du tröstest mich, da ich betrübt bin.

Du verzeihst mir, da ich um Gnade bittend zu
Dir gekommen.

O Gott, Herr Jesus Christus! bitte für mich
bei deinem himmlischen Vater, auf daß ich theil=
haftig werde der Vergebung der Sünden, welche
Du mir erworben hast

Heile mich durch deine heiligen Wunden,

Suche mich, wie das verlorne Schäflein,

Sieh mich an, wie den Petrus,

Nimm mich auf, wie den verlornen Sohn,

Tröste mich, wie die bußfertige Sünderin,
Mache mich selig, wie den Schächer am Kreuze.
Und laß alle Engel im Himmel sich über meine
Buße erfreu'n!
O heiliger Geist, nimm Besitz von meinem Herzen!
Lenke meine Gedanken und Wünsche,
Lehre mich, was ich thun soll,
Und hilf mir, daß ich mich bessere und voll=
kommen bekehre!
Stärke meine guten Vorsätze, und mache aus
mir einen neuen Menschen. Amen.

Vierter Abschnitt.

Communionandachten.

Allgemeine Communionandacht.
Vor der heiligen Communion.

Gebet zum ewigen Vater.

Ewiger Vater, allmächtiger Gott! ich bitte Dich,
Du wollest aus Liebe zu deinem Sohne und
zur Verherrlichung, die Er Dir auf Erden
verschafft, mein Herz zum würdigen Empfange vor=
bereiten, und mir durch die Fürbitte Mariens,
deiner vielgeliebten Tochter, die Gnade verleihen,
daß ich diesen erhabenen Gast jetzt im Stande der

Gnade aufnehme, damit Er auch mich eines Tages
zum Genusse der ewigen Herrlichkeit aufnehme. A.

Gebet zu Jesus Christus.

O süßester Heiland, meine Wonne und Selig=
keit! komme doch, um mein Herz, das vor Ver=
langen nach Dir erglüht, in Besitz zu nehmen;
reinige es von aller Unreinigkeit, indem Du alle
Hindernisse hinwegnimmst, die ich einem so heil=
samen Besuche entgegensetzen könnte, und schmücke
es aus mit den Tugenden, die ich haben soll, um
Dich würdig aufzunehmen. Ich bitte Dich darum
durch jene Vorbereitung, mit welcher Du selbst
am hl. Abendmahle Dich einfandest, am Tage,
da Du dieses göttliche Sakrament einsetztest, und
durch die Vorbereitung deiner heiligen Mutter und
aller Heiligen, wenn sie nach deiner Himmelfahrt
in dem heiligen Liebesmahle Dich empfingen. A.

Gebet zum heiligen Geist.

Heiliger Geist, Gott der Liebe und der unend=
lichen Güte, gieße aus über uns den himmlischen
Thau! Und da Du die Seele der seligsten Jung=
frau Maria ausgeschmückt hast, daß sie eine wür=
dige Wohnung ihres Sohnes sei, so bitte ich um
der jungfräulichen Mutter, deiner Braut willen,
daß Du auch mich reinigen und mit deiner Gnade
schmücken wollest, da der gleiche Gott, den sie zur
Welt geboren hat, kommen wird, in meinem Herzen
zu wohnen. Amen.

Gebet zur seligsten Jungfrau Maria.

O Maria, Mutter Gottes! ich bitte dich durch die unvergleichliche Würde, die du erhalten hast, deinen göttlichen Sohn in dem Heiligthum deines reinsten Schooßes zu tragen, du wollest mich doch zum würdigen Empfange seines kostbaren Leibes vorbereiten!

Es muß dir ja, o heiligste Mutter! besonders daran gelegen sein, daß ich deinen gebenedeiten Sohn würdig empfange, und es gereicht zu seiner und deiner Verherrlichung, da dieses heilige Liebesmahl die kostbarste Gabe enthält, die wir von dir erhalten können.

Mache also, ich bitte dich durch die Liebe, die du zu Ihm trägst, daß er mich täglich, aber besonders bei der heiligen Communion und in der Stunde des Todes, in einem solchen Zustande finde, in welchem dich der Engel gefunden hat, als er dich mit Ehrfurcht begrüßte und die Gnadenvolle nannte. Amen.

Akt des Glaubens.

Ich glaube fest, o mein Erlöser! daß ich wahrhaft und wirklich deinen anbetungswürdigen Leib empfangen werde, der durch den heiligen Geist gebildet aus dem Blut der reinsten aller Jungfrauen gebildet wurde, und daß ich mit ihm zugleich deine Gottheit und Menschheit empfange.

Ich erkenne in diesem anbetungswürdigen Geheimnisse Dich als Denjenigen, als welchen Dich

deine Apostel, deine Martyrer und Bekenner, die
getreuen Kinder deiner Kirche darin erkannten,
nämlich als Gott und Erlöser der Menschen. Und
gleichwie Du diese Wahrheit mit deinem heiligen
Blute bestätigt hast, so bin ich ebenfalls bereit,
dieselbe selbst mit Gefahr meines Lebens zu ver-
theidigen, weil deine höchste Güte für mich dieses
Sakrament der Liebe eingesetzt und sich da den Menschen auf eine wunderbare Weise geoffenbaret hat.

Hilf mir, o Herr! ein diesem Glauben entspre-
chendes Leben zu führen; und wenn mein Glaube
nicht groß, noch lebendig genug ist, so vermehre
und belebe ihn noch mehr in mir, damit ich mich
mit tiefer Ehrfurcht deiner göttlichen Majestät
nahe. Amen.

Akt der Hoffnung.

Ich hoffe, o liebenswürdiger Heiland! durch
das Verdienst deines kostbaren Blutes, Du werdest
zu mir kommen, um meine Seele, alle meine Worte,
Werke und Gedanken zu heiligen und in mir ein
Dir gefälliges Leben zu erwecken, denn Du wirst
nicht Dich in mich umwandeln, sondern Du wirst
mich in Dich umgestalten.

Das ist's, was ich mit festem Vertrauen von
deiner Güte hoffe, mein liebster Erlöser! gib nicht
zu, daß ich mich täusche, sondern belebe meine
Hoffnung so sehr, daß ich die Erfüllung deiner
Verheißungen erlange. Amen.

Akt der Liebe.

O unendliche Liebe meines Gottes! Du liebst mich in solchem Uebermaße, daß Du mir deinen heiligen Leib zur Speise gibst, der auf dem Kreuze durch die Liebe geopfert wurde; und daß Du mich dein aus Liebe vergossenes Blut trinken und deine aus Liebe in große Traurigkeit versenkte Seele empfangen lassest. Deine Liebe allein ist es, daß Du mit allen Schätzen deiner aus so großer Liebe erniedrigten Gottheit zu mir kommst.

Verleihe auch mir die Gnade, Dich mit Liebe zu empfangen und mit Liebe zu unterhalten, auf daß ich in deiner göttlichen Liebe lebe und sterbe. Amen.

Akt des Verlangens.

Süßester Jesus, einziger Gegenstand meines Verlangens, ich wünsche mit heißer Sehnsucht, heute bei dem himmlischen Gastmahle deines Leibes, zu dem Du mich aus unendlicher Barmherzigkeit eingeladen hast, zu erscheinen. Gib mir also das hochzeitliche Kleid deiner Gnade sammt allen jenen Tugenden, welche Dir am wohlgefälligsten sind, auf daß ich der Gnade würdig erfunden werde, die Du denen erweisest, welche Dich fürchten und lieben.

O hätte ich jetzt die Ehrfurcht und die Liebes= glut der Heiligen im Himmel; hätte ich alle die Gnade, die Andacht, die Gefühle der Frömmigkeit und all' den Tugendglanz, mit welchem die heili=

gen Seelen vor diesem heiligen Sakramente er=
schienen sind!

O ich wünsche es, o Herr! und ich opfere Dir
sie so auf, als wenn ich sie besäße. Ich bitte die
heilige Jungfrau Maria und alle Heiligen, daß
sie Dir selbe opfern für mich; nimm sie aus ihrer
Hand, erhöre sie zu meinen Gunsten, erhalte und
vermehre in mir das Verlangen, das ich Dir be=
zeuge, und mache auch mich zu einem Manne des
Verlangens, wie einst den Daniel, deinen heiligen
Propheten. Amen.

Akt der Demuth.

(Beim: „Herr, ich bin nicht würdig" 2c.)

O Gott der unendlichen Majestät! ich bin un=
würdig, mich Dir zu nahen und Dich in mein
Herz aufzunehmen, wegen meiner tiefen Niedrig=
keit, wegen meiner zahllosen Gebrechen und wegen
meiner schrecklichen Undankbarkeit: deßwegen rufe
ich von ganzem Herzen und mit der demüthigsten
Gesinnung:

Herr ich bin nicht würdig, daß Du eingehest
unter mein Dach; im Gegentheil: ich bin der
Unwürdigste auf der Welt, aber ich hoffe, daß
deine große Barmherzigkeit meine Mängel ersetzen
und meine Seele retten werde.

(Beim Empfange selbst sprich aus der Tiefe deines Herzens:)

„Mein Geliebter ist mein, und ich bin sein!"

„Mein Herr und mein Gott, wer bist Du und
wer bin ich?"

Nach der heiligen Communion.
Anbetung.

Ich bete Dich an, o mein göttlicher Erlöser! mit jener Ehrfurcht und Anbetung, welche Du selbst auf Erden deinem Vater dargebracht hast, Ihm wirklich in diesem heiligen Liebesmahle darbringest; und während der ganzen Ewigkeit im Himmel Ihm darbringen wirst.

O Jesus, meine Liebe, mein Heil und meine Seligkeit! ich bete an deinen heiligen Leib aus dem Innersten meines Herzens; ich umarme Ihn mit der ganzen Liebe meiner Seele und ich verehre Ihn mit gänzlicher Unterwürfigkeit und Hingabe meines Willens, wie Ihn Maria, deine jungfräu= liche Mutter, angebetet hat im Augenblick deiner allerheiligsten Menschwerdung.

Ich bete Dich an mit der gleichen Demuth, wie der heilige Joseph und die Hirten, die Könige und die Engel bei der Krippe; mit den gleichen Gefühlen, mit welchen Dich der greise Simeon anbetete, als er Dich in seinen Armen hielt.

Ich bete an die Wunden, die dein heiliger Leib um meinetwillen erhalten hat. Und da Du diese glorreichen Male deiner Liebe noch besitzest, so will ich meine Seele darin verbergen, um Dir die gleiche Ehre zu erweisen, welche die Seligen des Himmels ewig Dir erweisen. Amen.

Danksagung.

Erlöser meiner Seele, wenn ich Dir nicht ein=
mal für die geringste deiner Wohlthaten geziemend
zu danken im Stande bin, was soll ich denn für
diese Wohlthat thun, die ich soeben empfangen
habe? Ach, daß ich so wenig Verdienst und Kraft
besitze, um für diese unaussprechliche Gnade zu
danken!

Göttlicher Jesus, da Du allein mir das rechte
Gefühl einflößen kannst, so bewirke, daß ich Dir
aus allen Kräften meiner Seele danke. Da aber
dieß bei Weitem nicht hinreicht, so bitte ich Dich,
o mein Gott! Du wollest dagegen alle Lobpreisun=
gen, welche Dir vom Anfange der Welt sind dar=
gebracht worden, und in alle Ewigkeit noch dar=
gebracht werden, mit allen jenen, die Dir die
seligen Geister gegenwärtig darbringen, sammt allen
guten Werken, welche die Gerechten in deiner hei=
ligen Kirche ausgeübt haben, huldvoll annehmen.

O Herr! als Mitglied dieser heiligen Kirche,
und Theil nehmend an allen ihren guten Werken,
verlange ich, Dich mit allen Zungen und Herzen
derselben zu loben; und wenn ich Dir auch nach
der Weise Aller danken könnte, so würde ich den=
noch der Schuldner deiner Majestät bleiben, denn
Du bist über alles Lob erhaben. Ich bitte Dich
also demüthig, Du wollest Dich selbst loben und
verherrlichen, weil Du allein Dich zu preisen im
Stande bist, wie Du es verdienest. Amen.

Aufopferung.

Unendlich freigebiger Gott, Vater der Barm=
herzigkeit, Du hast im Uebermaß deiner Liebe mich
heute so großer Schätze theilhaftig gemacht, indem
Du mir durch das Sakrament der Buße meine
Sünden nachgelassen und im heiligsten Sakrament
des Altars deinen einzigen Sohn geschenkt hast;
mögen alle Fehler und Mängel durch seine Tugen=
den und Verdienste ersetzt werden.

Da ich soeben das Glück gehabt habe, Ihn
zu empfangen, und ich nun über Ihn als ein mir
angehörendes Gut verfügen kann, indem Er mit
mir auf's Innigste vereiniget ist, so opfere ich
Ihn Dir zur Verherrlichung deines Namens, zur
Ehre der glorreichen Jungfrau Maria, aller Engel
und Heiligen. Auch ich schenke mich Dir ganz
und weihe mich gänzlich deinem Dienste.

Ich opfere Dir ferner auf alle heiligen Meß=
opfer, die in der ganzen Kirche dargebracht wer=
den, zur Genugthuung für meine Sünden und zur
Danksagung für alle Wohlthaten, die ich von Dir
empfangen habe, besonders für diese, die ich so
eben von Dir erhalten habe, indem Du mir deinen
Sohn nicht nur als Erlöser, sondern auch als
Speise und Trank, als Nahrung meiner Seele
geschenkt hast.

Ich opfere Dir auf seine Mühen und seinen
Tod, mein Leben und meine Werke, in Vereini=
gung mit seinem Leben und mit seinen Handlun=
gen, auf daß durch die Heiligkeit seiner Werke die

Unvollkommenheit der meinigen ersetzt werde; und
ich bitte Dich, sie dann nicht als von mir aus=
gehend, sondern als mit denjenigen deines geliebten
Sohnes verbunden und vereiniget anzuschauen, weil
ich nicht mehr leben will, als nur in Ihm und
für Ihn. Amen.

Bitte.

Mein Jesus, der Du jetzt in Mitte meines
Herzens ruhest, Du weißt, was mir fehlt; Du
weißt, daß ich ohne Dich nichts vermag; Du
siehst, daß es mir an Kraft gebricht, daß ich voll
Schwachheit bin, bei der geringsten Gelegenheit
strauchle und keine Kraft habe, wieder aufzustehen.
Ach, mein liebevollster Meister, habe Geduld
mit meiner Armseligkeit. Ich werde Dich nicht
entlassen, bis Du mich gesegnet hast. Ich bitte
Dich also durch deine heiligen Wundmale, die Du
ohne Unterlaß deinem Vater im Himmel zeigest,
Du wollest meiner Seele alle Kräfte verleihen,
welche mir nothwendig sind, um Dir gut zu dienen
und deine Gebote zu erfüllen. Gib mir die Gabe
der Gottesfurcht, einen festen Glauben, demüthige
und freudige Hoffnung und das Feuer der Liebe.
Gib mir Klugheit, um meine Handlungen weise zu
ordnen; Gerechtigkeit, damit ich Niemanden Un=
recht thue; Stärke, um die Versuchung zu über=
winden; Mäßigkeit und Bescheidenheit in dem, was
zum Unterhalt meines Lebens dient. Gib mir, o
Herr! eine tiefe Demuth, die Erkenntniß meines

Nichts, Geduld in der Trübsal, Liebe zum Neben=
menschen.

Verleihe mir die Tugend der Keuschheit, der
Weisheit, der Barmherzigkeit, die Gabe des Ge=
betes, ein großes Verlangen nach meinem und des
Nächsten Seelenheil, die Geringschätzung aller ge=
schaffenen Dinge, in der Weise, daß ich nur Dich
liebe. Gib mir eine glühende Andacht zu dem
allerheiligsten Sakrament des Altars und zu deinem
heiligen Leiden. Gib mir endlich auch die Gnade,
in deiner heiligen Liebe zu verharren.

Stärke meine guten Vorsätze und verleihe mir
die Gnade, sie heilig zu halten, auf daß ich mein
Leben ändere, und künftighin, nachdem ich mit
dem Brod der Engel genährt worden bin, nicht
mehr ein weltlich gesinntes Leben führe, sondern
daß vielmehr, wie durch dein Wort in diesem
Sakrament das Brod in deinen Leib verwandelt
worden, auch ich in Dich umgestaltet werde, und
zwar auf eine solche Weise, daß ich, Gott empfan=
gend, geheiligt, ja gleichsam vergöttlichet sei.

Vor Allem aber gib, o Herr! daß ich Dich
vor dem Hingange in die Ewigkeit empfange; sei
meine Wegzehrung auf der Reise zur Ewigkeit
und meine Leuchte unter dem Schatten des Todes:
daß ich wie Moses sterbe im Kusse des Herrn;
Dich in meinem Herzen tragend, fröhlich in's
Grab steige, und mit Dir begraben, einst auch
durch Dich auferstehe und mit Dir verherrlichet
werde. Amen.

Fürbitte.

Mein Heiland Jesus Christus, ich bitte Dich durch deine unendliche Liebe zu uns, die Dich zum Erlöser der Menschen gemacht, und durch welche Du jetzt noch bei uns im heiligsten Altarssakramente verweilest und in welcher es Dir gefallen hat, die Verdienste deines heiligen Leidens zum Heile des ganzen Menschengeschlechtes zu verwenden: erhöre, o ewiger Hirt! das Flehen deiner Kirche, vertheidige sie gegen ihre sichtbaren und unsichtbaren Feinde, und verlasse deine Heerde nicht.

Erleuchte unsern obersten Bischof, den Papst, und alle andern Hirten, denen Du deine Schafe anvertraut hast, damit sie selbe zum Heile führen durch Worte und Beispiel. Stehe auch allen Regierungen und Vorgesetzten mit deiner Gnade bei.

Erinnere Dich auch an so viele verirrte und untreue Schafe, welche ohne Dich elend zu Grunde gehen; gib ihnen deine Erkenntniß, auf daß dein Name überall geheiligt werde, und daß nur ein Schafstall sei, so wie nur ein Hirte.

Gib, o Fürst des Friedens! den christlichen Fürsten den Frieden, den die Welt nicht geben kann, auf daß Du nicht mehr durch Zwietracht und Feindseligkeit beleidiget wirst.

Erbarme Dich auch meiner Eltern und Freunde und aller derjenigen, für welche ich nach dem Gesetze deiner Liebe zu beten verpflichtet bin. Sei gnädig und verzeihe den Lebendigen, und gib die ewige Ruhe den abgestorbenen Gläubigen im Fegfeuer, besonders denen ich mehr verpflichtet bin, und denjenigen, die am meisten verlassen sind, damit wir einst Alle insgesammt Dich preisen mögen im himmlischen Paradiese. Amen.

Communionandacht für die heilige Adventzeit.

Vor der heiligen Communion.

O unendliche Güte! Du hast uns so sehr geliebt, daß Du uns undankbaren Menschen nicht etwa ein Geschöpf unsers Gleichen, sondern deinen eingebornen Sohn gesandt hast! Die Gottheit vereiniget sich mit der Menschheit; kann eine tiefere Erniedrigung erdacht werden? Zwei unendlich von einander entfernte Dinge werden vereiniget; o überaus großes Wunder!

Allein nicht nur Mensch bist Du aus Liebe zu mir geworden; Du hast mich auch im hochheiligen Sakramente mit deinem wahren Leibe und Blute nähren wollen.

Staunet, ihr Himmel! Stimmet dem Herrn einen Preisgesang an, ihr Geschöpfe! denn Wunderdinge hat Er gethan, aus Liebe den Menschen mit Gott, und Gott mit dem Menschen vereiniget.

O Liebe, nimm Besitz von meiner Seele! Und wie Du die Gottheit mit der Menschheit vereiniget hast, so mache, daß ich, im hochheiligen Sakramente Dich empfangend, Eins mit Dir werde in unvergänglicher Liebe!

Kommt, lasset uns anbeten. **31**

O Brod des Lebens, das Du vom hohen Him= mel in den reinsten Schooß Mariä herabgekom= men bist, ersättige meine hungernde Seele! Ohne Dich kann ich nicht mehr leben. Warum, o mein Geliebter! lassest Du mich so lange zwischen Leben und Tod schmachten? Ohne Dich bin ich des Todes; ohne Dich habe ich kein Leben. Sieh, ich sterbe; warum versagst Du mir das Leben? Du allein bist mein Leben. Lebest Du in mir, so werde ich leben; stirbst Du aber in mir, so werde ich sterben. So komm denn, eile, auf daß ich nicht länger mehr Dessen beraubt sei, welcher der Gegenstand meiner Liebe und meiner Hoff= nung ist!

Komm, mein Jesus, und erquicke meine Seele, die nach Dir schmachtend in Thränen zerfließt!

Ich verlange Dich in diesem hocherhabenen Sa= kramente mit eben jener Liebe zu empfangen, wo= mit die heilige Jungfrau Maria Dich empfangen hat. Meine Seele ist deine Magd; es geschehe ihr und mir nach deinem Worte! Komm mensch= gewordener Gott, Du vermagst Alles! Komm und bereichere mich!

Heilige Jungfrau! erhalte mir die Gnade, daß dieser menschgewordene Gott in dem heiligen Sa= kramente bei mir seine Wohnung nehme und daß ich seine Herrlichkeit sehe, eine Herrlichkeit als des eingebornen Sohnes vom Vater, voll Gnade und Wahrheit!

Heiliger Erzengel Gabriel, erwirke durch deine

Fürbitte, daß ich voll der Gnade sei; daß mit mir sei Derjenige, der in dem hochheiligen Sakramente thront; daß Er in Ewigkeit in meinem Hause herrsche und daß seines Reiches kein Ende sei!

Freue dich und frohlocke, meine Seele! Sieh, dein König kommt: Er klopft an der Thüre deines Herzens, daß du es Ihm öffnen sollst. O Seligkeit! ich werde den König des Himmels und der Erde beherbergen, ja, Denjenigen umfangen, welchen die heilige Jungfrau Maria in ihrem reinsten Leibe und auf ihren Armen getragen hat! A.

Nach der heiligen Communion.

Meine Seele zerfloß, da der Geliebte redet. Ich habe gesucht und gefunden, den meine Seele liebt: Alles Fleisch hat das Heil unseres Gottes gesehen!

Wundert euch nicht, ihr heiligen Engel und Erzengel, daß der menschgewordene Gott einen sündigen Menschen heimzusuchen sich würdiget! Denn der heilige Geist ist über mich gekommen und die Kraft des Allerhöchsten hat mich überschattet; und darum ist heilig und wird genannt der verborgene und geschlachtete Gottmensch, was immer durch die Wandlungsworte geboren ist.

Sei mir gegrüßt, o Geliebter! Sei mir gegrüßt, Sohn Mariens, mein einziges Verlangen, meine einzige Hoffnung!

Sei mir gegrüßt, göttliches Kind! In hellen Liebesflammen brennt für Dich meine Seele, die Dich anbetet.

Und du, seligste Jungfrau Maria, singe dem Gaste meines Herzens, deinem geliebten Sohne, jenen Lobgesang (das Magnifikat), womit du die allerheiligste Dreieinigkeit erfreuet hast! Mache mich theilhaftig der Liebe, mit der du Ihn geliebt hast!

Alle Heiligen und Auserwählten sollen Dich lobpreisen, o süßes Kindlein Jesus, das Du unseres Heiles wegen vom Himmel herabgestiegen und Mensch geworden bist!

Ich erkenne und halte für gewiß deine ewige Erbarmung, da Du sie mir gezeigt hast. Ich danke Dir unendlich für alle deine Gutthaten. Ich bete Dich an, und will Dich lobpreisen in alle Ewigkeit.

Und auch dir, o heilige Jungfrau! sage ich Dank, daß du den Sohn Gottes, meinen Erlöser, den ich in dem hocherhabenen Sakramente empfangen habe, in deinem heiligen Schooß getragen hast. Freudig will ich rufen: Selig ist der Leib, welcher den Sohn des ewigen Vaters getragen hat! Selig sind die Brüste, welche Jesum Christum gesäugt haben! Ihm, dem menschgewordenen Gott, sei Lob, Preis und Ehre in Ewigkeit! A.

Communionandacht am heiligen Weihnachtsfeste.
Vor der heiligen Communion.

O Jesus, Erlöser der Welt, Sohn des Allerhöchsten, Heil und Sehnsucht aller Völker, in welche

Tiefe führte Dich deine unendliche Liebe für das arme Menschengeschlecht! O Du hocherleuchteter Herr und König des Himmels, den die heiligen Propheten lange Jahrhunderte feierlich verkündigten, in welcher Demuth lagest Du einst in der Krippe des öden Stalles zu Bethlehem! Sei gegrüßt, o Jesus! Du eingeborner Sohn des ewigen Vaters, wahrer Gott vom wahren Gott, mein Erlöser in der menschlichen Natur! Meine Seele versinkt in Anbetung vor deiner heiligen Krippe und frohlockt in süßer Freude vor Dir, ihrer Liebe, die Du einst zu ihrer ewigen Freude geboren wurdest. O mein Heiland! im Geiste reihe ich mich jenen glückseligen Hirten an, die Dich in der Krippe besuchten und betrachte in stiller Andacht Dich, o göttliches Kind! das Du um unsertwillen die menschliche Natur angenommen und Dem wir gleichförmig werden müssen, wenn wir in das Himmelreich eingehen wollen.

O barmherziges Kind, wie sehr entäußertest Du Dich, um uns zu bereichern! Du wurdest sanftmüthig und demüthig von Herzen, um die wahrhaft Demüthigen zu Kindern Gottes zu erhöhen! Du zitterst vor Frost, o flammende Liebe! Du leidest so frühe, o Heil der Kranken! Du verbirgst deine himmlische Klarheit, o Licht vom Lichte, wahres Licht, welches alle Menschen erleuchtet, die in diese Welt kommen!

Ehre sei Gott in der Höhe und Friede den Menschen auf Erden, die eines guten Willens sind;

denn es hat uns, die wir in dem Schatten des Todes saßen, der Aufgang aus der Höhe besucht! Und heute willst Du, o ewige Liebe! uns abermals besuchen in dem wunderbaren Sakramente deiner Liebe, wo Du nicht nur den Glanz deiner Gottheit, sondern auch deine hochheilige Menschheit unter dem Schleier der Gestalten verbirgst, um in uns einzugehen, um auf's Neue in unserer Seele geboren zu werden, sie zu erfreuen, zu reinigen und zu heiligen.

O wahres Bethlehem, wo das Brod des Lebens vom Himmel herniedersteigt und Allen sich zur Speise anbietet, die dasselbe mit gereinigtem Herzen empfangen wollen! In Demuth, Danksagung, Liebe und Freude nahe ich im Geiste, Dich, o göttliches Kind! aus der Krippe in mein Herz aufzunehmen und mit den Armen meiner Seele zu empfangen. Komm, o Erstgeborner des ewigen Vaters! Komm, o Jesus, um in meiner Seele geboren zu werden! Komm und wandle mich durch deine hochheilige Geburt in einen neuen Menschen um, der nur in Dir, für Dich und um Deinetwillen lebt! Amen.

Beim Hingehen zum Tische des Herrn.

O ihr heiligen Patriarchen und Propheten, die ihr mit so inniger Sehnsucht nach dem verheißenen Erlöser verlangtet, erbittet auch mir von Gott die Gnade, den auf Erden erschienenen Heiland mit herzlichem Verlangen und aufrichtigster Liebe in mein Herz aufzunehmen!

O ihr Engel des Himmels, heilige Heerschaaren, die ihr in jener hochheiligen Nacht Christi Geburt den frommen Hirten auf den Fluren Bethlehems verkündigtet, steht mir bei in dieser gnadenvollen Stunde und begleitet mich zu eurem König, meinem Erlöser im allerheiligsten Sakramente!

O Königin der Engel, reinste Jungfrau Maria, die du würdig warest, die Mutter des Welterlösers zu sein, erlange uns durch deine mütterliche Fürbitte die Gnade, daß meine Seele eine Ihm wohlgefällige Wohnung sei!

O glorreicher, heiliger Joseph, der du einst das Glück hattest, diesen König des Himmels und der Erde in seiner heiligen Kindheit auf den Armen zu tragen, Ihn zu ernähren und von Ihm zärtlich geliebt zu werden, erbitte mir ein reines, schuldloses Herz, damit Er nicht verschmähe, auch zu mir zu kommen und in mein Herz einzukehren!

O mein Jesus! mein Herz ist bereit; komme, o Gott meiner Seele, Du mein Heil und der Inbegriff aller meiner Wünsche! Komme, weihe mich zu deiner Wohnung ein! Dir gehört mein Herz, Dir soll es auf ewig geschenkt sein, o ewige Liebe! Amen.

Nach der heiligen Communion.

Ich bete Dich an, o Jesus, göttliches Kind, König des Himmels und der Erde, mein Herr und mein Gott, Du Freude der Engel, und süßer Lohn aller auserwählten und heiligen Seelen!

Ich bete Dich an, o eingeborner Sohn des ewigen Vaters, mein Erlöser, der Du in diese Welt kamst, und in deiner großen Barmherzig= keit meine unwürdige Seele mit deinem göttlichen Besuche erfreuest!

Ein Kind ist uns geboren, ein Sohn ist uns geschenkt, der sich nicht schämt, uns seine Brüder zu nennen! Alleluja! Sei mir willkommen in dem innersten Grunde meiner Seele, o Jesus, Du er- lauchter Gast aus des Himmels heiligen Höhen! Alleluja! Auf Dich habe ich gehofft, nach Dir hat mein Herz verlangt, o Verheißener aller Völker, unser Licht und unser Leben, unser Freund, unser Bruder und unser Gott! Alleluja!

O Jesus, flöße mir Worte und meiner Seele Empfindungen ein, Dich auf eine Weise zu be= grüßen, die Deiner würdig ist; denn unendlichen Lobes bist Du würdig, König der Engel, wahrer Gott und wahrer Mensch! Um Eines bitte ich Dich: gib mir deine Liebe, Dich würdig in meiner Seele zu beherbergen. Denn ach, wie bei deiner hochheiligen Geburt führte deine Barmherzigkeit Dich auch heute in meine armselige Wohnung, wo deine holdselige Kindheit kein anderes Ruhebettlein findet als die Krippe eines harten Herzens. Tiefe Armuth herrscht in meiner Seele, die nichts Gutes besitzt, um Dich zu erfreuen, sondern Alles von Dir, ihrem himmlischen Gaste, erwartet.

O laß mich mit deinen heiligen Engeln Dich preisen, mit den frommen Hirten Dich anbeten,

mit Maria, der hochgebenedeiten Jungfrau und
Mutter, Dich umfangen und mit deinem heiligen
Nährvater in meinem Nächsten Dich schützen! Dein
Lob sei immer in meinem Munde, deine Anbetung
in meiner Seele, deine Liebe in meinem Herzen
und deine Verherrlichung in meinen Werken! Laß
mich deine tiefe Erniedrigung zu Gemüthe führen,
die Dich bewog, Dich selbst zu entäußern, Knechts-
gestalt anzunehmen und in Allem, die Sünde aus-
genommen, uns armen Menschen gleich zu werden.
Uns zu Liebe wurdest Du arm, auf daß wir durch
deine Armuth reich würden an himmlischen Gütern.

Endlich, o mein Jesus! laß mich gleich jenen
glückseligen Hirten zurückkehren von Dir, die von
dannen gingen, Gott für alles dankend und prei-
send, was sie gehört und gesehen hatten. Denn
es ist uns nicht wie deinen seligen Engeln ver-
gönnt, unabläßig bei Dir in deinem Heiligthum
in glühender Andacht zu bleiben. Du verlangst,
daß wir zu den Pflichten zurückkehren, die Du
selbst durch deine göttliche Vorsehung uns angewiesen hast. Doch, wie Maria, deine jungfräuliche Mutter, bei ihren Beschäftigungen alle deine
Worte in ihrem Herzen erwog, so will auch ich,
nach ihrem Beispiele, nicht blos hier in deinem
heiligen Hause, sondern immer und überall Deiner
und der großen Wunder deiner Liebe gedenken.
Dem Leibe nach scheide ich zwar von Dir und
dieser heiligen Stätte, deinem Gnadenthrone; mein
Herz aber soll auf's Innigste mit Dir vereint

bleiben, und keine Beschäftigung soll mich je von Dir entfernen. Selbst wenn ich schlafe, soll mein Herz Deiner in Liebe gedenken; lieben will ich Dich, o ewige Liebe, und mein ganzes Leben in deinem heiligen Dienste zubringen! Amen.

Communionandacht für die heilige Fastenzeit.

Vor der heiligen Communion.

O Schmerz! warum hast du dich gehäuft im Herzen meines Jesu? Herr, waren denn die Uebel, die Du duldetest, nicht groß genug, daß Du für mich auch noch ein Schmerzens=König werden wolltest, den man für das verächtlichste Geschöpf in der Welt ansah? Wirst Du zulassen, daß ich Dich durch meine Sünden auf's Neue kreuzige?

O mein Jesus! was hat wohl deine Weisheit bewogen, uns deinen Leib und dein Blut zur Speise und zum Tranke zu geben? Wäre es nicht schon ein Uebermaß von Güte gewesen, daß Du Mensch geworden bist und so viele Qualen und sogar den Tod erdulden wolltest?

Du hast mich nicht blos mit deinem heiligen Leibe erlöst, sondern Du gibst ihn mir noch zur Speise; Du hast mich nicht blos mit deinem Blute gereinigt, sondern Du reichst es mir noch zum Tranke. O mein Erlöser! was hättest Du mir noch mehr bieten können?

O Güte, o Liebe, o Barmherzigkeit, nie werde

ich ein so großes Uebermaß von Gnaden vergelten können! Alle Geschöpfe insgesammt vermögen dir dafür nicht würdig zu danken.

Da Du, mein Jesus! meine Speise und mein Trank sein willst, so geschehe mir nach deinem Worte; und ist mein Herz noch nicht genug von deiner Liebe entflammt, so entzünde Du es nach deinem Wohlgefallen, mein Jesus und mein Alles!

Komm, süßer Jesus! Sieh, die Thüre meines Herzens steht offen; geh' ein in dasselbe du Gebenedeiter des Herrn! und ist es noch nicht genug bereitet, so wird deine Gegenwart es genugsam heiligen. Amen.

Nach der heiligen Communion.

Was habe ich vor Dir Gutes gethan, o mein Gott! daß Du mich erlösen, und, um leiden und sterben zu können, die menschliche Natur annehmen, und uns noch überdieß mit deinem Leibe und Blute nähren wolltest?

O gütigster Herr! lag Dir meine sträfliche Seele so sehr am Herzen, daß Du, sie zu erlösen und zu nähren, von Ewigkeit her ein so blutiges Opfer und ein so köstliches Gastmahl bereitet hast?

O heilige Wunden! in euch allein will ich mich erfreuen. Jesus, ich umfange deine Füße, die meinetwillen an's Kreuz geheftet worden sind. Ich grüße dich, göttlicher Mund, der du mit Galle und Essig getränkt worden bist! Ich grüße euch, ihr Schultern meines Erlösers, die ihr aus Liebe zu mir die Geißlung erduldet, und das Kreuz auf die Schädelstätte getragen habet!

Herr, verwunde mein Herz mit deinen Wunden und mache mich trunken von deinem Blut, daß ich nichts Anderes mehr sehe, als Dich, meinen göttlichen Heiland!

Himmlischer Vater! sieh gnädig auf mich in Anbetracht Jesu, deines Sohnes, der aus Liebe zu mir sich Dir schlachtet und laß Dich besänftigen durch seine Wunden und durch sein Blut. Mein Fleisch hat Dich zum Zorne gereizt; möge das göttliche Fleisch deines Sohnes Dich wieder zur Barmherzigkeit bewegen.

Gütigster Vater! sieh an das Angesicht deines Gesalbten, deines eingebornen Sohnes. An Ihm hattest Du stets all' dein Wohlgefallen, der nun mit mir aufs innigste vereiniget ist. Unter seinem Schutze und unter dem Schatten seiner Verdienste erscheine ich vor Dir; darum sieh mich in Erbarmung an! Laß nicht zu, daß eine Seele, die deinen Sohn, den Du in die Welt gesandt hast, die Sünder selig zu machen, so oft empfangen hat', je mehr durch eine Sünde Dir und Ihm mißfalle! Um seines bittern Leidens willen bewahre mich vor jeglicher Sünde! Amen.

Communionandacht am heiligen Osterfeste.

Vor der heiligen Communion.

Wenn ihr mit Christus auferstanden seid, so
suchet, was droben ist, wo Christus ist, der zur
Rechten Gottes sitzt. (Kol. 3, 1.)

Der Engel des Herrn verkündet uns eine große
Freude, sprechend: „Der Herr ist auferstanden!"
Alleluja! Auch ich, o mein glorreich auferstandener
Erlöser! frohlocke mit dem Himmel und mit allen
Chören der Engel, die durch deine Auferstehung
erfreut worden sind. Erfreue meine Seele, auf
daß ich, wie jene zwei Jünger, die nach Emaus
gingen, Dich erkenne am Brechen des Brodes,
das vom Himmel herabgekommen ist und der Welt
das Leben gibt.

Siehe, o Herr! von ganzer Seele verlange ich
deinem Tische zu nahen; ich komme, im vollsten
Vertrauen auf deine Güte und Barmherzigkeit,
wie ein Kranker zu dem himmlischen Seelenarzte;
wie ein Dürstender zu dem Urquell des Lebens;
wie ein Dürftiger zu dem reichen König des Him=
mels; wie ein geringer Diener zu dem ewigen
Herrn, und als hilfesuchendes Geschöpf zu dem
allmächtigen Schöpfer, auf daß ich in meinem durch
irdische Schwächen bedrängten und verlassenen Zu=
stande, in Dir einen gütigen Tröster finde. Aber,
wie darf mir eine so große Huld zu Theil werden?
Wer bin ich, daß Du, Heiligster, Dich mir nahen
willst? Wie kann ich sündiger Mensch es wagen,

vor Dir, dem Allerreinsten, zu erscheinen? Du
durchschauest mein Innerstes, Du kennst meine Ge=
brechen, und weißt, wie oft ich in meinen Vor=
sätzen untreu geworden bin. Und dennoch rufest
Du uns voll Milde zu: „Kommet Alle zu Mir,
die ihr mühselig und beladen seid: Ich will euch
erquicken! Das Brod, das Ich euch (zur Stär=
kung) gebe, ist mein Fleisch für das Leben der
Welt. Nehmet es hin, genießt es, es ist mein
Leib, der für euch hingegeben wird: thut dieses
zu meinem Andenken! Wer mein Fleisch ißt und
mein Blut trinkt, der bleibt in Mir und Ich in
ihm. Diese Worte, die Ich zu euch gesprochen,
sind Geist und Leben.“ — Ja, dieses sind deine
Worte, o Herr! mit Freuden nehme ich sie an;
sie sind Worte der Liebe und des Trostes, und
geben mir Muth, daß ich zu Dir komme, um
deiner belebenden Speise theilhaft zu werden.

Wie aber kann ich würdig genug deiner gött=
lichen Einladung folgen? wie anders, als daß ich
mich vor Dir demüthige, deine unermeßliche Güte
glaubensvoll annehme und sie mit inniger Liebe
verehre und anbete? Ich preise Dich daher, o
göttlicher Erlöser! aus allen meinen Kräften, daß
Du selbst in mein Herz kommen und bei mir
Wohnung nehmen willst, damit ich mit Dir auf's
Innigste verbunden sei und Theil an deinen un=
endlichen Verdiensten habe. Welch' eine wunder=
volle Herablassung, welch' eine Gnade ist dieses,
die allen menschlichen Begriff übersteigt, daß Du,

als wahrer Gott und Mensch), unter den geringen
Gestalten des Brodes und Weines Dich mir zum
Genusse gibst als eine Speise, die meine Seele
für das ewige Leben nährt! Frohlocke daher,
meine Seele, und danke dem ewigen Vater im
Himmel, der seines eingebornen Sohnes nicht
schonte, sondern Ihn für dein und aller Menschen
Heil zum Opfer hingegeben! Frohlocke und danke
deinem Gott für ein so unaussprechlich theures
Geschenk, für einen so köstlichen Trost, der durch
diese Vereinigung mit deinem Erlöser hier schon
auf Erden für dich dein schönster Lohn geworden ist.

Sieh, o Herr! ich komme nun zu Dir, um in
deinem Genusse Alles zu finden, was meinem
Geiste Ruhe und Zufriedenheit gewährt. Erfreue
heute die Seele deines Dieners, weil ich sie Dir
geweiht habe. Ich verlange Dich so demüthig
und ehrfurchtsvoll zu empfangen, wie einst dein
Jünger Zachäus Dich in seine Wohnung aufzu=
nehmen verlangt hat. Meine Seele verlangt nach
deinem Leibe, um mit deinem göttlichen Herzen
vereint zu werden, denn Du bist meine Erquickung;
und wenn ich Dich genieße, werde ich Erbe deiner
ewigen Herrlichkeit sein. O wundervolle Erbar=
mung unseres Gottes, welcher, obgleich Herr und
Schöpfer aller Dinge und aller Geister, es nicht
verschmäht, mein Wesen mit seiner Gottheit und
Menschheit zu beglücken! O glückseliges Gemüth,
welches gewürdigt wird, den Herrn der Welt in
sich aufzunehmen! In diesem Augenblicke möge

Himmel und Erde verstummen: denn Alles, was in der ganzen Schöpfung groß, herrlich und er= haben ist; Alles, was des höchsten Lobes, der heiligsten Bewunderung würdig ist, darf mein Innerstes jetzt in sich aufnehmen, Ihn, den Herrn des Lebens! Alleluja!

O auferstandener Herr Jesus Christus, erscheine meiner Seele in deiner Glorie und in dem milden Glanze des hochheiligsten Altarssakramentes! Mit inbrünstiger Liebe verlange ich Dich zu empfangen und Dich ebenso zu genießen, wie deine heiligste Mutter und alle deine Jünger nach deiner glor= reichen Auferstehung Dich genossen haben. Amen.

Nach der heiligen Communion.

Ich weiß, daß mein Erlöser lebt! (Job 19, 25.)

Jesus Christus lebt — und auch ich lebe! Doch nicht ich, sondern Christus lebt in mir, der von den Todten auferstanden ist und mich gespeiset hat mit seinem heiligen Fleische und Blute. Alleluja!

Ich habe nun das Brod des Lebens empfangen, und die Speise der Engel genoßen. Du, o Aller= höchster! bist in mein Herz gekommen, damit es in Dir in Zukunft lebe und dein Eigenthum bleibe auf immer. O unaussprechliche Güte, o unbe= greifliche Liebe, die nie ermüdet, sich uns Menschen hinzugeben, auf daß wir schon hienieden mit Dir vereiniget seien, und einen gottähnlichen Wandel führen sollten! Welch' ein erhabenes Loos ist uns zu Theil geworden!

Frohlocke, o mein Herz! Mein ganzes Wesen
erfreue sich in Gott, meinem Heilande, dessen un=
endliche Huld sich über mich ergossen hat. Er
hat meine Niedrigkeit und meinen Leib von Staub
nicht verachtet, sondern von meiner sündlichen Na=
tur abgesehen, und mit meinen vielfachen Ge=
brechen Erbarmen getragen; Er hat mich heute
durch seine Heimsuchung geheilt, und mich durch
sein eigenes Fleisch und Blut in dem hochheiligen
Sakramente gestärkt, dessen Er mich theilhaftig
machen wollte. O meine Seele, singe Ihm ein
neues Dank= und Jubellied! Verkündige, welche
Wunder Er heute an dir vollbrachte! Und ihr,
unsichtbare, selige Geister, deren Wonne es ist,
euern Schöpfer durch alle Ewigkeiten zu verherr=
lichen, vereiniget euch mit mir und helfet mir, daß
ich dem höchsten Gott, dem Vater unsers Herrn
Jesus Christus und seinem ewigen Geiste ein
würdiges Lob und meinen frömmsten Dank dar=
bringen könne. Amen. Alleluja!

In gerechter schuldigster Erwägung, o ewiger
Vater im Himmel! daß ich heute das Glück hatte,
zu dem heiligen Mahle deines göttlichen Sohnes
zugelassen zu werden; daß ich seinen heiligsten
Leib auf eine geheimnißvolle Weise nach seinem
Willen genießen durfte und daß ich Ihn selbst
nun in meinem Herzen besitze: opfere ich Dir
dieses kostbare Geschenk, diesen theuersten Besitz in
tiefster Ehrfurcht auf, und weihe mich mit diesem
göttlichen Opfer Dir als dein eigen. Alle Voll=

Kommet, lasset uns anbeten.   32

kommenheiten, die dein göttlicher Sohn auf Erden
als Gottmensch leuchten ließ, laß mich heute und
immer betrachten, allen seinen Tugenden möglichst
nacheifern, allen seinen Winken zu meinem ewigen
Seelenheile kindlich folgen, und aller seiner Ver=
dienste durch deine Gnade theilhaft werden.

Und Dir, o Sohn Gottes! der Du Dich heute
wieder in der Feier deines heiligen Abendmahles
mir geschenkt hast, daß ich ein sichtbares Zeichen,
ein göttliches Pfand deiner unsichtbaren und be=
seligenden Gegenwart besäße, um gläubiger auf
dieser Erde deinen Führungen folgen zu können:
Dir gehöre von nun an all' mein Thun und Lassen,
meine erste Liebe und alles sittlich Gute, was mein
Geist durch deine einwirkende Gnade wird voll=
bringen können. Kräftige mich daher in allen
meinen guten Vorsätzen, verleihe mir den Sieg
über meine Leidenschaften; zerbrich alle Fesseln,
die mich noch sündigerweise an irgend ein Ge=
schöpf, an irgend eine Neigung, an irgend ein
Ding geheftet haben, was den reinsten Augen des
Himmels mißfällig gewesen; und lehre mich nach
den Vorschriften deines heiligen Evangeliums leben,
auf daß ich die Wege der wahren Tugend treu
wandeln und ein Kind deines ewig göttlichen
Reiches werden kann.

Geist Gottes, o ewig heilige Kraft, die vom
Vater und Sohne ausgeht, erleuchte meine Seele,
daß ich alle Heilswahrheiten fortan immer mehr
und mehr auffasse, tief in mein Innerstes einpräge

und darnach mein Bestreben einrichte! Anbetungs=
würdige Dreieinigkeit, hilf mir alles dieses voll=
bringen!

Und du, o heilige Mutter unsers Herrn, mit
allen himmlischen Freuden und Engeln Gottes,
bittet für mich, daß dieses aufrichtige und glü=
hende Gebet meines Herzens erhört werde!

Kommet, ihr frommen und heiligen Seelen im
Himmel und auf Erden, und betet euern und
meinen Gott an, der uns durch seine Auferstehung
von den Todten auferweckt und mit seinem heil.
Fleische und Blute genähret hat! Ja, wir beten
Dich an, glorreicher Ueberwinder des Todes, im
Namen der ganzen katholischen Kirche, welche in
dieser gnadenreichen Zeit mit so großer Freude
deine heilige Auferstehung feiert. Dir, o aufer=
standener Sieger über Tod, Grab und Hölle, Dir
sei im allerheiligsten Altarssakramente Preis, Ehre,
Ruhm und Anbetung von Ewigkeit zu Ewigkeit!
Amen. Alleluja! Alleluja! Alleluja!

Communionandacht am heiligen Pfingstfeste.
Vor der heiligen Communion.

**Bitte an Gott den heiligen Geist, die Seele
zu einem würdigen Tempel Gottes zu
bereiten.**

Heiliger Geist, Du Geist der Wahrheit, der Du
von dem Vater und dem Sohn ausgehst! ich arm=
seliges Geschöpf beuge mich vor Dir in den Staub.

Du bist die Liebe des Vaters und des Sohnes, und mit ihnen gleicher Natur und Wesenheit.

O wäre ich doch gegenwärtig gewesen, als Du am Pfingsttage in Gestalt feuriger Zungen über die kleine Heerde Jesu herabkamst! Von welcher Begierde, Liebe und Freude würde mein Herz erglühet sein, wenn es die Glückseligkeit deiner Glorie gekostet hätte!

Heiliger Geist, heilsame Flamme, heiliges, göttliches, heiligmachendes und reines Feuer, der Du heute die ganze Welt entzündet hast, reinige auch mein Herz mit dem Feuer deiner Liebe!

Strahlendes Licht der Herzen, wie eifrig soll ich nicht nach Dir trachten! Ja, ich thue es aus allen Kräften meiner Seele. Komm und besitze mein Herz!

Heiliger Geist, sieh meine arme Seele gnädig an, und nimm Besitz von ihr! Nimm an mein armes Herz, und schmücke es mit allen Dir angenehmen Tugenden!

Lieblicher Gast meiner Seele! was sollte Dich abhalten können, in mir zu wohnen? Ich sage dieß nicht, als hielt ich mich für gerecht, denn meine Vergehungen überweisen mich des Gegentheiles; ich sage es nur, weil mein Elend Dir Gelegenheit gibt, deine Barmherzigkeit zu üben, und weil meine Sünden deine Güte drängen, mich in meiner Schwachheit zu kräftigen, und meine Bosheit von mir hinwegzunehmen. Komm also, heiliger Geist, komm in meine Seele! Genugsam bekannt ist Dir mein glühendes Verlangen, Dich zu empfangen.

Hierin bestehen alle meine Wünsche. Liebhaber der gerechten Seelen! Du siehst mein Seufzen nach Dir. Würdige Dich also, in meine Seele einzugehen! Welchen Nutzen hätte ich von deiner Ankunft und von deinen Gaben, da meine Seele ohne Dich, und ohne deine Güter zu kosten, nicht leben kann?

Ach, warte nicht, daß ich Dir meine Seele bereite! denn sie wartet, daß Du selbst sie bereitest. Der eingeborne Sohn Gottes hat Dich uns armen Waisen gesendet, auf daß Du unsere Herzen reinigest und sie zu einem würdigen Tempel Gottes bereitest. Komm also, Vater der Armen! Komm, Ausspender der Gaben! Komm, Licht der Herzen!

Komm zu mir mit dem nämlichen Fleische, mit dem nämlichen Blute, mit der nämlichen Seele, mit der nämlichen Menschheit, mit dem eingebornen Sohne des himmlischen Vaters und der seligsten Jungfrau Maria, mit dem nämlichen menschgewordenen Gott, dessen Leib Du in dem reinsten Schooße Mariä gebildet hast!

O Licht meines Herzens, das Du stets brennest und niemals erlöschest! O Leben meiner Seele! O himmlische Süßigkeit! erweitere mein enges Herz, auf daß es Dich fasse und die Süßigkeit deines Geistes koste! Amen.

Nach der heiligen Communion.

Ewiger Liebesbund mit Gott dem heiligen Geiste.

Mein Herr und mein Gott, wie soll ich Dir deine Gutthaten vergelten! Was wird meine Seele Dir geben, die Du nach deinem Ebenbilde erschaffen, mit deinem Blute erlöset, zum Glauben berufen, mit dem heiligen Geiste begabt, geheiliget und mit deinem Fleische und Blute genähret hast?

Herr, warum erweisest Du mir elendem Ge= schöpfe und großem Sünder so viele und so große Gnaden? Du hast Dich sogar gewürdiget, zu mir zu kommen und mich in dem hochheiligen Altars= sakramente so wunderbar mit deinem Fleische und Blute zu nähren! O Liebe, o Güte, o neue und wunderbare Gutthat!

Göttlicher Geist, da Du gekommen bist, Feuer auf die Erde zu bringen, warum entzündest Du nicht mein eiskaltes Herz, daß es von Liebe zu Dir verzehrt werde? Warum erglühet nicht mein Herz von Liebe zu Dir? Warum bin ich mir nicht gänzlich entäußert? Warum bin ich nicht gänzlich in Dich umgewandelt? Warum liebt nicht meine Seele aus allen ihre Kräften deine göttliche Güte und Barmherzigkeit?

Herr, ewiglich will ich die Barmherzigkeit be= singen und verkünden, die Du an mir übest! Meine Seele, lobpreise den Herrn, der Dir so viele und große Gutthaten erwiesen hat! Und du mein Geist, frohlocke in Gott, deinem Heilande, weil Er die Demuth seines Knechtes (seiner Magd) angesehen, und so große Dinge an mir gethan und durch seine Allmacht mit Gütern mich er= sättiget und überhäuft hat!

O heiliger Geist, hätte ich doch alle Herzen, die Dich inbrünstigst lieben, um einen ewigen Liebes= bund mit Dir zu schließen! Hätte ich doch dabei die Zungen aller Heiligen! Ich würde Dich, gött= licher Geist, mit allen diesen Herzen lieben; ich würde mit allen diesen Zungen Dich verherrlichen in alle Ewigkeit!

O mein Gott! das ganze Wesen meiner Seele und meines Leibes lobpreise Dich! Alles, was in mir ist, verherrliche Dich! Es sollen Dich ehren und lobpreisen alle deine Werke, deine großen Er= barmungen und alle mir und sämmtlichen Ge= schöpfen von Dir erwiesenen Wohlthaten! Deine Güte selbst lobpreise Dich ewiglich! Amen.

Communionandacht am hl. Fronleichnamsfeste.
Vor der heiligen Communion.

Anbetungswürdiger Erlöser! billig und heilig ist der Gebrauch, den deine heilige Kirche verordnet hat, daß dein allerheiligstes Sakrament alle Jahre an einem besondern feierlichen Tage mit Froh= locken der Herzen und mit heiligem Jubel verehrt werde. Durch öffentliche Wege und Straßen soll Es mit ehrfurchtsvoller Feierlichkeit herumgetragen und von allen wahren Christen im Triumphe begleitet werden.

Der Sieg und Triumph deines Todes wird dargestellt in dem hochwürdigsten Altarssakramente.

Am Kreuze hast Du Dich willig in den Tod ergeben, um uns das Leben zu erwerben;. mit Sterben hast Du den Tod überwunden und besiegt und in deiner glorreichen Auferstehung den herrlichsten Triumph gehalten.

Du stirbst nicht mehr und der Tod wird über Dich keine Gewalt mehr haben; Du lebst unsterblich im heiligsten Sakramente, und wer dein Fleisch ißt und dein Blut trinkt, hat das ewige Leben, und Du wirst ihn glorreich auferwecken am jüngsten Tage.

Deine immerwährende Gegenwart ist das untrügliche Zeichen, daß deine Liebe unsterblich und daß dein Sieg über die Hölle und den Tod vollkommen sei.

So lebe denn und triumphire, o Jesus, Du König der Glorie! herrsche in deinem Reiche im Glanze deiner Majestät, da nun der Vater deine Feinde Dir zum Schemel deiner Füße gelegt hat. Im Jubel meines Herzens wiederhole ich:

Es lebe Jesus, und glorreich sei das Reich seiner Herrlichkeit!

O Jesus! dein göttliches Himmelsbrod, mit welchem Du mich heute huldreich speisen willst, ist das wahre Vorbild der Gnaden, welche wir in

diesem Sakramente empfangen. Dir sei ewiges
Lob und ewige Danksagung!

Es lebe Jesus, und glorreich sei das Reich
seiner Herrlichkeit!

O Jesus! dein unblutiges Opfer ist eine unend=
lich würdige Danksagung für alle Gutthaten,
welche uns der Vater durch Dich, seinen Sohn,
erweiset. Dir sei alles Lob und unendlicher Preis
in Ewigkeit!

Es lebe Jesus, und glorreich sei das Reich
seiner Herrlichkeit!

O Jesus! immer werde ich Deiner gedenken
und meine Seele wird frohlocken in Betrachtung
des Uebermaßes deiner Liebe, welche Du uns wie
am Kreuze, so auch im heiligsten Sakramente er=
zeigest! Lob, Ehre und Dank sei Dir in Ewigkeit!

Es lebe Jesus, und glorreich sei das Reich
seiner Herrlichkeit!

O Jesus, durch die heilbringende Kraft deines
heiligsten Leibes heilest Du alle Krankheiten unserer
Seelen, und die Süßigkeit dieses göttlichen Brodes
stärkt uns auf dem Wege zu den himmlischen
Bergen. Gepriesen und gelobt sei deine Güte in
Ewigkeit!

Es lebe Jesus, und glorreich sei das Reich
seiner Herrlichkeit!

O Jesus, durch die Schmerzen deines heilig=
sten Leibes und durch den Werth deines kostbaren
Blutes hast Du uns erlöset und die Früchte deiner
Erlösung werden uns zugewendet durch dein hei=

liges Sakrament. Ehre Lob und Danksagung sei
Dir in Ewigkeit.

Es lebe Jesus, und glorreich sei das Reich
seiner Herrlichkeit!

O Jesus, großer Gott aller Heiligkeit! Du
würdigest Dich, mir heute zur Speise zu werden
und in mir zu bleiben. O Wunder der Barm=
herzigkeit! O unbegreifliche Wahrheit! von der
der Glaube allein uns überzeugt. Ewiges Lob
und ewige Danksagung sei deiner Liebe und Güte
dargebracht!

Es lebe Jesus, und glorreich sei das Reich
seiner Herrlichkeit!

O Jesus, die vielen und großen Unbilden, die
Dir im heiligsten Sakramente widerfahren, halten
Dich von uns nicht zurück; Du bist bei uns bis
an's Ende der Welt. O Wunder, o Geduld, o
Liebe! Dir sei ewiges Lob und ewige Danksa=
gung dargebracht.

Heiliges Sakrament! Du bist die Freude unserer
Herzen, die herrliche Zierde des Heiligthums und
der Grund unserer fröhlichen Feierlichkeit!

Singet dem Herrn ein neues Lied; sein Lob
sei in der Gemeine der Heiligen.

Es freue sich Israel in seinem Schöpfer; die
Kinder Sions sollen frohlocken ihrem Könige.

Sie sollen loben seinen Namen in Chören, mit
Pauken und Harfen Ihm lobsingen.

Ehre sei dem Vater und dem Sohne und dem
heiligen Geiste!

Preis und Herrlichkeit sei Dem, der auf dem Throne sitzet, und dem Lamme!

Hochgelobt sei ohne End'
Das allerheiligste Altarssakrament!

Nach der heiligen Communion.

Ich habe Denjenigen gefunden, den meine Seele liebet, ich halte Ihn fest und werde Ihn nicht entlassen, bis Er mir seinen Segen ertheilt.

Gebenedeit sei, der da kommt im Namen des Herrn!

Denn Du bist allein der Herr, Du allein der Allerhöchste, mein Heiland Jesus Christus!

Mein Geliebter hat sich mir gegeben und ich bin sein eigen.

Herr, Du weißt, daß ich Dich wahrhaft liebe!

O göttliche Liebe, verzehre Alles, was noch Unreines in mir ist, damit ich mit Dir ewig und inniglich vereiniget werde!

Sei gegrüßt, mein göttlicher Heiland! der Du Dich gewürdiget hast, für mich zu leiden, für mich zu sterben und mich zu erlösen.

Jesus, was soll ich anfangen in deiner heiligen Gegenwart? Ich verhülle mein Angesicht und verdemüthige mich vor deiner unendlichen Majestät.

Jesus, mein Gott und höchstes Gut! ich bete Dich an mit allen Seraphimen, mit allen Heiligen und Auserwählten des ganzen Himmels.

Gebenedeit sei in Ewigkeit dein heiligster Leib, dein Blut, deine Seele und deine Gottheit, welche ich mit der zartesten, aber demüthigsten Liebe meines Herzens umfange.

Meine Seele, lobpreise deinen Herrn, und mein Geist, frohlocke nun in deinem Heiland, der durch seine Macht und Liebe dir so große Dinge gethan, und dessen Name heilig ist.

Lobe, meine Seele, deinen Erlöser und Alles, was in mir ist, seinen heiligen Namen, denn Er setzet seine Wohlthaten immer fort, und Er heilet alle deine Schwachheiten.

O meine Liebe, süßester Jesus! Dir sei mein elendes Herz übergeben; es soll nicht mehr mein, sondern ganz dein eigen und deiner zärtlichsten Liebe eingeräumt sein.

Erfülle nun, mein liebster Jesus, mein laues Herz mit deiner Liebe, und lasse mich nichts lieben, was wider deine Liebe ist.

Denn nach Dir, o höchstes Gut! sind alle meine Begierden und Anmuthungen gerichtet, und ich bin in deine Güte, wie in ein ganzes Meer der Süßigkeit versenket, und verlange nur mit Dir vereiniget zu sein.

Ziehe mich nach Dir und verbinde mich mit dem starken Bande deiner Liebe so enge mit Dir, daß auch der Tod mich niemals von Dir trennen könne.

O göttliche Liebe! ach warum kann ich nicht stärker lieben! O Jesus, herrsche doch in meinem Herzen durch deine Liebe! Alles, was ich bin und

habe, Alles, was in mir ist, soll deiner Liebe ge=
schenkt sein.

So begehre ich denn, mein Jesus! nichts An=
deres, als Dich ewig zu lieben; o unauflösliches
Liebesband! O ihr Flammen der Liebe, entzündet
mein Herz noch immer mehr: Jesus ist mein Gott,
mein Heiland, mein Trost, meine Wonne, mein
Geliebter in Ewigkeit!

Hochgelobt, angebetet und gepriesen sei ohne
End' — Jesus, mein Gott und meine Liebe, im
allerheiligsten Altarssakrament! Amen.

Communionandacht an den Festtagen der allerseligsten Jungfrau Maria.

Vor der heiligen Communion.

Zu dir seufze ich an deinem heutigen glorreichen
Feste, o heilige Gottesgebärerin und Mutter meines
Herrn Jesu Christi, den meine Seele nun an=
dächtig zu empfangen verlangt, die du Mutter
aller Christen bist, die in diesem Thränenthale zu
dir seufzen! Steh mir bei, o milde Fürsprecherin
der Seelen, die Jesum lieben und nach der hei=
ligen Vereinigung mit Ihm in seinem göttlichen
Sakramente erglühen! O milde und freigebige
Jungfrau, öffne deine milden Hände, schmücke mit
deinen wunderbaren Tugenden mein ödes Herz,
und bereite dasselbe zu einem Lilienbette, worin
der geliebte und eingeborne Sohn deines Herzens
freundliche und süße Ruhe finde

O auserwählte Tochter des ewigen Vaters, die
du Denjenigen, den die Himmel der Himmel nicht
fassen, in deinem keuschesten Leibe getragen hast,
welch' überaus hoch erhabenes Vorbild aller Seelen
bist du, die diesen Sohn des Allerhöchsten in der
heiligen Communion empfangen! Für Ihn, deinen
Gott und Herrn allein, hattest du alle Augenblicke
deines Lebens verlebt; eine beständige und so über-
irdische Vorbereitung war dein an allen Tugenden
blühender und jungfräulicher Wandel gewesen, daß
du bereits voll der Gnade des heiligen Geistes
gewesen bist, als du Ihn in deinem engelreinen
Leibe empfangen hast. Und ebenso ist, als du
Ihn empfangen hattest, dein ganzes übriges Leben
in hochpreislichen Danksagungen und immer wach-
sender Heiligkeit verflossen. — Und sieh, o göttliche Mutter meines Herrn! kaum vermag ich's,
eine so kurze Zeit zu seinem heiligen Empfange
mich vorzubereiten; und sobald ich Ihn, den allerhöchsten Herrn des Himmels und der Erde, empfangen habe, so zerfließe ich schon wieder in
eitlen Zerstreuungen dieser Welt. Ach, in Seuf-
zern und Klagen muß ich so viele verflossene Jahre
meines Lebens betrauern, und wegen des unge-
bändigten Leichtsinnes meines Herzens für die noch
übrige Zeit meines Lebens zittern.

Ach, fürwahr elend bin ich, und arm und nackt
an allen Tugenden! Im Bewußtsein meines gänz-
lichen Unwerthes sinke ich zu deinen heiligen Füßen,
o wunderbare Jungfrau! dich in Demuth anzu-

rufen, daß du mir heute als eine liebreiche Mutter
beistehest, meine Mängel aus deiner Gnadenfülle
ersetzest, und mich lehrest, wie ich Jesum empfangen
soll, den du, die Erste aus Allen, vom heiligen
Geiste empfangen, und zu unserer unaussprechlichen
Freude, zu unserm Heile und zu unserer Erlösung
geboren hast; den nämlichen Leib meines Herrn
soll ich heute empfangen; Ihn soll ich in meiner
Seele beherbergen.

O Mutter der Barmherzigkeit, erzeige dich heute
als eine Mutter! Schmücke mein Herz mit deiner
Reinheit, mit deinem festen Glauben, mit deiner
stillen Demuth, mit deiner Standhaftigkeit im
Wirken und Leiden und mit deiner seraphischen
Andacht und Liebe, daß ich deinen göttlichen Sohn
würdig in meiner Seele aufnehme, für dessen Ehre
dein mütterliches Herz so sehr erglüht, und zu dem
wir durch dich Zutritt haben, o Pforte des Himmels, Zuflucht der Sünder und Königin aller
Auserwählten!

Und Du, o mein göttlicher Heiland! neige dein
Ohr zu den Worten deiner hochgeliebten Mutter,
und ertheile mir durch ihre milde Fürbitte, was
mein Vermögen nicht erhalten kann, daß ich Dich
mit aller Sehnsucht, Andacht und Liebe empfange,
und bis an das Ende meines Lebens beständig
in treuem Herzen trage! Amen.

Nach der heiligen Communion.

O Jesus, Sohn der hochgebenedeiten Jungfrau! ich bete Dich in aller Demuth und Inbrunst meines Herzens an. Erbarme Dich meiner, o mein Erlöser! um deiner glorreichen jungfräulichen Mutter willen, durch die Du Dich herabgelassen hast, unser Bruder zu werden! Ich opfere Dir alle Andacht, alle Treue und Anbetung ihres liebeflammenden Herzens, alle ihre getreuen Fürbitten für uns Sünder, alle Martern ihrer Seele, die das Schwert des Schmerzes durchdrungen hat, und allen Jubel der himmlischen Glorie, wo sie nun ewiglich Dich liebt, anbetet und verherrlichet.

O Maria, unsere Mittlerin! sieh, es gebricht mir bei diesem hochzeitlichen Gastmahle an dem Weine der Andacht, der die heiligen Seelen so selig berauscht und entzückt! O sprich Ein Wort, und Jesus wird dich erhören; denn nie und nimmer hat Er dir, seiner hochgeliebten Mutter, eine Bitte versagt! Gebenedeite Jungfrau, die du den besten Theil erwählet hast, der nie von dir wird genommen werden! sieh, auch ich erwähle ihn; doch ach, gar sehr muß ich fürchten, daß er wegen meiner großen Lauigkeit mir genommen und Jenen gegeben werde, die Ueberfluß an guten Werken haben. Darum flehe ich zu deinem erbarmungsreichen Herzen: Erwirke mir die Gnade der Andacht und starkmüthigen Beharrlichkeit bis an das Ende meines Lebens!

O Jesus! mit Maria will ich zu deinen Füßen

sitzen und die süßen Worte des Heiles von deinem
Munde vernehmen; denn Du, o lebendiges Wort
des Vaters! hast allein Worte des ewigen Lebens.
O durchdringe mein Herz mit deinen flammenden
Worten, daß sie daselbst aufleben und in heilige
Werke sich verwandeln! Erfülle mein Herz mit
stiller Liebe, die jede deiner heiligen Einsprechungen
in aller Treue vernimmt und mit heiligem Eifer
für deine göttliche Ehre befolgt, damit ich mit
Mariens inbrünstiger Andacht Martha's thätige
Sorgfalt vereinige, und, mich nicht um viele Dinge
kümmernd, das Eine Nothwendige immerdar vor
Augen habe, das deine wunderbare Mutter bei
jenem hochzeitlichen Gastmahle zu den Dienern
gesprochen hat, und auch mir heute zuruft: „Alles,
was Er euch sagt, das thut!" Denn glückselig ist der Leib, der Dich getragen hat; glückselig sind die Brüste, die Du gesogen hast; aber
nicht minder glücklich sind Jene, die das Wort
Gottes hören und dasselbe vollbringen.

O mein Heiland! verleihe mir durch deine hochheilige Vereinigung mit mir, deinem unwürdigsten
Geschöpfe, und durch die wirksame Fürbitte meiner
himmlischen Königin, deiner jungfräulichen Mutter,
diese zweifache Glückseligkeit, daß ich, nach den
Worten des Apostels, Dich, meinen Gott, beständig in meinem Leibe trage, und dein heiliges Wort
erfülle, damit ich nach diesem Leben die freuden-
vollen Worte vernehme: „Geh' ein, du getreuer Knecht, in die Freude deines

Herrn!" und dort mit Maria und dem ganzen himmlischen Hofe Dich liebe und lobe in alle Ewigkeit! Amen.

Communionandacht an den Festtagen der Heiligen Gottes.

Vor der heiligen Communion.

Heiliger (Heilige) N.! wie unaussprechlich groß ist die Freude einer frommen Seele, die an diesem Tische speiset, wo Jesus selbst, dein und ihr einzig Geliebter, sich selbst zur Speise gibt! Wie süß würde mir jede Thräne sein, die ich in der Gegenwart Jesu aus Inbrunst des Herzens weinen könnte, so wie Magdalena seine Füße mit Thränen benetzt hat! Wo wird aber diese Inbrunst, dieses heilige Weinen angetroffen? Ach, mein Herz sollte erglühen in der Gegenwart Jesu und seiner heiligen Engel und ich sollte Freudenthränen vergießen; denn ich habe Ihn in dem heiligen Sakramente, wiewohl verhüllt unter den Brodesgestalten, wahrhaft gegenwärtig. Unsere Augen könnten es nicht ertragen, wenn Er sich in seiner göttlichen Herrlichkeit zeigen würde; darum hält Er sich, unserer Schwachheit willen, in dem heiligen Sakramente verborgen. Hier habe ich wahrhaft, und bete an — Denjenigen, welchen die Engel mit dir im Himmel anbeten; du freilich in wirklicher Anschauung, ich aber nur im Glauben. Jedoch ich will zufrieden sein mit dem Lichte des

Glaubens, und in demselben wandeln, bis auch für mich der Tag der vollkommenen Klarheit anbricht und das Dunkel verschwindet. O wann wird dieß geschehen? Wann, seligster Bewohner des Himmels, heiliger (heilige) N.! werde ich mit dir Jenen von Angesicht zu Angesicht genießen, den ich jetzt unter den Brodesgestalten verhüllt anbete? Heiliger (heilige) N.! du kannst mir durch deine mächtige Fürbitte diese Gnade, nach welcher ich mich so sehr sehne, erhalten. Lege deine Für= bitte ein, du großer Freund (große Freundin) Gottes! Bitte, daß die Gegenwart Jesu mich ent= flamme und mich völlig in Ihn umwandle, auf daß ich mittelst der Gnade der inneren Vereini= gung, zerschmolzen durch das Feuer seiner Liebe, nur ein Geist mit Ihm werde.

Herr! was deine Heiligen, die sich mit Dir im Himmel erfreuen, glaubten, das glaube auch ich; was sie hofften, das hoffe auch ich; und wohin sie gekommen sind, dahin verlange auch ich mittelst deiner Gnade zu kommen. Ich glaube, daß ich im hochheiligsten Altarssakramente dein Fleisch wahrhaft esse, und dein Blut wahrhaft trinke. Ich hoffe, daß ich nicht leer von Dir weggehen werde, sondern daß Du gegen mich barmherzig sein werdest, wie Du es gegen deine Heiligen warest. Mein Verlangen ist nach Dir, o mein Jesu, Du Gott meines Herzens!

Wie der (die) Heilige, dessen (deren) Festtag heute gefeiert wird, in der Freude des heiligen

Geistes bei deiner Gegenwart frohlockte, als er (sie) in der heiligen Communion Eines mit Dir war, mit eben so erhabener und heiliger Sehnsucht wünschte auch ich entflammt zu sein, und mit Dir innigst vereiniget zu werden. O daß ich so tief ergriffen wäre, wie jene frommen Seelen, die vor heißem Verlangen zu diesem heiligen Sakramente und vor glühender Liebe des Herzens sich oft der Thränen nicht erwehren können! Ach, wie schäme ich mich, und wie bestürzt bin ich, wenn ich bedenke, mit welcher flammenden Andacht und Begierde so viele fromme Herzen deinem heiligen Sakramente nahen, indeß ich trocken und dürr, ohne wahre Andacht und Inbrunst des Herzens bleibe! O Jesu, unendliche Güte, erbarme Dich meiner!

Und du, Königin aller Heiligen, süßeste Mutter Maria! erlange mir, daß ich deinen Sohn, Jesus Christus, mit jener Andacht und Liebe empfange, womit Ihn der (die) heilige N. im heiligen Sakramente während seines (ihres) Wandels auf Erden empfangen hat! Mache, daß mein Herz von jener Liebe entflammt werde, von welcher das Herz dieses (dieser) Heiligen für Jesus erglühte! A.

Nach der heiligen Communion.

Herr! wer bin ich, daß Du mich dergestalt vor Dir verherrlichest und mich unter Jene stellest, über die Du deine Erbarmungen kommen lassest, indem Du von deinem königlichen Tische mit deinen

Kindern die Nahrung des Lebens mir darbietest,
mir, der ich nicht würdig bin, von den Brosamen
zu essen, die von deinem Tische fallen?

O Jesus! welches Lob, oder welchen Dank,
oder welche Anbetung wird dieses dein armes Ge=
schöpf, meine Seele, die Du mit so vielen Gnaden
krönest, für dieses Uebermaß deiner Güte Dir
darbringen? — Unendlicher Dank sei Dir, Schöpfer
und Erlöser der Menschen! daß Du, um der
ganzen Welt deine Liebe zu offenbaren, ein herr=
liches Gastmahl zubereitet hast, in welchem Du
dein allerheiligstes Fleisch und Blut uns zur Speise
und zum Tranke gibst, uns dadurch tröstest, stärkest
und zum ewigen Leben nährest.

König der Engel und König aller Heiligen, die
sich in Dir erfreuen und durch Dich selbst selig
sind: sei gepriesen und erhöhet in allen deinen
Heiligen! Alle Chöre deiner Engel und lieben
Auserwählten sollen vor Dir niederfallen, und Dich,
den Lebendigen, in ewige Zeiten anbeten! Beson=
ders soll Dich vor dem ganzen Himmel anbeten
dein heiliger (deine heilige) N., der (die) vor
deinem Angesichte steht, Dich liebt, preiset, besitzt,
und dem (der) Du Alles in Allem bist! Ich aber,
o Herr, liege hier vor Dir im Staube, und mit
aller möglichen Inbrunst und Andacht huldige ich
Dir, lobpreise und verherrliche ich Dich, in herz=
licher Freude, daß Du Dir und allen Heiligen
die ewige Glorie, Freude und Verherrlichung aus
Dir selbst bist. Ich danke Dir für Alles, was

Du zu meinem und aller Menschen Heil, besonders
aber zur Seligkeit und Glorie dieses (dieser) Hei=
ligen gethan hast.

O Jesu, Krone und Zierde deiner Auserwählten!
an Dich glaube ich, von Dir hoffe ich, auf Dich
setzte ich mein ganzes Vertrauen, nach Dir ver=
lange ich, Dich umfange und liebe ich, Dir über=
gebe und schenke ich mich — mit eben jener zärt=
lichen Liebe, womit dein heiliger (deine heilige)
N. sich und Alles, mit Leib und Seele zum größten
Wohlgefallen deines allerheiligsten Herzens Dir
zum ewigen Opfer dargebracht hat.

O Herr! es mangelt mir an Weisheit und Ver=
mögen, Dich, wie ich es schuldig bin, anzubeten,
Dich zu begrüßen, auf Dich zu hoffen, Dich zu
lieben, zu preisen, und mich Dir zu schenken; aber
sieh, ich habe in der Person dieses (dieser) Hei=
ligen N. einen Bürgen, den Mann deiner Gnade
(die Magd deiner Glorie), den (die) Du, o Herr!
in deinem heiligen Reiche und in deinem großen
Reiche verherrlichet hast! Diesen (diese) also sende
ich zu Dir ab, als den Geliebten (die Geliebte)
deiner Seele, als den Angenehmen (die Angenehme)
vor deinen Augen, damit er (sie) im Namen meiner
geringen Person die gebührende Danksagung und
Lobpreisung bei deiner höchsten Majestät entrich=
ten möge.

Wohlan, heiliger (heilige) N., vertritt meine
Stelle! Stelle dich vor das Angesicht des mensch=
gewordenen Wortes, Jesu Christi, und lobe Ihn

und danke Ihm für mich, wie auch ich von ganzem Herzen und aus allen meinen Kräften für dich Ihm danke!

O Zierde des Himmels und Mitgenosse seiner Glorie! ich freue mich von Herzen, daß du von der Quelle der himmlischen Gnaden und Gaben in solchem Maße schöpfen zu dürfen gewürdiget worden bist. Ebenso freue ich mich, daß du dem unseligen Schicksale der Kinder Adams entgangen und deiner Seligkeit auf ewig versichert bist. Ich lobe und preise die freigebigste Hand Gottes, die sich vom Himmel dargeboten und dich dem Unter= gange entrissen hat. Dagegen bitte ich dich aber, daß du dich auch meiner besonders annehmen, und sowohl vor der Majestät deines Gottes als vor seiner heiligsten Mutter mich im Leben und im Tode als dein vielgeliebtes Pflegkind darstellen wollest. Gott hat dich vor so vielen Tausenden geliebt, mit dem Gewande der Herrlichkeit ange= than und dir die Freudenkrone auf das Haupt gesetzt. Mache, daß auch ich durch deine Fürbitte von Gott in Gnaden angesehen und deiner Glorie theilhaftig werde! Mache, daß ich nach deinem Beispiele heldenmüthig kämpfe, im Kampfe aus= harre bis an's Ende, und so mit Gewalt den Himmel erobere; daß ich in den Prüfungen dieses Lebens Gott getreu bleibe, und nie aufhöre, Ihn, meinen Herrn, aus meinem ganzen Herzen zu lieben; daß ich wegen Dem, der mich und dich mehr ge= liebt hat, indem Er für uns gestorben ist, alle

Beschwernisse überwinde und jene Krone des Lebens davon trage, deren ewiger Glanz und ewige Seligkeit Alles werth ist! Mache, daß ich dein und so vieler Heiligen Beispiel stets vor Augen habe, um meinen Geist zur Nachahmung derjenigen, die ich verehre, aufzumuntern, und einst des Todes der Gerechten zu sterben!

Herr! Du bist mein Helfer und Erlöser; von Dir erwarte ich diese Gnaden durch die Verdienste und Fürbitte deiner Heiligen. Amen.

Communionandacht an den Gedächtnißtagen der Verstorbenen.

Vor der heiligen Communion.

O mein Jesus, mein Herr und mein Gott, Du hast alle Menschen zu Dir eingeladen, mit dem Versprechen, daß Du sie mit deinem heiligen Fleische speisen, mit deinem heiligen Blute tränken und Dich innigst mit ihnen vereinigen wollest. Du hast gesagt: „Kommet Alle, die ihr mühselig und beladen seid, Ich will euch erquicken." Göttlicher Jesus! auf diese liebevolle Einladung bin ich hierher gekommen, und bitte Dich, laß mich deines Versprechens theilhaftig werden. Ich bin zwar dieser Gnade unwürdig, denn ich bin ein Sünder; aber eben darum, weil ich ein schwacher, sündiger Mensch bin, bin ich auch dieser göttlichen Himmelsspeise um so mehr bedürftig; komm also,

o göttlicher Jesus! komm und nimm deine Ein=
kehr in meinem Herzen.

O mein Jesus, Du Lamm Gottes! welches die
Sünden der Welt hinwegnimmt, Du hast gesagt,
es werde über einen Sünder, der sich bekehrt, eine
große Freude sein in dem Himmel; o so bekehre
mich, nimm meine Sünden von mir hinweg, und
mache mich würdig, deinen heiligen Leib zu em=
pfangen! Im Vertrauen, daß Du keinen zurück=
stoßest, der in Demuth und mit reumüthigem Herzen
zu Dir kömmt, nahe ich mich deinem heiligen
Mahle und erwarte mit Verlangen das Himmels=
brod, welches Du uns bereitet hast, und welches
Du selbst bist. O gütiger Jesus! laß mich durch
den Genuß deines heiligsten Fleisches und Blutes
Verzeihung meiner Sünden erlangen. Ich bitte
aber nicht nur für mich allein um Vergebung der
Sünden, sondern weil deine Barmherzigkeit ohne
Grenze und deine Güte ohne Maß ist, so bitte
ich auch für die leidenden Seelen im Fegfeuer,
welche ihrer Sünden wegen noch von der Selig=
keit des Himmels ausgeschlossen sind. O gütig=
ster Jesus! ich bitte um der Liebe willen, mit
welcher Du das heilige Abendmahl eingesetzt hast,
laß die leidenden Seelen im Fegfeuer Gnade fin=
den, und erlöse sie von ihrer Pein; insonderheit
bitte ich um Erlösung der Seele N.N., für welche
ich meine heilige Communion Dir demüthigst auf=
opfere. Aber nicht nur mein schwaches, unwür=
diges Gebet opfere ich Dir auf, sondern die kost=

baren Verdienste deines bittern Leidens und deines schmählichen Kreuztodes, den Du für uns erlitten hast. Gib also, o liebster Jesus! den Seelen der Abgestorbenen die ewige Ruhe, und laß sie eingehen in die ewige Seligkeit. Amen.

Nun will ich hingehen zu dem Tische des Herrn, ich will das Himmelsbrod essen, den heiligsten Leib Jesus empfangen, denselben Jesus, der einst am Kreuze gerufen hat: „Vergib ihnen, Vater!" Ach, Sohn Gottes! komm zu mir Unwürdigen, und mache mich von Sünden rein, denn ich zittere, wenn ich an meine Sünden denke. O mein Jesus! Du bist das göttliche Lamm, welches die Sünden der Welt hinwegnimmt; komm also und nimm auch meine Sünden hinweg. O Sohn Gottes, komm, berühre meine Zunge und heilige sie zu deinem Lobe! Komm, o heiligster Leib Jesus, bewahre meine Seele und führe sie zum ewigen Leben! Amen.

Nach der heiligen Communion.

O mein Jesus, mein Gott und Heiland! Du bist nun bei mir armen Sünder eingekehrt. O wie bin ich so glücklich, Dich, meinen Schöpfer, meinen Erlöser und Seligmacher, in meinem Herzen zu haben, Dich als mein Eigenthum zu besitzen, und mit Dir vereint zu sein! O ihr heiligen Engel, die ihr den Gott des Himmels und der Erde in meinem Herzen gegenwärtig anbetet, vereinigt eure Anbetung mit der meinigen, freuet euch mit mir, und stimmet ein in mein Dankgebet; rufet mit mir in Freude und Jubel: Heilig, heilig, heilig ist Gott! Er hat mich gewürdigt, seine Wohnung bei mir zu nehmen; Ihm sei Dank, Preis und Ehre, jetzt und in Ewigkeit!

O mein Jesus! ich glaube an Dich, als an die ewige Wahrheit. — O mein Jesus! ich hoffe auf dich, als auf die unendliche Barmherzigkeit. — O mein Jesus! ich liebe Dich, als das aller= höchste und aller Liebe würdigste Gut. — O mein Jesus! ich bete Dich an als meinen Herren und Gott, meinen Erlöser und Seligmacher. — O mein Jesus! Ich sage Dir Dank für die große Gnade, daß Du mich mit deinem heiligsten Fleische gespeiset und mit deinem heiligsten Blute getränkt hast; bewirke nun in mir, weßwegen Du zu mir gekommen bist, und laß mich der Verdienste deines Leidens und Todes theilhaftig werden. Zur Dank= sagung für deine unaussprechliche Güte opfere ich Dir auf meinen Leib, meine Seele und Alles, was ich habe, zu deinem Dienste. O göttlicher Heiland! bleibe bei mir mit deiner Gnade und stärke mich durch die Kraft des heiligen Sakra= mentes jetzt und in der Stunde meines Todes.

Liebster Jesus! Du hast gesagt: „Wer mein Fleisch ißt und mein Blut trinkt, der bleibt in Mir und Ich in ihm.“ O wie erfreut mich dieses göttliche Versprechen! Durch deine Gnade bist Du nun mit mir vereint; o ich bitte Dich, Du Geliebter meiner Seele! bleibe allezeit bei mir,

und laß mich nie wieder durch eine Sünde von
Dir getrennt werden. Laß mich empfinden, daß
ich den guten, den reichen, den allmächtigen Gott
in mir habe. Du bist der Allmächtige, und kannst
mir in allen meinen Anliegen helfen; Du wirst
mir auch helfen, denn deine Güte und Barmher=
zigkeit ist ohne Maß. Im Vertrauen auf deine
göttliche Vorsicht übergebe ich Dir meinen Leib
und meine Seele, mein zeitliches und ewiges Wohl.
Verfahre Du mit mir nach deinem göttlichen
Wohlgefallen. Dir, o mein Jesus! will ich leben,
Dir will ich sterben, dein will ich sein jetzt und
in Ewigkeit. Amen.

Zu Jesus in seinem Leiden.

Göttlicher Jesus! bei der Einsetzung des heili=
gen Altarssakramentes hast Du gesagt: „So oft
ihr das Abendmahl feiert, sollt ihr euch meines
Leidens erinnern." Ich denke also in Wehmuth
an deinen Blutschweiß am Oelberg, an deine
schmerzliche Geißlung und Krönung, an deine
schwere Kreuztragung und grausame Annaglung
an das Kreuz. Durch alle diese Leiden, durch
deine drei Stunden lange Todesangst am Kreuze,
und dein klägliches Hinscheiden bitte ich, Du wollest
Dich der leidenden Seelen im Fegfeuer erbarmen,
insonderheit derjenigen Seele, für welche ich meine
heutige heilige Communion verrichtet habe. Laß
sie die Kraft dieses heiligen Sakramentes empfin=
den, und gedenke, daß auch sie in ihrem Leben

sehr oft deinen heiligsten Leib empfangen und dein
heiligstes bitteres Leiden und Sterben andächtigst
verehrt hat. Laß dieser bedrängten Seele die Ver=
dienste deines Leidens zu ihrer Erlösung gereichen.
Nimm sie zu Dir in den Himmel auf, wo sie
dann auch für mich bitten wolle, daß ich einstens
glückselig sterbe und von den Peinen des Feg=
feuers befreit bleibe.

Heilige Jungfrau Maria, Mutter meines Er=
lösers, gedenke der Leiden deines mütterlichen Her=
zens, da du deinen geliebten Sohn am Kreuze
unter den schrecklichsten Schmerzen sterben sahest.
Um dieser Leiden willen bitte ich, gedenke der
armen Seelen im Fegfeuer, die so kläglich nach
ihrer Erlösung seufzen. Insonderheit verwende
deine Fürbitte um die Erlösung der Seele N.N.,
daß sie zur Anschauung Gottes gelangen möge.
Bitte auch, o liebste Mutter! daß meine Seele
einstens bei ihrem Hinscheiden einen gnädigen
Richter finde in Jesus Christus, deinem Sohne,
der mit dem Vater und dem heiligen Geiste,
gleicher Gott, lebt und regiert von Ewigkeit zu
Ewigkeit. Amen.

Gebet, den Ablaß für die Seelen der Verstorbenen zu opfern.

O mein Jesus! ich flehe zu deiner Barmher=
zigkeit, Du wollest den durch meine heilige Com=
munion erlangten Ablaß der Seele N.N. zu ihrer
Erlösung gereichen lassen. Sollte diese Seele der

Fürbitte nicht mehr bedürftig sein, so schenke ihn
derjenigen Seele, welche zunächst an der Erlösung
ist, damit sie Dich, o Gott! im Himmel sehen,
lieben, loben und anbeten möge, und auch für
mich bitten wolle, daß ich einstens durch einen
glückseligen Tod ihr im Himmel beigesellt werde,
um Dich zu lieben, zu loben und anzubeten in
alle Ewigkeit. Amen.

(Bete sieben „Vater unser" und „Gegrüßt seist du,
Maria," sammt dem Glauben.)

Neunfache Aufopferung der heiligen Communion an die allerseligste Jungfrau Maria und an alle heiligen Chöre des Himmels.

(Aus den Schriften der hl. Mechtildis.)

Glorreiche Königin des Himmels, Maria! Ihr
heiligen Engel und auserwählten Freunde Gottes
alle, die ihr im Himmel alle Seligkeit ewig ge-
nießet! Aus treuer Liebe, die ich zu euch trage,
gönne ich euch euere Freuden, ja, wenn es in
meinen Kräften stünde, so würde ich euch dieselben
noch tausendfältig vermehren! Und da mir an
dem heutigen Tage ein so großes Heil und eine
solch' unermeßliche Gnade widerfahren ist, so will
ich euch des Schatzes, den ich empfangen habe,
theilhaftig machen.

Siehe daher, o allerseligste Jungfrau Maria!
mit einem demüthigen und freundlichen Herzen
komme ich zu dir und opfere dir deinen allerlieb-

ften Sohn mit solcher Liebe, wie die allerheiligste
Dreieinigkeit dir denselben als einen Sohn einst
gegeben hat. Ich begehre, durch diese kostbarste
Gabe, alle Freuden, die du mit Ihm und durch
Ihn hienieden auf Erden einst gehabt, dir zu
erneuern und zu vermehren. Nebstdem gebe ich
dir diesen deinen lieben Sohn auch dazu, daß du
mir Ihn verwahren und in meinem Tode wieder
zurückstellen wollest. Amen.

Ihr neun Chöre der heiligen Engel! ich schenke
euch Denjenigen, der euch so edel erschaffen und
die ewige Freude so reichlich euch mitgetheilt hat.
Ich bitte euch, ihr möget Ihn auch für mich bitten,
damit auch ich der nämlichen Freuden einst theil=
haftig werden könne. Amen.

Ihr heiligen Patriarchen und Propheten! nehmet
hin Denjenigen, den ihr so heftig begehrt und so
lange Zeit mit Sehnsucht und Verlangen erwartet
habt. Erwirket mir die Gnade, daß auch ich aus
allen meinen Kräften und mit Inbrunst nach Ihm
verlange, und nach Ihm seufze Tag und Nacht. A.

Ihr heiligen Apostel! empfanget hier den näm=
lichen Jesus, Den ihr einst auf Erden von ganzem
Herzen geliebt und Dem ihr auch gedient habt.
Helfet mir, ich bitte euch, daß auch ich Ihn aus
dem Innersten meines Herzens und mehr als alle
Dinge lieben möge. Amen.

Ihr heiligen Märtyrer! sehet hier denselben Herrn
Jesus um dessen Liebe willen ihr euer Blut ver=
gossen und euere Leiber in den Tod hingegeben

habt. Ich opfere euch Denselben hin, und bitte
euch, ihr wollet mir erlangen, daß auch ich alle
meine Kräfte in seinem Dienste hingeben und ver=
zehren möge. Amen.

Ihr heiligen Bekenner! nehmet hier Denjenigen
an, für den ihr einst alle Dinge verlassen und
alle Lüste der Welt verachtet habt. Erlanget mir,
daß auch ich um seiner Liebe willen alles Irdische
verlasse und verachte, und auf den Gipfel der
wahren Gottseligkeit mich erschwingen möge. A.

Ihr heiligen Jungfrauen! empfanget hier euern
Herrn Jesus, den ihr einst hienieden schon so süß
und so wonniglich geliebt, und dem ihr ewige
Jungfrauschaft gelobt und bewahrt habt. Unter=
stützet mich, daß auch ich um seiner Liebe willen
in Keuschheit des Leibes und der Seele bleiben
und in allen Anfechtungen vollkommen triumphiren
möge. Amen.

Ihr himmlischen Heerschaaren alle insgesammt!
ich lobe und grüße euch durch denselben Herrn
Jesus, den ich jetzt in meinem Herzen trage, und
zur besondern Vermehrung eurer Seligkeit opfere
ich euch Denselben mit aller Liebe, die Er von
Ewigkeit her zu euch getragen hat. Ich bitte euch,
ihr möget Ihm mit mir einen demüthigen Fuß=
fall thun und in meinem Namen würdiges Lob
und schuldigen Dank Ihm sagen, und mir ver=
helfen, daß auch ich einst in eure selige Gesell=
schaft aufgenommen werde. Amen.

Aufopferung der heiligen Communion für Lebendige.

Liebreichster Jesus, der Du uns befohlen hast, einander zu lieben, und diese Liebe als das Kennzeichen deiner wahren Liebe aufgestellt hast: ich bitte Dich durch die unendliche Liebe, in welcher Du heute unter mein unwürdiges Dach eingekehrt bist, erbarme Dich der Seele, für die ich Dich Dir selbst in dieser heiligen Communion aufopfere. Wende ihr die hochheiligen Verdienste deines bittern Leidens und dieser wunderbaren Herablassung und Vereinigung mit meiner Seele zu, und vergib ihr huldreich ihre Vergehungen. Rette sie aus allen Gefahren zur Sünde, und steh' in ihren zeitlichen und geistigen Bedrängnissen ihr mildherzig bei. O Stifter aller wahren Freundschaft, der Du willst, daß wir Alle Eins in Dir seien, und für unsere Brüder und Schwestern beten sollen, damit wir selig werden: schirme dein Geschöpf, welches Du mit dem unendlichen Werthe deines Blutes erkauft hast!

Laß mich, o Jesus! Erhörung vor Dir finden; denn Du weißt, wie sehr seine geistige und zeitliche Noth mein Herz betrübt. So innig wie meine eigene Seele empfehle ich deiner göttlichen Barmherzigkeit auch diese Seele, für die ich Dir meine heutige Andacht darbringe. Nimm sie für immer in deinen göttlichen Schutz, und wende dein heiliges Angesicht nicht von ihr. Laß ihr das

Licht deines Trostes leuchten, und führe sie einst nach den Trübsalen dieses Lebens in die ewige Glorie, Dich ohne Ende zu lieben und zu preisen. Amen.

Aufopferung der heiligen Communion und des Ablasses für Verstorbene.

O Vater der Barmherzigkeit! zu Dir flehe ich im Namen deines eingebornen und hochgeliebten Sohnes, der nun in meinem Herzen wohnt: Erbarme Dich der Seele N.N., die in deinem Frieden von diesem Leben geschieden ist, und vielleicht noch in den schmerzlichen Gluthen des Fegfeuers nach ihrer Aufnahme in die himmlische Glorie seufzt. „Ach, Herr! wenn Du auf die Missethaten achtest, wer kann da bestehen?" Es ist keine Zeit mehr für sie, deiner göttlichen Gerechtigkeit durch heilige und verdienstliche Werke genugzuthun. Und wer soll deine unendliche Barmherzigkeit für sie anrufen, wenn nicht Jene, mit denen sie in diesem Leben durch die Bande der Freundschaft und des Umganges verknüpft war? Ach, vielleicht bin ich selbst an vielen Strafen Schuld, die sie nun dort leidet; und mich gedünkt, als höre ich ihre klägliche Stimme: „Erbarmet euch meiner! Erbarmet euch meiner, wenigstens ihr, meine Freunde!"

Darum, o Vater der Erbarmungen! falle ich

auf mein Angesicht vor Dir, und opfere Dir für
ihre Versäumnisse deinen eingebornen Sohn, den
ich im Sakramente seiner Liebe empfangen habe,
und den Ablaß, welchen seine heilige Kirche heute
ihren Kindern verleiht. O himmlischer Vater!
blicke herab auf den ewigen, glorreichen und vielgeliebten Sohn deines Herzens, der durch seine
überaus tiefe Demuth so reichlich bezahlt hat, was
sie durch ihre Hoffart gesündiget hat! — Sieh
seine freundliche Sanftmuth, welche Alles überflüssig versöhnet hat, was sie durch ihren Zorn
verbrochen hat! Er, die Liebe deines Herzens,
hat Alles ersetzt, worin sie durch ihren Haß sich
versündiget hat; seine Freigebigkeit hat für ihren
Geiz bezahlt, sein heiliges Fasten für ihre Unmäßigkeit, sein Gehorsam für ihren Ungehorsam,
seine allerhöchste Reinigkeit für alle ihre unreinen
Gedanken, Worte und Werke, — sein bitteres Leiden und Sterben für alle ihre Sünden und Unvollkommenheiten.

O Vater der Barmherzigkeit und Gott alles
Trostes! nimm dieses hochheilige und deiner göttlichen Majestät würdige Opfer zu ihrer Versöhnung auf! sende ihr Linderung in dieser schmerzlichen Verbannung von deinem göttlichen Angesichte, und laß sie bald zum ewigen Frieden, zur
Ruhe der Glückseligkeit und zur unendlichen Freude
deiner hochheiligen Anschauung gelangen, damit
sie im Verein mit allen heiligen Engeln und
himmlischen Geistern sich ewig erfreue, und Dich,

ihren himmlischen Vater, in alle Ewigkeit liebe und lobe durch Christus, unsern Herrn. Amen.

Ablaßgebete.

Drei Gebete zur Erlangung eines vollkommenen Ablaßes.

1. Zu Gott dem Vater.

Um Erhöhung der katholischen Kirche.

Barmherziger, ewiger Gott, liebreichster Vater! gedenke an die Versammlung, die Du von Anbeginn im Besitze gehabt; erhalte und befördere deine Erbschaft; erkenne und erhöre die hochgeliebte Braut deines eingebornen Sohnes Jesu Christi, für welche Er sein theures Blut vergossen hat; segne dein Volk, das Du aus der Finsterniß zu dem heiligen Licht berufen hast; bewahre und vermehre die Einwohner deiner noch auf Erden streitenden Stadt Jerusalem unter ihrem wahren Könige Jesus Christus, zu dessen Dienste wir uns auch bekennen. Gib Gnade, o gütigster Vater! daß wir uns mit vollkommenem Glauben und vollkommener Treue und Liebe an diesem unserm Haupte beständig bis in den Tod halten. Siehe barmherzig an die Heerde der auserlesenen Schäflein, für welche dein Sohn, als ein guter Hirt, sein Leben dargegeben hat; vermehre ihre Zahl, und führe die Verirrten

zurück, auf daß Ein Schafstall unter Einem Hirten
sei. Ach, möchten doch alle Menschen Dich, Gott
den Vater, und den Du gesandt hast, Jesus
Christus, sammt dem heiligen Geiste in wahrem
Glauben erkennen, mit beständiger Hoffnung an=
rufen und mit vollkommener Liebe umfangen, loben,
preisen und Ihm danken in alle Ewigkeit! Amen.
Vater unser 2c.

V. Besuche, o Herr! den Weinberg,

R. Den deine Hand gepflanzt hat.

Gebet.

Wir bitten Dich, o Herr! Du wollest gnädig
ansehen die Versammlung deiner Gläubigen, für
welche Jesus Christus sich nicht gescheut hat, sich
den Händen seiner Feinde zu übergeben und die
Schmerzen des Kreuzes auf sich zu nehmen; der mit
Dir und dem heiligen Geiste lebt und regiert,
Gott von Ewigkeit zu Ewigkeit. Amen.

2. Zu Gott dem Sohne.
Um Ausrottung der Irrlehren.

O Du eingeborner Sohn des allmächtigen Va=
ters, wahrer Gott und Mensch, Jesus Christus!
der Du ein König bist über alle Könige und
Fürsten: der Du das Licht dieser Welt, der Weg,
die Wahrheit und das Leben bist, beschütze und
beschirme dein Volk, welches deinen Namen führt,
wider alle feindliche Gewalt und betrügliche Nach=
stellungen. Gedenke, daß Du versprochen hast,

bei deiner Kirche zu verbleiben bis an's Ende der Welt, und daß Du ihr zugesagt, die Pforten der Hölle sollen sie nicht überwältigen. Erhalte uns, o Herr! in dem wahren, alleinseligmachenden, katholischen Glauben; führe und pflege uns, die auserlesenen Schafe deiner Weide; bewahre und beschütze die Seelen derer, die Dich aufrichtig bekennen, damit sie nicht abgewendet und verführt werden von den falschen Propheten, die in Schafskleidern herankommen und inwendig reißende Wölfe sind. Halt ein und brich ihre Macht; entdecke ihre listigen Erfindungen; zerstöre und vertilge alle ihre gottlosen Anschläge, und gib deinen Schafen Gnade, daß sie sich von ihnen abwenden und deine heilige Stimme und wahrhafte Lehre allezeit erkennen, annehmen und derselben gehorsam bis in den Tod nachkommen. Amen.

Vater unser 2c.

V. Uebergib nicht, o Herr! den wilden Thieren die Seelen derer, die Dich bekennen:

R. Und vergiß nicht vollends die Seelen deiner Armen.

Gebet.

Wir bitten, o Gott! Du wollest Dich versöhnen lassen und das Gebet deiner Kirche annehmen, damit sie, nach Vertilgung aller Widerwärtigkeiten und des Irrthums, Dir mit sicherer Freiheit diene; durch unsern Herrn Jesus Christus, deinen Sohn, welcher mit Dir in Einigkeit des heiligen Geistes

lebt und regiert, Gott von Ewigkeit zu Ewigkeit.
Amen.

3. Zu Gott dem heiligen Geiste.
Um Einigkeit der christlichen Fürsten.

O heiliger Geist, Du Geist der Liebe und des
Friedens! der Du so viele und verschiedene Völker
zur Einigkeit des Glaubens gebracht hast: wir
flehen Dich an, Du wollest den christlichen Fürsten
und ihren Rathgebern deine Gnade reichlich mit=
theilen, und das neue Gebot der Liebe und Einig=
keit, das Christus seine Jünger und uns Alle
gelehrt, tief in's Herz einprägen, auf daß aus
ihrer christlichen Liebe und Einigkeit sie auch für
deine Jünger und wahre christliche Fürsten mögen
erkannt werden. Der Friede Gottes, der alle
Sinne übertrifft, bewahre ihre Herzen und ihren
Verstand in Christus Jesus, auf daß keine welt=
liche Hoheit, keine eitle Ehre, keine Reichthümer
ihnen so lieb und angenehm seien, daß sie um
derselben willen etwas anfangen, wodurch die gött=
liche Ehre, Friede und Einigkeit des christlichen
Volkes und die Ruhe der katholischen Kirche ver=
letzt werden könnten. Laß sie in Dir vereiniget
und verbunden sein, und mit vereinigten Kräften,
wenn es die Noth erfordert, den Krieg wider
deine Feinde, o Herr! führen; laß sie dein hei=
liges Volk jederzeit beschützen, damit sie mit ihren
Untergebenen Dir, o Gott! in diesem Erdenleben
im Frieden dienen, und einst in der Friedens=

ſtadt des himmliſchen Jeruſalems Dich loben und preiſen in alle Ewigkeit. Amen.

Vater unſer ꝛc.

V̄. Es werde Friede in deiner Veſte:

R̄. Und Ueberfluß in deinen Thürmen.

Gebet.

O Gott, von dem alle guten Begierden, rechten Anſchläge und guten Werke ausgehen, gib deinen Dienern den Frieden, den die Welt nicht geben kann; auf daß unſre Herzen deinem Geſetze ergeben, und von der Furcht der Feinde frei, unter deinem Schutze friedliche Zeiten erleben mögen. Durch unſern Herrn Jeſus Chriſtus, deinen Sohn, welcher mit Dir in Einigkeit des heiligen Geiſtes lebt und regiert, Gott von Ewigkeit zu Ewigkeit. Amen.

(Nun bete man nach der Meinung des heil. Vaters ſieben „Vater unſer“, ſieben „Gegrüßt ſeiſt“ ꝛc. und den Glauben.)

Gebet, um den Ablaß für ſich zu erlangen.

O Gott! der Du uns durch das Sakrament der Buße die Schuld nachläſſeſt, die wir deinem Prieſter in Demuth und Reue unſers Herzens bekennen, und deiner heiligen, katholiſchen und apoſtoliſchen Kirche, welche unſer Heiland in ſeinem Blute geſtiftet, eine Quelle reichlicher Erlöſung eröffnet, und ihr die Gewalt verliehen haſt, Irdiſches im Himmel zu löſen, und himmliſche Gaben auf Erden

auszutheilen! ich opfere Dir mein demüthiges Ge=
bet, und flehe zu deiner Barmherzigkeit: Laß mir
die Gnade des heiligen Ablasses zu Theil werden,
welchen sie Kraft der Vollmacht, die dein einge=
borner Sohn, unser Herr und Heiland Jesus
Christus, ihr gegeben hat, heute allen Gläubigen
verleiht, die ihre Seele in der Quelle der Buße
reinigen und das Sakrament des Lebens empfangen,
und erlaß mir durch die unendlichen Verdienste
seines Leidens und Sterbens die Strafen, die ich
durch meine vielfältigen Sünden und Vergehun=
gen verdienet habe. Erbarme Dich, o Vater der
Erbarmungen! und reinige mich immer mehr und
mehr von aller Schuld und Strafe, damit ich,
vollkommen gereiniget, Dir mit freudigem Herzen
alle Tage meines Lebens diene, deine Barmherzig=
keit preise und zur klaren Anschauung deines väter=
lichen Angesichtes gelange, durch Jesus Christus,
deinen Sohn, der mit Dir und dem heiligen
Geiste lebt und regiert, Gott von Ewigkeit zu
Ewigkeit. Amen.

Gebet, um den Ablaß für die leidenden Seelen im Fegfeuer zu erlangen.

Antiphon. O Herr Jesus Christus, glor=
reicher König, befreie die Seelen der verstorbenen
Gläubigen von den Strafen!

V. Herr, gib ihnen die ewige Ruhe,

R. Und das ewige Licht leuchte ihnen.

V Lasse sie ruhen im Frieden. R. Amen.

Gebet.

O Gott, Du Schöpfer und Erlöser aller Gläu=
bigen! verleihe den Seelen deiner Diener und
Dienerinnen die Nachlassung aller Sünden; damit
sie den Ablaß, wornach sie allezeit verlanget haben,
auf die gottselige Fürbitte erlangen. Der Du
mit dem Vater in Einigkeit des heiligen Geistes
lebest und regierest, Gott von Ewigkeit zu Ewig=
keit. Amen.

(Hier betet man 5 Vater unser, 5 Gegrüßet seist
2c., 5 Ehre sei Gott 2c. und den Glauben; dann 1
Vater unser und Gegrüßet seist 2c. für das allgemeine
Oberhaupt der Kirche, Seiner Heiligkeit, den römischen
Papst.)

Fünfter Abschnitt.

Vesperandachten.

Vesperandacht zur Ehre der hochheiligsten Dreifaltigkeit.

O Gott, habe Acht auf meine Hilfe!
Herr, eile mir zu helfen!
Ehre sei dem Vater 2c.

Neun Gebete zur Ehre der hochheiligsten Dreifaltigkeit.

1. Lobpreisungen der hochheiligsten Dreifaltigkeit.

Heilig, heilig, heilig ist der Herr, der Gott
der Heerschaaren! Die Erde ist deiner Herrlichkeit

voll. Ehre sei dem Vater, Ehre sei dem Sohne, Ehre sei dem heiligen Geiste!

(Clemens XIII. hat am 6. Januar 1769 an jedem Tage, wo man diese Lobpreisung reuevoll betet, 100 Tage Ablaß verliehen. An Sonntagen aber, am Feste der hochheiligsten Dreifaltigkeit und während der Oktav kann man ihn dreimal des Tages gewinnen. Clemens XIV. hat denselben am 26. Juni 1770 für immer bestätigt.)

2. Gebet, um sich Gott dem Vater aufzuopfern.

O liebreichster Vater der Erbarmungen und Gott alles Trostes! Siehe, ich armer Sünder, der nicht werth ist, dein Sohn zu heißen, komme zu Dir, einzig im Vertrauen auf die unendlichen Verdienste deines eingebornen Sohnes, meines Erlösers Jesus Christus, und werfe mich vor deiner göttlichen Majestät, als vor meinem Schöpfer und Herrn nieder. Leib und Seele und Alles, was ich bin und habe, ist Alles dein Geschenk; Dir übergebe und weihe ich es bereitwillig zum ewigen Opfer. Nimm dieses Opfer, so gering es auch ist, gnädig auf in Vereinigung mit jenem hochheiligen Opfer, welches dein geliebter Sohn Dir auf dem Altare des Kreuzes dargebracht hat. Siehe auf das Antlitz deines Gesalbten, und erkenne in mir dein Ebenbild, das Du dem Bilde deines Sohnes gleichförmig gemacht hast. Seine Würde entschuldige bei Dir meine Nichtswürdigkeit, und seine Heiligkeit möge Dir Ersatz leisten für meine Sündhaftigkeit, damit ich durch Ihn mit Dir in ewiger Liebe vereinigt werde und darin lebe und sterbe. Amen.

3. Gebet, um sich Gott dem Sohne aufzuopfern.

O Du gütigster Sohn des allmächtigen Vaters! Du Abglanz seiner Herrlichkeit, Du Ebenbild seiner Wesenheit! Du trägst und erhältst Alles durch das Wort deiner Kraft. Obwohl Du in der Gestalt Gottes warst, so hast Du Dich doch selbst erniedrigt und bist gehorsam geworden bis zum Tode, ja bis zum Tode des Kreuzes, auf daß Du mich, der ich ein Sclave des Satans war, von der Schuld der ewigen Verdammniß erlösetest. O liebster Herr Jesus! was soll ich Dir vergelten für Alles, was Du mir Gutes erwiesen hast? Bin ich nicht schuldig, mich ganz Dir zu schenken? Ich war dem höllischen Feuer verfallen, ich war ewig verloren, und Du hast mich der Gnade deines Vaters und der ewigen Seligkeit wiedergegeben. Nimm mich auf, o mein Jesus! nimm hin dein Pfand, welches Du so theuer wieder eingelöset; nimm hin, was ohnehin schon dein ist, denn Alles, was an mir ist, ist das Werk deiner Allmacht. Nimm es auf und bewahre es, damit der unendliche Werth deines heiligsten Blutes an mir nicht verloren gehe. Amen.

4. Gebet, um sich Gott dem heiligen Geiste aufzuopfern.

O heiliger Geist, der Du vom Vater und Sohne ausgehest, und in der Gottheit, Wesenheit und

Glorie Eins bist mit dem Vater und dem Sohne!
Du Leben und Trost meiner Seele! ich erkenne
es, daß ich in Dir durch das Wasser der heiligen
Taufe zum Himmel wiedergeboren, daß ich durch
Dich im wahren Glauben mit Dir meinem Gott
verlobet bin, und daß ich durch den Einfluß und
Schutz deiner Kraft und Güte regiert und vor
dem Bösen bewahrt werde. Was soll ich Dir
wiedervergelten für deine unzählbaren Wohlthaten?
Siehe, ich habe unter allen erschaffenen Dingen
nichts, was Dir lieber wäre, als mich selbst; ja
Du willst von mir nichts Anderes, als mich selbst.
Darum opfere ich Dir mein Herz, meine Sinne,
und Alles, was an und in mir ist, zu deinem
Dienste. Du Band der ewigen Liebe! verbinde
mich auf ewig mit Dir, und mit dem Vater und
dem Sohne; entzünde und reinige mich durch
deine Liebesflammen, damit ich Dir mit keuschem
Leibe dienen und mit reinem Herzen allezeit wohl=
gefällig sein möge. Amen.

5. **Gebet, um der hochheiligsten Dreifaltigkeit zu danken.**

O allerheiligste Dreifaltigkeit! ich sage Dir aus
allen meinen Kräften den innigsten Dank für die
unzähligen und unschätzbaren Wohlthaten, welche
Du mir von dem ersten Augenblicke meiner Em=
pfängniß an bis auf diese Stunde erwiesen hast.

Dank sei Dir, o Vater! daß Du mich nach
dem Ebenbilde und dem Gleichnisse deiner Gott=
heit erschaffen hast, und daß Du mich durch deine

Allmacht erhältst, damit ich Dich und deinen Sohn und den heiligen Geist mit deinen Engeln und Auserwählten ewig loben und besitzen solle.

Dank sei Dir, o Sohn! daß Du aus Liebe zu mir meine Natur angenommen, dein Blut für mich vergossen und den bittersten Tod gelitten hast, um mich vom ewigen Tode zu erlösen und mit deinem Vater zu versöhnen.

Dank sei Dir, o heiliger Geist! daß Du durch das Bad der Wiedergeburt Dich mir eingegossen, mich geheiliget und zum Erben des ewigen Reiches gemacht hast.

Auf welche Weise soll ich Dir, o heiligste Drei= faltigkeit! nach dem Wohlgefallen deiner göttlichen Majestät Dank sagen? O ihr seligen Geister! O ihr Auserwählten Gottes! und vor allen du unter den Weibern gebenedeite Jungfrau und Mutter Maria, welche alle Geschlechter selig preisen: bringet für mich eure Lob= und Danksagungen dem Herrn, meinem Gott, dar. Denn hätte ich tausend Zun= gen, könnten auch alle meine Glieder sprechen, so wäre ich doch nicht im Stande, Dir meinem drei= einigen Gott den schuldigen Dank abzustatten. Dir sei Ehre von Ewigkeit zu Ewigkeit! Amen.

6. Liebe zur hochheiligsten Dreifaltigkeit.

O Gott, meine süße Liebe! Mein höchstes Gut und einziges Verlangen meines Herzens! wie ist es möglich, daß es irgend ein Geschöpf gibt, welches Dich nicht liebt? Ich liebe Dich, o mein

Gott! Ich liebe Dich aus meinem ganzen Herzen,
aus meiner ganzen Seele und aus allen meinen
Kräften. Ich freue mich über deine Herrlichkeit
und Majestät; ich wollte lieber vernichtet werden,
als daß Dir von dem höchsten Gute, welches Du
selbst bist, auch der geringste Theil abgehe. Ja,
wäre etwas Gutes an mir, was Du nicht hättest,
ich wollte es Dir mit großer Freude übergeben.
Aber Du, o Herr, mein Gott! bist ja die Quelle
aller Güter, aus welcher alles Gute entsprungen ist,
das außer Dir jemals war, ist und sein wird.
Wer sollte Dich nicht lieben, o mein einziges
Gut, mein höchstes Gut, mein liebenswürdigstes
Gut! O Liebe, die du immer brennest und nie er-
kaltest, entzünde mich, und ich werde entflammt
werden, ja entflammt, daß ich ganz Dich allein
liebe! Denn der liebt Dich zu wenig, wer
außer Dir etwas liebt, was er nicht Deinetwegen
liebt. O ewige Liebe, lehre mich Dich zu lieben!
Amen.

7. Anbefehlung.

O mein Herr und Gott! ich versenke mich in
den Schooß deiner liebevollen Vorsehung und deines heiligsten Willens und will mit Freuden ruhen
in deinem heiligsten Wohlgefallen. Mache Du mit
meinem Leben und allem meinem Eigenthume, was
und wie es Dir gefällt. Nur um dieses Eine
flehe ich inbrünstig zu Dir: laß mich nie von
Dir geschieden werden! Darum erwecke und erhalte

in mir einen lebendigen Glauben, eine feste Hoff=
nung und eine inbrünstige Liebe, und leite mich
auf dem Wege deiner Gebote, bis ich hinüber=
gehe zur Stätte deiner wunderbaren Wohnung,
zum Hause Gottes. Amen.

8. Zur hochheiligsten Dreifaltigkeit um einen seligen Tod.

1. O allerheiligste Dreifaltigkeit! ich opfere Dir
auf die Verdienste Jesu Christi, zur Danksagung
für das kostbarste Blut, welches Er für uns im
Oelgarten vergossen hat, und bitte durch diese
seine Verdienste deine göttliche Majestät um Ver=
zeihung meiner Sünden.

Vater unser. Gegrüßt seist. Die Ehre sei 2c.

2. O allerheiligste Dreifaltigkeit! Ich opfere Dir
auf die Verdienste Jesu Christi, zur Danksagung
für seinen kostbarsten Tod, den Er für uns am
Kreuze erduldet hat, und bitte durch diese seine
Verdienste deine göttliche Majestät um Nachlassung
meiner verdienten Sündenstrafen.

Vater unser. Gegrüßt seist. Die Ehre sei 2c.

3. O allerheiligste Dreifaltigkeit! Ich opfere
Dir auf die Verdienste Jesu Christi, zur Dank=
sagung für seine unaussprechliche Liebe, die Ihn
vom Himmel auf die Erde herabzog, um die mensch=
liche Natur anzunehmen, für uns zu leiden und
am Kreuze zu sterben, und bitte durch diese seine
Verdienste deine göttliche Majestät, daß Du meine

Seele nach diesem Leben zur himmlischen Glorie führen wollest. Amen.

Vater unser. Gegrüßt seist. Die Ehre sei ꝛc.

(So oft man diese dreifache Aufopferung andächtig betet, gewinnt man 100 Tage Ablaß.)

9. Bitte um Segen.

Es segne mich Gott † der Vater und † der Sohn und † der heilige Geist. Amen.

Durch deine Allmacht, o Vater, beschütze mich! durch deine Weisheit, o Sohn, belehre mich! durch deine Liebe, o heiliger Geist, entzünde mich! damit ich Dich, meinen Gott, einfach in der Natur und dreifach in den Personen, hier auf Erden erkennen, lieben und preisen, und dereinst im Himmel ewig anschauen und besitzen möge. Amen.

℣. Laßt uns preisen den Vater und den Sohn sammt dem heiligen Geiste.

℟. Laßt uns Ihn loben und hoch erheben in Ewigkeit.

℣. Gebenedeit bist Du, o Herr! im Firmamente des Himmels:

℟. Und lobwürdig und herrlich und hocherhaben in Ewigkeit.

℣. Es segne uns Gott, unser Gott! Es segne uns Gott:

℟. Und fürchten sollen Ihn alle Ende der Erde.

Gebet.

Allmächtiger, ewiger Gott, der Du deinen Dienern verliehen hast, in dem Bekenntnisse des wahren Glaubens die Glorie der ewigen Dreifaltigkeit zu erkennen, und in der Macht der Majestät
die Einigkeit anzubeten: wir bitten Dich, daß wir
durch die Festigkeit dieses Glaubens jederzeit vor
allen Widerwärtigkeiten bewahrt werden mögen.
Durch Jesus Christus, unsern Herrn. Amen.

Es segne uns die göttliche Majestät und einige
Gottheit, der Vater und der Sohn und der heilige
Geist. Amen.

Lobgesang des heiligen Ambrosius und des heiligen Augustinus.

Dich, Gott, loben wir: Dich, Herr, bekennen wir.

Dich, ewiger Vater, verehret der ganze Erdkreis.

Dir singen alle Engel: Dir die Himmel und
alle Mächte.

Dir rufen zu die Cherubim und Seraphim mit
unaufhörlichem Lobgesange:

Heilig, heilig, heilig ist der Herr Gott Sabaoth!

Himmel und Erde sind voll der Majestät deiner
Herrlichkeit.

Dich lobt der Apostel glorreicher Chor,

Dich der Propheten lobreiche Schaar,

Dich der Martyrer weißgekleidetes Heer.

Dich bekennt auf dem ganzen Erdkreise die heilige Kirche.

Den Vater unermeßlicher Majestät,

Deinen anbetungswürdigen, wahren und einigen Sohn,

Auch den heiligen Geist, den Tröster.

Du, König der Herrlichkeit, Christus,

Du bist des Vaters ewiger Sohn.

Du hast, den Menschen zu erlösen, nicht verschmäht den Schooß der Jungfrau.

Du hast nach besiegtem Stachel des Todes den Gläubigen das Himmelreich geöffnet.

Du sitzest zur Rechten Gottes, in der Herrlichkeit des Vaters.

Du wirst, so glauben wir, als Richter kommen.

Dich also bitten wir, komme deinen Dienern zu Hilfe, die Du mit deinem kostbaren Blute erlöset hast.

Laß sie deinen Heiligen in der ewigen Herrlichkeit beigezählt werden.

Herr, beschütze dein Volk und segne dein Erbtheil.

Und regiere sie und hebe sie empor bis in Ewigkeit.

An jedem Tage preisen wir Dich.

Und loben deinen Namen für und für und in alle Ewigkeit.

Würdige Dich, o Herr! an diesem Tage uns ohne Sünde zu bewahren.

Erbarme Dich unser, o Herr, erbarme Dich unser!

Laß, o Herr! deine Barmherzigkeit über uns kommen: gleichwie wir auf Dich gehofft haben.

Auf Dich, o Herr! habe ich gehoffet: ich werde ewiglich nicht zu Schanden werden.

Lobgesang der Mutter Gottes.

Meine Seele preiset den Herrn.

Und es frohlocket mein Geist * in Gott meinem Heile.

Weil Er die Niedrigkeit seiner Magd angesehen hat: * denn siehe, von nun an werden mich selig preisen alle Geschlechter.

Denn Großes hat mir gethan, der mächtig ist, * und heilig ist sein Name.

Und seine Barmherzigkeit waltet von Geschlecht zu Geschlecht, * bei denen, die Ihn fürchten.

Er übet Kraft in seinem Arme: * Er zerstreut die Hoffärtigen in ihres Herzens Sinne.

Er stürzt die Gewaltigen vom Throne, * und erhebet die Niedrigen.

Die Hungrigen erfüllt Er mit Gütern, * und läßt leer die Reichen.

Er hat sich Israels seines Knechtes angenommen, * eingedenk seiner Barmherzigkeit.

Wie Er verheißen hat unsern Vätern, * dem Abraham und seinem Samen ewiglich.

Die Ehre sei dem Vater ꝛc.

Schlußgebet.

O allerheiligste Dreifaltigkeit! wir liegen im Staube unserer Unwürdigkeit vor dem Throne deiner Majestät, beten Dich an und flehen: Sieh gnädig auf uns, deine Erlösten, und führe uns durch dieses gefahrvolle Jammerthal, daß wir

durch das kostbare Blut Jesu Christi gereiniget
und durch seinen Geist geheiliget, in das ewige
Reich der Herrlichkeit eingehen mögen. Das ver=
leihe uns, o himmlischer Vater! durch Jesus Chri=
stus, deinen Sohn, unsern Herrn und Heiland,
der mit Dir und dem hl. Geiste gleicher Gott
lebt und regiert von Ewigkeit zu Ewigkeit. Amen.

Die göttliche Hilfe bleibe allezeit mit uns und
mit allen den Unsrigen.

Die Seelen der verstorbenen Christgläubigen
sollen durch die Barmherzigkeit Gottes im Frieden
ruhen. Amen.

Vesperandacht zur Ehre des allerheiligsten Altarssakramentes.

(Siehe Seite 140.)

Sechster Abschnitt.

Andachten für die Verstorbenen.

Meßandacht für die Verstorbenen.

(Siehe Seite 444.)

Dies iræ. (Siehe Seite 447.)

Das De profundis.

Aus der Tiefe rufe ich zu Dir, o Herr! Herr, erhöre meine Stimme.

Laß deine Ohren Acht haben auf die Stimme meines Flehens.

Wenn Du, o Herr! auf die Missethaten Acht haben wolltest, wer könnte, o Herr! bestehen?

Aber bei Dir ist Versöhnung, und um deines Gesetzes willen harre ich auf Dich, o Herr!

Meine Seele verläßt sich auf sein Wort; meine Seele hofft auf den Herrn.

Von der Morgenwache bis in die Nacht, hoffe Israel auf den Herrn.

Denn bei dem Herrn ist Barmherzigkeit, und bei Ihm ist überreiche Erlösung.

Und Er selbst wird Israel erlösen von allen seinen Sünden.

℣. Gib ihnen, o Herr! die ewige Ruhe:
℟. Und das ewige Licht leuchte ihnen.

Man fügt diesem Psalm gewöhnlich Folgendes bei:

℣. Herr! erhöre mein Gebet:
℟. Und laß mein Rufen zu Dir dringen.

Gebet.

O Gott, Du Schöpfer und Erlöser aller Gläubigen! verleihe den Seelen deiner Diener und Dienerinnen Verzeihung aller Sünden, damit sie die gnädige Nachlassung, welche sie jederzeit gewünscht, durch die gottselige Fürbitte erlangen. Der Du lebst und regierst von Ewigkeit zu Ewigkeit. Amen.

Betstunde für die Verstorbenen.
Vorerinnerung.

Selig sind die Todten, die in dem Herrn sterben!

Es ist ein heiliger und heilsamer Gedanke, für die Verstorbenen zu beten, sagt die heilige Schrift, 2. Mach. 12. Der Zustand derjenigen Seelen, die aus diesem Leben noch nicht von allen Sündenmakeln gereiniget dahin scheiden, und also erst in jener Welt dieselben abbüßen müssen, ist gewiß ein trauriger und schmerzlicher Zustand; darum nennt man sie auch arme Seelen, und den Ort ihres Aufenthalts Fegfeuer, Reinigungsort, weil sie dort gleichsam, wie das Gold durch's Feuer, von den an=

klebenden Flecken gefegt, gereiniget werden müffen. Wie man für fie beten foll, lehren folgende Gebete:

Eingang.

Herr! öffne meine Lippen, und mein Mund wird dein Lob verkündigen.

Gott! denke auf meine Rettung. Herr! eile mir zu Hilfe.

Anbetung.

Den König, dem Alles lebet, Jefus Chriftus, bete, o meine Seele! in tieffter Demuth an. Dem Erftgebornen der Todten, dem Fürften aller Könige der Erde, der uns geliebt, und uns von unfern Sünden in feinem Blute abgewafchen hat, bring' o Seele! unfterblichen Dank und Ehre. Jefus Chriftus, dem Richter der Lebendigen und der Todten, welcher die Schlüffel des Todes und der Hölle hat, ftimme, o Seele! den himmlifchen Lob= gefang an: Heilig, heilig, heilig ift Gott 2c.

Herr! laß fie im Frieden ruhen.

O Vater, voll der Lieb' und Huld! erhöre unfer Flehen, wenn wir mit bangen Thränen hier auf unfere Gräber fehen, wenn dann das Auge fehnfuchtsvoll an deinem Himmel weilet, und glau= bend fich das wunde Herz durch ftille Andacht heilet. Du, Herr! gabft uns unfere Lieben! Du, Herr! haft fie genommen! fie wohnen in der beffern Welt, bei Engeln und bei Frommen; Du

schützest sie, sie sind bei Dir, und werden sie durch
Leiden vielleicht dort auch geprüft — Du führst
sie einst in deine Freuden! Allgütiger, vollende sie!
Gib ihnen bald die Krone! Laß sie mit deinen
Heiligen dort stehen vor deinem Throne! Vollende
sie in Herrlichkeit! Laß sie dein Antlitz sehen,
und führe sie, Herr! in dein Licht, wo sie Dich
ewig sehen!

Herr, erbarme Dich! Laß sie im Frieden ruhen!
Dein Licht erleuchte sie! Amen.

Gemüthserhebung.

Gott der Liebe und der Erbarmungen! der Du
es gerne siehst, wenn deine Kinder für einander
zu Dir, unserm allgemeinen Vater, bitten: erbarme Dich der leidenden Seelen, die in jener
Welt noch nicht ganz gereinigt sind; durch das
Blut und die Leiden deines geliebten Sohnes erlasse ihnen ihre Sünden, und heilige sie.

Jesus Christus!. Du hast Dich als einen Bürgen für die Sündenschuld der ganzen Welt dem
himmlischen Vater dargestellt, und unsern Schuld-
brief, der an deinem Kreuze angeheftet war, mit
deinem heiligsten Blute getilget; laß durch deine
Barmherzigkeit den unendlichen Werth deiner Genugthuung den armen leidenden Seelen im Reinigungsorte zu Theil werden, damit, was sie nicht
vermögen, ihnen durch dein heiliges Leiden und
Sterben geschenkt werde.

Guter Vater deiner Kinder! sende deinen heilgen

Engel zu diesen leidenden Seelen, der sie erfreue und ihnen die Erlösung verkünde, nach der sie sich so unaussprechlich sehnen; rufe sie in deinen Himmel, damit sie Dich ewig lieben. Amen.

Das Vater unser für die leidenden Seelen im Fegfeuer.

1. Vater unser, der Du bist in dem Himmel!

Ich bitte Dich demüthig, vergib den leidenden Seelen, die deiner seligen Anschauung jenseits noch beraubt sind, daß sie Dich, ihren heiligen, liebenswürdigsten Vater, der Du sie durch deine Güte zu deinen Kindern angenommen, nicht immer, wie sie es sollten, geliebet, sondern sich manches Undankes und Ungehorsams gegen Dich schuldig gemacht haben. Zur Genugthuung für ihre Sünden opfere ich Dir jene Liebe und Verehrung auf, welche dein theurer Sohn auf Erden Dir allzeit erwiesen, und durch die Er für alle unsere Nachläßigkeiten so reichlich genug gethan hat. Amen. Vater unser 2c.

2. Geheiliget werde dein Name.

Vergib, o ewiger, barmherziger Vater! allen Verstorbenen, die noch gereiniget werden von ihren Mängeln und Fehlern, wie das Gold im Gluthofen, daß sie deinen Namen nicht immer würdig geehrt, nicht stets in heiliger Furcht vor Dir gewandelt, und sich durch öftere Verirrungen des christlichen Namens unwerth gemacht haben. Zur

Genugthuung für diese Sünden opfere ich Dir die vollkommenste Heiligkeit deines Sohnes auf, mit der Er deinen über Alles gepriesenen Namen durch Lehre und Beispiel so sehr erhöhet, und in allen seinen Handlungen verherrlichet hat. Amen.

Vater unser 2c.

3. Zukomme uns dein Reich.

Vergib, o Gott des Friedens! allen Verstor= benen, die noch nicht eingegangen sind in die seli= gen Wohnungen des Friedens, daß sie sich nach Dir und nach deinem Reiche, worin allein Ruhe und ewige Freude ist, nicht immer mit solcher Inbrunst sehnten, noch mit so sorgfältigem Eifer darnach strebten, als es ihre Pflicht gewesen. Für alle ihre Trägheit im Guten opfere ich Dir die reinen Wünsche deines Eingebornen auf, mit denen Er so liebevoll die Herzen der Menschen zu ge= winnen suchte, damit sie seine Miterben werden möchten. Amen.

Vater unser 2c.

4. Dein Wille geschehe, wie im Himmel, so also auch auf Erden.

Vergib, o gütigster Vater! allen Verstorbenen, die, noch fern von Dir, sich nach deiner väter= lichen Nähe sehnen, daß sie nicht allzeit deinen heiligen Willen dem ihrigen vorgesetzt, demselben nicht immer gehorcht, sondern sich öfters von ihren Begierden haben hinreißen lassen. Zur Ersetzung

ihres Ungehorsams opfere ich Dir die kindliche
Ergebenheit Jesus und seinen tiefen Gehorsam
auf, den Er Dir in den härtesten Prüfungen er=
wiesen, und durch den Er Dir folgsam war bis
zum Tode am Kreuze.　Amen.

Vater unser 2c.

5. Gib uns heute unser tägliches Brod.

Vergib, o liebreichster Vater! allen Verstorbenen,
die noch nach der himmlischen Mahlzeit schmachten,
und fern von Dir nach Dir hungern, daß sie das
gnadenreiche Geheimniß des Altars nicht allzeit
mit jenem Glauben, mit jener Andacht und Liebe
empfangen haben, mit der sie es hätten genießen
sollen, und dadurch ihren göttlichen Erlöser manch=
mal in ein unwürdiges Herz aufgenommen haben.
Für diese Vergehungen opfere ich Dir jene innige
Liebe und jenes unaussprechliche Wohlwollen auf,
mit dem Er dieses allerheiligste Sakrament zu
unserm Troste und zu unserer Heiligung eingesetzet
hat.　Amen.

Vater unser 2c.

6. Vergib uns unsere Schulden, wie auch wir vergeben unsern Schuldigern.

Ich bitte Dich demüthigst, o unendlich lang=
müthiger Vater! vergib allen Verstorbenen ihre
Missethaten, die sie je in ihrem Leben begangen,
und für die sie nicht hinreichend genug gethan
haben; vergib ihnen besonders alle zornmüthigen

Empfindungen, die sie gegen ihre Mitmenschen im
Herzen getragen. Ich opfere Dir dafür auf das
großmüthige, göttliche Gebet, welches dein aller=
liebster Sohn am Kreuze für seine Feinde an dein
liebevolles Vaterherz gerichtet hat. Amen.

Vater unser 2c.

7. Und führe uns nicht in Versuchung.

Ich bitte Dich, o gnädigster Vater, der Du
Keinen über seine Kräfte versucht werden lassest,
vergib unsern verstorbenen Mitchristen, daß sie
den Versuchungen und bösen Trieben nicht immer
widerstanden, sondern sich öfters durch die Reize
der betrüglichen, falschen Freuden, durch Augen=
lust, Fleischeslust und Hoffart des Lebens haben
hinreißen lassen, und dadurch ihre Tugend ver=
loren oder befleckt haben. Für alle diese Sünden
opfere ich Dir den glorreichen Sieg unsers gött=
lichen Erlösers auf, mit dem Er die Welt und
den bösen Feind überwunden hat; ich opfere Dir
seinen ganzen heiligen Lebenswandel, seine Liebe
zur Armuth, Reinheit, Demuth, alle seine Mühe
und Arbeit, sein bitteres Leiden und Sterben auf. A.

Vater unser 2c.

8. Sondern erlöse uns von allem Uebel.

O ewige Liebe, die nicht den Tod des Sün=
ders will, sondern daß er sich bekehre und lebe!
erlöse alle Mitglieder der leidenden und streitenden
Kirche von allem Uebel und aller Strafe,

durch die Verdienste deines Eingebornen, und führe
uns zu dem Reiche deiner ewigen Herrlichkeit, in
deine seligen Wohnungen.   Amen.

Ich glaube an Gott Vater ꝛc.

Litanei für die Verstorbenen.

Herr, erbarme Dich ihrer!

Christus, erbarme Dich ihrer!

Herr, erbarme Dich ihrer!

Christus, höre uns!

Christus, erhöre uns!

Gott Vater im Himmel, der Du die Seelen der
    Abgestorbenen zu deiner Anschauung berufen
    hast, erbarme Dich ihrer!

Gott Sohn, Erlöser der Welt, der Du die
    Seelen der abgestorbenen Gerechten mit deinem
    Blute an Dich erkaufet hast, erbarme Dich ihrer!

Gott heiliger Geist, der Du die Seelen durch die
    Ausgießung deiner Gnade geheiliget hast, er=
    barme Dich ihrer!

Heilige Dreieinigkeit, einziges höchstes Gut der
    Seelen, dessen ewigen Besitz sie so sehnlich ver=
    langen, erbarme Dich ihrer!

Heilige Maria, die du ihre Trösterin in ihrer Betrüb=
    niß, ihre Zuflucht in ihrer Verlassenheit, und ihre
    Hilfe in ihrem Elende bist, bitte für sie!

Heiliger Michael, der du zum Fürsten bestimmt
    bist, um alle Seelen aufzunehmen, bitte für sie!

Heiliger Gabriel, der du auserwählt worden bist,

dem Volke Gottes das Ende seines Elendes,
und den Anfang seiner Erlösung zu verkündigen,
bitte für sie!

Heiliger Raphael, der du die Seufzer der Be=
drängten vor den Thron Gottes bringst,*)

Heilige Schutzengel, die ihr die euch anvertrauten
Pflegkinder in ihren Qualen nicht verlassen
könnet, bis ihr sie in das himmlische Vater=
land geführt habet,

Heilige Engel und Erzengel, die ihr diese leidenden
Seelen als eure künftigen Mitbürger betrachtet,

Heilige Patronen, deren Beistand sie ehemals für
diese schrecklichen Augenblicke so inbrünstig an=
gefleht haben,

Heilige Patriarchen und Propheten, die ihr ein=
stens so sehnlich eure Erlösung gewünscht habet,

Heilige Apostel und Evangelisten, die ihr als Für=
sten des Reiches Jesu Christi so viel bei dem
Könige der Glorie vermöget,

Heilige Märtyrer, die ihr durch das Feuer der
Liebe in eurem Blute gereiniget, sogleich zur
Anschauung Gottes zugelassen worden seid,

Heilige Beichtiger und Büßer, die ihr euch in den
Augen Gottes so viele Verdienste gesammelt habet,

Heilige Jungfrauen, die ihr durch den Glanz eurer
Unschuld dem Lamme allenthalben nachfolget,

Alle Heiligen Gottes, die ihr nichts so sehr wünschet,
als daß die Zahl eurer Brüder erfüllet werde,

---

*) Bitte (bittet) für sie!

Sei ihnen gnädig: verschone sie, o Herr!

Sei ihnen gnädig: erhöre sie, o Herr!

Von allem Uebel: erlöse sie, o Herr!

Von ihren noch zu büßenden Sünden,*)

Von der schmerzlichen Beraubung des Himmels,

Von den Peinen des Fegfeuers,

Durch deine Geburt,

Durch dein bitteres Leiden und Sterben,

Durch deine große Barmherzigkeit,

Wir arme Sünder: wir bitten Dich, erhöre uns!

Daß Du den leidenden Seelen Reinigung von ihren Sünden verleihest,**)

Daß ihre Sündenschuld durch das kostbare Blut deines Sohnes getilget werde,

Daß Du sie in ihren Leiden mit himmlischem Troste erfüllest,

Daß Du ihr frommes Seufzen und Flehen nach deiner Hilfe erhörest,

Daß Du ihr Verlangen, Dich in deiner Herr= lichkeit zu sehen, stillest,

Daß Du die Zeit ihrer Läuterung vollendest,

Daß Du ihre Leiden in unvergängliche, himm= lische Freuden verwandelst,

Daß Du ihnen nach dem Gebete aller Heiligen dein himmlisches Reich gebest,

Daß Du sie als deine Auserwählten mit Herr= lichkeit, krönest,

---

*) Erlöse sie, o Herr!

**) Wir biten Dich, erhöre uns!

Daß Du auch uns das Andenken an ihre Leiden nützlich und heilsam werden lassest, wir bitten Dich, erhöre uns!

O Du Lamm Gottes, welches Du hinwegnimmst die Sünden der Welt: verschone sie, o Herr!

O Du Lamm Gottes, welches Du hinwegnimmst die Sünden der Welt: erlöse sie, o Herr!

O Du Lamm Gottes, welches Du hinwegnimmst die Sünden der Welt: erbarme Dich ihrer, o Herr!

Vater unser ꝛc.

℣. Herr, erhöre mein Gebet!

℟. Und laß mein Rufen zu Dir kommen.

Gebet.

O Gott! der Du auf das demuthsvolle, herzliche Gebet deiner Kinder gütigst Rücksicht nimmst: erhöre nach deiner Milde unser Flehen, welches wir für unsere Eltern, Brüder und Schwestern, Verwandte und Wohlthäter, für unsere Freunde und Feinde und für alle Pfarrgenossen zu Dir schicken. Verleihe den Seelen dieser Abgestorbenen Vergebung und Nachlassung ihrer Sünden und Strafen, damit sie rein vor deinem heiligen Angesichte erscheinen, und der Seligkeit aller Verklärten in dem Himmel würdig und theilhaftig sein mögen. Wir bitten Dich darum durch Jesum Christum, deinen Sohn, unsern Herrn. Amen.

℣. O laß die Seelen aller abgestorbenen Christgläubigen nach deiner Barmherzigkeit ruhen in Frieden; ℟. Amen.

Kommet, lasset uns anbeten. 36

Gebet für einen verstorbenen Vater (Mutter).

O Gott! der Du uns geboten hast, Vater und
Mutter zu ehren: erbarme Dich gnädig über die
Seele meines Vaters N. (oder meiner Mutter N.),
und verzeihe ihm (ihr) alle Sünden. Verleihe
mir auch, ihn (sie) in der Freude der ewigen Klar=
heit zu sehen; durch unsern Herrn Jesus Christus.
Amen.

Fromme Empfehlung der leidenden Seelen im Reinigungsorte.

O ihr Seelen, die ihr bedrängt seid von den bit=
tersten Schmerzen, eurer erbarme sich unser Herr
Jesus Christus, der für uns gekreuzigt ward und
gestorben ist! Er, der Allgütigste, erbarme sich
eurer, und durch die Aussprengung seines Blutes
labe Er euch in den Flammen der schwersten
Peinen! Ich armer Sünder empfehle euch jener
unendlichen Liebe, welche den eingebornen Sohn
Gottes vom Himmel herabgezogen und auf Erden
dem grauenvollsten Tod unterworfen hat; auf daß
Er eure Qualen mit jener Erbarmung bemitleide,
mit welcher Er, am Kreuze ausgespannt, alle Müh=
seligen und Beladenen hiemit bemitleidete. Und
zu eurer vollkommenen Erquickung opfere ich auch
alle die kindlichen Liebesneigungen auf, welche der=
selbe Herr Jesus Christus zu seinem Vater in der
Gottheit, und zu Maria, seiner Mutter, in der
Menschheit getragen hat!

O mildester Herr Jesus Christus, um der Für=

bitte deiner Mutter, der allerseligsten Jungfrau
Maria und aller Heiligen willen, erbarme Dich
über alle unsere lieben Hingeschiedenen! Durch
deinen Tod, durch deine Auferstehung und glor=
reiche Himmelfahrt erbarme Dich aller leidenden
Seelen im Reinigungsorte! Lasse Alle, die in der
Hoffnung auf Dich ihr Leben hienieden beschlossen
haben, in jenes glückselige Jerusalem gelangen,
wo ein ewiger Tag herrscht und Ein Geist unter
allen Kindern waltet! Lasse Alle gelangen in die
Stadt des Friedens, der ewigen Ruhe und der
vollkommenen Glückseligkeit, wo Du, o Herr Jesus
Christus, mit dem Vater und dem heiligen Geiste
lebest und regierest als der dreieinige Gott, meines
Herzens Gott und mein Theil in Ewigkeit! A.

Für verstorbene Brüder, Schwestern, Verwandte und Wohlthäter.

O Gott! Du Ausspender der Gnaden, und Lieb=
haber des menschlichen Geschlechtes! Wir bitten
deine unermeßliche Güte, Du wollest die Brüder,
Schwestern, Verwandten und Wohlthäter unserer
Gesellschaft, welche aus dieser Welt verschieden
sind, durch die Fürbitte der glorreichen Jungfrau
Maria und aller Heiligen zu der Gemeinschaft
der ewigen Seligkeit kommen lassen; durch unsern
Herrn Jesus Christus. Amen.

Kirchengebete für alle im Gottesacker ruhenden Christgläubigen.

Jesus Christus, unser Herr und Gott! Du bist die Auferstehung und das Leben; Du bist der ewige Tag, das unauslöschliche Licht und die immerwährende Klarheit. Du hast deinen Nachfolgern im Lichte zu wandeln befohlen, damit sie der Finsterniß der ewigen Nacht entgehen, und zum Vaterlande des Lichtes glücklich gelangen mögen. Du hast als Mensch den Lazarus beweint, und als Gott ihm das Leben wieder gegeben; Du hast das in Sünden dahingesunkene Menschengeschlecht zum Leben zurückgeführt, und den Eingang zum Himmelreich, den uns der Ungehorsam unserer Stammeltern verschlossen hatte, durch deinen Ungehorsam wieder geöffnet. Wir bitten Dich demuthsvoll, daß Diejenigen, welche in diesem Gottesacker ruhen, beim Posaunenschall der Engel am jüngsten Tage, befreit von den Banden der Sünde, Dich, der Du bist die Auferstehung und das ewige Leben, gnädig und barmherzig finden, und in die Versammlung der Heiligen, in die ewige Seligkeit aufgenommen werden mögen, damit sie mit ihnen Dich, den Urheber ihrer Erlösung und Seligkeit, ewig loben und preisen; der Du mit dem Vater und dem heiligen Geiste gleicher Gott, lebst und regierest in Ewigkeit. Amen.

Inhaltsverzeichniss.

Dritter Abschnitt.

**Andachten bei dem vierzigstündigen Gebete — zur
Betrachtung und Verehrung des allerheiligsten
Altarssakramentes.**

Siebenter Abschnitt.

Andachten vor dem Hochwürdigsten Gute für verschiedene Zeiten.

Achter Abschnitt.

Andachten vor dem Hochwürdigsten Gute in verschiedenen Nöthen und Anliegen.

Neunter Abschnitt.

Ablässe und Ablaßgebete zur Ehre des allerheil. Altarssakramentes.

Dritte Abtheilung.
Allgemeine Andachten.
In sechs Abschnitten.

Erster Abschnitt.
Morgen= und Abendandachten.

Zweiter Abschnitt.
Meßandachten.

Bei **Gebr. Karl und Nikolaus Benziger** in Einsiedeln, New-York, Cincinnati und St. Louis sind erschienen:

Alles für Jesus. Gebet- und Erbauungsbuch für Kirche und Haus. Größtentheils entnommen den Schriften der Heiligen Alphons von Liguori, Bernhard, Franz v. Sales, Thomas von Aquin und Gertrudis. Mit deutsch und lateinischer Messe, Vesper und verschied. Andachten. **Ausgabe No. 1.** 2 Farbendruck-Bilder. (512 Seiten.) Gr. 24. gefalzt 90 Pfg. 110 C. Ff. 235 C. No. 00. 200 C.

— Dasselbe feinste Miniatur-Ausgabe No. 3. in rother Einfassung. 3 Photogr. 32. (320 S.) gefalzt 100 Pfennig. 120 Cent. Elfb. 1210 Cts. Chagr. 440 Cts. Ff. 225 Cts.

Effinger, P. Conrad Maria, O. S. B. **Unser Heil in Christo.** Dreißig Betrachtungen, dazu dienlich, um den göttlichen Erlöser besser kennen und eifriger lieben zu lernen. Mit allgemein üblichen Gebeten zum Gebrauche eines kathol. Christen. (480 Seiten.) 3 Stahlst. 18. gefalzt 105 Pfg. 130 Cts. No. 00. 215 Cts. No. 1. 200 Cts.

— **Rosenkranzbüchlein** oder der Glaube des Christen in dem Rosenkranz-Gebete. Mit allgemein üblichen Gebeten besonders für die Mitglieder der Rosenkranzbruderschaft. 2 Bilder. Gr. 18. (384 Seiten.) gefalzt 80 Pfg. 95 C N. 1. 175 C. N. 3f 145 C.

Falk, K. A., Pfarrer. **Beicht- und Communionbuch.** Unterrichts- und Gebetbuch für katholische Christen. Ausgabe No. 1. 2 Farbendruck-Bilder Gr. 24. (384 S.) gefalzt 60 Pfg. 75 Cts. Ffein 195 Cts. No. 0. 165 Cts. No. 1. 150 Cts. No. 3f. 120 C.

Zobel, P. J. Ambrosius Redemptorist. Die heilige **Familie Jesus, Maria und Joseph.** Gebete und Betrachtungen für alle kathol. Christen, besonders für Verehrer und Liebhaber der heiligen Familie. 1 Bild und 4 Holzschnitte. Gr. 18. (384 Seiten.) gefalzt 75 Pfennig 90 Cts. No. 00. 190 Cts.

T